TREMPLIN CONCOURS SCIENCES PO

Concours commun IEP,
Paris • Bordeaux • Grenoble

Tout-en-un 2023

TREMPLIN CONCOURS SCIENCES PO

Concours commun IEP, Paris • Bordeaux • Grenoble

Tout-en-un 2023

Pierre Emmanuel GUIGO est agrégé et docteur en histoire. Maître de conférences à l'université Paris Est Créteil, il est le coordinateur éditorial pour la formation Tremplin Paris.

Judith LEVERBE est agrégée de sciences économiques et sociales. Elle enseigne en classes préparatoires aux grandes écoles économiques et commerciales et participe à la formation aux Questions contemporaines au sein de Tremplin IEP.

Alexia ROUSSEL est agrégée d'anglais. Elle est PRAG au Centre de Langues de l'Université de Lille. Elle participe à la formation en anglais au sein de Tremplin IEP.

Florent VANDEPITTE (coordinateur de l'ouvrage) est agrégé d'histoire et directeur pédagogique de Tremplin IEP. Il enseigne l'histoire et la géographie au lycée et la pensée contemporaine à l'université de Lille.

DUNOD

Remerciements

Cet ouvrage collectif a mobilisé de nombreuses ressources au sein de nos formations Tremplin IEP. Nous tenons donc à remercier chaleureusement les dirigeants de la formation, Thierry Corde, en sa qualité de président et Paul Bernard Delaroche, fondateur des Tremplins pour la confiance accordée.

Nos enseignants ont également été nombreux à participer à la réalisation de cet ouvrage. Nous remercions ainsi Arnaud Baubérot, Caroline Vincent, Mathieu Dubois, Caroline Fraysse, Alice Leroy, Laurent Louati et Guillaume Lurson.

Plusieurs de nos étudiants ont également accepté de collaborer à ce projet. Que soient remerciés Léa D., Cécile D. et Arthus P., notre trio d'étudiants de Sciences Po qui intervient régulièrement auprès de nos étudiants. Que soient également remerciés Angèle B., Madeleine C., Corentin G., Sarah M. et Faustine S.

Maquette intérieure : Caroline Joubert@atelier du livre

Maquette de couverture : Nicolas Wiel

Mise en page : Belle Page

11 rue Paul Bert, 92240 Malakoff

www.dunod.com

ISBN : 978-2-10-084104-2

Tremplin IEP, la seule formation labellisée par le réseau ScPo.

Ce label est la garantie de pouvoir accéder à une préparation de haute qualité validée par les sept établissements et conforme aux exigences du concours.

Une préparation souple, adaptée et humaine

Souple et adaptable, la formation à distance offre un accès permanent à chaque candidat, quelle que soit sa situation géographique. Tremplin IEP est conçu pour s'articuler parfaitement avec les formations dispensées en lycée, en classes préparatoires ou à l'université.

Tremplin IEP propose un entraînement adapté aux épreuves du concours grâce à des devoirs envoyés et corrigés à distance. Des cours, des méthodologies, des fiches, des magazines d'actualité et des annales sont rassemblés dans un campus en ligne. Les enseignements sont dispensés en visioconférence (en direct, puis en replay) et par le biais de supports écrits. Les étudiantes et les étudiants accèdent 24h/24h et 7j/7j aux contenus indispensables à la réussite du concours.

Un suivi pédagogique individualisé

Une fiche détaillée accompagnant la correction de chaque devoir par correspondance ainsi que le tutorat en ligne, assuré par enseignants, sont la garantie d'un suivi pédagogique individualisé de qualité.

Vous bénéficiez d'un espace de Questions/Réponses afin de dialoguer tout au long de la formation avec nos coordinateurs éditoriaux, des enseignants expérimentés, spécialistes des concours de Sciences Po.

À qui s'adresse la formation ?

- **Tremplin Première** s'adresse aux élèves de première, afin de leur permettre d'acquérir les connaissances nécessaires pour aborder la préparation au concours commun du Réseau ScPo dans des conditions optimales.
- **Tremplin Concours commun** s'adresse aux élèves de terminale et aux étudiants de première année de l'enseignement supérieur. Cette formation prépare aux trois épreuves du concours commun l'analyse de documents d'histoire, la dissertation de questions contemporaines et l'épreuve de langue.
- **Tremplin Bordeaux, Tremplin Grenoble et Tremplin Paris** s'adressent aux candidats souhaitant bénéficier d'un accompagnement personnalisé dans la constitution de leur dossier et leur préparation de l'oral pour l'une ou plusieurs de ces trois écoles.

Le réseau ScPo

www.reseau-scpo.fr

Tremplin IEP

www.trempliniep.fr

Sommaire

Thème III. La détente (1962-1975)

Thème IV. Les remises en causes économiques, politiques et sociales des années 1970 à 1991

Thème V. L'ordre mondial bouleversé (depuis 1991)

Sujets d'entraînement

Partie 4
Réussir la sélection via Parcoursup pour Sciences Po

1 Introduction
Bien connaître les IEP

En dépit des aménagements rendus nécessaires par la pandémie et des polémiques récentes qui ont affecté les IEP et la Fondation nationale des sciences politiques, Sciences Po continue d'attirer un public de plus en plus large. En témoigne, notamment, le succès de la spécialité du lycée histoire-géographie, géopolitique et sciences politiques ou encore l'augmentation notable du nombre de candidats dans les différents concours de Sciences Po.

À Paris, ce sont ainsi plus de 15 000 étudiants qui ont candidaté pour intégrer Sciences Po, soit un doublement par rapport aux précédentes sessions qui intégraient sur épreuves écrites. De la même manière, chaque année les IEP du réseau reçoivent plus de 10 000 candidatures pour moins de 1 200 places. Ces premiers chiffres ne doivent cependant pas effrayer ; les concours de Sciences Po sont certes très sélectifs mais accessibles, à condition de se préparer avec sérieux.

Cette forte augmentation du nombre de candidats est le reflet d'une réputation qui n'est plus à faire. Sciences Po se place ainsi à la troisième place mondiale pour les études de sciences politiques et internationales, juste derrière Harvard et Oxford, selon le classement *QS World University Rankings* de 2022. Sciences Po demeure ainsi depuis sept ans la première université d'Europe continentale de ce classement. Elle est également au tout premier plan de ce classement qui compare 1 400 universités à travers le monde puisqu'elle se classe 20e en politique et administration publique, 31e en sociologie ou encore 34e pour les études sur le développement.

1 Sciences Po, son histoire

L'histoire de Sciences Po remonte à 1872. Elle est étroitement liée à la figure d'Émile Boutmy (1835-1906), fondateur de l'École libre des sciences politiques. La défaite de Sedan et la chute du Second Empire amènent à une profonde remise en cause du système éducatif français. Selon un réflexe relativement constant dans l'histoire de France, l'école est largement considérée comme responsable de la défaite. L'Allemagne jouit en effet d'un enseignement supérieur beaucoup plus avancé et organisé qui sert de miroir pour préparer la revanche.

Émile Boutmy imagine alors cette nouvelle grande école installée à l'origine à l'hotel de Mortemar, rue Saint-Guillaume à Paris. Véritable révolution pédagogique, les étudiants reçoivent les conseils de professionnels et notamment de hauts fonctionnaires ou de ministres, l'école noue des partenariats avec des universités étrangères, elle privilégie l'étude des sociétés contemporaines ou encore, contexte oblige, elle rend obligatoire l'éducation physique.

L'école de la rue Saint-Guillaume permet également l'essor de la science politique en France. Cette discipline académique émerge en effet au milieu du XIXe siècle, notamment dans le sillage de la généralisation du droit de vote en 1848. Elle doit permettre de mieux comprendre le monde et son fonctionnement, particulièrement pour des élites déboussolées par le contexte politique.

À l'origine, le projet est donc hautement élitiste. Émile Boutmy lui-même ambitionnait de « refaire une tête de peuple », après l'humiliante défaite subie par la France face à la Prusse et la prise de conscience des faiblesses de son enseignement supérieur. Dans les années 1930, l'École libre des sciences politiques est très critiquée, en particulier sous le Front populaire. Elle forme en effet la quasi-totalité des hauts fonctionnaires. C'est donc au nom d'une quête de diversité de la haute fonction publique qu'est fondée l'École nationale d'administration (ENA), en 1945 et que l'école tant critiquée est nationalisée, puis change de nom pour devenir l'Institut d'études politiques de Paris.

Pourtant, ce changement sémantique ne permet pas d'ouvrir socialement l'école, ce qui conduit à plusieurs réformes entreprises dans les années 1980 par le directeur Michel Gentot, puis par la création des « conventions zep » imaginé par Richard Descoings en 2001. Le taux de boursiers atteint actuellement 28 % à Sciences Po Paris.

Parallèlement à la réforme que connaît l'École libre des sciences politiques en 1945, une ordonnance adoptée à la Libération permet la création d'autres Instituts d'études politiques. Dès 1945, ouvre l'IEP de Strasbourg. En 1948, ce sont désormais les villes de Bordeaux, de Toulouse, de Grenoble et de Lyon qui disposent de leur propre IEP. En 1956, vient le tour d'Aix-en-Provence. Il faut cependant attendre 1991 pour que se créent des écoles similaires à Lille et à Rennes et enfin 2013 pour la création de l'IEP de Saint-Germain-en-Laye.

2 Deux grandes voies d'accès à Sciences Po

a. Le concours commun du réseau ScPo

Depuis 2008, une partie des IEP des grandes métropoles de France ont décidé de s'unir dans un concours commun. Cette association d'écoles, désormais renommée réseau ScPo rassemble sept IEP (Aix-en-Provence, Lille, Lyon, Rennes, Saint-Germain-en-Laye, Strasbourg et Toulouse). Ces sept écoles recrutent leurs étudiants de première année par l'intermédiaire d'un concours écrit qui comporte trois épreuves : les Questions contemporaines, l'histoire et une langue vivante à choisir parmi quatre (entre l'anglais, l'allemand, l'espagnol ou l'italien). Une partie des notes du baccalauréat sont également prises en compte dans le classement au concours. Les deux notes obtenues dans les enseignements de spécialité de Terminale, ainsi que la moyenne des deux langues vivantes obligatoires suivies au lycée intègrent en effet la moyenne du candidat.

Si le concours d'entrée en première année est commun à l'ensemble du réseau, ce n'est pas le cas pour les autres modalités d'admission. Il est en effet toujours possible de postuler une admission en fonction d'une mention très bien au baccalauréat mais cette voie reste très restreinte et dépend de chaque IEP. De la même manière, les filières spécifiques, notamment les doubles cursus, ne dépendent pas du réseau ScPo. Enfin, certains IEP, comme ceux d'Aix-en-Provence et de Lyon, proposent un concours spécifique d'entrée en deuxième année alors que la plupart d'entre-eux autorise également une admission en quatrième année, qui ne dépend pas là encore du réseau ScPo.

b. L'admission sur dossier et oral

À compter de la session 2020, Sciences Po Bordeaux a décidé de modifier en profondeur les modalités de sélection pour l'entrée en première année de l'IEP. Dans cette école, le concours écrit a été supprimé pour laisser place à une procédure d'admission en deux temps, composé d'un dossier puis d'un oral pour les candidats déclarés admissibles.

Sciences Po Paris a suivi la tendance initiée en Aquitaine. Depuis la session 2021, les candidats de première année sont ainsi sélectionnés sur dossier, avant d'être départagés par un oral d'admission. La rivalité historique entre les deux écoles a conduit Sciences Po Paris à modifier quelque peu le processus imaginé à Bordeaux. Le dossier est plus complexe mais l'état d'esprit général de sélection reste le même.

De son côté, Sciences Po Grenoble a également pris la décision, à compter de la session 2021, de supprimer son concours écrit et de sélectionner les candidats en première année *via* l'examen d'un dossier puis d'un oral de sélection reposant notamment sur l'étude d'un dossier documentaire à télécharger sur le site de l'école.

Ces nouvelles modalités de sélection ont fait beaucoup parler d'elle car elles constituent une rupture historique par rapport aux traditionnelles épreuves écrites disciplinaires. Les dissertations si caractéristiques des concours à la française ont été sacrifiées pour tenter de démocratiser davantage l'accès à l'école. Les candidats sont désormais départagés *via* un ensemble de textes à remplir sur la plate-forme Parcoursup et le cas échéant *via* un oral d'admission qui permet à la fois de se présenter, de se confronter à un document d'actualité mais aussi plus largement d'échanger avec le jury.

3 Les dix instituts d'études politiques

Cette histoire a donc donné naissance à dix instituts d'études politiques entre lesquels il n'existe aucun véritable lien statutaire, même si ces écoles forment un réseau qui défend les mêmes objectifs par de grandes similarités dans la formation dispensée.

Il n'existe aucun classement entre les IEP ; aussi, c'est le choix de l'ordre alphabétique qui a été suivi dans la présentation de ces écoles, afin d'éviter de donner l'impression d'une quelconque supériorité d'une partie d'entre elles sur les autres.

a. Sciences Po Aix-en-Provence

Créée en 1956, Sciences Po Aix est installée dans un hôtel particulier du XVIIIe siècle qui accueillait auparavant l'université de Provence formée au XVe siècle pour enseigner le droit canonique et civil ainsi que la théologie. Cet IEP s'inscrit donc dans cette tradition universitaire et cette culture juridique. Il est dirigé depuis 2015 par Rostane Mehdi, professeur de droit public. Parmi les personnalités qui ont marqué l'école, figure notamment Philippe Séguin, ancien élève de l'IEP et longtemps président du Conseil d'administration de l'établissement.

L'école accueille au total 1 800 étudiants et propose chaque année environ 150 places pour l'admission via le concours commun du réseau ScPo. Sciences Po Aix est particulièrement convoitée pour ses spécialisations vers le monde arabe. Elle propose par ailleurs un observatoire du religieux depuis 1992.

b. Sciences Po Bordeaux

Depuis sa création en 1948, Sciences Po Bordeaux s'est imposée comme une école de référence dans le domaine des sciences sociales, notamment sous l'impulsion de Pierre Sadran qui a dirigé l'école entre 1985 et 1998. Elle est implantée sur le site de Pessac depuis la fin des années 1960 et a bénéficié du statut d'institut d'études politiques d'équilibre, au même titre que Grenoble ou Aix-en-Provence, lui permettant de densifier considérablement son offre de formation.

Parmi les professeurs qui ont marqué l'histoire de l'école, figurent notamment Jacques Ellul, professeur d'histoire du droit et penseur critique de « la société technicienne » ou Jean Stoetzel, le fondateur de l'IFOP. Cette diversité de pensée est clairement revendiquée par l'école.

D'un point de vue scientifique, Sciences Po Bordeaux dispose de plusieurs laboratoires de recherche, parmi lesquels le laboratoire Les Afriques dans le monde (LAM), héritier du Centre d'étude d'Afrique Noire (CEAN), créé en 1948 avec le concours de la Fondation nationale des sciences politiques (FNSP). La réputation de l'école vient également du Centre Émile Durkheim (CED), du nom d'un des pères fondateurs de la sociologie moderne, un temps professeur d'université à Bordeaux.

L'école est également réputée pour ses préparations aux concours administratifs, notamment à l'École nationale de la magistrature (ENM) installée dans le centre-ville de Bordeaux depuis 1958.

Depuis 2016, Sciences Po Bordeaux bénéficie de locaux très modernes au sein desquels l'IEP accueille chaque année plus de 2 100 élèves, pour environ 250 places offertes aux étudiants de première année. L'école est actuellement dirigée par Dominique Darbon, politiste, aincien directeur du laboratoire Les Afriques dans le monde.

Sciences Po Bordeaux offre de nombreuses filières intégrées avec l'Allemagne, les Caraïbes, l'Espagne, Hong Kong, Italie ou encore le Portugal. Elle dispose également de sa propre école de journalisme.

c. Sciences Po Grenoble

Intégrée au sein de l'université Grenoble Alpes depuis 2020, Sciences Po Grenoble a été créée en 1948. Elle a bénéficié du statut d'Institut d'études politiques d'équilibre pour asseoir son développement face à Sciences Po Paris et accueille désormais plus de 2 250 étudiants.

Son laboratoire de sciences sociales Pacte est particulièrement renommé. Sa vocation pluridisciplinaire lui permet d'accueillir des géographes, des politistes, des sociologues, des urbanistes, des économistes et des historiens pour proposer régulièrement des publications de référence sur des sujets d'actualité.

L'IEP est dirigé par Sabine Saurugger, professeure des universités en science politique qui entend poursuivre l'internationalisation de l'école. Sciences Po Grenoble propose ainsi des doubles diplômes avec le Canada, l'Allemagne, l'Espagne ou le Maroc. Elle dispose en outre de sa propre école de journalisme : l'École de journalisme de Grenoble.

d. Sciences Po Lille

Créée en 1991, Sciences Po Lille est régulièrement présentée comme l'un des IEP les plus demandés au concours commun, avec Sciences Po Lyon et Sciences Po Strasbourg. L'IEP accueille plus de 2 000 étudiants dans ses nouveaux locaux inaugurés en 2017 dans le centre de Lille et propose chaque année environ 190 places aux étudiants de première année.

L'école valorise sa position géographique de carrefour de l'Europe en proposant quatre doubles diplômes avec l'Allemagne, la Grande-Bretagne, l'Espagne et l'Italie. Elle dispose en outre de plus de 200 accords internationaux, signe de sa très grande ouverture sur le monde.

Sciences Po Lille est également très réputée pour son partenariat avec l'École supérieure de journalisme de Lille. Elle a également conclu un double diplôme avec l'École des hautes études commerciales du Nord (EDHEC), l'une des écoles de commerce françaises les plus renommées.

La réussite de ses étudiants à l'agrégation de sciences économiques et sociales est également un facteur d'attractivité pour l'école. Sciences Po Lille fournit ainsi le tiers des lauréats de cette agrégation. L'école dirige également en co-tutelle le Centre d'études et de recherches administratives, politiques et sociales (CERAPS) dont l'un des chercheurs est Pierre Mathiot, l'actuel directeur de l'école.

Parmi ses anciens étudiants, figure notamment Gérald Darmanin, actuel ministre de l'Intérieur.

e. Sciences Po Lyon

Fondée en 1948, Sciences Po Lyon dispose désormais de deux campus, depuis la création de celui de Saint-Étienne en 2017, sous l'impulsion de son ancien directeur Renaud Payre. L'école accueille environ 1 800 étudiants et propose chaque année 240 places au concours commun. Sciences Po Lyon est dirigé depuis juin 2021 par Hélène Surrel, professeure de droit public.

Sciences Po Lyon propose plusieurs doubles diplômes, en partenariat avec l'Université baptiste de Hong Kong ou encore la maison française d'Oxford. Elle propose également un diplôme comme avec le Centre de formation des journalistes (CFJ) ou encore un partenariat avec l'EM Lyon business school.

Dès la première année, les étudiants peuvent en outre se spécialiser sur une aire culturelle et linguistique spécifique. Sur le campus de Lyon, sont ainsi proposées les spécialisations en lien avec l'Amérique latine, l'Afrique subsaharienne, l'Asie, les États-Unis, le monde arabe ou l'Union européenne. Quant à celui de Saint-Étienne, Il offre la possibilité de se spécialiser sur la Russie contemporaine.

f. Sciences Po Paris

Sciences Po Paris occupe nécessairement une place à part au sein de cette présentation des dix instituts d'études politique de France. Fondée en 1872, elle est la plus ancienne de France. Elle est également celle qui a l'offre de formation la plus diversifiée, celle qui accueille le plus d'étudiants ou encore celle qui est la plus internationalisée. Treize mille étudiants sont ainsi scolarisés à Sciences Po Paris, dont plus de la moitié sont des étudiants étrangers.

L'école est désormais installée sur sept campus différents qui bénéficient chacun d'une spécialisation géographique spécifique, à l'exception du campus historique de la rue Saint-Guillaume. Les six campus en région et leurs spécialisations géographiques sont les suivants :

- le campus de Reims, tourné vers l'Amérique du Nord et l'Afrique ;
- le campus de Dijon, tourné vers l'Europe centrale et orientale ;
- le campus du Havre, tourné vers l'Asie ;
- le campus de Menton, dédié au Moyen-Orient et au monde méditerranéen ;
- le campus de Nancy, tourné vers le monde germanique ;
- le campus de Poitiers, dédié à l'Amérique latine et au monde ibérique.

Chacun de ces campus est décrit précisément au sein de la partie 4 de l'ouvrage consacrée à la sélection *via* Parcoursup. Vous retrouverez également dans cette même partie toute l'offre de formation de Sciences Po Paris. L'école propose en effet de nombreux doubles diplômes avec des universités françaises :

- les mathématiques appliquées avec Paris 1 ;
- la physique avec l'institut de physique du globe ;
- les lettres à Paris-Sorbonne ;
- l'histoire à Paris-Sorbonne ;

- la philosophie à Paris-Sorbonne ;
- les sciences du vivant avec l'université de Champagne-Ardennes (campus de Reims).

Les doubles diplômes internationaux sont également très nombreux, puisque l'école propose des doubles filières avec les États-Unis, le Canada, Singapour, la Chine, le Japon, Royaume-Uni, l'Allemagne ou encore l'Australie.

g. Sciences Po Rennes

Créé en 1991 en même temps que Sciences Po Lille, l'IEP de Rennes est désormais installé sur deux campus depuis l'ouverture du site de Caen en 2012. L'école accueille ainsi 1 300 étudiants en formation initiale et propose chaque année environ 130 places au concours commun des IEP.

Elle est particulièrement réputée pour ses préparations aux concours administratifs et propose en outre une offre très riche de master vers le journalisme, les affaires européennes ou encore la santé publique.

Sciences Po Rennes propose un double diplôme international avec l'Allemagne mais également une filière spécifique en partenariat avec l'institut national des sciences appliquées de Rennes (INSA), une école d'ingénieurs.

h. Sciences Po Saint-Germain-en-Laye

Dernier né des Sciences Po, l'IEP de Saint-Germain-en-Laye a été créé en 2013 et a donc diplômé ses premiers étudiants en 2019. Six cents étudiants sont scolarisés dans cette école, ce qui en fait le plus petit établissement du type. Ce petit effectif représente la fois un avantage pour le suivi des étudiants et notamment pour les conférences de méthode mais il constitue également une limite au développement de l'offre de second cycle.

L'école propose néanmoins des doubles diplômes, notamment avec l'École supérieure des sciences économiques et commerciales (ESSEC), l'une des toutes premières écoles de commerce de France.

i. Sciences Po Strasbourg

Depuis sa fondation en 1945, Sciences Po Strasbourg s'est imposée comme l'un des IEP les plus demandés au sein du réseau Sciences Po. Il accueille ainsi environ 1 500 étudiants et propose chaque année 180 places au concours commun. Contrairement aux autres IEP, il dépend directement de l'université de Strasbourg. Depuis mars 2020, l'école dispose d'un troisième site : le Cardo.

Du fait de son positionnement au cœur de l'Europe, Sciences Po Strasbourg affirme son destin international en proposant plusieurs doubles cursus ainsi qu'une formation réputée aux carrières de la fonction publique internationale. Il abrite ainsi le centre des hautes études européennes, né de la fusion avec l'institut des hautes études européennes (IHEE). Plusieurs laboratoires de recherche affirment également cette dimension européenne.

Sciences Po Strasbourg bénéficie également d'un partenariat avec l'École nationale d'administration pour la préparation au concours de la haute fonction publique, valorisant ainsi la proximité géographique entre les deux écoles.

Les doubles diplômes de l'école sont extrêmement variés puisque les étudiants peuvent bénéficier de partenariats avec le Canada, l'Allemagne, la Pologne, la Belgique ou encore la République tchèque.

Sciences Po Strasbourg est également réputée pour ses masters en économie et en finance dont l'un est dispensé à la fois à Strasbourg et à Prague, le double master Corporate strategy and finance in Europe.

j. Sciences Po Toulouse

Créée en 1948, Sciences Po Toulouse acceuille environ 1 700 étudiants. Elle est également membre du réseau ScPo depuis sa fondation en 2008.

Elle est notamment réputée dans le domaine de la recherche en sciences humaines et sociales, grâce aux deux laboratoires qui lui sont rattachés : le laboratoire des sciences sociales du politique (LaSSP) et le laboratoire d'études et de recherches sur l'économie, les politiques et les systèmes sociaux (LEREPS).

Sciences Po Toulouse propose également à ses étudiants des doubles diplômes internationaux, notamment avec l'Espagne ou l'Italie. Les étudiants de Sciences Po Toulouse peuvent en outre bénéficier d'un partenariat avec l'institut national des sciences appliquées (INSA) de Toulouse, une école d'ingénieurs. Enfin, un autre double diplôme est proposé avec la Toulouse School of Management, membre du réseau des écoles universitaires de management.

2 Sciences Po en dix questions

1 Quelles spécialités choisir pour intégrer un IEP ?

Si l'on peut facilement imaginer l'apport de certaines spécialités du lycée, les directeurs des Sciences Po insistent régulièrement pour faire savoir qu'il n'y a pas de spécialités attendues pour préparer l'entrée dans leur école.

De nombreux lycéens choisissent ainsi les spécialités histoire-géographie, géopolitique et sciences politiques, sciences économiques et sociales ou langues, littératures et civilisations étrangères dans la perspective de préparer le concours des IEP ou l'admission dans les autres Sciences Po. Certains contenus ou méthodes enseignés au sein de ces spécialités sont en effet utiles pour acquérir les bonnes pratiques ou les connaissances nécessaires, en raison de leur correspondance au moins partielle avec les trois épreuves du concours des IEP.

Cependant, si ce choix peut faciliter en partie l'année de terminale en concentrant ses révisions et en ayant l'impression de ne pas se disperser, ces spécialités ne sont en rien obligatoires dans la perspective de Sciences Po. Il est tout à fait possible de choisir des spécialités scientifiques et de préparer en dehors de ces cours les concours de Sciences Po. De la même manière, dans le cadre des sélections sur dossier, les spécialités scientifiques peuvent même représenter un atout à condition de bien prendre en considération leur apport.

En résumé, il n'y a donc pas de spécialités obligatoires et le meilleur choix en matière de spécialités reste celui qui correspond à vos résultats scolaires puisque celles-ci occupent désormais une grande place dans les moyennes obtenues au lycée, au baccalauréat et lors du concours d'entrée dans le réseau ScPo.

2 À quoi sert la plate-forme Parcoursup ?

Alors que la plate-forme Admissions Post-Bac était très critiquée, son remplacement au profit de Parcoursup a déchainé les passions. Elle a été accusée de tous les maux, en particulier d'introduire une sélectivité à l'entrée dans l'enseignement supérieur.

Dans le cadre de votre processus vers Sciences Po, la plate-forme Parcoursup est un passage obligé. Elle vous permettra de vous renseigner sur les différentes filières auxquelles vous pouvez postuler dès son ouverture au cours du mois de décembre. Chaque école renseigne ainsi une fiche relative à chacune des formations qu'elle propose. Vous aurez ainsi à votre disposition les principaux éléments concernant cette filière notamment son niveau de sélectivité.

Puis, à partir du mois de janvier, cette plate-forme vous permettra de vous inscrire dans les formations du supérieur que vous convoitez. Il vous sera ainsi possible d'intégrer sur la plate-forme jusqu'à dix vœux. Dans ce cadre, le vœu réseau ScPo qui ouvre la porte de sept IEP ne représente qu'un vœu et ce n'est qu'à partir des résultats définitifs délivrés en mai ou juin que vous aurez à choisir l'un des sept IEP en cas de réussite. Chacune des trois écoles sélectionnant sur dossier représente également un vœu, ce qui porte le nombre de vœux relatifs à Sciences Po à quatre. Il est même possible de postuler à des filières spécifiques, les doubles diplômes ou les filières intégrées, c'est-à-dire ayant un cursus binational. Un étudiant peut donc compléter l'intégralité de ses vœux avec des formations relevant des différents Sciences Po. Il est évident qu'une telle démarche est à proscrire puisqu'il est indispensable d'intégrer au sein de ses vœux une filière non sélective pour être certain de pouvoir rejoindre l'enseignement supérieur.

Enfin, c'est sur cette plate-forme que vous intégrerez les différents éléments constitutifs de votre dossier. Dans ce cadre, le calendrier Parcoursup distingue une phase de sélection des vœux et un deuxième temps pour compléter les dossiers. Tous les éléments doivent passer par cette plate-forme et il est donc primordial de faire preuve d'organisation pour bien réussir cette étape.

3 Peut-on commencer sa préparation avant l'année de terminale ?

Les concours de Sciences Po relevant de l'enseignement supérieur ne sont accessibles qu'après le baccalauréat mais il est tout à fait possible de s'y préparer bien en amont.

Dans le cadre de la sélection sur dossier pour Sciences Po Bordeaux, Sciences Po Grenoble et Sciences Po Paris, la prise en compte des résultats obtenus dès l'année de première oblige nécessairement ce travail d'anticipation. Il est alors indispensable de bien soigner les résultats obtenus au lycée, en particulier dans les spécialités ou dans les épreuves anticipées.

Plus généralement, pour ces trois écoles, il semble également primordial d'anticiper les attendus d'un dossier pour essayer de multiplier ses expériences avant l'année de terminale. Il est ainsi tout à fait possible de s'intéresser à ce processus de sélection dès l'année de seconde. Vous aurez ainsi toute la latitude pour chercher de nouvelles expériences, notamment pour vous engager dans des associations, voyager si vous en avez la possibilité ou travailler dans la mesure du possible puisqu'il est évidemment très difficile de trouver ce type d'expérience avant l'âge de dix-huit ans.

Trouver de nouvelles expériences au cours de l'année de terminale est en effet plus compliqué puisque les priorités sont différentes et que le temps est largement compté à mesure que les concours approchent.

En ce qui concerne le concours commun du réseau ScPo, il est également possible d'anticiper sa préparation. On peut ainsi imaginer mettre l'accent dès le début du lycée sur les langues, la culture générale, l'histoire ou encore un suivi poussé de l'actualité. Sans pour autant se placer dans une véritable démarche de préparation du concours, ce travail d'anticipation peut permettre d'attiser la curiosité tout en renforçant les méthodes et connaissances.

Dès l'année de première, une partie des attendus du concours peut être travaillée. Ainsi, chacun des deux thèmes retenus pour les Questions contemporaines reste au programme durant deux ans. Il est donc tout à fait possible d'anticiper une partie du travail et de la réflexion sur le thème qui restera au concours l'année d'après. De la même manière, une accentuation de ses efforts en langue ou encore en histoire peut permettre d'acquérir une certaine avance et ainsi d'éviter de se trouver submergé durant l'année de terminale. La formation Tremplin IEP est ainsi labélisée dès l'année de première.

4 Comment s'organiser lors de l'année de préparation ?

Lors de l'année de présentation du concours, c'est l'organisation qui fait toute la différence.

Une bonne connaissance des différentes modalités d'intégration vous permettra de construire un calendrier de travail adapté. Le plus difficile reste cependant de concilier à la fois les exigences des cours et celles du lycée ou de la première année de l'enseignement supérieur puisque votre premier objectif demeurera l'obtention du baccalauréat ou votre première année avec le meilleur résultat possible. Si ce travail peut être mené seul, il existe plusieurs types de préparations pour vous accompagner dans la réalisation de cet objectif.

Certaines préparations proposent ainsi des stages en présentiel durant les vacances scolaires. La qualité de ces formations est relativement inégale et leur principale difficulté est d'essayer d'acquérir un maximum de connaissances et de méthodes en un temps très réduit, en plus de n'être proposées que dans les très grandes métropoles de France.

Dans le cadre de la première année de l'enseignement supérieur, il existe également quelques classes préparatoires spécifiques au concours de Sciences Po. Là encore, leur réputation est très inégale et il est indispensable de bien se renseigner avant de s'y inscrire.

Au sein de certains établissements scolaires, vous pourrez également bénéficier d'un accompagnement de la part de vos enseignants. Certains modules sont ainsi proposés, parfois en partenariat avec des programmes de démocratisation. Le réseau ScPo a ainsi mis en place le programme d'études intégrées (PEI) qui fournit à la fois un accompagnement à distance, des stages en présentiel voire un suivi au lycée. Mais, ce type de démarche dépend de l'établissement dans lequel vous êtes inscrit, de critères sociaux et nécessite souvent une inscription avant la fin de l'année scolaire précédente.

C'est pourquoi, les préparations proposées par Tremplin IEP sont réalisées uniquement à distance, à l'exception du concours blanc qui peut être passé dans les villes du réseau ScPo. Par l'intermédiaire de cours en ligne dispensés sous différents formats, cette prépa a été pensée pour être suivie en même temps qu'une scolarité extérieure. Elle met l'accent sur les méthodes tout en proposant des contenus d'une grande richesse. L'accompagnement des enseignants, notamment à l'occasion des cours en visioconférence, apporte un véritable suivi qui rythme la préparation. Des échanges réguliers avec des intervenants extérieurs élargissent votre culture générale et vous fournissent des références précises pour les Questions contemporaines. Des rencontres avec des étudiants passés par Tremplin et désormais scolarisés en IEP permettent par ailleurs de mieux connaître de l'intérieur les différentes Sciences Po. Les devoirs permettent enfin de se familiariser avec les trois épreuves du concours et de progresser tout au long de votre année.

Tremplin IEP propose en outre des accompagnements à distance pour les sélections sur dossier et sur oral. Par des entretiens individuels ou collectifs, des rencontres avec des enseignants de Sciences Po Bordeaux, de Sciences Po Grenoble de Sciences Po Paris, vous pourrez à la fois soigner votre dossier, bien comprendre les attendus de l'entretien oral mais aussi acquérir une connaissance la plus complète possible des écoles que vous convoitez.

5 Comment choisir son IEP ?

L'ensemble des Sciences Po propose des modalités de formation relativement proche. Chacune associe des enseignements fondamentaux, des cours de spécialisation et des mises en situation qui vous permettront de rencontrer des professionnels des secteurs que vous convoitez. L'ensemble des dix IEP propose également de passer a minima une année à l'étranger, en université ou dans le cadre d'un stage professionnalisant. Cette année passée hors les murs correspond ainsi à la troisième année pour la plupart des formations, à l'exception de Sciences Po Bordeaux et de Sciences Po Grenoble pour lesquelles, c'est la deuxième année qui est passée hors les murs.

La qualité des formations dispensées a permis à chacun des dix IEP de se construire une solide réputation. Il n'existe aucune véritable hiérarchie entre les IEP, à l'exception sans doute de Sciences Po Paris qui dispense à la fois l'offre de formation la plus variée et qui jouit d'une véritable visibilité à l'étranger.

Le choix d'un IEP peut donc fort logiquement s'opérer en fonction de critères personnels, comme la localisation des différentes écoles. Cependant, si la formation est largement commune et l'offre de master très large, Il est évident qu'un regard avisé sur les formations de second cycle peut être nécessaire si l'on a un projet bien défini. De la même manière, un double cursus en partenariat avec une université spécifique en France ou à l'étranger peut-être un bon critère pour sélectionner un IEP par rapport à un autre.

Au sein des dix Sciences Po, de multiples possibilités de candidature s'offrent à vous puisqu'au-delà des deux grandes voies classiques que sont le concours du réseau ScPo et les selections sur dossier de Bordeaux, Grenoble et Paris, vous avez la possibilité d'effectuer des vœux spécifiques pour les filières intégrées et la plupart des doubles diplômes.

Enfin, au sein des sept IEP du réseau, il n'existe là encore aucune hiérarchie, même si certains sont traditionnellement plus demandés que d'autres, à l'instar de Sciences Po Lille. L'affectation dans l'un ou l'autre des IEP s'effectue en fonction de votre rang de classement. Une fois le concours obtenu, vous êtes invité à vous reconnecter sur la plate-forme Parcoursup pour exprimer votre préférence pour l'une des Sciences Po, les premiers ayant la possibilité de choisir tous les IEP tandis que les derniers n'auront plus le choix de leur affectation.

6 Peut-on candidater à plusieurs IEP ?

Il est tout à fait possible de postuler à plusieurs IEP en même temps et il est même imaginable de prétendre intégrer une même école par plusieurs voies différentes. Les sept Sciences Po du réseau ScPo proposent ainsi à la fois la voie commune d'intégration *via* le concours commun mais aussi des modalités spécifiques pour les doubles diplômes. Cette même démarche est également possible pour les trois Sciences Po recrutant sur dossier. Il est donc primordial de bien se renseigner et de bien définir son projet.

Plus généralement, lors de l'année de terminale, il est tout à fait possible de cumuler une préparation aux épreuves du concours commun et une ou plusieurs candidatures à des sélections sur dossier. La seule condition est d'être bien organisé afin de ne pas se laisser déborder par les diverses échéances. Les sélections sur dossier nécessitent un travail ponctuel d'introspection et de construction de son projet, là où le concours commun requiert un travail plus régulier pour aborder dans les meilleures conditions possible les trois épreuves du concours.

Un étudiant de première année de l'enseignement supérieur peut à la fois mener de front une préparation au concours commun et une sélection sur dossier à Sciences Po Grenoble puisque cette école est la seule à offrir cette opportunité là où Sciences Po Bordeaux et Sciences Po Paris ne recrutent que des étudiants de terminale (à de rares exceptions près puisque la filière France-Caraïbes de Bordeaux est réservée aux Bac+1). De même, en fonction de sa capacité de travail et de ses souhaits de poursuite d'études, il est également possible de préparer les concours spécifiques d'entrée en deuxième année proposée par les IEP d'Aix-en-Provence et de Lyon.

7 Quelles sont les perspectives professionnelles après un IEP ?

Les Sciences Po s'efforcent de proposer des perspectives professionnelles les plus larges possible. Les instituts d'études politiques multiplient même ces dernières années les filières à dimension scientifique pour combler un certain manque dans le domaine. Il n'y a donc en aucun cas de métier type à la sortie de Sciences Po.

Les IEP préparent notamment à la haute fonction publique ; 80 % des énarques sont ainsi issus de Sciences Po Paris. La fonction publique offre d'autres opportunités à l'issue de Sciences Po, notamment l'école nationale de la magistrature (ENM) ou l'institut national des études territoriales (INET). Il est également possible de se diriger vers les métiers liés à la recherche en sciences sociales, en particulier l'enseignement à la sortie de Sciences Po. Sciences Po Aix-en-Provence offre par ailleurs des formations à vocation militaire.

Il est également possible de rejoindre des institutions européennes et internationales. Sciences Po Strasbourg propose notamment plusieurs filières pour rejoindre des institutions européennes, pendant que les autres IEP offrent également des cursus qui permettent de rejoindre l'ONU, d'autres institutions internationales ou encore des ONG. La coopération internationale et le développement sont une perspective très convoitée par les étudiants de Sciences Po.

Les carrières juridiques offrent également de nombreuses opportunités à la fois dans les institutions publiques mais aussi dans les entreprises ou en tant qu'avocat.

Le secteur privé offre aussi aux diplômés de Sciences Po des possibilités très variées. Il est ainsi possible de travailler dans le secteur de la finance ou dans celui de la gestion. L'urbanisme offre également de nombreux débouchés dans des agences de développement ou dans les collectivités territoriales. De la même manière, les secteurs de la presse, des médias, de l'édition ou plus généralement de la communication et des industries créatives sont également très ouverts pour les diplômés de Sciences Po.

Les emplois offerts à la sortie d'un IEP sont donc très variés puisque ceux-ci sont étroitement liés aux formations de second cycle (quatrième et cinquième années). Dans tous les cas, si la rémunération est également très variée à la sortie d'un IEP, l'insertion sur le marché du travail est relativement aisée et les perspectives d'évolution sont importantes. En effet, les étudiants formés à Sciences po constituent des profils recherchés par les recruteurs puisqu'ils ont reçu à la fois une formation théorique et pratique. Des services sont proposés à l'intérieur des écoles pour faciliter l'insertion professionnelle et vous pourrez surtout bénéficier du réseau des anciens élèves.

8 Quelles sont les notes à obtenir pour espérer être admis ?

Les Sciences Po ne déterminent pas de moyenne à l'entrée. Les retours des candidats à l'issue des sélections sur dossier l'illustrent bien ; certains n'ont pas été retenus alors qu'ils avaient des moyennes proches de 20 alors que d'autres ont été invités à se présenter à l'oral avec des moyennes inférieures à 15. Il n'y a donc pas de moyenne type, même s'il est évident qu'un intérêt tout particulier doit être porté sur cet aspect.

Du côté du concours commun, là encore, les étudiants qui réussissent ont un profil varié. Les moyennes d'admission sont globalement stables d'une année sur l'autre. Lors du dernier concours organisé sur table, en 2019, la moyenne obtenue par le premier admis était de 17,17. Le dernier inscrit sur liste complémentaire qui a pu rejoindre ensuite un IEP avait une moyenne aux épreuves de 11,67. Quant à la moyenne du dernier admis *via* la liste principale, elle était de 12,02.

Les rapports de jury insistent chaque année sur le fait que les résultats sont extrêmement serrés. En 2019, un demi-point de moyenne aux trois épreuves constituait ainsi un écart de 400 places.

9 En cas d'échec, quelle voie choisir ?

Même si nous vous conseillons d'aborder la période des concours avec un maximum de confiance en vous projetant vers une réussite dans vos projets, il est indispensable de se poser la question d'une alternative. Vos enseignants insisteront plus largement sur la nécessité d'intégrer au sein de vos vœux sur Parcoursup, une filière non sélective, afin de pouvoir vous inscrire dans l'enseignement supérieur.

Il n'y a aucune filière type qui serve d'alternative à Sciences Po et le meilleur des choix est nécessairement personnel. Dans le cadre d'un échec l'année de terminale, vous avez la possibilité de présenter une nouvelle fois le concours commun du réseau ScPo et de renouveler votre candidature auprès de Sciences Po Grenoble. Votre perspective peut donc consister à suivre une année de classes préparatoires dans l'objectif d'intégrer l'année suivante l'un des instituts d'études politiques du réseau.

Cependant, il peut être également judicieux de choisir dès la première année de l'enseignement supérieur une filière qui vous permettra soit de retenter le concours soit de vous offrir d'autres opportunités de poursuite d'études. Nous pensons notamment naturellement aux classes préparatoires littéraires ou commerciales. Ce sont d'excellentes formations qui vous ouvriront vers d'autres perspectives.

Enfin, ne négligez surtout pas les formations dispensées à l'université. Il peut être judicieux de se diriger vers une licence de droit, de science politique, d'histoire, de langues ou toutes autres disciplines pour lesquelles vous éprouvez un intérêt particulier. En effet, même si les conditions d'enseignement varient nettement d'une université à l'autre, il serait dommage d'éliminer d'emblée cette perspective de poursuite d'études.

10 Quels sont les autres moyens pour rejoindre un IEP ?

En cas d'échec pour l'entrée en première année de Sciences Po, certains IEP offre la possibilité de rejoindre les formations qu'ils dispensent, directement en deuxième année.

Sciences Po Aix-en-Provence propose ainsi un concours spécifique réservé aux étudiants inscrits en première année de l'enseignement supérieur. Ce concours comporte trois épreuves écrites :

- une épreuve de dissertation de Questions contemporaines dont les thèmes sont différents des thèmes de première année ;
- une épreuve de langue ;
- une épreuve de dissertation à choisir parmi l'histoire, l'économie, la science politique ou le droit constitutionnel.

Mais, ce concours proposé par Sciences Po Aix-en-Provence n'offre que 30 places chaque année.

Sciences Po Lyon propose également son propre concours d'entrée en deuxième année ; environ 50 places sont ouvertes chaque année. Là encore, la sélection s'opère *via* trois épreuves écrites :

- une dissertation de sciences sociales ;
- une épreuve sur ouvrage comportant trois questions ;
- une épreuve de langue.

Au-delà de cette possibilité d'intégrer deux instituts d'études politiques en deuxième année, toutes les Sciences Po offrent l'opportunité aux étudiants ayant validé un niveau licence de rejoindre l'un des masters qu'elles proposent. Là encore, le nombre de places offertes est relativement réduit, puisque la priorité est donnée aux élèves de premier cycle des IEP.

L'intégration en master repose globalement sur un processus spécifique à chaque IEP, même s'il est largement similaire. Il consiste en un dossier de sélection destiné à mettre en valeur son parcours, éventuellement suivi d'un oral pour défendre son projet.

Quatre Sciences Po se distinguent en ajoutant à cette base commune des épreuves écrites.

- Sciences Po Bordeaux propose ainsi deux épreuves lors de la phase d'admissibilité : une épreuve de langue vivante qui a la particularité de proposer deux exercices dans deux langues différentes à raison d'une heure par épreuve de langue et une deuxième épreuve, là encore spécifique puisqu'on ne la retrouve dans aucun autre processus de sélection, la dissertation à partir d'un dossier thématisé.

- Sciences Po Lille et Sciences Po Strasbourg proposent également un essai à rédiger chez soi et à ajouter au dossier. Si à Lille, les sujets sont déterminés par le jury en fonction de la majeure envisagée, le sujet d'essai est libre du côté de Strasbourg.

- Sciences Po Lyon organise une épreuve sur ouvrage lors de la phase d'admissibilité ; cette épreuve dure 2 h 30 et comporte trois questions : deux en français et une troisième dans la langue vivante choisie lors de l'inscription.

Quelques conseils à retenir et à mettre en pratique

- Bien connaître les modalités des épreuves.
- Anticiper sa préparation dès le début du lycée.
- Multiplier les expériences associatives ou professionnelles.
- Soigner ses résultats au lycée, en particulier ses spécialités et ses notes de langues.
- Organiser son travail annuel de préparation.
- Bien connaître l'offre de formation de second cycle.
- Construire son projet professionnel à plus long terme.
- Participer aux portes-ouvertes des IEP.
- Échanger avec des étudiants scolarisés en IEP.
- Se construire une porte de sortie en cas d'échec aux concours.

Partie 1

L'épreuve de Questions contemporaines au concours commun

- Descriptif de l'épreuve
- Préparer l'épreuve
- Face au sujet
- Rédiger la dissertation
- Les deux thèmes au concours 2023
- Sujets d'entrainement

1 Descriptif de l'épreuve

1 L'esprit de l'épreuve

a. Une dissertation de Questions contemporaines

Durée de l'épreuve : 3 h

Coefficient : 3

Conditions : aucun document autorisé ; deux sujets au choix.

Description de l'épreuve : Cette épreuve prend la forme d'une dissertation à traiter dans une durée limitée (3 h), sur la base de deux sujets au choix, inspirés des deux thèmes : la peur et l'alimentation. Une liste de livres et de films téléchargeable sur le site du réseau ScPo est proposée afin de guider les candidats dans leur préparation et en particulier dans la détermination du sens du sujet.

2 Les compétences attendues

La dissertation de Questions contemporaines est, comme les dissertations dans des disciplines précises du champ scientifique (histoire, philosophie, etc.), une démonstration organisée. Mais, n'étant pas inscrite dans un champ disciplinaire précis, elle fait appel à des consignes particulières.

On n'attend pas du devoir qu'il soit expert dans un domaine précis mais plutôt qu'il montre **l'aptitude du candidat à mobiliser des regards croisés** : c'est cela que l'on peut appeler une approche « pluridisciplinaire », et c'est peut-être la plus grande des spécificités de l'épreuve. Il s'agit donc de faire preuve de curiosité, de capacité de réflexion sur ce qu'apporte telle ou telle approche et de la mobiliser à bon escient.

Si, à un moment donné de l'argumentation, l'argument philosophique peut avoir toute sa pertinence, à d'autres, le recours à l'analyse d'un fait historique sera justifié ; à d'autres encore, le regard sociologique ou l'exemple littéraire ou artistique seront plus pertinents à proposer. C'est donc **une ouverture d'esprit qui est attendue et valorisée**. Cette attente est essentielle à comprendre car elle dicte à la fois le travail préparatoire au concours et la logique du devoir.

Les sujets proposés en Questions contemporaines sont également des sujets ancrés dans les faits et les débats qui agitent nos sociétés. Le choix des thèmes proposés est en soi un **coup de projecteur sur le monde contemporain**. Les thèmes des dernières années le prouvent : démocratie, révolutions, numérique, etc. Chacun de ces angles d'attaque oblige à observer la société actuelle et à confronter ce regard à des questionnements plus universels. Chacune de ces thématiques ouvre la voie à d'autres questionnements et interroge les valeurs de toute société telles que l'égalité, la liberté individuelle, le lien social, la place de l'individu, le pouvoir etc.

Suivre l'actualité des thèmes proposés et des questions adjacentes est donc indispensable. Ce suivi stimule la réflexion sur le thème. L'actualité sociale, politique, littéraire renvoie, le plus souvent, à des débats plus anciens. On peut lire le monde moderne à l'aune de philosophes grecs, de sociologues des années 1950 ou d'historiens de la Belle Époque et ainsi défricher la réalité de manière personnelle. On n'attend pas des réponses péremptoires des candidats mais une argumentation cohérente, claire et documentée.

a. Mobiliser une bibliographie

Une bonne dissertation ne peut reposer sur vos simples intuitions. La liste de références établies par le réseau ScPo, ainsi que vos propres références doivent être travaillées en amont pour construire des devoirs de qualité lors du concours. Il faut nourrir la réflexion à partir de supports divers : films, romans, essais, productions artistiques de diverses natures. C'est cet aller-retour avec la **production intellectuelle et artistique** qui permet d'affiner la réflexion. La connaissance de faits, dont rendent compte les historiens ou les témoins, est également un vecteur précieux pour nourrir un questionnement ou ébaucher des éléments de réponse aux interrogations liées au sujet. L'analyse singulière de certains penseurs doit compléter cette **connaissance de faits** car les faits ne parlent pas d'eux-mêmes. Il faut les soumettre au regard des observateurs, des analystes, des théoriciens. Le travail sur une bibliographie est donc indispensable. Mais, c'est évidemment un travail qui peut être difficile à gérer. Il faut adopter un certain nombre de règles et de méthodes pour ne pas s'égarer, ne pas perdre de temps et viser juste.

Un appui à la réflexion

Travailler une bibliographie signifie avoir des lectures qui deviennent des références précises, que l'on est donc capable de mobiliser assez rapidement. Ces lectures jouent un rôle très important pour susciter la réflexion personnelle. Avant même d'être une trace valorisante dans la copie, **le travail bibliographique est un véritable support de réflexion**. Comment « penser » un sujet tel que « Démocratie et révolutions » *ex abrupto* ? Comment dégager un sens aux termes et à leur confrontation sans des clés d'entrée ? C'est cette fenêtre ouverte sur les sujets que le travail bibliographique permet.

Le correcteur n'attend pas de la copie de Questions contemporaines qu'elle soit un catalogue de références. Ce n'est absolument pas l'objectif visé. Une bonne dissertation de Questions contemporaines est un **raisonnement personnel**.

Mais, le travail de réflexion nécessaire ne se construit pas tout seul, sans jalons, sans appuis, sans références à des idées partagées. Vos lectures sont donc indispensables pour stimuler votre capacité à dégager des arguments, les hiérarchiser, les opposer, les contextualiser. Ce sont toutes ces attitudes à l'égard des documents lus qui permettent de construire sa propre vision des choses.

On comprend donc aisément que plus les appuis bibliographiques sont solides et diversifiés, plus le raisonnement personnel est ouvert, approfondi, fluide et pertinent.

Quelles sources travailler ?

Pour que le raisonnement soit ouvert, c'est-à-dire apte à percevoir les différents aspects d'un problème, il faut **travailler sur des sources variées et efficaces**. C'est en ce sens qu'il faut comprendre la liste de références ajoutées à compter de la session 2022, il ne s'agit en aucun cas de réaliser un travail exhaustif d'analyse linéaire sur chacun des textes ou une étude approfondie et érudite des autres références pour réussir. L'année de préparation du concours n'est pas le moment adapté à la lecture de longs ouvrages théoriques !

Dans le cadre de la préparation Tremplin, les professeurs font le travail de **sélection des lectures pour chacun des thèmes**. Ce filtrage est évidemment pour le candidat un gain de temps inestimable. Ce tri par les professeurs de Tremplin vous fait gagner un temps précieux car ils ont systématiquement retenu deux types de références :

- les ouvrages principaux (compte tenu du thème bien sûr) : les auteurs, les titres qu'il faut avoir compris et fichés parce qu'ils seront souvent mobilisables ;
- les ouvrages spécifiques au thème : ils sont plus pointus et la connaissance de ces références et leur mobilisation à bon escient permettent de distinguer le devoir et ainsi de « marquer des points ». Il s'agit en particulier des publications plus récentes ou celles dont la diffusion est plus étroite ou d'ouvrages pour initiés, etc.

Il ne s'agit pas de lire tout cela mais de « travailler » la bibliographie retenue par les professeurs.

À côté des références proposées par Sciences Po et de celles sélectionnées par Tremplin IEP, **il est bon de nourrir votre propre bibliographie**. Ce travail personnel peut s'opérer à tout moment, en classe ou dans la sphère personnelle. Dans les cours au lycée, il y a nécessairement des moments de « rencontre » des thèmes retenus au concours. Pendant les cours d'histoire, de géographie, de philosophie, de SES, de littérature, de cinéma et peut-être d'autres encore, une référence intellectuelle ou factuelle renvoyant au thème peut être mobilisée. Parmi les thèmes récents au concours, on mesure à quel point on ne peut suivre un cours d'histoire, de SES ou de philosophie sans que la question démocratique ait été soulevée d'une façon ou d'une autre et que des auteurs aient été cités.

Les **lectures personnelles** de romans, les films vus, les BD ou romans graphiques sont autant de supports qui, une fois lus, peuvent être passés au crible des thèmes en jeu. Certains candidats enrichissent leur copie et la personnalisent par des références qui renvoient à leur culture personnelle et c'est évidemment gratifiant.

Comment travailler la bibliographie pendant l'année ?

Durant l'année de préparation du concours, il est conseillé de construire des fiches notamment des **fiches bibliographiques**. Il s'agit donc de garder une trace synthétique des références intéressantes et des principales idées qu'elles illustrent.

La relecture, plusieurs fois dans l'année, de ces fiches vous conduira à être familier avec une série d'auteurs et vous permettra de les mobiliser « naturellement » lors d'un devoir.

Un travail personnel efficace est donc primordial au cours de l'année de préparation. Des fiches d'accès rapide, construites selon sa propre logique et en fonction de ses propres codes graphiques sont donc les meilleurs outils possible pour mémoriser les références bibliographiques nécessaires pour nourrir la réflexion et rendre un devoir précis.

Comment

Réaliser une bibliographie

Sur chaque fiche, nous vous conseillons d'indiquer :

- le nom de l'auteur et son statut intellectuel (journaliste, philosophe, etc.) ;
- l'époque : il sera toujours intéressant de prendre de la distance avec une thèse renvoyant à une époque spécifique et montrer que si la thèse donne à réfléchir, elle ne peut être plaquée telle quelle ;
- le titre de l'ouvrage ;
- quelques idées clés, celles qu'il faut retenir (pas trop car il faut retenir les grands axes) ;
- un ou deux concepts de l'auteur (s'il y en a).

La relecture, plusieurs fois dans l'année, de ces fiches vous conduira à être familier avec une série d'auteurs et vous permettra de les mobiliser « naturellement » lors d'un devoir.

Comment valoriser la bibliographie dans la dissertation ?

Ce travail de fourmi au fil de l'année valorise votre devoir à condition de veiller à certaines choses.

La rigueur dans la mobilisation des références est primordiale. C'est une des difficultés du travail bibliographique. Il faut être le plus précis possible, ce qui signifie ici orthographier correctement le nom de l'auteur et connaître le titre précis de l'ouvrage cité. Inutile en revanche de retenir la date de publication ou l'éditeur comme l'exigent les travaux universitaires, bien entendu !

Mais, dater, même grossièrement, l'époque de la pensée d'Aristote, de Machiavel ou de Voltaire a un certain intérêt lorsqu'il s'agit d'appliquer leur réflexion à une question actuelle et, ainsi, mettre une distance entre le propos et sa justesse dans une société très différente de la nôtre. L'éclairage qu'apporte un auteur de l'antiquité ou du XVIIIe siècle est très important, de nombreux concepts de cette époque pouvant interroger la réalité actuelle, mais il faut surtout se garder de les plaquer sans précaution. Par exemple, la démocratie athénienne, passage obligé de la réflexion sur la construction démocratique, a peu à voir avec la démocratie représentative que nos institutions organisent.

Ce positionnement historique des auteurs (notamment les plus connus) permet aussi d'éviter de faire apparaître, explicitement ou implicitement, des débats qui n'existent pas, des controverses absurdes entre auteurs ne pouvant s'être rencontrés.

Lorsqu'on mobilise la référence, il faut citer le nom de l'auteur, indiquer le titre de l'ouvrage en jeu et le souligner.

Le principal écueil tient à la manière d'utiliser le travail de mémorisation bibliographique réalisé durant l'année. C'est probablement là que se joue une part importante de la qualité du devoir.

Comment

Utiliser les citations

Utiliser une référence bibliographique peut passer par la citation d'une phrase.

Là encore, ce n'est pas une fin en soi et la présence de citations ne fait pas, en soi, un bon devoir. Une citation bien choisie, placée au bon endroit, une formulation efficace, imagée peut apporter quelque chose, c'est incontestable. Mais, comment retenir de nombreuses citations et couvrir le champ des sujets possibles ? C'est impossible, inutile et illusoire !

On peut noter une petite citation sur la fiche bibliographique, mais inutile de recopier six ou sept phrases. En revanche, identifier des expressions clés chez certains auteurs est souvent plus facile et surtout plus utile. Cela permet de citer l'auteur dans vos propres phrases, de vous approprier le concept dans votre propre réflexion et, ainsi, de vous assurer que vous n'êtes pas en train de réciter une théorie.

Avoir retenu des noms d'auteurs, des titres d'ouvrages et quelques idées clés ne signifie pas qu'il s'agit *in fine* de les « réciter », de les enchaîner les unes derrière les autres, de remplir la copie d'un chapelet de théories et d'auteurs.

Le travail bibliographique est un moyen, non une fin !

Une bonne dissertation n'est ni une récitation de cours, ni un catalogue de références ou d'exemples. Comme on le verra lors de l'étape de rédaction de la dissertation, le travail de réflexion est circulaire : en dégageant les axes forts de la pensée de tel ou tel auteur et en réalisant la fiche synthétique, on relie un auteur à une idée.

Face au sujet proposé, il faudra faire remonter ces idées, ces axes logiques et, ainsi, la référence à l'auteur s'imposera.

Pour dire les choses autrement, ce sont les idées qu'il faut retenir, faire tourner, interroger, critiquer, et les fiches bibliographiques ont cette finalité première.

Mais, ce faisant, les noms attachés à ces idées s'imposent.

Si on voulait pousser le trait, on affirmerait qu'il vaut mieux retenir les grands arguments que le nom précis de son auteur ! Mais, en réalité, par le biais des fiches bibliographiques qu'on est amené à relire plusieurs fois, le nom des auteurs et les titres des ouvrages s'associent presque naturellement à la thèse.

Comment

Citer une bande dessinée, un roman ou un manga

Lorsqu'il s'agit de films, de bande dessiné ou de romans, il faut évidemment justifier l'articulation que vous faites entre l'œuvre et l'argument de votre dissertation et surtout veiller à ne pas raconter l'histoire de façon trop détaillée. Même si vous pouvez penser que le correcteur risque de ne pas connaître ce film, cette BD ou ce manga, c'est à vous d'en dire le propos en deux ou trois phrases rapides et de justifier que vous en parliez à cet instant du devoir. Ainsi, il faut que la distinction entre narration et argumentation soit tout à fait claire pour vous : raconter, ce n'est pas démontrer.

2 Préparer l'épreuve

Préparer l'épreuve de Questions contemporaines est un travail de longue haleine, il faut donc l'organiser en planifiant son travail de préparation et en variant et croisant les méthodes.

1 Organiser l'assimilation de connaissances, mémoriser

Préparer l'épreuve de Questions contemporaines consiste d'abord à accéder à **un stock de connaissances, de réflexions, d'exemples**, etc. Il faut défricher et apprendre. Il n'est pas possible de réfléchir à un sujet dont on ne sait rien.

Les sujets de Questions contemporaines demandent au préalable de maîtriser un ensemble de connaissances. Un sujet tel que « La transparence rend-elle les sociétés plus justes ? » ne comporte, en apparence en tout cas, aucun terme compliqué, aucun concept théorique et semble rédigé avec des termes d'usage courant. Pourtant, la simple notion de justice suppose d'avoir appris la polysémie du terme, ainsi que ses sens conceptuels (par exemple, la justice comme égalité/équité). La formation Tremplin propose notamment un lexique des concepts de philosophie politique à cet effet.

Le travail sur le cours proposé par Tremplin chaque année sur chacun des thèmes proposés est évidemment un support d'apprentissage très riche. Les professeurs ont défriché pour les candidats, ils ont lu, résumé, organisé un ensemble de connaissances qui peut sembler trop important pour être mémorisé. La densité nécessaire des cours demande donc des méthodes d'aide à l'apprentissage.

Comment

Travailler efficacement

Nous vous conseillons de procéder en deux temps :

- lire le cours (que ce soit Tremplin ou un ouvrage général sur le thème) par blocs cohérents. Il ne faut pas vous fixer un objectif de dix pages mais un objectif qui fait sens (la partie portant sur les analyses philosophiques, l'approche politique, les limites sociales, etc.);
- dégager explicitement les axes de réflexion, puis les références et les exemples. Reporter sur les fiches ces éléments. C'est ce primat donné au sens qui favorisera la mémorisation.

2 Réaliser des fiches

a. L'esprit des fiches

Ficher est en général une obsession de tout élève ou étudiant qui doit assimiler des savoirs importants dans des domaines dont il n'est pas familier.

Adopter cette méthode a un aspect psychologique et une véritable efficacité si la méthodologie a été réfléchie. Certaines fiches ne servent à rien, si ce n'est créer l'illusion de l'avancée du travail ! Cela peut sembler rassurant mais c'est un leurre ! Il faut ficher utile. Cela suppose de **penser les fiches par rapport à une fonction spécifique, une étape du travail de réflexion ou une attente du devoir**.

Quelles sont les attentes clés du devoir ? Des définitions claires, des axes de réflexion, des références de natures diverses, des exemples précis et des contre-exemples. Les fiches doivent donc être construites autour de ces répertoires.

b. Les différents types de fiches

Sur chaque thème imposé, il faut donc une fiche de définitions de tous les termes en jeu. Par exemple, sur le thème du secret, il faut être clair sur les notions de secret, transparence, mensonge, manipulation, et quelques autres. La liste des termes importants s'allonge au fil du cours, des lectures et des entraînements. Cet arrêt sur les mots contraint le travail sur le cours en vous amenant à une vigilance particulière. Quand les termes sont définis dans le cours, ils semblent aller de soi mais il faut s'y arrêter pour être capable, par la suite, de retrouver le sens.

Il faut aussi une fiche par sous-thème clé. Ce sont ces axes qui, le plus souvent, déboucheront sur les sujets. Au lieu de résumer le cours de façon passive, il faut donc séparer les thématiques et construire autant de fiches que de thématiques. Certaines seront courtes, d'autres plus longues.

Il faut également une fiche « auteurs » : les auteurs dits incontournables, avec le titre précis de l'ouvrage de référence, et les principales thèses, notions spécifiques (si nécessaire). Il peut être intéressant aussi de repérer les auteurs auxquels il faut les opposer, dans le cadre du thème bien sûr.

Enfin, une fiche « exemples/contre-exemples ». Une fiche listant les exemples par rubriques permettra de les retenir et de visualiser les manques. Avoir cinq exemples pour illustrer la même chose n'a que peu d'intérêt. Il faut donc relier finement chaque exemple à ce qu'il permet de dévoiler ou d'objectiver, et surtout aux arguments qu'ils sont censés illustrer.

Ce travail de découpage des éléments du cours, qui vous sont livrés rédigés donc imbriqués, est essentiel pour s'approprier les savoirs.

3 Face au sujet

Devant un sujet de Questions contemporaines, il faut déployer une méthode rigoureuse pour éviter bien des écueils.

Comment

S'organiser efficacement

Face à votre sujet, vous devez autant que possible éviter toute précipitation et privilégier une approche maîtrisée et méthodique. Voici quelques indications dans la gestion de votre temps, de manière totalement indicative. Il est indispensable d'expérimenter la méthode afin d'adapter le temps consacré à chacune des étapes de travail en fonction de ses capacités ou difficultés.

Rappelez-vous que, le jour du concours, l'épreuve dure 3 h :

- compréhension du sujet :10 à 15 min ;
- construction du plan : 10 à 25 min ;
- recherche des arguments : 20 à 25 min ;
- rédaction du devoir : 1 h 30 à 2 h ;
- relecture : 5 à 10 min.

1 Un moment clé : l'analyse du sujet

Analyser le sujet, c'est mettre à jour les définitions, les présupposés et les enjeux. Cette étape est trop souvent contournée par les candidats qui croient reconnaître le sujet compte tenu de leurs lectures ou des devoirs déjà réalisés. Or, les sujets peuvent, à première vue, se ressembler mais demander un traitement différent.

a. Une première étape indispensable : bien lire le sujet

Même si le sujet est formulé de manière brève ou dans un vocabulaire apparemment peu recherché, le choix des termes du sujet oriente la réflexion dans une logique qu'il faut rendre explicite. Il faut d'abord impérativement commencer par **identifier le(s) sous-thème(s) précis**. Par exemple, dans le cadre du thème de la culture, le sujet « La culture est-elle facteur de progrès ? » demande à identifier, dès le départ, qu'il s'agit de travailler sur l'impact de la culture et ses effets. Il faut donc laisser de côté tout ce qui renvoie à l'origine de la culture, à la diversité culturelle, etc. C'est à ce moment clé du devoir qu'il faut admettre que l'on ne pourra pas mobiliser de nombreux éléments sur lesquels on a pourtant travaillé longuement. En effet, choisir, c'est renoncer !

Cadrer le champ du sujet s'impose également. Certains sujets sont, par les terme qu'ils mobilisent, ancrés dans le champ large de la société et il ne faut pas rater le dimension sociologique ; d'autres sont clairement articulés au champ des science politiques. Par exemple, sur le thème du secret, les sujets suivants ne renvoient p au même champ. « Le secret a-t-il encore une place dans les sociétés contemp raines ? » suppose une vision large des enjeux et demande à envisager les aspec individuels, sociétaux et politiques du secret. En revanche, le sujet « L'État peut avoir des secrets pour les citoyens ? » restreint la réflexion aux rapports entre secret d'État et les citoyens, les aspects sociaux liés aux secrets des individus r doivent donc pas être mobilisés.

La **période** doit également être identifiée. Rares sont les sujets bornant la questio dans le temps ; ce sont donc les termes employés qui guident le cadrage tempore Pour fixer une période adéquate, par défaut, les Questions contemporaines vo concerner des événements qui se sont déroulés durant les 30-40 dernières année Un sujet indiquant « dans les sociétés contemporaines » ne doit pas contenir ur partie historique. En revanche, lorsque l'adverbe « toujours » est articulé au verb du sujet, il induit une certaine dynamique à la question ; il y a un avant et un aprè L'usage de cet adverbe suggère donc une remise en question de quelque chos Cette formulation demande à ancrer l'analyse dans le mouvement, le changemer social, le changement historique ou idéologique. Ce marqueur temporel invit donc le candidat à s'interroger sur différents axes : pourquoi s'interroger sur c problème ? En quoi y a-t-il une remise en question ? Quels sont les facteurs q peuvent expliquer cette mutation ? D'où vient l'actualité de cette question ?

b. Bien repérer les termes clés du sujet

Les **définitions** sont ainsi un passage obligé et décisif pour la réussite de l'analys du sujet.

Comment

Définir correctement les termes du sujet

Une bonne définition est une définition « opératoire », c'est-à-dire qui permet de faire avancer la compréhension du sens global du sujet et d'en mesurer les enjeux. Il faut garder à l'esprit la logique suivante : « si l'on définit ce terme de cette manière, alors on peut en déduire que le sujet veut dire que... ».

Il ne faut donc pas :

- procéder par synonymie (on remplace le mot par un autre comme s'ils s'équivalaient du point de vue du sens). Par exemple, remplacer « justice » par « égalité » ;
- redoubler le terme dont il est question. Par exemple : « La liberté consiste à être libre ».

Les **termes importants** sont aussi ceux qu'on ne voit pas : les verbes habituels (« pouvoir », « falloir », « devoir », « être », « avoir », etc.), les adverbes (« toujours », « encore », « tout », etc.), les adjectifs sans portée particulière (« important », « nécessaire », « possible », etc.) et les termes-outils (« place », « facteur », « rôle », etc.). Ce sont ces mots-là qui dictent la démarche de réflexion. Par exemple, utiliser le terme « nécessaire » suppose d'examiner la nature d'un lien qui existe entre deux éléments, tout en se demandant si le premier est la condition du second, par exemple, ou si c'est une condition nécessaire sans pour autant qu'elle soit suffisante.

Le sujet peut être **interrogatif ou déclaratif**. À première vue, le sujet interrogatif semble plus clair dans ses intentions. La formulation affirmative peut paraître inquiétante, au sens où aucune question de départ ne permet de démarrer l'analyse. « Le secret, une affaire d'État » ne doit pas être simplement reformulé par l'ajout du verbe « être » et d'un point d'interrogation. Un sujet intitulé « Les inégalités à l'école » ne peut se réduire à « Existe-t-il des inégalités à l'école ? ». Cependant, ce n'est pas parce que le sujet est questionnant qu'il est plus facile de l'analyser : bien souvent, les correcteurs déplorent une simple transformation de l'énoncé en question, sans construction d'une véritable problématique. Il faut toujours donner du sens, et pointer ce que l'on peut appeler la « tension interne » du sujet qui procède de son examen.

Certains sujets déclaratifs sont construits sur la simple juxtaposition de deux termes. C'est le cas, par exemple, de « Démocratie et Révolutions ». Dans ce type de sujet déclaratif, se pose le problème de la direction dans laquelle l'analyse peut être construite. Il faut donc être attentif au sens des deux termes (et à leur polysémie) et aux **présupposés** du sujet, qui doivent être saisis par la seule mise en relation des termes grâce à la conjonction « et ». Cette conjonction peut désigner une simple juxtaposition, comme lorsqu'on fait une liste ou un inventaire ces deux évènements coexistent-ils l'un à côté de l'autre, sans rapport ? C'est peu probable car cela ôterait tout sens au sujet.). Elle peut aussi désigne une succession, pour signifier un lien de causalité temporelle (les révolutions viennent-elles avant, ou après les démocraties ?). Mais, le plus souvent, c'est l'implication logique qui est en jeu : qu'est-ce qui relève de la révolution dans les démocraties ? Qu'est-ce qui relève de la démocratie dans les révolutions ? La première est-elle la conséquence de la seconde, et dont ce qui est visé par toute révolution ?

2 Mobiliser la réflexion et les connaissances

a. Lister les grands repères de connaissances que le sujet mobilise

C'est le moment de remobiliser tout le travail de l'année. Les fiches thématiques organisées autour de mots-clés (fiche sur les fondements de la démocratie, sur les inégalités scolaires, les limites du numérique ou encore sur les fonctions sociales du secret, etc.), autour d'auteurs et d'exemples doivent faciliter ce retour aux « sources ».

À chacun de ces allers-retours avec le stock de connaissances, il faut veiller à rester dans le cadre du sujet et ne pas se laisser emporter par l'envie de placer tel savoir pour lui-même ou tel exemple simplement parce qu'il est actuel ou original. Il faut trier en restant toujours vigilant au point d'ancrage : le sujet car le hors-sujet peut peser très lourdement dans l'appréciation de votre devoir par le correcteur.

Comment

Ne pas digresser

Attention à ne pas vous laisser « embarquer » par un thème ! Il est fréquent de voir des copies qui, parce qu'elles abordent un sujet, en arrivent, peu à peu, à déplacer le centre du problème et perdent de vue l'argument en jeu. Dans ce cas, on troque la précision de l'argumentation contre la digression, et l'on procède, comme l'écrivait Montaigne dans les *Essais*, « à sauts et à gambades » !

Par exemple, un devoir qui est amené légitimement à évoquer les lois visant à mettre en place plus de transparence dans la vie politique française ne doit pas nécessairement, et mécaniquement, aboutir à la question du risque de la transparence totale, même si c'était un thème de fichage.

b. Donner du sens : la problématique

Une fois l'intitulé du sujet exploré, il s'agit désormais de clarifier votre démarche.

Construire la problématique est paradoxalement une première réponse au sujet puisqu'elle permet de comprendre l'axe de votre démonstration. Il s'agit de faire apparaître les enjeux sous-jacents de la manière la plus explicite possible. Ce faisant, elle permet d'énoncer la démarche qui sera suivie.

Comment

Faire une problématique

La problématique n'est pas le sujet : vous ne pouvez répéter le sujet (qu'il soit formulé de manière interrogative ou non) en guise de problématique. La simple reformulation ne fait pas illusion !

La problématique peut se présenter sous diverses formes :

- une question directe ou indirecte ;
- forme déclarative : dans ce cas, elle est plutôt l'idée générale que vous allez chercher à démontrer.

L'essentiel reste de clarifier votre démarche en annonçant la question centrale posée par le sujet, et de vous y tenir ! La conclusion sera la réponse à cette même problématique.

c. Construire le plan

Une fois la problématique choisie, vous devez porter attention à la construction de votre travail et à l'organisation de vos idées. Il n'existe pas de plan préétabli pour chaque sujet.

Vos idées doivent être organisées en fonction de votre démarche démonstrative. La construction de votre plan doit vous permettre de répondre à la problématique de manière fluide et cohérente. Cette ossature révèle la pertinence de votre raisonnement.

Chaque partie répond donc à une des réponses possibles à la problématique. La plupart des plans comportent deux ou trois parties, les parties étant elles-mêmes composées de deux ou trois sous-parties. Là encore, il n'existe pas de règle stricte, et il n'est pas obligatoire que tout soit parfaitement symétrique. Veillez simplement à un certain **équilibre** de chacune des parties. L'essentiel est de faire apparaître votre raisonnement de manière cohérente. Votre travail est celui d'une démonstration : l'ordre et la logique sont donc essentiels.

3 Construire l'argumentation

Il n'est pas possible d'envisager de rédiger tout le devoir au brouillon ; c'est matériellement impossible en 3 heures d'épreuve.

Comment

Travailler efficacement au brouillon

Nous vous conseillons de procéder en deux temps :

- écrivez sur le brouillon les sous-titres explicites résumant votre intention ;
- utilisez, si besoin, sur votre brouillon des connecteurs logiques pour souligner les différentes articulations de votre réflexion.

Il est donc nécessaire de travailler certaines étapes au brouillon :

- la structuration retenue : titres et sous titres ;
- Le classement des arguments : il faut classer les idées à l'intérieur des parties, en extraire les articulations logiques (causes/conséquences, les paradoxes, etc.) et les hiérarchiser.

Attention, cette ossature ne doit pas apparaître dans votre copie mais doit vous servir de guide lors de la rédaction.

Une fois cette structure réalisée, il est temps de placer les **exemples** qui appuieront la démonstration à l'intérieur du plan. Les lectures, le suivi de l'actualité, mais aussi les éléments appris dans diverses matières lors de votre parcours scolaire vont prendre place dans la démonstration. C'est une attente importante de l'épreuve. Ces exemples doivent appuyer la démonstration et ne sont pas un étalage de connaissances personnelles. Il est donc nécessaire de s'interroger sur leur pertinence au sein du raisonnement.

Votre travail préparatoire est désormais terminé. Prenez le temps de relire l'ensemble de votre brouillon, afin de vérifier si votre démarche permet de répondre à votre problématique, s'il n'existe pas de hors-sujet ou certains oublis.

Comment

Articuler l'argumentation

Dans chaque partie, la thèse principale (réponse donnée à la problématique) doit être démontrée, justifiée, étayée par deux ou trois arguments :

- les arguments doivent pouvoir être articulés de manière fluide, directement à l'idée directrice de la partie. Ils doivent respecter une logique qui est celle de la justification (« cette thèse est vraie, parce que/car... ») ;
- un argument permet de construire une sous-partie tout entière, qui sera le développement de celui-ci grâce à des exemples et à des références ;
- l'articulation logique est rendue limpide si elle s'intègre à une démarche logique : causalité, conséquences, diversité, au niveau de tel ou tel aspect, caractéristiques ... (il peut y en avoir d'autres) ;
- l'exemple n'est pas un argument, mais il permet de l'illustrer. L'argument doit donc contenir un certain niveau de généralité et d'abstraction.

4 Rédiger la dissertation

La rédaction est l'étape la plus longue de votre travail. Aidé de votre articulation sur le brouillon, vous devez énoncer votre raisonnement de la manière la plus claire et la plus convaincante possible. Il est donc nécessaire de respecter un certain nombre de règles inhérentes à l'exercice.

1 L'introduction : un moment clé du devoir

L'introduction est la partie sans doute la plus délicate à rédiger. L'enjeu est de taille : c'est la **première impression laissée à votre correcteur**.

C'est dans cette partie que vous pouvez démontrer tout votre travail de réflexion préalable. L'introduction doit mener de manière fluide au thème, au champ du sujet, au sujet lui-même puis à la problématique et au plan. Aussi, il est fortement conseillé de prendre le temps de rédiger cette introduction au brouillon.

a. L'accroche

L'accroche a une fonction « apéritive » : elle doit donner le goût de lire votre copie et amener à la formulation du sujet, de façon presque naturelle. Pour autant, il ne faut pas accorder un temps trop important à l'écriture d'une phrase élégante. Ne cédez pas à la panique si vous avez le sentiment d'une première phrase trop faible, ou peu originale. Compensez par la qualité de la présentation du sujet ; elle révèle la clarté de la pensée et l'effort accompli pour comprendre et analyser correctement le sujet.

L'accroche peut être un fait d'actualité (au sens large), un fait historique, un exemple connu, un chiffre clé, un débat théorique, une citation. Il faut mobiliser quelque chose d'accrocheur, éviter une définition terne, et montrer tout de suite en quoi cela permet de faire le lien avec le sujet et de l'interroger.

De la même manière que pour les autres étapes de la dissertation, c'est en vous entraînant à rédiger des devoirs complets ou en réfléchissant à des sujets que vous parviendrez à rendre le travail d'accroche plus évident.

Comment

Faire une bonne accroche

- Une bonne accroche ne doit pas être une formule trop générale, trop vague, voire totalement creuse : « Depuis la nuit des temps », « Les Hommes sont par nature violents... ». Ce défaut donne d'emblée au correcteur une mauvaise image de votre travail. Il faut en effet montrer que vous cherchez à être précis et à sortir des clichés et des formules toutes faites.

- L'accroche peut partir d'un exemple, d'une citation, d'une référence qui amène au thème et au champ du sujet assez explicitement et rapidement. Il faut donc en dire suffisamment et procéder à un commentaire de ce qui est cité en accroche afin d'aboutir au sujet. Il ne faut donc pas utiliser une formule « hors-sol » qui ne conduit pas véritablement au sujet. C'est le cas d'une belle citation qui finalement ne mène nulle part.
- L'accroche ne doit pas être trop longue et développer excessivement un exemple. En effet, l'introduction n'est pas le lieu d'analyse des exemples : il s'agit simplement d'évoquer le lien entre un exemple puisé dans votre culture générale et le sujet.

b. L'analyse du sujet

Cette partie de l'introduction est nourrie du travail préparatoire réalisé au brouillon. Vous ne pouvez pas vous contenter de reprendre les termes de la question tels qu'ils sont donnés par le sujet. Il s'agit de les analyser et de les mettre en relation pour montrer votre compréhension du sujet : ce n'est pas tant le sens de chacun des termes du sujet pris isolément qui compte que le sens global de celui-ci. Pour ce faire, vous allez passer par un jeu de définitions qui met en évidence les enjeux du sujet, en travaillant bien les implications de ce que vous dites. Ce travail de définition et d'examen de leur implication doit permettre d'aboutir à la formulation de la problématique.

c. L'énoncé de la problématique

La problématique est l'étape décisive de votre introduction. Sa formulation correspond à un questionnement du sujet qui doit découler de la définition des concepts et enjeux lors de l'étape précédente. Elle se pose sous la forme d'une question, ou dans un style indirect. La problématique ne doit pas se contenter de reprendre le sujet. Poser convenablement une problématique prouve la capacité à mobiliser des concepts et la démarche réflexive du candidat face au sujet.

d. L'annonce du plan

Le plan doit indiquer de manière claire, directe et sobre les idées directrices de votre raisonnement. L'annonce du plan correspond aux premiers éléments de réponse apportés à la problématique. Il est donc préférable d'utiliser la forme affirmative dans cette partie de l'introduction. Il faut surtout être cohérent : les étapes annoncées doivent être retrouvées dans le plan !

Les erreurs à éviter

Il est préférable d'éviter :

- les formules alambiquées (« Nous allons étudier de plus près ce problème ») ;
- la prise de position définitive (« Cette idée est fausse ») ;
- les lourdeurs (« Dans une première partie... »).

2 Le développement

Le développement commence après un saut de deux à trois lignes après l'introduction. Il doit commencer par un petit paragraphe introductif (trois-quatre lignes) contenant la thèse à soutenir, un chapeau introductif que l'on appelle « chapô » dans le milieu journalistique.

Comment

Rédiger le « chapô » ?

Il s'agit d'indiquer la direction de la partie, où vous allez et la manière dont vous vous y rendez. Ce « chapô » est donc composé de deux éléments :

- la reprise de l'idée motrice de la partie (déjà indiquée dans l'annonce de plan) ;
- les deux ou trois arguments qui vont être mobilisés pour étayer l'idée directrice.

Le chapeau est essentiel pour indiquer explicitement vos intentions. Il dit implicitement que vous savez où vous allez, que le devoir est pensé.

La rédaction du développement nécessite des alinéas à chaque argument (donc deux ou trois fois dans la partie). Chaque argument développé à l'aide des exemples et des références est un bloc qui constitue une sous-partie.

La gestion de chaque argument passe par sa formulation explicite, son explication (il s'agit, selon le cas, de mettre au clair le mécanisme, les relations, les différents types, les facteurs, les références théoriques, etc.), et son illustration par un exemple.

Comment

Utiliser correctement les exemples

Un exemple illustre un fait ou une idée ! Il ne constitue pas un argument ! Il vient donc toujours après l'idée ou le fait !

Une partie de devoir ne peut être constituée d'une succession d'exemples. Cette accumulation en ferait une partie purement descriptive, sans argument.

Enfin, n'oubliez pas qu'une bonne sous-partie ne se réduit à rapporter des faits ou à raconter une histoire !

Le passage à un autre argument au service de l'idée directrice nécessite un alinéa et un mot ou une expression de transition.

Comment

Rédiger les transitions entre les arguments ?

- Transition vers un autre argument allant dans le même sens : « par ailleurs », « d'autre part », « en outre », « de même », « en second lieu », « de plus », « enfin », etc.
- Transition amenant un argument contraire : « a contrario », « à l'inverse », « d'un autre côté », « au contraire », « néanmoins », « en revanche », « pourtant », « toutefois », etc.
- Transition vers une conséquence : « alors », « ainsi », « c'est pourquoi », « d'où », « dans ces conditions », « de sorte que », « donc », « en conséquence », « par conséquent », etc.

Enrichissez vous-même votre liste !

Chaque partie doit être conclue (reprise du fil conducteur) et articulée à la suivante par une **transition**. Puis, il faudra sauter deux ou trois lignes pour reprendre la même méthode pour la partie suivante. Il faut tenir ces règles de composition jusqu'au bout, ne pas se relâcher. Le chapeau introductif est tout aussi utile pour la 3e partie que pour la 1re !

3 La conclusion : le temps du bilan

La conclusion est un moment clé du devoir mais qui est souvent rédigée dans l'urgence et, forcément, peu satisfaisante. Il faut penser à la conclusion dès le début du devoir. C'est la réponse au problème soulevé par le sujet.

Les attentes de la conclusion tiennent en deux points : une reprise des idées fortes qui ont été dégagées et une ouverture :

- Reprendre les idées fortes ne consiste pas simplement à répéter le plan. Il faut prendre de la hauteur et faire le tri (finalement qu'est ce qui est important pour répondre à la question ?) et aboutir à une réponse au problème, plutôt cohérente avec l'ensemble du développement. Ainsi, on prendra position sur le sujet en prolongeant les démonstrations de la partie qui précède immédiatement, plutôt que celles de la première partie de la dissertation. N'utilisez pas la première personne du singulier pour exprimer cette prise de position : gardez le style objectif et démonstratif tout au long de la démonstration.
- Ouvrir consiste à montrer que vous insérez le sujet dans un champ plus vaste de réflexion.

L'ouverture dépend donc totalement du sujet. Il peut être légitime d'ouvrir le débat sur les aspects sociaux quand il s'agissait d'un sujet politique, par exemple.

Ici encore, ce sont les connaissances qui permettront de cibler rapidement un axe d'ouverture.

Attention : il ne faut surtout pas ouvrir sur une piste qui a été traitée ou qui aurait dû être traitée dans le cadre du sujet !

Comment

Rendre une copie dans les règles formelles

Les examinateurs attendent une maîtrise parfaite de la langue française. Mettez donc toutes les chances de votre côté en soignant chaque détail de votre travail :

- Veillez tout d'abord à adopter une présentation claire et soignée. Portez une réelle attention à la lisibilité de votre écriture : préférez l'usage d'une encre foncée plus agréable à la lecture et usez modérément du correcteur.
- Utilisez un style simple, clair et soigné. Évitez bien sûr toutes les expressions relevant du registre de l'oral. Préférez les phrases courtes, bien rythmées, susceptibles de transmettre au mieux votre raisonnement ; comme l'écrivait Boileau : « Ce qui se conçoit bien s'énonce clairement ».
- Soignez l'orthographe et la syntaxe. Il faut relire votre travail :

– soit après chaque partie rédigée ;
– soit en fin d'épreuve.

- Respectez les usages :

– les débuts de phrase et noms propres comportent des majuscules ;
– utilisez à bon escient la ponctuation afin de rythmer au mieux votre phrase ;
– n'abusez pas des parenthèses ;
– entourer vos citations de guillemets ;
– soulignez les titres des ouvrages ou parutions auxquelles vous faites référence (dans les textes tapuscrits, on utilise une police en italique) ;
– soulignez les mots étrangers que vous utilisez (cela vaut aussi pour les langues mortes).

Les conseils des anciens tremplinistes

Nous avons sollicité d'anciens étudiants de la préparation Tremplin pour qu'ils vous livrent quelques conseils sur l'organisation de votre année et les épreuves du concours commun. Ils sont désormais en master d'institut d'études politiques et vous adressent les quelques recommandations suivantes.

- La méthode est bien plus importante qu'on ne le pense : Sciences Po ne cherche pas forcément des étudiants qui connaissent par cœur des références ou des ouvrages précis mais des étudiants capables de faire un plan et une bonne problématique.
- Les références sont importantes car elles illustrent le propos : il ne faut pas juste les citer dans votre devoir mais démontrer qu'elles viennent appuyer l'idée de votre sous-partie.
- N'hésitez pas à travailler en reprenant les cours Tremplin, afin d'identifier les thèmes connexes du thème principal. Vous pourrez ainsi créer une arborescence de sous-thèmes dans lesquels puiser trois ouvrages, trois exemples historiques, trois références de pop culture (film, série, bd...) et trois chiffres, par exemple.
- Entraînez-vous à rédiger des plans en reprenant les devoirs de Tremplin ou en créant des sujets (même si parfois ils étaient peu probables).
- Le jour du concours, l'orthographe et le soin de la copie sont très importants : après plusieurs dizaines de copies corrigées, votre correcteur.trice pourrait vraiment dévaluer votre copie si elle est remplie de fautes ou illisible !
- Même si vous apprenez tout par cœur, vous avez les bonnes références, les bons auteurs, etc. le plus important reste de bien définir les termes du sujet pour trouver une bonne problématique ; l'introduction est très importante dans l'évaluation de votre devoir !

5 Les deux thèmes au concours 2023

1 La peur

Au même titre que les autres émotions, la peur émerge en réaction face à un danger ou à une menace, qu'elle soit supposée ou réelle. Dans son sens premier, elle correspond à un état affectif qui survient face à la prise de conscience d'un risque. Elle se manifeste alors par différents degrés d'affection, d'un simple trouble à l'angoisse. Elle est par essence profondément commune et tout autant polysémique, tant il est difficile de la distinguer nettement de la crainte, de l'effroi, de l'épouvante ou de la panique.

Réponse à l'incertitude, la peur apparaît lors d'un moment de doute. En fonction de leur éducation et de leur vécu, les individus sont donc très inégaux face à la peur. Si elle peut être considérée comme un mécanisme de protection face aux risques, elle souffre également d'une connotation négative en tant qu'annihilation des capacités individuelles. On dit ainsi que la peur donne des ailes mais aussi qu'elle paralyse. Elle fascine néanmoins si l'on en croit le besoin des individus de se mettre en danger ou de se confronter à celle-ci.

Par extension, la peur affecte aussi les sociétés. Les profonds changements des modes de vie des dernières décennies ont ainsi fait resurgir de vieilles peurs. Très ancien mode d'action politique, le terrorisme a ainsi retrouvé une nouvelle jeunesse à travers le djihadisme. La peur demeure également un moyen de contrôle des foules dans une partie du monde et en particulier dans les États autoritaires. Mais, c'est la peur de l'inconnu, qu'elle se manifeste à l'encontre d'un phénomène, la mondialisation, ou dans la confrontation avec un virus qui affecte les modes de vie de l'humanité tout entière, qui a redonné à ce phénomène tout son intérêt.

La pensée contemporaine accorde ainsi une importance fondamentale aux notions d'incertitude, de risque, d'insécurité ou encore de précaution. De là, vient toute l'ambiguïté d'une peur qui est à la fois un profond mécanisme de protection individuelle et collective mais aussi un puissant outil politique.

a. Un mécanisme de préservation de l'humanité

Tant au niveau individuel que collectif, la peur est un mécanisme de préservation de l'intégrité. Il n'est alors pas étonnant qu'elle surgisse dans une situation de crise ou d'incertitude. La peur peut ainsi être conçue comme une réponse automatique face à une situation qui nécessite de l'adaptation. Elle peut être pensée comme un processus psychologique qui prend place entre l'angoisse, la crainte et l'effroi et qui se manifeste dans des situations au cours de laquelle l'intégrité physique ou psychologique de l'individu est mise en péril.

C'est ce mécanisme d'alerte et de vigilance face au danger qui a permis aux êtres humains qui nous ont précédés de réagir face à des situations nouvelles. Ainsi confronté au danger, l'Homme a pu déployer des actions spécifiques, qu'il s'agisse de se replier pour échapper à la menace ou d'y faire face en se confrontant à celle-ci afin de la dépasser.

La peur est donc intimement liée à une situation d'interaction avec un milieu ou plus encore avec l'autre. Cet état émotionnel fait suite à un changement, à une rupture dans le système de représentation du monde qui entoure l'individu. Conséquence d'un état de doute, elle l'amène à réagir dans l'intérêt premier d'assurer sa protection qu'elle soit individuelle ou collective.

Il devient ainsi primordial de partager ses peurs pour leur donner du sens. Dénué de mécanisme de protection suffisant, l'enfant alerte son entourage lorsque la peur surgit. De la même manière, après une expérience émotionnelle intense, l'individu cherche à partager son émotion pour lui donner du sens et permettre à cette situation d'instabilité de rejoindre le lot des expériences qui le constituent en tant qu'individu.

b. Une réponse face à l'inconnu

La peur est intimement liée à la connaissance. Elle est en effet déterminée par le degré de savoir que nous pouvons détenir sur sa propre source. Qu'il s'agisse de penser la peur de la mort ou même la peur de l'autre, c'est la méconnaissance profonde qui fait émerger le sentiment de menace. Le rejet de la diversité ou plus franchement encore les mécanismes de définition d'un bouc émissaire témoignent de ce rapport à l'inconnu. Dans des contextes sociaux troublés, ce rejet de l'autre se manifeste presque systématiquement à l'égard de certains groupes.

Le refuge dans la soumission ou dans l'appartenance à une communauté peuvent ainsi apparaître comme des moyens pour se protéger de la peur, de la même manière que l'adhésion à un système de croyances. La religion peut donc être pensée comme une réponse aux peurs. Elle relie les individus entre eux et avec le divin pour tenter d'apporter une réponse à l'angoisse la plus existentielle qui soit : la peur de la mort. L'historien Jean Delumeau a mis en évidence au cours des années 1970 et 1980 cette « pastorale de la peur » pour désigner l'insistance des chrétiens sur les aspects les plus inquiétants du christianisme entre la fin du Moyen Âge et le XVIIIe siècle.

La peur est donc une réponse au vide, au rien, à l'inconnu. Face à un individu qui s'efforce de donner du sens à l'existence en général et plus spécifiquement à la sienne, la peur peut aller jusqu'à paralyser totalement sa capacité d'action. À l'échelle sociale, les traumatismes collectifs que constituent les guerres ou les génocides ont pu donner naissance à des remises en cause de la possibilité même de penser un avenir.

c. Un outil de manipulation

Si elle peut provoquer l'impuissance ou la paralysie, la peur peut également être pensée comme un moyen de manipulation sociale ou plus généralement un outil de contrôle des peuples. Le sentiment d'insécurité collective peut alors être instrumentalisé par des dirigeants pour soumettre le peuple à des perspectives aussi simples qu'autoritaires, tant l'anxiété affecte les capacités de discernement et de raisonnement.

Les États totalitaires fournissent de puissants exemples de cette possibilité de contrôler les peuples en instrumentalisant la peur. Ces expériences politiques émergent à la suite d'une profonde remise en cause des cadres établis : la Première Guerre mondiale. Les difficultés économiques facilitent également l'adhésion à ces théories qui prétendent préserver de la peur en favorisant le repli des sociétés sur elles-mêmes. Le bouc émissaire permet alors d'incarner la responsabilité de cette peur dans l'objectif de favoriser la cohésion d'une société. L'insécurité collective est donc l'un des éléments ayant favorisé l'instauration des régimes totalitaires.

Plus proche de nous, la remise en cause de la mondialisation et en particulier des migrations qu'elle engendre a permis l'instauration de régimes illibéraux en plein cœur de l'Europe. La Hongrie de Viktor Orban offre ainsi le parfait exemple d'une politique d'instrumentalisation des peurs. Les autorités occidentales, qu'il s'agisse des structures européennes ou des États-Unis, sont alors dénoncées comme les principales responsables des maux économiques, sociaux ou culturels. Par un discours simpliste, le populisme illibéral alimente les peurs et y répond. La lutte contre les migrations et la politique de criminalisation des exilés peuvent alors être pensées comme des réponses apportées à ces menaces largement instrumentalisées.

Au sein même des démocraties, les discours politiques cherchent parfois à susciter la peur, quitte à exploiter des cas isolés en les érigeant en comportements sociaux généralisés. Au cours des années 1990, l'administration Reagan a ainsi défendu l'idée d'une augmentation de la criminalité des jeunes, loin de la réalité mise en évidence par les statistiques sur ce phénomène. On mesure ici toute l'importance de la représentation dans le mécanisme de la peur.

d. Le terrorisme et la peur

Depuis 2001, la résurgence du terrorisme islamiste illustre parfaitement les mécanismes liés à la peur. La menace réelle dépasse largement le sentiment du risque, dans la perspective mise en œuvre par les terroristes eux-mêmes. Dans le même temps, les politiques instaurées pour lutter contre le terrorisme participent elles-mêmes à donner corps à la menace.

Depuis deux décennies maintenant, les attentats sont réguliers. Ils visent à la fois à tuer et à porter la guerre au cœur même de l'Occident, mais aussi à faire naître chez les Occidentaux un sentiment d'insécurité. En frappant les terrasses parisiennes ou une salle de spectacle, les terroristes du 13 novembre 2015 ont visé plus généralement un mode de vie et une culture occidentale. La peur est ici clairement recherchée comme un objectif politique. Les scènes d'horreur alimentent ainsi une inquiétude sociale et contribuent à l'émergence d'un sentiment de peur collective.

Pour tenter de répondre à cette angoisse, les dirigeants imaginent des mesures sécuritaires qui ciblent tout autant la représentation de la menace que la menace elle-même. Aux États-Unis, la lutte contre les attentats a permis l'adoption de décrets antimusulmans et favorisé les perspectives de lutte contre les migrations. Le terrorisme a été invoqué par Donald Trump pour justifier la construction du mur avec le Mexique, révélant une nouvelle fois que la peur de l'autre est un puissant outil de cohésion sociale.

Plus généralement, si ces politiques sécuritaires ont bien comme objectif premier d'éviter la survenue de nouveaux attentats, elles participent également à donner corps dans l'espace public à la potentialité d'une menace. Elles participent donc elles-mêmes de cette peur collective en formalisant dans les habitudes sociales le risque.

e. Un objet de fascination

Sans même regarder du côté des loisirs à sensation ou des films d'horreur, force est de constater que la peur fascine les individus comme les sociétés. Pour répondre ou profiter de cet intérêt pour la mise en danger, les médias contribuent à la diffusion et donc à la création des peurs sociales. Lors des situations de crise, ils véhiculent des discours et des images répondant aux horizons d'attente de leur public.

Ainsi, pour illustrer une crise boursière, les scènes de panique des épargnants ou la mise en évidence des risques pesants sur les emplois sont des passages obligés. De la même manière, la fascination pour les faits divers renvoie inévitablement à cette phrase d'ouverture du journal télévisé de TF1 prononcée par le présentateur Roger Gicquel, le 18 février 1976, au lendemain de l'arrestation de Patrick Henry, soupçonné de l'enlèvement d'un jeune garçon de sept ans : « La France a peur ». Qu'on leur reproche d'alimenter la peur ou que l'on considère qu'ils répondent à une attente des spectateurs, les médias participent à cette fascination de la peur et contribuent à alimenter des psychoses collectives.

De la même manière, les théories du complot ou plus largement le poids de la rumeur illustrent cette irrationalité de l'attraction exercée par la peur. Ainsi, au cours de la Révolution française, la rumeur d'attaques menées par des bandes de brigands instrumentalisés par des aristocrates est à l'origine d'un vaste mouvement de révolte populaire à l'été 1789, « la Grande Peur ». La peur séduit les foules, tout autant qu'elle les conduit vers l'action ou au contraire les préserve de celle-ci.

f. La gestion de la peur

Pour se préserver de la peur, l'Homme imagine des mécanismes psychologiques et sociaux destinés à l'atténuer. Il cherche ainsi à mieux comprendre le risque et à s'en prémunir. Les progrès de la science permettent ainsi de mieux saisir les mécanismes de transmission des épidémies et d'améliorer d'autant la gestion de la peur ; l'exemple du sida et de l'intégration progressive des séropositifs dans les sociétés est ici signifiant.

L'Homme œuvre aussi à se prémunir du danger en adoptant des mesures de sécurité. L'instauration de mécanismes de protection permet ainsi de juguler les peurs en estompant le risque. C'est en ce sens qu'il faut comprendre le principe de précaution, en tant que moyen de limiter les risques majeurs par l'acquisition de connaissances. Ce dernier a été défini lors du sommet de Rio de 1992 et inscrit dans la Constitution française en 2005 à l'occasion de l'annexion de la Charte de l'environnement.

Gestion de l'incertain, le principe de précaution préconise ainsi d'évaluer les risques préalablement à la mise en œuvre d'une innovation scientifique afin de se préserver d'un dommage qui bien que potentiel pourrait affecter l'environnement. Il correspond de fait à une analyse d'impact pour mesurer le rapport coût/bénéfice.

9. Peur et Covid-19

La pandémie qui affecte le monde depuis la fin d'année 2019 offre de nombreux exemples de réflexions sur la peur. Le virus lui-même a plongé l'humanité face à la peur de l'inconnu et plus généralement de la mort. La résurgence de discours racistes, notamment anti-chinois, a une nouvelle fois mis en évidence le repli des sociétés sur elles-mêmes face à la peur et la nécessité sociale qu'elles expriment alors du rejet de l'autre dans une quête plus globale de responsabilité.

La rapidité de la production des vaccins pour lutter contre le nouveau virus a également pu être interprétée comme une menace pour les sociétés. Une partie de l'humanité a choisi de rejeter le vaccin, tout en minimisant le risque du virus lui-même. La plupart des pays occidentaux ont ainsi été affectés par des mouvements « antivax », sans qu'il ne s'agisse là encore d'un phénomène inédit.

L'omniprésence de la pandémie dans les discours médiatiques, tout comme l'attrait des opinions sur les informations liées au virus, ont une nouvelle fois révélé la fascination liée à la menace, du fait de son imprévisibilité et de la méconnaissance qui l'entoure.

Comme toute situation de crise profonde affectant un individu ou l'humanité tout entière, la Covid-19 a également permis de repenser le rapport aux autres et à son environnement, l'essence même d'une émotion.

Dix citations relatives à la peur

- « La peur est la première émotion que l'humanité ait sentie. Rien n'est plus humain que la peur. », Ernest Lavisse, *Discours aux écoliers du Nouvion-en-Thiérache*, 1912.
- « Cela a rarement été souligné mais la peur est la première émotion ressentie par un personnage dans la Bible. Adam mange du fruit de l'arbre, découvre qu'il est nu et se cache de Dieu. Il avoue alors à son Créateur : « J'ai pris peur parce que j'étais nu. », Corey Robin, *La peur. Histoire d'une idée politique*, 2004.
- « Tous les hommes ont peur. Tous. Celui qui n'a pas peur n'est pas normal », Jean-Paul Sartre, *Les chemins de la liberté*, 1945.
- « Pour les hommes et les femmes qui l'ont vécue, la période de 1793-1794 fut un temps de troubles et de peur. (...) Un gouvernement de plus en plus dictatorial promut la délation et la répression, tandis que des comités de surveillance traquèrent partout des suspects accusés de traîtrise. Des milliers de citoyens furent arrêtés et des centaines d'autres exécutés, après avoir été traduits devant des tribunaux révolutionnaires qui jugeaient sans appel. » Timothy Tackett, *Anatomie de la terreur. Le processus révolutionnaire (1787-1793)*, 2018.
- « Le XVIIe siècle a été le siècle des mathématiques, le XVIIIe siècle celui des sciences physiques, et le XIXe celui de la biologie. Notre XXe siècle est le siècle de la peur. », Albert Camus, « Le siècle de la peur », article publié dans le journal *Combat* en 1948.
- « La seule chose dont nous devons avoir peur est la peur elle-même. », discours d'investiture de Franklin Delano Roosevelt après son accession à la présidence des États-Unis, 4 mars 1933.
- « Dans le champ de l'économie politique, le management est le laboratoire d'une politique de la peur : la crainte qu'inspire le chômage aux salariés est le principal levier de domination, alors que les employeurs, pour leur part, n'ont rien à craindre de personne. », Patrick Boucheron, *Exercice de la peur. Usages politiques d'une émotion*, 2018.
- « La France a peur ». Roger Gicquel, ouverture du journal télévisé de 20h de TF1 le 18 février 1976, après l'assassinat d'un jeune garçon de sept ans.
- « Les États sont tentés de faire de la peur, de son orchestration, de sa gestion, une politique. La mondialisation ayant progressivement rogné les prérogatives traditionnelles des États (celles de l'État-providence), Il leur reste à convaincre les citoyens qu'ils peuvent assurer leur sécurité corporelle. La double idéologie sanitaire et sécuritaire peut se mettre en place, faisant peser de réelles menaces sur la démocratie. », Paul Virilio, *L'administration de la peur*, 2010.
- « Nous sommes en guerre, en guerre sanitaire certes. Nous ne luttons ni contre une armée ni contre une autre nation, mais l'ennemi est là, invisible, insaisissable, et qui progresse. Et cela requiert notre mobilisation générale. Nous sommes en guerre. Toute l'action du gouvernement et du Parlement doit être désormais tournée vers le combat contre l'épidémie, de jour comme de nuit. Rien ne doit nous en divertir. », Emmanuel Macron, allocution télévisée du 16 mars 2020.

2 L'alimentation

La Terre compte désormais plus de 8 milliards d'habitants ; nous n'étions pourtant que 2,6 milliards en 1950. Cette très forte croissance démographique s'accompagne de surcroît d'évolutions notables dans les modes de vie et notamment de changements profonds en terme de consommation alimentaire. Conséquence du développement, une part de plus en plus large de l'humanité s'est mise à consommer davantage de protéines d'origine animale ou encore de produits transformés.

La disponibilité alimentaire moyenne atteint désormais plus de 2800 kcal par personne et par jour, soit davantage que les 2500 kcal par personne et par jour jugées nécessaires pour satisfaire les besoins élémentaires des individus. Le défi alimentaire semble donc avoir été relevé grâce à une agriculture profondément transformée et intégrée dans des circuits alimentaires de plus en plus mondialisés.

La crise sanitaire que le monde traverse depuis 2019 ainsi que les dérèglements liés à l'invasion de l'Ukraine par la Russie depuis février 2022 ont cependant affecté les circuits alimentaires. Les cours des matières premières et notamment des produits agricoles ont connu de fortes hausses. Certains circuits d'approvisionnement sont également toujours perturbés.

La faim dans le monde concerne encore 768 millions de personnes, d'après *L'état de la sécurité alimentaire et de la nutrition dans le monde 2021*, publié en juillet 2022 par l'organisation des Nations unies pour l'agriculture et l'alimentation (FAO). Au sein même des pays développés, ont resurgi des scènes du passé : des rayons de supermarché vides, des files d'attente devant les lieux de vente alimentaire, des restrictions imposées sur certains produits ou encore une inflation galopante sur des produits de consommation courante.

Les adeptes de la collapsologie perçoivent dans ces crises alimentaires un nouvel avatar de cet effondrement en cours de l'humanité. Pourtant, les craintes liées à la surpopulation et au manque de disponibilité alimentaire sont loin d'être nouvelle puisqu'elles agitaient déjà les débats dans la deuxième moitié du XVIIIe siècle, à l'instar des théories développées par l'économiste britannique Thomas Malthus.

L'alimentation est donc une donnée vitale puisqu'elle est l'action de se nourrir. Elle consiste d'abord à subvenir à ses besoins physiologiques en réalisant une série d'actions individuelles au sein de l'espace domestique. Elle constitue au départ une donnée privée destinée à subvenir à ses propres besoins. Cependant, elle met en jeu des aspects beaucoup plus larges, tels que la capacité de production agricole, la transformation des produits alimentaires, leur commercialisation ou encore les modes de consommation notamment guidées par des traditions culturelles.

a. Gloire et déboires de l'agriculture productiviste

Les transformations des modèles agricoles ont permis de répondre au défi alimentaire. Grâce à l'augmentation de la surface des parcelles agricoles, à l'utilisation massive d'intrants et de produits phytosanitaires, à la sélection des semences ou encore aux progrès techniques des engins agricoles, l'agriculture productiviste a permis d'augmenter les rendements et les surfaces cultivées afin de produire davantage. Les disponibilités alimentaires ont augmenté beaucoup plus rapidement que la demande en alimentation.

Les révolutions agricoles accomplies par certains pays témoignent de ce succès. L'Inde connaissait encore des famines dans la première moitié du XXe siècle ; elle était obligée d'importer plusieurs millions de tonnes de blé dans les années 1960 pour répondre aux besoins de sa population. Grâce à la révolution verte, elle a accompli le miracle de devenir une puissance agricole excédentaire et même exportatrice, certaines années. L'exemple brésilien est lui-même édifiant ; ce vaste État d'Amérique du Sud s'est imposé comme l'une des fermes du monde et ses productions sont disponibles dans les supermarchés du monde entier.

Pourtant, ce modèle agricole est aujourd'hui critiqué. Il a eu des conséquences sociales très lourdes. Les agriculteurs sont désormais largement contrôlés par des filières agroalimentaires de plus en plus puissantes. Leurs investissements sont très lourds et le modèle paysan semble avoir disparu. D'un point de vue environnemental, l'agriculture productiviste est aujourd'hui très critiquée pour avoir détruit les sols, provoqué la sixième extinction de masse des espèces et plus largement contribué au réchauffement climatique.

b. Des systèmes alimentaires en voie d'intégration

A l'instar de Jean-Louis Rastoin, les économistes distinguent différents systèmes alimentaires en fonction des environnements locaux de production et de consommation. Même si les niveaux de développement déterminent toujours des différences importantes, les systèmes alimentaires connaissent une intégration de plus en plus grande de la production jusqu'à la consommation.

D'après ces modèles, les différentes sociétés passent globalement par quatre stades d'évolution de leur système alimentaire, même si ces différents stades ont tendance à cohabiter et à se superposer :

- Lors du stade rural et agricole, la production alimentaire est consommée sur place et la quasi-totalité de la population vit dans les campagnes et travaille dans l'agriculture. La consommation se fait donc essentiellement à l'échelle locale et l'alimentation reste largement à l'écart des réseaux commerciaux internationaux. Dans le système traditionnel, l'alimentation est donc peu variée et repose essentiellement sur des produits agricoles non transformés ;
- Au cours du stade artisanal, l'autoconsommation familiale demeure prégnante mais une partie des productions sont destinées à être vendue en particulier vers les villes. L'alimentation commence à se diversifier même si elle repose toujours essentiellement sur une consommation locale ;
- Lors du stade agro-industriel, les productions sont de plus en plus pilotées par des filières agroalimentaires plus complexes qui participent à la déconnexion entre

la production et la vente, cette dernière profitant de l'essentiel de la plus-value engendrée par les productions alimentaires et leurs transformations ; les produits alimentaires consommés sont de plus en plus diversifiés et l'intégration des circuits commerciaux permet de dépasser les cycles des saisons. Le rapport à l'alimentation est lui aussi modifié. Il ne s'agit plus uniquement de se nourrir mais l'alimentation devient un acte politique conceptualisé ;

- Enfin, lors du stade agrotertiaire, ce sont des grandes multinationales qui contrôlent l'essentiel des filières agroalimentaires, une grande partie des productions sont donc transportées sur de très longues distances et la déconnexion est encore plus grande entre les consommations alimentaires et les productions agricoles. Lors de ce dernier stade, les populations sont essentiellement urbaines et l'agriculture n'occupe plus qu'une place très minoritaire parmi les activités économiques. Désormais libéré du risque de manque, il s'agit d'affirmer des valeurs à travers la consommation alimentaire.

c. Une alimentation largement mondialisée

La nourriture aujourd'hui consommée dans le monde est largement mondialisée. Il est fréquent que les aliments parcourent des milliers de kilomètres avant d'être consommés. Le journaliste Jean-Baptiste Malet a ainsi mis en évidence les circuits commerciaux parcourus par les tomates, dans *L'empire de l'or rouge : enquête mondiale sur la tomate d'industrie* publié en 2017. Il a révélé que des milliers de tonnes de tomates étaient produites dans le centre de la Chine avant d'être vendues sur les marchés de gros du monde entier.

Ces échanges alimentaires sur de longues distances sont en réalité très anciens. Dès l'Antiquité, certaines productions comme les céréales ou le vin circulent tout autour de la Méditerranée. Ces circuits commerciaux prennent une ampleur beaucoup plus grande à l'époque moderne, après la découverte puis l'exploitation de l'Amérique. Les industrialisations du XIXe siècle modifient l'ampleur de ces circulations en les facilitant à travers la mise au point de nouvelles méthodes de conservation telle que la boîte de conserve ou la réfrigération. La mondialisation contemporaine a achevé de déconnecter « la fourche de la fourchette » pour reprendre l'expression de Pierre Raffard, dans la *Géopolitique de l'alimentation et de la gastronomie*.

Les géographes ont un temps redouté une uniformisation des régimes alimentaires. Des produits mondialisés tels que la pizza ont conquis les consommateurs du monde entier. Les grandes multinationales ont encouragé cette uniformisation des régimes alimentaires afin de conquérir de nouvelles parts de marché. Néanmoins, le succès de cette nourriture mondialisé n'empêche pas le métissage ou la persistance de traditions alimentaires locales.

d. Le poids du secteur agroalimentaire

L'alimentation est désormais en partie contrôlée par une filière agroalimentaire de plus en plus puissante qui s'impose en amont et en aval de la production. Des grandes multinationales ont ainsi conquis le monde et contrôlent désormais plusieurs centaines de marques. Cette concentration est parfois critiquée pour ses conséquences sociales ou sanitaires. Les scandales alimentaires entachent régulièrement les réputations de ces multinationales. Il peut s'agir de mensonges sur la traçabilité des aliments, à l'instar de la substitution de viande de cheval présentée comme de la viande bovine. Il peut également s'agir de manquements aux règles élémentaires d'hygiène, comme l'a de nouveau illustrée l'affaire Buitoni qui a coûté la vie à plusieurs enfants au cours du premier semestre 2022.

Les enjeux financiers sont tels qu'ils conduisent parfois à des dérives. Le secteur agroalimentaire est un puissant créateur de richesses. Grâce à sa politique agricole commune, l'Union européenne est la première puissance agroalimentaire mondiale devant les États-Unis. Rien que pour la France, la filière alimentaire pèse 15 % du PIB et 10 % des exportations. En 2020, le secteur agroalimentaire français dégageait un excédent commercial d'environ 6 milliards d'euros.

Les ressources alimentaires constituent donc un puissant levier d'influence. Les grandes chaînes de restauration rapide constituent le symbole de ce triomphe d'un modèle occidental de distribution et de consommation. Depuis sa création en 1952, la chaîne de restauration rapide McDonald's est devenue le symbole de cette conquête culturelle mondiale de l'*American Way of Life* avec ses plus de 35 000 lieux de vente à travers le monde. La Confédération paysanne a marqué les mémoires pour avoir organisé le 12 août 1999 le démontage du McDonald's de Millau, au nom de la résistance à cette emprise américaine de la malbouffe. De leur côté, les autorités russes se sont empressées de détourner la décision de l'entreprise de quitter la Russie après l'invasion de l'Ukraine, en s'assurant d'une réouverture rapide de l'enseigne sous pavillon russe, durant l'été 2022.

e. Sous-alimentation et malnutrition

Si l'alimentation peut être créatrice de richesses, elle demeure aussi un objet d'exclusion. L'Organisation des Nations unies pour l'alimentation et l'agriculture définit ainsi la sécurité alimentaire comme une situation dans laquelle les habitants ont un accès physique et économique à une nourriture suffisante, saine et nutritive, pour leur permettre de satisfaire leurs besoins énergétiques. Cette notion englobe donc deux aspects très différents que les anglophones distinguent par les concepts de « food security » pour désigner la quantité alimentaire disponible et de « food safety », pour qualifier les aspects qualitatifs de ces disponibilités alimentaires.

La sous-alimentation désigne donc une nourriture insuffisante pour couvrir les besoins élémentaires des individus tandis que la malnutrition répond à une définition beaucoup plus large puisqu'elle englobe cette sous-alimentation et y ajoute les situations de carence mais aussi d'excès. La malnutrition concerne ainsi près de la moitié de l'humanité ; deux milliards de personnes dans le monde sont touchées par des carences, tandis qu'un milliard consomme une nourriture excessive en graisse et en sucre.

Les conséquences pour la santé humaine sont très lourdes. 25 % de la population adulte des pays du Nord sont touchées par l'obésité contre moins de 20 % en l'an 2000. Le phénomène est bien connu ; la surconsommation d'une nourriture industrielle liée à une sédentarité accrue dans les modes de vie contemporains provoque du surpoids voire de l'obésité. La malnutrition peut conduire au diabète, à l'hypertension et elle encourage les maladies cardiovasculaires ou le développement de certains cancers.

f. Un acte hautement culturel

Si l'acte de manger consiste d'abord à répondre à des besoins physiologiques, il revêt aujourd'hui, comme hier, une dimension largement culturelle. L'homme ne consomme pas sa nourriture à la manière des animaux. Il théâtralise ses repas et les érige en moment de sociabilité. Il sélectionne ce qu'il consomme comme un moyen d'affirmer ses appartenances nationales ou religieuses ou ses engagements politiques. La langue allemande est ici beaucoup plus explicite que le français puisqu'elle distingue l'acte de se nourrir pour les animaux (« fressen »), de l'acte de manger pour les humains (« essen »).

L'anthropologue Claude Lévi-Strauss a ainsi théorisé l'idée selon laquelle la cuisson des aliments est cet acte culturel qui permet aux hommes de quitter le stade de la nature pour rejoindre celui de la culture ; là où les animaux consomment la nourriture crue, les sociétés humaines ont recours à différentes méthodes de cuisson, comme autant de moyens de se distinguer de leur animalité.

Les débats entourant la consommation de protéines d'origine animale constituent d'ailleurs un puissant témoignage de cette dimension culturelle de l'alimentation. Les trois monothéismes imposent des règles alimentaires qu'il s'agisse d'associer le poisson aux jours maigres pour les chrétiens, ou d'interdire la consommation de viande de porc pour les juifs ou les musulmans, pour ne citer que ces exemples. Dans certaines régions du monde, à l'instar de l'Inde, le végétarisme voire le véganisme sont très largement répandus. En Occident, les antispécistes prônent le renoncement à toute forme d'alimentation d'origine animale, tandis que les welfaristes défendent la nécessité de prendre en compte le bien-être animal, sans pour autant renoncer à sa consommation.

Dix citations relatives à l'alimentation

- « Les circuits que suivent désormais matières premières et denrées alimentaires pour arriver jusqu'à nos assiettes semblent en effet se perdre dans un maelstrom géographique et humain au sein duquel le mangeur ordinaire a bien du mal à se retrouver. » Pierre Raffard, *Géopolitique de l'alimentation et de la gastronomie*, 2021.
- « Alors que la quantité de nourriture disponible à l'échelle de la planète excède largement les besoins, alors que la Terre est en permanence auscultée par des systèmes de surveillance très élaborés, aussi bien globaux (observations satellitaires) que locaux (registres nationaux et régionaux des disponibilités alimentaires), alors que les agences d'aide peuvent intervenir rapidement en disposant de moyens efficaces d'assistance, aucune famine aujourd'hui ne survient inopinément. (...) Comment expliquer que la famine, ce désastre d'un autre âge, qui a endeuillé à intervalles réguliers l'histoire de l'humanité, puisse persister ? », Sylvie Brunel, *L'énigme de la famine*, 2002.
- « Si à la fin de mon mandat tous les Brésiliens ont la possibilité de manger le matin, le midi et le soir, j'aurai rempli la mission de ma vie », premiers mots de la prestation de serment du président Brésilien Luís Inácio Lula da Silva, 1er janvier 2003.
- « Certes il reste des agriculteurs qui nous nourrissent en abondance et qui font du bruit, bien qu'ils soient trois fois moins nombreux qu'il y a trente ans. Certes les ruraux sont toujours aussi nombreux, ou presque, et la société rurale a connu une spectaculaire renaissance. Mais ni les uns ni les autres ne sont plus des paysans » Henri Mendras, *La fin des paysans*, 1967.
- « Le meilleur auxiliaire d'un diplomate, c'est bien son cuisinier. », formule attribuée à Charles-Maurice de Talleyrand à l'issue du Congrès de Vienne (1815).
- « Les hommes affamés écoutent uniquement ceux qui ont un morceau de pain », formule prêtée à Earl Butz, secrétaire d'État à l'agriculture du président Richard Nixon entre 1971 et 1976.
- « [La cuisine] constitue une forme d'activité humaine véritablement universelle : pas plus qu'il n'existe de société sans langage, il n'en existe aucune qui d'une façon ou d'une autre ne fasse cuire certains au moins de ses aliments. » Claude Lévi-Strauss, *Le cru et le cuit*, 1964.
- « Il est inutile de forcer les rythmes de notre existence. L'art de vivre consiste à apprendre comment dédier du temps à chaque chose. » Carlo Petrini, fondateur du mouvement Slow food.
- « Qu'est-ce que la nourriture ? Ce n'est pas seulement une collection de produits, justiciables d'études statistiques ou diététiques. C'est aussi et en même temps un système de communication, un corps d'images, un protocole d'usages, de situations et de conduites. » Roland Barthes, *Pour une psychosociologie de l'alimentation contemporaine*, 1961.
- « Je portai à mes lèvres une cuillerée du thé où j'avais laissé s'amollir un morceau de madeleine. Mais à l'instant même où la gorgée mêlée des miettes du gâteau toucha mon palais, je tressaillis, attentif à ce qui se passait d'extraordinaire en moi. » Marcel Proust, *Du côté de chez Swan*, 1913.

Sujets d'entraînement

- Sujet 1 : La démocratie : Peut-on être à la fois radical et démocrate ?
- Sujet 2 : L'école : le système d'enseignement en France vous paraît-il assurer l'égalité des chances ?
- Sujet 3 : Le risque : le risque zéro est-il possible ?
- Sujet 4 : La peur rend-elle déraisonnable ?
- Sujet 5 : Faut-il avoir peur des révolutions ?
- Sujet 6 : La peur, une arme politique ?
- Sujet 7 : Comment assurer la sécurité alimentaire ?

Quelques exemples de dissertations corrigées pourront vous permettre de mieux cerner les attendus de l'épreuve ou de vous entraîner.

Vous trouverez tout d'abord trois exemples de devoirs composés par nos formateurs. Ceux-ci concernent d'anciens thèmes proposés à l'épreuve de Questions contemporaines et sont agrémentés de conseils de méthode.

- « Peut-on être à la fois radical et démocrate ? »
- « Le système d'enseignement en France vous paraît-il assurer l'égalité des chances ? »
- « Le risque zéro est-il possible ? »

Vous trouverez ensuite deux sujets traités à la fois par nos formateurs et par des étudiants inscrits au concours. Ces copies vous permettront de vous rendre compte de ce qu'un étudiant est capable de réaliser tant en volume qu'en qualité de réflexion et de rédaction.

- « La peur rend-elle déraisonnable ? »
- « Faut-il avoir peur des révolutions ? »
- « La peur, une arme politique ? »

Le dernier sujet proposé correspond à l'un des deux sujets proposés à l'occasion du concours d'avril 2022, de la même manière que le précédent. Celui-ci témoigne d'ailleurs de la possibilité d'un sujet croisé. Éventualité envisagée depuis la création du concours commun, le sujet croisé est devenu réalité en 2022 avec cet énoncé croisant la peur et les révolutions. À bon entendeur !

Enfin, une dernière dissertation sur le thème de l'alimentation achève ce parcours. Elle permet d'aborder la question fondamentale de la sécurité alimentaire à travers ses différentes dimensions.

Sujet 1
La démocratie

Peut-on être à la fois radical et démocrate ?

Commentaire général :

L'énoncé du sujet semble opposer, au moins à titre d'hypothèse, les deux « postures » du démocrate et du radical. La question qui nous est posée revient, au fond, à nous interroger sur les formes que peut revêtir la radicalité, et à confronter chacune de ces formes aux exigences des valeurs sur lesquelles repose l'ordre démocratique.

Si l'énoncé met en scène des « attitudes » individuelles (être radical, être démocrate), le sujet n'en comporte pas moins une dimension collective qui doit conduire à poser la question de l'attitude des démocraties, en tant que régimes politiques, à l'égard des mouvements radicaux. Mais, l'essentiel du dilemme qui nous est implicitement proposé réside dans la nature et dans les visées des radicalités.

À l'évidence, certaines d'entre elles, fondées sur l'intolérance, le refus de l'autre et de ses différences, sont incompatibles avec l'adhésion aux valeurs de la démocratie. La réflexion, cependant, ne doit pas en rester à ce seul niveau de la radicalité, même si c'est celle qui, dans l'actualité quotidienne, est la plus médiatisée : le concept de radicalité et l'adjectif qui en est issu ne doivent pas être réduits au radicalisme, entendu comme une posture d'intransigeance politique excluant l'idée même du compromis, ou à la radicalisation djihadiste.

Dans une société démocratique, des formes plus subtiles de radicalité peuvent se manifester : radicalité de la réflexion théorique sur l'ordre social et politique, radicalité de certains engagements citoyens sur les causes les plus diverses, à travers des mouvements cherchant à transformer tel ou tel aspect de l'ordre des choses. Le devoir doit prendre en compte ces dimensions spécifiques de la radicalité et s'interroger plus subtilement sur leur compatibilité avec les règles de la démocratie.

L'explicitation du plan : certaines formes de radicalité citoyenne, bien loin d'être des menaces pour la démocratie, peuvent en être les ferments. Ces dimensions multiples du sujet nous amènent à proposer un plan en trois parties : la première décline le concept de radicalité dans sa diversité et pose les termes de la contradiction de l'extrémisme radical avec les fondements de la démocratie. La seconde s'attache à décrire comment la démocratie doit répondre à la menace que constitue pour elle le radicalisme extrémiste. La troisième ouvre la voie à une réflexion sur les relations « organiques » qui, dans l'Histoire comme à l'heure actuelle, lient la radicalité à l'idéal démocratique.

Proposition de corrigé

Introduction

« La démocratie est un rassemblement de gens en désaccord, dont les vues divergent, mais qui n'essaient pas d'imposer leurs vues aux autres ». Cette affirmation de l'ancien Premier ministre israélien Shimon Peres (discours à l'université de Liège, janvier 2009) définit, en quelque sorte, les limites auxquelles doit s'astreindre le citoyen d'un pays démocratique. La diversité et les oppositions d'opinions sont légitimes, de même qu'est légitime l'expression de ces divergences sur l'agora, l'espace public, à travers les libertés d'expression, de manifestation et de protestation. Jusqu'où, cependant, une démocratie peut-elle accepter les extrémismes radicaux, qu'ils soient internes à son fonctionnement ou qu'ils la mettent en danger « de l'extérieur » ? À l'inverse, comment une personne radicale, c'est-à-dire pensant et agissant avec intransigeance à l'égard de ses propres valeurs, peut-elle accepter le compromis permanent qu'exige l'ordre démocratique ? Le radicalisme islamiste, par exemple, ou les mouvements violents d'extrême-droite ou d'extrême-gauche constituent des menaces avérées pour cet ordre démocratique. **[Analyse du sujet]** Être radical dans sa pensée et dans ses actes est-il compatible avec l'attachement aux valeurs démocratiques de tolérance et d'acceptation de l'altérité ? **[Problématique]** La radicalité revêt aujourd'hui les formes les plus diverses, entre lesquelles il importe de distinguer, selon le rapport qu'elles entretiennent avec les valeurs qui fondent la démocratie. Être démocrate suppose de s'opposer aux dérives radicales menaçant l'ordre démocratique. Pourtant, paradoxalement, la radicalité reste l'une des sources d'une démocratie authentique. **[Annonce du plan]**

Développement

1. Être radical, une diversité d'attitudes

Le langage médiatique s'est emparé, ces dernières années, des termes « radicalité », « radical » et « radicalisation » dans une certaine confusion sémantique, et sur un registre généralement très dévalorisant. Il convient donc de s'interroger de manière rigoureuse sur les différentes significations de l'expression « être radical », significations inassimilables les unes aux autres. **[chapô]**

1.1. « Être radical » : de la pensée à l'action

Une première approche du concept de radicalité ramène à l'étymologie du terme, qui renvoie à un retour « à la racine des choses », à leur « origine », entendue comme expression de leur « pureté » supposée. Dans le sillage de cette acception, « être radical » signifie être « intransigeant », « inflexible », et refuser les compromis vis-à-vis des valeurs que l'on porte. C'est aussi, refuser, en le critiquant avec force, tel ou tel aspect de l'ordre existant du monde. On peut considérer, par exemple, qu'est « radicale » la pensée d'auteurs comme Ivan Illich (*Une société sans école*, 1971), Jacques Ellul (*Le bluff technologique*, 1988) ou encore Karl Marx, dans son analyse de l'ordre capitaliste (*Manifeste du parti communiste*, 1848).

Cependant, le terme « radicalisation » a pris désormais une tout autre inflexion, dans les médias et dans l'opinion publique en Occident : il est aujourd'hui synonyme d'un parcours idéologique extrémiste, qui conduit certains jeunes Européens ou Américains à adhérer à la cause du djihad islamiste, à la « guerre sainte » contre l'Occident prônée par des organisations comme Al-Qaïda ou Daesh. Rejoignant, dans le fanatisme, la violence terroriste, ces jeunes « radicalisés » vont parfois jusqu'au sacrifice de leur propre vie. Entre ces deux extrêmes, de la pensée exigeante au meurtre de masse fanatique et aveugle, d'autres registres comme la désobéissance civile, l'objection de conscience ou la désertion, formes citoyennes de radicalité, posent la question de leur compatibilité avec les valeurs de la démocratie.

1.2. La radicalité terroriste, une négation de l'ordre démocratique

La radicalité terroriste, telle qu'elle s'est manifestée en Europe au cours des « années de plomb », dans les décennies 1960-1980, exprimait, par l'usage de la violence contre les personnes et les biens, un refus des valeurs et des « règles du jeu » de la démocratie libérale. La France, l'Italie et l'Allemagne, en particulier, ont connu, sur cette période, de nombreux actes terroristes, notamment des meurtres de personnalités du monde politique ou économique. En 1978, les Brigades rouges italiennes « exécutent » Aldo Moro, figure de la Démocratie chrétienne. En Allemagne, la Bande à Baader enlève puis assassine Hanns-Martin Schleyer, « patron des patrons » allemand. La France, quant à elle, voit l'organisation Action directe assassiner le général Audran, du ministère de la Défense nationale (1985) et le PDG de Renault, Georges Besse (1986). La légitimation par ces groupes radicaux de leurs actions meurtrières s'appuie clairement sur le rejet de l'ordre démocratique et des valeurs qui le fondent, comme l'acceptation de la règle majoritaire, le système de la délégation de la souveraineté populaire à des élus et le pluralisme des opinions.

Sur un registre différent, les actes terroristes perpétrés, sur la période récente, par les éléments radicalisés d'Al-Qaïda ou de Daesh, à l'image des attentats de septembre 2001 aux États-Unis ou de janvier 2015 en France contre *Charlie Hebdo*, suscitent, quant à leurs conditions d'émergence, des analyses divergentes : conflit de valeurs religieuses pour le spécialiste de l'Islam Gilles Kepel ou expression d'un processus de rupture sociale pour le politologue Olivier Roy. Quoi qu'il en soit, cette violence barbare témoigne d'un rejet exacerbé et nihiliste des fondements des sociétés démocratiques occidentales.

La frontière entre radicalité de la pensée et dérive nihiliste peut souvent paraître imprécise : si les sociétés démocratiques doivent admettre la première, elles se fragiliseraient en ne s'opposant pas à la seconde.

2. Être démocrate suppose de s'opposer aux dérives radicales

La radicalité du recours à l'action violente par le terrorisme ne peut être tolérée dans une démocratie. Comme l'a montré le sociologue Max Weber, seul l'État peut être le dépositaire exclusif de la violence physique légitime et le « pacte démocratique » repose sur ce monopole détenu par la puissance publique. La lutte contre la radicalité terroriste est, pour l'État démocratique, un impératif absolu, qui doit cependant respecter, dans ses modalités, les principes de l'État de droit. **[Chapô]**

2.1. Combattre le terrorisme islamiste, un impératif pour les démocraties aujourd'hui

Face au terrorisme islamiste, depuis septembre 2001, les démocraties occidentales ont, de manière progressive mais insistante, renforcé l'arsenal préventif et répressif au service de la sécurité publique. Dans une spirale quasi ininterrompue, chaque épisode d'attentat meurtrier a provoqué une intensification des moyens mis en œuvre, de la traque des terroristes et de leur neutralisation aux sanctions plus lourdes qui les frappent. Le *Patriot Act* de George W. Bush en 2001, la création du camp de Guantanamo, ou les multiples lois votées un peu partout en Europe, témoignent de cette préoccupation devenue, aux yeux des gouvernements démocratiques, une priorité absolue. Lorsqu'un attentat vient endeuiller un pays, à l'image de ceux de novembre 2015, dans les rues de Paris et au Stade de France, et qui sont revendiqués par Daesh, l'opinion publique se tourne vers l'État en exigeant de lui qu'il garantisse la sécurité. Cette porosité légitime des citoyens à l'égard de la demande sécuritaire peut les conduire à accepter voire à demander que les libertés publiques, libertés fondamentales dans une démocratie, soient « rognées » au nom des impératifs de la sécurité.

2.2. L'État de droit, un rempart contre les dérives sécuritaires

Cependant, cet alourdissement de l'arsenal sécuritaire conduit à développer, dans nos démocraties, un maillage d'instruments toujours plus performants de surveillance préventive et de règles dérogatoires aux « droits naturels » proclamés comme imprescriptibles par la Déclaration des droits de l'Homme et du Citoyen de 1789. Celle-ci met en avant le « droit à la sûreté » qui garantit chaque citoyen contre l'arbitraire de l'État. La perversion du radicalisme terroriste, c'est qu'il accoutume l'opinion publique à la dérive sécuritaire de la part de la machine étatique, générant, face à la radicalité extrémiste, une radicalité de l'action publique dangereuse pour les libertés citoyennes. La plus grande vigilance s'impose donc, pour le citoyen d'une démocratie, à l'égard d'éventuels dévoiements des politiques sécuritaires. Ces dernières années, de nombreuses voix se sont élevées pour dénoncer ces risques liberticides. Cette situation rend d'autant plus indispensable le rôle des organes de contrôle comme le Parlement, le Conseil constitutionnel ou, à un échelon supérieur, la Cour européenne des droits de l'homme (CEDH). En cela, la protection des libertés citoyennes doit pouvoir s'appuyer sur les règles inviolables de l'État de droit.

Contenir les dérives radicales constitue un impératif absolu pour l'État en démocratie, impératif qui ne doit cependant pas conduire la puissance publique à abuser de son pouvoir au détriment des libertés fondamentales, notamment celle de contester l'ordre existant.

2.3. Cependant, la radicalité est une des sources d'une démocratie authentique

Être radical ne signifie pas, cependant, ne pas être démocrate. Si les formes extrêmes de la radicalité, lorsqu'elles débouchent sur l'usage de la violence terroriste, sont incontestablement une menace pour les institutions démocratiques, il faut se souvenir que la démocratie est historiquement née de courants de pensée et de révoltes radicaux. De plus, une démocratie vivante doit sa pérennité à une exigence radicale de la part de ses citoyens. **[Chapô]**

3.1. La radicalité aux origines de la démocratie

La démocratie, en Occident mais aussi dans le reste du monde, n'a pas été, historiquement, le résultat d'une « évolution en douceur ». Le plus souvent, elle est née d'une rupture radicale dans l'ordre politique, avec des régimes d'oppression. Cette radicalité « révolutionnaire » s'est exprimée à travers les mouvements de pensée portés par des philosophes, des écrivains ou des acteurs politiques, mais aussi par des soulèvements populaires souvent violents, expression d'une exigence radicale de justice et de liberté. Si, en Occident, nous avons perdu le souvenir de cette phase radicale d'émergence de notre ordre démocratique, et si nous sommes « installés » dans des paysages politiques apaisés, les soubresauts qui agitent régulièrement certaines régions de la planète, en Asie, en Amérique latine ou en Afrique, doivent nous rappeler que la démocratie n'est pas le résultat d'une génération spontanée qu'il suffirait d'attendre patiemment, et qu'elle exige souvent, pour apparaître, un engagement radical parfois périlleux. Les déceptions et les échecs qui ont suivi la vague des « printemps arabe » en 2010-2012 témoignent de la difficulté de transformer une aspiration populaire en mouvement de libération.

3.2. Être radical en démocratie, une manière d'être citoyen

Mais, même lorsque la démocratie est « installée » ou « réinstallée », à l'image des démocraties européennes et américaines depuis la fin de la Seconde Guerre mondiale, la radicalité citoyenne reste légitime. Dans une démocratie vivante et authentique, chaque citoyen garde le droit imprescriptible de ne pas se soumettre aux lois qu'on lui impose s'il les juge contraires aux exigences de sa propre conscience. Au XIXe siècle, le philosophe américain D.H. Thoreau, dans sa conférence sur la « désobéissance civile », en 1849, a théorisé ce droit à l'insoumission aux lois injustes, dès lors que cette attitude reste non violente. Cette posture politique a été, au cours de l'Histoire, revendiquée par des hommes comme Gandhi en Inde, face à la domination britannique, ou Martin Luther King aux États-Unis dans les années 1950-1960, dans sa lutte contre la ségrégation raciale. Ce leader noir charismatique était à la fois radical et démocrate. Aujourd'hui encore, la radicalité citoyenne est nécessaire pour faire vivre la démocratie : elle s'exprime parfois à travers des mouvements qui sont aux frontières de la légalité, voire au-delà de ces frontières, comme on a pu le constater dans les actions des opposants à l'aéroport prévu sur le site de Notre-Dame-des-Landes ou à celui de Bure où doivent être enfouis des déchets nucléaires. Comment ne pas admettre, par exemple avec le Manifeste des 343, en 1971, pour le droit des femmes à l'avortement, que la radicalité militante est aussi la source de nouveaux droits démocratiques ?

Conclusion

Citoyens de pays démocratiques, nous avons tendance à oublier que vivre en démocratie, au XXIe siècle, est une « chance » que ne partagent pas, tant s'en faut, d'innombrables citoyens du monde. La radicalité extrémiste, qu'elle soit religieuse ou politique, est par essence contraire aux valeurs qui fondent les sociétés démocratiques. À ce titre, un démocrate ne peut que rejeter et combattre ces formes oppressives de la radicalité, en restant cependant fidèle aux garde-fous que constituent les règles de l'État de droit. **[Résumé des enjeux et réponse à la problématique]**

Mais, être démocrate suppose aussi d'avoir conscience du caractère toujours inachevé de la démocratie. Comme le déclarait le philosophe français Jacques Derrida (*Le Monde de l'éducation*, septembre 2000) : « Être démocrate, ce serait agir en reconnaissant que nous ne vivons jamais dans une société assez démocratique ». **[Ouverture]**

Sujet 2
L'école

Le système d'enseignement en France vous paraît-il assurer l'égalité des chances ?

Commentaire général :

Ce sujet du concours des IEP portant sur le thème de l'école aborde une des questions centrales qui se posent à l'institution scolaire en France : celle des inégalités face à l'école. L'axe central d'interrogation que propose l'énoncé du sujet relie deux thèmes : l'école et l'égalité des chances, expression de la démocratie. Elle est l'expression d'une exigence « politique » qui s'inscrit au cœur même de l'idéal démocratique.

L'énoncé du sujet est intéressant à deux niveaux :

– D'une part, il utilise l'expression « système d'enseignement » et ne reprend pas l'intitulé du thème global, l'école. Cela semble indiquer qu'au-delà du constat des faits, l'analyse devra se pencher sur les mécanismes, sur les « effets de système » qui font que l'égalité des chances scolaires n'est pas réellement assurée.

– D'autre part, il fait partie de ces sujets qui posent une question dont la réponse ne fait aucun doute sur le fond. Les faits mobilisables aboutissent, pour la plupart, à cette conclusion négative. Il faut donc prendre avec une certaine distance l'emploi du verbe « paraître ». C'est évidemment en s'appuyant sur une analyse globale et « objective » des faits (autant qu'il est possible), donc en utilisant les ressources des sciences sociales, qu'on pourra avancer un début de réponse.

Proposition de corrigé

Introduction

En 2014, en France, 10,5 % des enfants entrant en 6e accusaient un retard scolaire d'au moins une année. Mais, ce pourcentage global se déclinait de manière différente selon l'origine sociale, allant de 2,9 % pour les enfants de cadres et assimilés à 14,2 % pour les enfants d'ouvriers. Ce constat inquiétant souligne à quel point le système d'enseignement français, à cause de ses pratiques et de son mode d'organisation tout au long des parcours scolaires, est à l'origine de clivages qui mettent à mal le principe d'égalité des chances. Dans le domaine de l'éducation, ce principe d'égalité des chances face aux enjeux scolaires est, en effet, la traduction du principe démocratique d'égalité citoyenne. L'égalité des chances affirme qu'en droit, tous les individus peuvent accéder aux positions sociales qu'ils souhaitent, sans être entravés par leur milieu social d'origine, leur culture, ou leur capital économique. Force est de constater toutefois que cette exigence morale et politique n'est que très imparfaitement réalisée. Il faut ainsi se demander en quoi la mission de l'école rejoint l'ambition démocratique de l'égalité, et si la première est véritablement au service de la seconde. Plus encore, il faut voir si le système d'enseignement (de la maternelle à l'enseignement supérieur) assure la prise en compte de la diversité sociale et culturelle des écoliers et étudiants. **[Analyse du sujet]** Quels mécanismes internes à ce système freinent, encore aujourd'hui, l'égalité des individus dans l'accès aux positions sociales ? **[Problématique]** Si le principe d'égalité des chances est au cœur même des ambitions affichées par le système scolaire français, la réalité de son fonctionnement se révèle en décalage avec cet objectif démocratique. **[Annonce de plan]**

Développement

1. L'égalité des chances, un principe au cœur du projet de l'école

L'objectif démocratique de justice sociale et d'égalité des chances n'était pas, *a priori*, au centre du projet républicain de l'école de Jules Ferry, à la fin du XIXe siècle. Il s'agissait alors plutôt de renforcer le rôle de l'école dans l'inculcation des savoirs, bien sûr, mais aussi de valeurs morales communes et de l'idéal patriotique. Ce n'est que progressivement que le principe d'égalité des chances s'est installé au cœur du projet scolaire, en France, en affichant l'objectif d'une fluidité de la distribution des positions sociales, à l'intérieur de la hiérarchie sociale. **[Chapô]**

1.1. Qu'est-ce que l'égalité des chances ?

La notion d'égalité des chances est, en effet, une sorte de « traduction » concrète de l'idéal égalitaire proclamé par notre devise nationale. Mais, cette notion peut se décliner de différentes façons : si on l'analyse en termes de parcours au sein du système d'enseignement, elle implique que chaque élève ait les mêmes probabilités de réussir scolairement, dans l'accès à un niveau de savoir et de savoir-faire authentifié par un diplôme, quelles que soient ses caractéristiques personnelles comme son milieu social, son origine ethnique ou son genre. Remarquons que ce principe, éminemment démocratique, entre cependant en « collision » avec un autre principe qui, sans être directement évoqué par la devise nationale, appartient lui aussi à l'idéal démocratique, à savoir l'effort et le mérite personnel. Dans une optique complémentaire mais un peu différente, l'égalité des chances peut s'analyser au niveau des probabilités d'accès aux divers métiers et positions sociales. Ici, le principe d'égalité repose sur l'exigence qu'à un niveau de diplôme identique (expression du mérite personnel) correspondent les mêmes probabilités d'accès à tel ou tel échelon de la hiérarchie sociale et au niveau de « prestige social » qui lui est attaché. On parlera alors de l'égalité des chances sociales.

1.2. Le savoir pour tous, une exigence au service de l'idéal égalitaire

L'école a pour mission principale de transmettre à tous les enfants un savoir et des savoir-faire qui constituent à la fois un instrument de libération individuelle et le support de la conscience citoyenne. Cette foi dans la dimension libératrice du savoir, le savant et philosophe Condorcet l'exprimait lorsqu'il écrivait, en 1791 que « l'inégalité d'instruction est une des principales sources de la tyrannie ». Il signifiait par là que l'accès au savoir brise le lien de dépendance entre celui qui ne sait pas et celui qui détient le savoir. Montesquieu, quant à lui, écrivait, dès 1748, dans *L'esprit des Lois*, que « c'est dans le gouvernement républicain que l'on a besoin de toute la puissance de l'éducation », en soulignant la dimension politique et citoyenne de l'accès à la connaissance.

1.3. Un système d'enseignement qui affiche l'objectif d'homogénéisation des parcours scolaires

Le système d'enseignement, en France, s'est historiquement appuyé, depuis son origine républicaine, sur un objectif officiel de transmission, à tous les élèves, d'un socle commun de savoirs. Ainsi, les lois Jules Ferry de 1882 définissaient, pour l'école élémentaire, des éléments de base à transmettre à tous les enfants, constituant en quelque sorte un « programme » national.

Aujourd'hui, l'école élémentaire voit ses missions définies, à l'échelle nationale, à travers un « socle commun de connaissances, de compétences et de culture » qui se prolonge au collège par des programmes qui « définissent les connaissances essentielles qui doivent être acquises au cours de cycle par les élèves » (BO du ministère de l'Éducation nationale). Cette volonté unificatrice est une marque spécifique du système d'enseignement français, marque qu'on ne retrouve pas (ou de manière beaucoup moins rigide) dans beaucoup de systèmes scolaires de pays comparables. Elle est probablement, de manière plus ou moins assumée, liée à la préoccupation d'égalité des chances scolaires. Elle s'est, par exemple, traduite de manière éclatante par l'accès généralisé des filles, longtemps marginalisées à l'école, à l'ensemble des échelons du système d'enseignement, au point qu'aujourd'hui, ces dernières, quel que soit le milieu social, ont de meilleurs résultats scolaires que les garçons. Cet objectif d'homogénéisation des parcours scolaires s'est, par ailleurs, décliné au fil des années et des réformes, du « collège unique » de la loi Haby (1977) à la récente réforme de Mme Vallaud Belkacem, qui se donne pour objectif central de lutter contre les inégalités scolaires.

2. La réalité scolaire, en décalage profond par rapport à l'égalité des chances

Ces objectifs, pour ambitieux qu'ils soient, doivent être confrontés à la réalité du fonctionnement du système scolaire français. Car si l'école est censée inculquer à tous ces savoirs et ces compétences, il faut s'interroger sur les conditions qui entourent cette inculcation. L'enfant qui arrive à l'école n'est pas une « page blanche » : il est d'un lieu et d'un milieu, et à ce titre, il est déjà porteur d'un « héritage » qui influe sur son parcours scolaire et, au-delà, sur son destin social. **[Chapô]**

2.1. Une démocratisation imparfaite

Le système d'enseignement français est en effet marqué par de profondes inégalités scolaires, inégalités qui semblent perdurer malgré les évolutions que ce système a connues. Il est incontestable que l'école, en France, a connu, depuis les décennies 1960-1980, un mouvement général de massification qu'A. Prost, spécialiste de l'éducation, a pu qualifier de « démocratisation quantitative ». L'accès au second cycle des études secondaires (le lycée) s'est progressivement généralisé, et l'obtention du diplôme de fin d'études secondaires, le baccalauréat, est désormais le fait de plus des trois quarts de chaque génération (contre 10 % à la fin des années 1950). Ce mouvement a touché en particulier les filles, aujourd'hui plus nombreuses que les garçons à obtenir le diplôme, mais il concerne aussi l'éventail des milieux sociaux, même s'il persiste un différentiel important dans l'accès au baccalauréat, de l'ordre de 25 points de pourcentage, entre les enfants de cadres et professions intermédiaires et les enfants d'ouvriers et d'employés. Aujourd'hui, plus de 700 000 candidats se présentent chaque année au baccalauréat, avec un taux de réussite global de l'ordre de 88 %.

Cependant, cette massification ne s'est que partiellement transformée en « démocratisation qualitative », celle qui permet de déconnecter la réussite scolaire du milieu social d'origine : les progrès dans l'accès au bac des enfants d'ouvriers ont été, pour l'essentiel, obtenus par la création des bacs technologiques et professionnels, les enfants des catégories aisées obtenant majoritairement des baccalauréats généraux, dont on sait qu'ils représentent le modèle dominant sur le plan du prestige et de l'accès aux études supérieures. De ce fait, le système d'enseignement français est fortement et précocement « filiarisé » selon une échelle de « valeur sociale » largement corrélée au recrutement social des filières, ce qui amène le sociologue P. Merle à parler de « démocratisation ségrégative ».

2.2. « Poids des héritages » ou « stratégies familiales » ?

Comment expliquer cette résistance du système d'enseignement français à la fluidité sociale dans ses logiques de fonctionnement ? On a longtemps opposé, sur cette délicate question, l'analyse de deux grands sociologues français, Raymond Boudon et Pierre Bourdieu. Raymond Boudon (*L'inégalité des chances*, 1973) voyait dans cette situation persistante « l'effet des stratégies familiales » face aux enjeux scolaires : les familles populaires privilégieraient, pour leurs enfants, les études courtes présentant une « rentabilisation » de l'investissement scolaire plus immédiate, tout en représentant un parcours de promotion sociale par rapport à la génération précédente, non ou peu diplômée. À l'inverse, les familles aisées développeraient des logiques de plus long terme, la progression par rapport à la génération précédente déjà diplômée exigeant une poursuite d'études plus longue. Pierre Bourdieu (*Les Héritiers*, 1964) a, quant à lui, mis en avant les « poids des héritages », notamment de l'héritage culturel, transmis des parents aux enfants dès la prime enfance, sous forme de « dispositions » favorisant la rencontre avec l'école. L'école, par ailleurs, modèlerait ses exigences sur les savoirs et savoir-faire familiers à ces catégories sociales détentrices d'un fort capital culturel. De ce fait, les enfants de familles populaires seraient, dès le début du parcours scolaire, en situation de handicap culturel.

2.3. L'école reste un instrument de classement social et de reproduction

Qu'on retienne l'une ou l'autre de ces tentatives d'explication, force est de constater que le système d'enseignement français continue à produire du classement social et de la reproduction. Les tables de mobilité, qui permettent de mesurer le poids de l'origine sociale sur la destinée des individus, montrent encore une forte inertie sociale, en France. Cette inertie est en partie produite par la manière dont se déroule le « jeu scolaire ». Ce jeu n'est pas égal pour tous, et les chances d'en sortir avec un diplôme qualifiant assurant une bonne insertion professionnelle et sociale ne sont pas également distribuées. Elles restent largement corrélées aux caractéristiques sociales des « compétiteurs ».

C'est là que réside d'ailleurs l'ambiguïté des missions qui sont confiées au système d'enseignement : on lui demande à la fois de démocratiser le savoir, d'être un instrument de brassage social, mais aussi de permettre de dégager une élite scolaire destinée à occuper le haut de la hiérarchie des statuts sociaux.

Conclusion

Face au constat de la persistance d'une forte inégalité des chances scolaires, l'école ne reste pas inerte. Au fil des décennies récentes, le système d'enseignement français a connu de nombreuses réformes, souvent décriées, parfois longues à se traduire par des changements significatifs en raison de la lourdeur d'une « machine » que certains ont cru bon de qualifier de « mammouth ». Ainsi, les dispositifs dits de « discrimination positive », réservant des voies d'accès à certaines écoles ou filières aux enfants issus de milieux sociaux défavorisés participent-ils de cette volonté d'inscrire l'égalité des chances scolaires dans les faits. La récente réforme du collège est également présentée par ses auteurs comme visant la lutte contre l'inégalité scolaire. Mais, la question de l'égalité des chances à l'école dépasse largement celle des mécanismes de l'institution scolaire. Ces mécanismes sont souvent le reflet des pratiques sociales qui caractérisent la société française. Le sociologue François Dubet (*Les places et les chances*, 2010) a montré qu'il est un peu contradictoire et illusoire de vouloir une école égalitaire dans une société qui met l'inégalité économique, sociale et culturelle au cœur même de ses logiques de fonctionnement. **[Résumé des enjeux et réponse à la problématique]**

En ce début de XXIe siècle, nous vivons dans des sociétés où les inégalités de toute nature semblent de plus en plus acceptées, quand elles ne sont pas légitimées. L'inégalité des chances à l'école n'est-elle pas, en quelque sorte, le reflet dérangeant de nos ambiguïtés face à l'idéal égalitaire ? **[Ouverture]**

Sujet 3
Le risque

Le risque zéro est-il possible ?

Commentaire général :

Le sujet sur le thème de la sécurité posé à la session 2017 du concours commun des IEP a toutes les apparences de ce qu'on appelle parfois « l'esprit Sciences Po ». La question qu'il pose semble, au premier abord, tout à fait naïve, voire un peu incongrue. Elle paraît appeler une réponse immédiate et lapidaire (ici, négative) qui, d'emblée, fermerait le débat. Or, cette naïveté de façade est au contraire une invitation à débattre.

S'il est assez évident que le risque zéro n'est pas possible, la question posée oblige à approfondir la notion de risque, en la définissant, en en précisant les déclinaisons possibles, qui n'ont pas, pour la vie des êtres humains, les mêmes conséquences. Sans tomber dans une analyse exhaustive de tous les risques qui nous menacent, le devoir doit donc en évoquer quelques formes principales. Il semble nécessaire, en particulier, de faire une place singulière au risque engendré par les actes terroristes : c'est probablement celui dont, aujourd'hui, l'éradication éventuelle pose à la fois des problèmes matériels considérables, mais aussi qui confronte les démocraties à l'épineuse question du respect de leurs valeurs fondatrices.

Proposition de corrigé

Introduction

La relance récente, par certains groupes de pression, de la polémique sur les risques que les vaccinations feraient courir illustre de manière forte l'ambiguïté des attitudes que nos sociétés adoptent à l'égard du risque. Un risque, naturel ou artificiel, désigne un danger potentiel pouvant causer des dommages. Dans le cas évoqué, si se protéger d'un risque conduit à en provoquer d'autres, comment pouvons-nous espérer vivre dans un monde sûr ? Dans ce même cas, les preuves scientifiques démentent la crainte évoquée. Cependant, il reste que nos sociétés modernes sont, en quelque sorte, engagées dans une quête perpétuelle, dans tous les domaines, de la sécurité la plus complète possible. La sécurité, soit l'absence de troubles liés à l'incertitude du futur, pourrait donc être conquise grâce à une maîtrise toujours plus grande des risques. Mais, la réalité des faits nous montre que cette quête rencontre des limites : la recherche de l'absence de risque, le « risque zéro », semble une frontière inatteignable, qui recule au fur et à mesure qu'on pense pouvoir s'en approcher. Que ce soit dans le domaine de la sécurité « ordinaire », celle de la vie quotidienne ou dans l'ordre politique, à l'intérieur comme à l'extérieur de nos pays, l'omniprésence du risque apparaît comme notre horizon permanent. **[Analyse du sujet]** Plus qu'un objectif réaliste, le risque zéro n'est-il pas le produit d'un fantasme collectif qui nous permet de bâtir un compromis entre nos peurs et nos aspirations ? **[Problématique]** Si la quête de la sécurité est désormais la marque obsessionnelle des sociétés contemporaines, la recherche du risque zéro semble une utopie qui doit être dépassée. **[Annonce du plan]**

Développement

1. La quête de la sécurité, une obsession des sociétés contemporaines

Nous vivons aujourd'hui dans des sociétés où la sécurité n'a probablement jamais été aussi forte. Par rapport aux sociétés du passé, comme l'affirme le philosophe Michel Serres, « nous vivons dans un monde de paix » qui, sur le long terme a connu une « civilisation des mœurs » (Norbert Elias). D'où vient alors cette aversion au risque, véritable marqueur culturel de notre époque, qui tourne parfois à l'obsession sécuritaire ? Dans les domaines les plus divers, cette recherche de l'élimination du risque est devenue incessante, en trouvant son point d'orgue dans l'émergence du principe de précaution, à la recherche du risque zéro. **[Chapô]**

1.1. L'aversion au risque, un marqueur culturel actuel

Le thème du risque, et de son corollaire, l'insécurité, est aujourd'hui omniprésent dans la vie économique, sociale et politique. Risque sanitaire, médical, insécurité civile, routière, précarité sociale, dangers environnementaux, etc. À cette liste (incomplète) est venue s'ajouter depuis deux décennies une menace terroriste latente, invisible pendant de longues périodes mais qui ressurgit de manière sanglante et brutale à la une des médias. Cette dimension médiatique du risque, œuvrant comme une caisse de résonance, installe notre regard sur l'insécurité dans une immédiateté et une permanence dont nous n'avons que partiellement conscience. L'impression de « vivre le risque en direct » qu'entraîne cette médiatisation produit, certes, de la compassion à l'égard des victimes, de la colère voire de la révolte à l'égard de ceux qui en sont responsables mais aussi, de manière sournoise, un sentiment de soulagement inavoué, celui d'avoir échappé au risque.

Plus globalement, l'aversion au risque est devenue un marqueur culturel de nos sociétés, qui contraste avec la manière dont les sociétés passées ou d'autres sociétés moins développées actuelles l'intégraient ou l'intègrent encore à leur quotidien. Nos sociétés modernes, par leur capacité à identifier le risque, à le délimiter voire à le mesurer, lui donnent paradoxalement un statut exceptionnel qui, loin de le banaliser, l'érige au contraire en un ressenti menaçant qu'il devient prioritaire d'éradiquer. Dans cette « société du risque », selon l'expression du sociologue Ulrich Beck, « j'ai peur a remplacé j'ai faim ».

1.2. Traquer le risque, un rôle dévolu à la science et à l'État

Cette exigence de sécurité émanant, dans les domaines les plus divers, de l'ensemble du corps social s'adresse, de manière complémentaire, à la science et à la puissance publique. Ainsi, dans les domaines de la santé, à l'égard des épidémies, par exemple, de la sécurité alimentaire vis-à-vis des substances nocives ou des conditions d'hygiène, ou encore des risques naturels comme les séismes, les tsunamis et les ouragans ou les éruptions volcaniques, la première urgence consiste à identifier le risque, à en mesurer l'ampleur et les probabilités de réalisation, le risque étant, il faut le rappeler, un « aléa », un évènement caractérisé par son incertitude. C'est alors l'expertise scientifique qui est convoquée. Mais, cette expertise est, elle-même, incertaine : elle procède par bonds, de l'ignorance la plus forte jusqu'à une connaissance incomplète mais qui permet l'action, en passant par les étapes nécessaires du doute, de la remise en cause des certitudes d'hier, mais en laissant parfois des fenêtres largement ouvertes sur l'inconnu. Par exemple, les risques sanitaires graves liés à la pollution de l'air par les particules fines ont longtemps été sous-estimés parce que non perçus. Dans le domaine des catastrophes naturelles, le recueil patient de données par les sismologues, pendant des décennies, n'a pas permis, par la prévision, d'éviter la tragédie d'Haïti en 2010, non plus que celle de la région des Marches en Italie en 2016. Cependant, si la science est là pour tenter de « dire » le risque, il revient à la puissance publique d'en organiser et d'en réglementer la prévention, ou d'en combattre les conséquences lorsque sa survenance n'a pu être empêchée. Cette prérogative souveraine de l'État constitue un redoutable défi : toute défaillance face au risque, toute concrétisation d'une menace déclenchent inéluctablement de la part du corps social, souvent avec le relais des médias, une mise en cause accusatrice, partagée entre l'État et les « experts », ceux qui auraient dû savoir et prévoir.

Dans le domaine particulièrement sensible du terrorisme, par exemple, l'exigence de résultat (l'absence d'attentat) se heurte à la multiplicité des modes d'action et à l'impossibilité pour les services policiers de surveillance et de répression d'anticiper totalement les intentions des auteurs potentiels. On l'a vu, ces dernières années, malgré l'arsenal des moyens déployés, avec les tragédies de Nice, de Berlin, de Stockholm ou de Londres. D'une manière plus générale, cette prégnance du risque au quotidien amène les décideurs publics à intégrer, pour répondre à la demande sociale du risque zéro, le principe de précaution.

1.3. Le principe de précaution, un instrument du risque zéro ?

Le principe de précaution est, aujourd'hui, de plus en plus souvent invoqué par l'État face aux risques potentiels d'une technologie nouvelle dont on ne connaît, avec une certitude scientifique, ni les probabilités d'apparition ni l'ampleur des conséquences dommageables qu'elle pourrait avoir pour l'homme ou pour l'environnement. Cette nouvelle notion a désormais valeur, en France, de norme juridique, puisque, par le biais de la Charte de l'environnement, elle est inscrite, depuis dans notre Constitution. Les fondements théoriques de cette notion sont à rechercher dans les travaux du philosophe allemand Hans Jonas qui, dans son livre *Le principe responsabilité*, (1979), a souligné l'urgence d'une nouvelle attitude éthique face aux conséquences souvent non-identifiables à long terme des nouvelles technologies. La responsabilité ici mentionnée concerne à la fois la condition humaine de notre temps et celles des générations futures. Le principe de précaution, tel que le décline la loi, en France, contraint théoriquement la puissance publique à surseoir, au moins temporairement, au développement d'une technologie, dès lors que des soupçons sérieux existent, quant aux dommages graves et irréversibles qu'elle pourrait engendrer. C'est, par exemple, au nom de ce principe, qu'a été interdite la technique de la fracturation hydraulique dans la recherche des hydrocarbures. Cependant, l'exemple récent de l'accord minimal que la France a accepté, à la demande de l'Allemagne, sur les perturbateurs endocriniens, montre que l'application du principe de précaution n'échappe pas aux marchandages visant à protéger certains intérêts économiques.

2. La recherche du risque zéro, une utopie qui doit être dépassée

La quête du risque zéro, c'est-à-dire de l'absence totale de risque dans notre vie, est une utopie qui se heurte à l'évidence rappelée, il y a plus de vingt-trois siècles par le philosophe grec Épicure, dans ses *Sentences vaticanes* : « À cause de la mort, nous, les hommes, nous habitons tous une cité sans murailles ». Pourtant, si cette utopie peut conduire à des dérives dangereuses qui nécessitent qu'on leur oppose des limites infranchissables, elle est salutaire en ce qu'elle est une incitation permanente à affronter le risque avec l'ambition de le réduire lorsqu'il est inacceptable, mais aussi de l'assumer comme un élément incontournable de la condition humaine. **[Chapô]**

2.1. Les dérives de la quête du risque zéro : un État omnipotent, un individu sous tutelle

L'obsession de la sécurité peut conduire, tout d'abord, à des dérives psychologiques qui installent, dans les esprits, le risque comme une menace permanente, souvent sur- évaluée par rapport à sa réalité. La diffusion de cette « culture de la peur » est d'ailleurs, par exemple, l'objectif central que se donnent les attentats terroristes.

Ces actes aveugles, où le « choix » des victimes est volontairement aléatoire, développent un sentiment de fragilité extrême, puisque le risque semble imprévisible. Le sentiment d'insécurité annihile, dans les consciences, les analyses rationnelles. Il peut conduire une large fraction du corps social à accepter, au nom de la sécurité, un renforcement de la répression et de la surveillance, préventive et désormais « prédictive », en direction des groupes considérés comme « à risques ». La large approbation par l'opinion publique, en France, des dispositions de l'état d'urgence dérogatoires aux libertés individuelles et collectives témoigne de l'acceptation d'un « prix à payer » en termes de principes démocratiques, au nom de la sécurité. La question est alors de savoir si ce compromis, dénoncé par de nombreux juristes, peut être efficace : s'il est illusoire d'en espérer le risque zéro en matière de terrorisme, il est cependant probable qu'il a permis d'éviter des tragédies meurtrières. Transposée à d'autres domaines d'insécurité, la recherche du risque zéro est parfois dénoncée comme infantilisante pour l'individu, parce qu'elle conduirait à un abandon de la responsabilité individuelle face au risque : ainsi, la multiplication des recommandations sanitaires, alimentaires ou médicales peut apparaître comme enserrant les choix individuels dans un carcan contraignant. S'agit-il pour autant d'une atteinte à la liberté de choix ? Faut-il, par exemple, laisser les fumeurs dans l'ignorance des risques encourus ? L'État peut-il accepter le refus, par certains groupes, des vaccinations « obligatoires » ? Faut-il aller plus loin que l'information sur les risques, par l'interdiction ou par la contrainte ? C'est la question des limites à la quête de la sécurité maximale qui est, ici, posée.

2.2. Quelles limites à la quête de la sécurité ?

Sur le plan technique et scientifique, la recherche de l'éradication, dans tous les domaines, de toute forme de risque est une sorte de course sans fin. Comme l'a analysé, dans son livre éponyme, le sociologue allemand Ulrich Beck, nous vivons aujourd'hui dans *La société du risque* (1986), une « manufacture à risques » qui, en s'appuyant sur la science et la technologie, produit de nouvelles menaces, de nouveaux aléas échappant à leur contrôle. Ces sources d'insécurité créées par l'activité humaine elle-même, se retrouvent dans tous les domaines confrontés au progrès scientifique et génèrent des crises alimentaires et sanitaires, des catastrophes industrielles, et des atteintes irréversibles à l'environnement. Dans ces conditions, l'éradication d'un risque est susceptible d'en faire naître de nouveaux, rendant inopérante la recherche du risque zéro. Mais, plus profondément, c'est sur le plan des valeurs que se pose la question des limites de l'éradication du risque : si celle-ci doit passer par un grignotage, dans un premier temps, puis, de manière inéluctable ensuite, par une remise en cause des valeurs des sociétés démocratiques, le jeu en vaut-il la chandelle ? On connaît la fameuse phrase attribuée à Benjamin Franklin en 1775 : « Un peuple prêt à sacrifier un peu de liberté pour un peu de sécurité ne mérite ni l'une ni l'autre, et finit par perdre les deux ». Les controverses actuelles, en France, sur l'état d'urgence et les mesures préventives de surveillance à l'égard des personnes présentant des signes de radicalisation ou, parfois simplement, des profils susceptibles d'y conduire soulignent combien la « ligne rouge » des garanties des libertés assurées par l'État de droit peut parfois être franchie.

2.3. Assumer le risque : un compromis entre peurs et aspirations

La notion de risque zéro nécessite, elle-même, d'être interrogée de manière critique, tant elle est aujourd'hui galvaudée par le discours public et privé. Elle fait partie des tics de langage que nos sociétés s'inventent lorsqu'elles se sentent impuissantes à se représenter avec rigueur les défis qu'elles doivent affronter. En ce sens, elle participe un peu de la « pensée magique » que nous attribuons, souvent avec condescendance, aux sociétés qui nous ont précédés. Cette dimension fantasmée doit être confrontée à la réalité du quotidien des sociétés modernes : c'est, par effet d'opposition, la seule manière d'approcher « en creux » la notion de risque zéro. Autour de nous (mais était-ce différent dans les sociétés du passé ?), le risque est partout.

La véritable question est de savoir comment nous pouvons œuvrer, collectivement, pour éviter qu'il ne se transforme en catastrophe. Ce qui pose, de facto, la question du « prix » que nous acceptons de payer pour réduire le risque. Ce prix, on s'en doute, n'est pas essentiellement monétaire. Ce sont, en effet, nos espaces de liberté, individuelle et collective, de responsabilité et d'initiatives personnelles qui sont en jeu dans ce dilemme, et dans le compromis que nous sommes amenés à accepter entre nos peurs et nos aspirations. L'observation de l'histoire du siècle dernier nous montre qu'entre la liberté et la sécurité, les hommes ne placent pas, à tout moment, le curseur au même endroit.

Conclusion

« Le risque zéro n'existe pas ». Cette phrase a désormais, dans le langage codifié des autorités politiques, des décideurs économiques, des responsables militaires et policiers et des chercheurs scientifiques le statut d'un rite reproduit en boucle. Elle n'est acceptable par le corps social que si elle exprime un constat lucide invitant chacun à assumer ce qui constitue la substance même de la condition humaine, à savoir le caractère éphémère, fragile et parfois aléatoire de notre destin. **[Résumé des enjeux et réponse à la problématique]**

Mais, elle ne doit pas servir à exonérer de leurs responsabilités ceux auxquels la société confie la mission de la protéger. Loin d'être le signe d'une résignation fataliste, elle exprime, d'une certaine manière, notre part de liberté. **[Ouverture]**

Sujet 4
La peur

La peur rend-elle déraisonnable

Commentaire général :

Ce sujet relève de la catégorie des sujets interrogatifs. Comme pour les précédents, rappelons combien sa forme, apparemment explicite, ne doit pas conduire à éluder la réflexion et à se contenter d'une lecture directe de la question posée. Il est toujours utile de se demander pourquoi cette question est posée et pourquoi elle est posée ainsi. S'arrêter sur les termes du sujet est évidemment indispensable pour dénouer les présupposés du sujet. Le vocabulaire mobilisé dans le sujet doit donc être clarifié. C'est ainsi que l'articulation entre les termes que le sujet suggère pourra être mise à jour.

Pour résumer, la méthode incontournable, quel que soit le sujet, suppose donc de poser des définitions claires, bien maîtrisées, d'identifier la polysémie des termes quand elle existe et de repérer les présupposés que ces termes portent.

La particularité du sujet tient donc au fait qu'on se situe dans une démarche de jugement, d'évaluation. Existe-t-il des comportements déraisonnables par nature ? Ou sont-ils définis au regard d'une norme, celle de la rationalité. La notion est donc plus large et finalement plus complexe que ce qu'une première lecture du sujet peut laisser supposer. Le sujet nécessite que les notions de raison et de rationalité soient clarifiées et distinguées.

L'enjeu du sujet consiste donc à s'interroger sur l'impact de la peur sur les comportements individuels mais aussi collectifs du point de vue de la raison c'est-à-dire à partir d'éléments d'évaluation de leur rationalité. Le sujet ne limite pas la question à l'individu ou à une sphère sociale spécifique. La question est donc très ouverte.

Proposition de corrigé

Introduction

« Moins il y aura de peur, mieux cela vaudra. La peur fait de nous des lâches. La peur nous avilit. » écrit Philip Roth dans son roman Némésis qui raconte comment une épidémie, la polio, marque une population. La peur y est décrite comme une émotion qui naît de l'identification d'une menace, la contagion, susceptible de porter atteinte à la vie et au bien-être des habitants d'une ville américaine. **[Accroche]**

Au-delà de l'épidémie, la peur peut prendre des formes diverses. Elle peut être purement individuelle voire relever de phobies intimes. Elle peut aussi être partagée et contaminer les esprits, comme c'est le cas dans Némésis. Même dans ses traductions les plus intimes, la peur a souvent une logique collective. Les peurs disent une société. Ce sentiment ambivalent a des effets à la fois positif et négatif. Il est source de comportements préventifs, de vigilance mais aussi de perte de sens et de repères pour les individus. Depuis Aristote, on définit l'individu comme un « zoon logikon », un être apte à la logique et à la raison, un être capable de faire la différence entre le vrai et le faux, un être raisonnable apte au jugement. Alors que les sociétés anciennes étaient mues par des comportements traditionnels, les sociétés modernes sont caractérisées, selon Max Weber, par la place centrale des comportements individuels inspirés par la raison, le calcul ou encore la rationalité. L'essentiel des activités humaines obéit à une rationalité en valeur ; elles sont donc conformes au système moral des individus. Elles peuvent aussi être tout simplement logiques c'est-à-dire dirigés vers des d'objectifs et, en ce sens, conformes à une rationalité en finalité, comme l'écrit Max Weber. Si la peur est une émotion forte, on peut se demander en quoi elle perturbe les comportements sociaux et la raison qui les anime. La peur, et en particulier les peurs modernes, nuisent-elles à la rationalité des comportements individuels et collectifs ? La peur est-elle une pathologie sociale ? **[Analyse du sujet]**

Il est donc pertinent de nous demander en quoi la peur peut être analysée comme une pathologie sociale générant certains effets pervers sur la rationalité des conduites humaines et sociales. **[Problématique]**

Si la peur porte atteinte à la rationalité des représentations et des comportements individuels, elle perturbe aussi la nature d'une partie des choix collectifs mais la société démocratique contient un certain nombre de garde-fous face aux dérives générées par la peur. **[Annonce de plan]**

Développement

1. La peur : une émotion qui porte atteinte à la rationalité des représentations et des comportements individuels

1.1. La peur peut conduire l'individu à perdre de vue ses capacités à raisonner

La peur envahit d'abord l'individu physiquement, extérieurement dans un premier temps puis intérieurement : son corps est pris de tremblements, sa respiration s'accélère, il éprouve un sentiment d'étouffement. L'individu peut être rendu muet par la peur ou la terreur, il peut rester sans voix, avoir une voix blanche ; son débit devient saccadé et angoissé. Son corps est conquis par la peur. Si l'hexis corporelle perd ses repères, l'ethos ne peut rester indemne.

La panique morale qui l'envahit est susceptible d'ôter sa capacité de réflexion et donc de raison à l'individu qui en est la proie. Elle peut le conduire à des comportements peu rationnels voire absurdes. La peur qui s'empare d'Irène, le personnage du roman éponyme de Stefan Zweig, la conduit à une lente descente aux enfers à la suite du chantage qu'elle subit. « Un individu soumis à la peur est incapable de pensée ou de réflexion. » écrit Montesquieu. Pour penser, il faut pouvoir dire non à la peur. Ainsi, la peur de l'avenir est un puissant facteur de troubles individuels. Le fait d'envisager le futur avec crainte renvoie à la perception de l'idée de progrès. Ne plus croire en un avenir de façon optimiste, ne percevoir qu'un horizon de menaces génère une mécanique du stress qu'on retrouve dans les grandes peurs ancestrales décrites par les historiens. Dans Mythes et mythologies politiques (1986), Raoul Girardet a montré comment la peur de l'avenir crée, de toutes pièces, le mythe de l'âge d'or, cette représentation nostalgique selon laquelle le temps d'avant était « le bon vieux temps » par opposition à une supposée déchéance du temps présent. Cet attachement aux temps anciens comme bouée de sauvetage face à la peur du changement est purement déraisonnable, tant elle nie une bonne partie de la réalité. Au-delà des représentations, la peur peut aussi provoquer des comportements que la rationalité interroge. Le démarrage de l'épidémie du coronavirus a ainsi donné lieu à des comportements mimétiques de foules poussées par le désir de stocker certains biens de première nécessité tels que les pâtes et le papier toilette.

Cette panique se traduit également dans l'acuité de l'individu face à la qualité de l'information qu'il reçoit. Dans certaines situations, la peur gouverne l'individu, et en dehors de toute rationalité. Sa sensibilité à la rumeur le conduit à adhérer aux théories les plus folles et à faire circuler des informations erronées. C'est le rapport à la vérité et à la science qui est alors remis en cause. L'histoire a d'ailleurs montré combien les moments de peurs généralisées, en particulier face à une épidémie, c'est-à-dire un phénomène qui ne s'explique pas spontanément (les peurs liées aux guerres sont de nature différente), sont propices à l'éloignement de la raison et à la construction de suspicions et de rumeurs. La pandémie actuelle rappelle à quel point les mécanismes de la peur se répètent. Ainsi, lors d'une interview à France info accordée en mars 2020, Patrick Rateau expliquait que « la peur réduit notre capacité à traiter l'information. ». Le sentiment de danger conduit alors les individus à chercher de l'information en dehors des lieux d'information habituels du fait même que la diffusion du virus est associée à une incurie des professionnels de la santé publique et des scientifiques. Leur parole est donc, de façon automatique, discréditée. Un boulevard est donc ouvert à la circulation d'informations non vérifiées sur les réseaux sociaux, analysés comme espaces de vérité. Face à la peur, les réseaux sociaux apparaissent, à une partie des individus, comme un lieu d'information directe, sans filtre, sans censure. Toutes sortes de rumeurs peuvent donc se diffuser sans limite et désigner des responsables de la pandémie. La rumeur a visé aussi bien les laboratoires de recherches, notamment chinois, que certains gouvernements étrangers. Ainsi, dans le documentaire Holp Up : Retour sur un chaos, un médecin désignait l'Institut Pasteur comme origine de l'épidémie. Ces rumeurs, ces croyances, nourries par la peur déstabilisent les plus fragiles, ceux qui sont sensibles aux théories complotistes, et ce d'autant plus quand elles font l'objet d'un « mille-feuille » argumentatif qui laisse nécessairement des traces dans la perception des faits.

1.2. La peur a aussi un impact sur les comportements sociaux

La dimension psychologique de la peur s'accompagne d'une dimension sociale. C'est la société et les groupes d'appartenance qui construisent l'espace des peurs de chacun. À chaque société, à chaque milieu social correspondent des peurs spécifiques (de la peur de la pauvreté à la peur de la perte de traditions).

Quelle qu'en soit la nature, la peur affecte les relations sociales et économiques. En effet, de nombreuses peurs traduisent une perte de confiance. La peur du déclassement, la peur du « grand remplacement », la peur d'une perte de valeurs traduisent toutes un sentiment d'insécurité et une défiance, qu'il s'agisse des institutions, de l'avenir ou du rapport entre individus. La relation entre la peur et la confiance est donc circulaire : l'une génère l'autre et inversement. Par effet de ricochet, les peurs nuisent au progrès économique et social. Et cela a un certain nombre d'effets connexes. Une société de défiance est une société qui développe des pratiques peu efficientes et, en ce sens, peu rationnelles : elle débouche sur un entre-soi et une judiciarisation des rapports sociaux, chacun essayant de se protéger. Yann Algan et Pierre Cahuc expliquent dans La société de défiance (2016), qu'en France cette société de défiance nourrie de peurs diverses, finit par entraver l'amélioration du bien-être collectif.

La peur peut également affaiblir le lien social. La peur de l'insécurité est particulièrement caractéristique de la part d'irrationnel en jeu. Plus que des expériences vécues, le sentiment d'insécurité est largement produit par une perception directe (trottoirs sales, consommateurs d'alcool dans la rue, graffitis sur les murs et dans le métro) ou indirecte (média rendant compte de faits divers) d'éléments jouant un rôle de signal dans la construction de la peur. Nathan Glazer, sociologue américain, explique ainsi que ces divers éléments, qui isolés ne présentent pas nécessairement de danger objectif, nourrissent une représentation selon laquelle l'espace public est abandonné et que tout peut donc s'y produire. Les peurs accrochées à ces différents symboles produisent donc des effets plus larges encore qui se synthétisent en une sorte de peur globale de la ville et de la modernité nourrie d'associations d'idées peu rationnelles. Cette lecture du réel conduit à des attitudes de rejet qui vont du racisme à l'homophobie, en passant par une diabolisation de certains espaces sociaux. L'espace social est donc segmenté et la solidarité affectée. La propagation de l'épidémie de covid 19 montre combien les représentations construites par la peur peuvent affecter le vivre-ensemble de façon irrationnelle. Ainsi, certains ont associé la pandémie à la présence de certaines minorités, notamment des personnes asiatiques. Le départ de l'épidémie en Chine a conduit à y voir un « péril jaune » comme au XIXe siècle. D'autres théories du complot y ont vu la responsabilité des juifs réactivant ainsi le vieux mythe du juif empoisonneur qu'on pouvait croire oublié. Ces dérives montrent à quel point la peur éloigne la raison.

Les processus de construction sociale de la peur ont donc un impact sur la rationalité individuelle et, par ce biais, sur les rapports sociaux. Les sociétés où règne la peur connaissent des liens sociaux altérés. Mais, la peur s'insinue aussi dans la sphère politique en orientant les choix collectifs. **[Transition]**

2. La peur perturbe aussi la nature d'une partie des choix politiques

2.1. Le ruissellement de la peur et ses effets moutonniers

Dans le domaine politique, la peur se traduit par la crainte d'une atteinte au bien-être collectif ressentie par un groupe ou un peuple. Elle peut être fondée sur le risque terroriste, sur la délinquance criminelle ou d'autres variantes encore. Elle peut aussi être liée à une perception d'un déclin économique ou moral. Cette peur est souvent le résultat d'un discours et d'une construction sociale liés à des « entrepreneurs de morale » comme les désignent Howard Becker dans Outsiders (1963). La montée du discours populiste, en particulier sur l'immigration, la thèse du « choc des civilisations », la mise en exergue des « territoires perdus de la République » ou encore la thèse du « déclin français » très présent dans le champ médiatique et politique produisent des effets de construction de sentiments de défiance et de peur au-delà du rationnel dans la mesure où ils dépassent l'expérience vécue par les individus. Ce « ruissellement » de la peur a un effet sur les comportements sociaux.

À l'image de ce que Jean Delumeau nomme pour le Moyen-Âge, la « pastorale de la peur », dans son ouvrage La peur en Occident, XIVe-XVIIIe siècle. Une cité assiégée pour le Moyen-Âge, les peurs collectives ont un effet performatif sur les pratiques et leur rationalité. Si les prédicateurs de l'époque répandaient la panique par des sermons enflammés, aujourd'hui les relais des discours alarmistes mobilisent les ressorts d'un « catastrophisme éclairé », comme le dit Jean-Paul Dupuy dans Pour un catastrophisme éclairé, quand l'impossible est certain (2004), à propos de la collapsologie.

La peur peut affecter la participation à la vie sociale à travers le plus symbolique des comportements collectifs : le vote. Le lien entre le développement de peurs collectives, donc partagées, et le comportement électoral est complexe. Dans une enquête au début des années 1990, « Le vote Front National ou le syndrome de la peur » publiée dans La revue internationale d'action communautaire, la politologue Nonna Mayer met en évidence le fait que les électeurs d'extrême droite manifestent dans les enquêtes par sondages, des peurs en matière d'insécurité physique, d'atteinte aux biens notamment. Cette corrélation entre perception de la peur et sélection d'une offre politique déployant un discours et des valeurs autour de la protection des frontières et une politique judiciaire plus sévère est nette.

Les émotions telles que la peur peuvent aussi expliquer les mobilisations collectives. La peur peut être suscitée par une loi, une décision judiciaire voire un fait divers, autant d'évènements susceptibles de créer une forte réaction de peur voire de panique. Avec le concept de « choc moral » développé dans Passionate Politics : Emotions and Social Movements publié en 2009, James M. Jasper rend compte de ces évènements ressentis par un groupe comme déstabilisants qui conduisent des individus à constituer un mouvement social. C'est le cas, en 1986, lorsque les homosexuels américains reçoivent une décision de la Cour suprême entérinant une loi homophobe de l'État de Géorgie comme une véritable agression générant peur de l'avenir et colère profonde. C'est donc la transformation de la peur en indignation qui favorise le conflit social.

2.2. Des politiques publiques déraisonnables ?

Ces peurs ruissellent dans la société et elles peuvent se traduire aussi dans les orientations de politiques publiques. La place des politiques sécuritaires dans différents domaines traduit cette demande d'un État protecteur et répond à l'effet de ces peurs collectives, résultats pour partie d'une mise en exergue de l'insécurité par certains mouvements politiques. Si les politiques de prévention et de précaution semblent répondre de façon rationnelle aux attentes citoyennes d'un État protecteur, il faut tout de même s'interroger sur les dérives de cette extension du domaine de l'État. D'une part, cette protection passe moins par la solidarité et l'État-providence que ce n'était le cas durant les trente glorieuses. D'autre part, elle consiste davantage en réglementations et en encadrement de la société ; elle contraint donc les individus plus qu'elle ne les rassure. D'une certaine façon, par effet de contagion, ces politiques entretiennent la peur.

Par ailleurs, la peur liée à l'incertitude peut conduire à des politiques publiques fondées sur le principe de précaution. Inspiré par les travaux du philosophe Hans Jonas et en particulier du Principe responsabilité (1979), le principe de précaution a été inscrit dans le droit français en 1995. S'il ne concernait au départ que les risques environnementaux, il a par la suite été étendu à aux enjeux alimentaires et sanitaires. Ce principe peut sembler rationnel face au risque, mais il pose une « heuristique de la peur » (l'expression est celle de Hans Jonas), c'est-à-dire qu'il repose sur l'hypothèse du scénario du pire, générant ainsi un cercle vicieux de la peur et de la défiance. La peur peut donc freiner la recherche et l'innovation. C'est bien ce type de logique que mobilisaient les opposants au vaccin par ARN messager proposé par les laboratoires pharmaceutiques face au coronavirus, mettant au même niveau les risques inhérents au vaccin et ceux liés à la maladie, et ce malgré la publication du nombre de morts du covid.

La crise sanitaire montre également que l'un des enjeux du caractère raisonnable, c'est-à-dire adapté à la situation, rationnel en finalité comme l'écrivait Max Weber, est le niveau de proportionnalité de la décision politique. Le débat depuis deux ans fourmille d'opinions diverses quant aux excès de la politique de la peur menée par le gouvernement, certains allants jusqu'à minorer l'ampleur de la menace et à voir dans les décisions prises une instrumentalisation de la peur relevant de la manipulation politique.

Dans les comportements des citoyens, depuis les mobilisations citoyennes jusqu'au vote, la peur a un certain nombre d'effets pervers : elle légitime une demande d'État toujours plus marquée ce qui finit par sembler déboucher sur des risques démocratiques. La peur produit des citoyens sous tutelle. Face à ces dérives, quelles sont les barrières susceptibles de préserver la place de la raison dans la société démocratique face aux dérives de la peur ? **[Transition]**

3. Des garde-fous institutionnels face aux dérives liées à la peur

3.1. Des institutions propices à une organisation sociale et politique fondée sur la raison

A priori, les sociétés démocratiques comportent des institutions qui encadrent les peurs collectives et leur impact. Dans l'esprit du courant institutionnaliste et de Douglas North, un économiste institutionnaliste, il s'agit ici de retenir une définition large des institutions, c'est-à-dire de considérer toutes les contraintes humaines qui structurent les interactions politiques, économiques et sociales, les règles du jeu démocratique en quelque sorte. Ainsi, l'éducation est une institution forte dans les sociétés démocratiques. La raison d'être des dépenses importantes en matière éducative n'est pas seulement de former de la main-d'œuvre qualifiée. C'est aussi d'éloigner la population des croyances magiques non fondées de toute sorte, c'est de faire des individus des êtres de raison accessibles à l'entendement.

De façon plus directe, l'existence d'un état de droit est le cadre limitant les excès du politique. Des institutions définies par des textes juridiques et constitutionnels, des règles de droit égales pour tous, des procédures définies et non circonstancielles, voilà qui écarte le risque de faire de la peur un élément de gouvernement au-delà du raisonnable. La « peur de la peur » constitue donc un fondement démocratique essentiel même s'il est invisible. C'est ce qu'explique la philosophe Judith Shklar en évoquant un « libéralisme de la peur » c'est-à-dire des institutions qui garantissent l'autorité de la loi, la séparation des pouvoirs, le pluralisme et un certain nombre de valeurs démocratiques pour limiter voire empêcher que la peur devienne un aiguillon excessif de la décision politique et le levier d'un excès de pouvoir. Le risque que ce qu'elle nomme le « souverain Mal » ne prenne trop de place est limité par ce cadre institutionnel.

3.2. Face au risque, une vigilance nécessaire

« Conjurer la peur ne signifie pas l'annuler ni la tranquilliser, mais la ramener à une lucidité minimale afin de ne pas lui attribuer de noms d'emprunt. Conjurer la peur, c'est lui donner son objet véritable, qui porte le beau nom de vigilance » écrit l'historien Patrick Boucheron dans l'ouvrage L'exercice de la peur. Usages politiques d'une émotion, publié en 2015. C'est la gestion raisonnable du risque par la vigilance qui permet donc le retour à la raison. Le débat public doit permettre d'analyser correctement les menaces, de les rendre intelligibles. Cet état de vigilance nécessite un « juste milieu » entre information et prise de décision par le gouvernement. Or, ce compromis n'est pas toujours simple à définir. La pandémie de coronavirus illustre le difficile équilibre à trouver entre maintien des procédures démocratiques, notamment parlementaires, qui sont nécessairement lentes, et urgence de certaines mesures, entre mesures purement sanitaires et interdictions impactant la vie sociale (confinement). C'est la raison pour laquelle le gouvernement français a instauré à la fois un état d'urgence sanitaire et un contrôle parlementaire renforcé. Ce contrôle a permis à l'Assemblée nationale et au Sénat d'être informés jour après jour des mesures prises. Ce bouclier est présenté comme une institution raisonnable permettant de ne pas sortir complètement de l'état de droit.

Conclusion

« Permettez-moi d'affirmer ma seule conviction que la seule chose dont nous devons avoir peur est la peur elle-même. » déclarait Franklin Delano Roosevelt, lors de son discours d'investiture en 1933. Voulait-il mettre en exergue les nombreux impacts que la peur peut avoir sur les comportements humains et sociaux ? Il est acquis que la peur peut aveugler l'individu et lui ôter sa capacité de réflexion. Les mécanismes de la compréhension individuelle, et par ce biais de l'intelligence collective, sont brouillés. Les rapports au temps, à l'histoire, à la vérité ou encore au savoir scientifique sont rendus confus par la peur. Elle peut aussi nuire à la cohésion sociale, tant elle porte avec elle des réflexes de construction sociale de boucs émissaires dont l'histoire regorge d'exemples. La peur est un fait social et elle peut conduire les hommes à se tourner vers une forme de servitude volontaire, préférant un État tuteur et protecteur dans des sphères sociales de plus en plus étendues. Face à ces dangers et ces dérives, un certain nombre de barrières protègent, en principe, la société de l'éclatement que la peur, poussée à son paroxysme, peut générer. **[Résumé des enjeux et réponse à la problématique]**

Pourtant la crise sanitaire actuelle montre que la société moderne du savoir et de l'information est un cadre moins solide que ce qu'on pourrait rationnellement penser. La société du risque et l'individualisation sont des marqueurs tellement puissants de la modernité qu'elles fragilisent le lien social. Aujourd'hui, l'enjeu de la « collapsologie » ne devrait-il pas être le maintien de la solidarité et le dépassement de l'effroi pour développer d'autres formes de comportements raisonnables ? C'est ce que montrent Pablo Servigné et Raphaël Stevens dans Comment tout peut s'effondrer (2015) et dans Une autre fin du monde est possible (2018) : une « collapsosophie », forme de vie sage et raisonnablement adaptée aux contraintes, est peut-être envisageable. **[Ouverture]**

Devoir d'un étudiant réalisé sur le même sujet

Commentaire

Ce devoir a été remarqué pour la clarté de l'analyse proposée et la précision des références mentionnées. Le sujet est ici traité de manière très personnelle, ce qui prouve bien qu'un énoncé ne peut jamais se résumer à une seule interprétation. L'introduction est ici maîtrisée d'un point de vue de la méthode. Les références sont pertinentes et maîtrisées. Un point de vigilance a cependant été émis à propos des transitions entre les idées.

Introduction

La peur selon Montagne « engendre souvent de terribles éblouissements ». L'émotion est donc ici associée à une perte de repères, à un aveuglement ou à une déstabilisation psychique aux conséquences négatives. Cependant, la peur est parfois synonyme de clairvoyance, voire d'action : l'état exceptionnel de l'instinct de survie nous le prouve. En situation de danger extrême, le cerveau trie les informations avec une rapidité hors norme et prend les décisions les plus raisonnables pour permettre la survie. **[Accroche]**

La peur est une émotion ressentie à la perception d'une menace, d'un risque ou d'un danger, réel ou supposé. Elle se traduit par un fort sentiment d'angoisse et peut également être provoquée par la crainte de la réaction d'une personne, d'un groupe ou d'une instance. Elle peut être propre à l'individu ou collective. La raison, quant à elle, peut être entendue comme une fonction du psychisme humain puis permet de comprendre la complexité des phénomènes, de savoir les rapports de cause à effet entre ceux-ci ; puis d'en tirer les enseignements dans la perspective d'une action prochaine. Elle peut également renvoyer au fait de suivre une certaine ligne de conduite, d'adopter une éthique fondée sur la réflexion et la justice. Pour finir, elle consiste à prendre du recul sur les événements afin d'en saisir les enjeux. En ce sens, être déraisonnable implique d'avoir une vision floue des phénomènes et de ne plus les appréhender justement en vue d'une quelconque action ais aussi de se laisser déborder par l'afflux d'émotions subjectives au détriment de la raison objective. Pour finir, cela peut sous-entendre agir de manière dangereuse et injustifiée, en opposition avec les injonctions de la raison. **[Analyse du sujet]**

De ce point de vue, l'interrogation s'impose : la peur réduit-elle les capacités de l'homme (au sens où elle serait paralysante et aveuglante) ou bien est-elle au contraire une émotion mobilisatrice et un moteur de réflexion ? **[Problématique]**

Certes, la peur possède des facultés réductrices et bouleversantes : elle est ainsi un obstacle à la raison. Cependant, elle pousse dans certains cas l'homme à réfléchir et à protester, ainsi qu'à agir raisonnablement. **[Annonce du plan]**

Développement

1re partie

L'homme, quand il a peur, est profondément déstabilisé. Il peut ainsi perdre une de ses principales fonctions : la raison.

Tout d'abord, la peur fait perdre la raison. En effet cette émotion peut être ressentie à une telle intensité qu'elle aveugle et bouscule tous les repères sur lesquels l'individu, ou le groupe, s'appuie. La crainte s'infiltre dans les veines, obscurcit la vue, la clairvoyance, puis se généralise. Cette expérience est décrite par S. Zweig dans son court roman *La Peur*. La nouvelle conte la terreur ressentie en permanence par Irène, jeune bourgeoise mariée, qui trompe son mari. L'adultère qu'elle commet la plonge dans l'angoisse extrême de se faire découvrir et de perdre tout ce qui fonde sa vie (son mariage, son foyer). L'auteur décrit le vice avec lequel la peur s'infiltre partout, se généralise et fait perdre la raison à Irène. Cette expérience, incarnée dans sa forme pathologique par la paranoïa, réduit considérablement la faculté pensante et raison de celui qui la vit. Elle a des conséquences considérables : plus rien dans l'environnement de l'individu angoissé n'est intelligible. La peur confond tout, empêche le raisonnement. Stanley Cohen identifie dans ce cadre un phénomène collectif : la panique morale. Dans les années 1970, il la définit comme une condition, un groupe ou un événement désigné collectivement comme une menace pour les valeurs et les intérêts de la société. La stigmatisation de ces éléments est amplement gonflée par le traitement médiatique dont ils font l'objet. La panique est globale, construite et bien souvent exagérée. La peur constitue bel et bien un bouleversement des capacités réflexives et critiques de l'homme.

Ces lacunes provoquées par la peur, ont beaucoup de conséquences, aisément qualifiables de déraisonnables. La peur panique d'une conspiration ou d'une tentative de renversement a animé les plus grands dictateurs de l'histoire, de Robespierre à Staline. Habités par la crainte d'une trahison ou d'un coup d'État, les dirigeants autoritaires perdent la raison : ils ne savent plus juger de ce qui est une menace ou non, de ce qu'ils doivent craindre ou non. Les conséquences de cette peur panique sont désastreuses : Maximilien de Robespierre, à la tête du Comité de Salut Public, institue le tribunal révolutionnaire pendant la Terreur. Celui-ci guillotine plus de 100 000 personnes durant la seule année 1793. De même, Joseph Staline organise la Grande Purge entre 1936 et 1938. Les procès de Moscou, où de fausses accusations sont montées de toutes pièces par le NKVD (police politique de l'Union soviétique), aboutit à l'épuration d'un très grand nombre de membres du parti communiste et des chefs de l'armée rouge. Cette purge peut doublement être qualifiée de déraisonnable : Staline n'agit plus selon la raison mais par peur d'un renversement ; et l'URSS paiera très cher cette « épuration » pendant la Seconde Guerre mondiale où elle aura sans cesse un déficit d'officier. Une autre conséquence de cette généralisation de la peur est le fait de ne plus tenter de comprendre et d'étudier le phénomène à l'origine de la peur. C'est le cas notamment avec la menace terroriste du début du XXIe siècle : le patriotisme est tel qu'on n'ose pas tenter de comprendre le problème dans sa profondeur ; de peur de se voir ranger du mauvais côté. Pourtant, pour Pierre Rosanvallon, il est primordial de rendre les éléments menaçants intelligibles pour les localiser précisément et ne pas les généraliser excessivement.

Enfin la peur, lorsqu'elle est ressentie à de très forte intensité, peut détruire la raison, caractéristique psychique de l'homme. Le totalitarisme définit comme un régime politique dans lequel l'État impose par la terreur son autorité aux individus qui doivent se soumettre et obéir à l'idéologie prônée, incarne ce mécanisme destructeur. Les camps de concentration ou les centres d'extermination sont, selon H. Arendt, l'aboutissement logique de ce système. Dans *Les Origines du totalitarisme* (1951), elle développe l'idée que ces camps visent, par la terreur à opérer une mutation de l'espèce humaine. La peur est telle qu'elle « détruit chez l'homme la faculté de penser et d'expérimenter, aussi certainement que celle d'agir ». Donc la raison de l'individu est poussée aux limites de l'humanité, dans ses retranchements les plus profonds et les plus intimes. Son appareil psychique subit dans ces camps des dommages sans précédents et irréparables. La peur le détruit, l'empêche de penser, d'agir. La spontanéité et la raison sont éradiquées de son être. La peur, au-delà de rendre déraisonnable, déracine la raison et toute autre trace d'humanité.

Ainsi, la peur est une émotion qui ampute considérablement les capacités raisonnables de l'homme : elle l'aveugle et le déstabilise, le conduit à commettre des actions, étant donné qu'il n'a plus de repères, déraisonnables ; et, a fortiori, éradique toute forme de raison dans son être. Cependant, dans certains cas, la peur peut incarner une émotion plus mobilisatrice, tant en termes de pensée que d'action. **[Transition]**

2e partie

La peur peut en effet être, dans certains cas, à l'origine de la raison. Elle peut pousser l'homme à la réflexion, la pensée puis à l'action raisonnable.

Au premier abord, la peur provoque parfois la raison : elle éveille les consciences, produit un électrochoc qui engage la pensée ou l'action. Lorsqu'on a peur, on perçoit toutes les conséquences et tous les enjeux du phénomène concerné, puisque c'est précisément cela que l'on craint. Ainsi, la peur nous pousse parfois à raisonner, à peser les enjeux. Face à l'urgence, elle nous permet de raisonner au sens premier du terme, donc à envisager l'action. La peur de manquer de pain agite les foules du Tiers état au XVIIIe siècle. Cette peur va pousser les populations à raison quant au régime de monarchie de Droit divin. Aidés par les philosophes des Lumières, ceux d'entre eux qui saisissent les enjeux, les députés ou les lettrés en général, attisent la peur de cette foule. Celle-ci encourage la prise de recul face à un système peu remis en question dans le passé puisqu'habituel. De même, la peur du féminicide ou des violences faites aux femmes est un déclencheur de l'engagement féministe selon le sociologue M. Blais dans son article « Ce que la peur fait à l'engagement féministe ». La peur du réchauffement climatique, quatrième sujet de préoccupation des Français selon l'enquête de l'INSEE « cadre et sécurité » menée en 2019, est un moteur de raison et d'action. La crainte grandissante face à l'inaction des gouvernants en qui la confiance dégringole, pousse les citoyens dans la rue, dans les marches pour le climat. La peur ici est donc loin d'être déraisonnable : au contraire, elle pousse à l'action, elle est donc raisonnable.

Ensuite la peur des conséquences des actions de l'Homme a des bénéfices : elle le pousse à user de sa raison et à être vigilant. Avec le progrès technique, exponentiel depuis la Révolution Industrielle du XIXe siècle, l'homme s'est doté d'un pouvoir de destruction qui le dépasse. Des armes toujours plus meurtrières sont mises au point, et impliquent une révision de la place de l'homme dans la nature. L'arme atomique, qui incarne des capacités de destructions nouvelles, oblige l'homme à raisonner s'il veut éviter l'apocalypse. L'équilibre de la terreur qui se met en place pendant la guerre froide résulte de la peur de la guerre atomique. Cette peur force à l'action mesurée, responsable et raisonnable. C'est dans ce cadre que Hans Jonas met au point un nouveau concept dans *Le Principe de responsabilité* en 1979. Il y expose la nécessité de s'appuyer sur la peur universelle d'une destruction de la planète pour renoncer à toute innovation qui impliquerait un risque, aussi infime soit-il, environnemental ou atomique. Le principe de responsabilité oblige à céder à tout ce qui pourrait potentiellement être une menace pour la survie de l'humanité dans le futur. La peur conduit ici l'homme à user modérément des armes dont il dispose et dont il ne peut imaginer les capacités destructrices. Elle le contraint à agir raisonnablement, à faire preuve d'anticipation par la réflexion.

Conclusion

En définitive la peur est d'abord une émotion qui réduit l'homme : il perd ce qui le caractérise, la raison, parce qu'il est aveuglé et perturbé. Cela peut le conduire à agir de façon injustifiée et déraisonnable ; ou à subir une expérience de destruction psychique totale. Cependant, la peur peut également être l'étincelle qui met feu au processus de raisonnement : la pensée et l'action. Elle peut pour finir, contraindre l'homme à agir raisonnablement, tant les conséquences qu'elle fait miroiter sont importantes. Ainsi, la réponse à la question : « la peur rend-elle déraisonnable » est plus complexe qu'il n'y parait. La peur nous apparaît comme une émotion à la racine de plusieurs événements, philosophes ou concepts. Elle est éminemment ambivalente, poussant ou à la réflexion, la raison et l'action ou à la paralysie, et parfois même à l'anéantissement physique de l'homme. Elle est très subjective, ce qui la rend difficile à étudier. La peur du « grand remplacement » qui anime les partis d'extrême droite ne concerne manifestement pas les réfugiés de guerre ukrainiens, d'après E. Zemmour, candidat à l'élection présidentielle de 2022. La peur est ici difficilement intelligible, car elle n'est pas universelle, et semble peu raisonnable.

Sujet 5
La peur

Faut-il avoir peur des révolutions ?

Commentaire général :

Sur ce sujet proposé lors de la session 2022 du concours commun, comme sur tous les sujets de questions contemporaines qui vous demandent de comprendre et d'argumenter, la première difficulté peut paradoxalement venir du fait que vous avez acquis beaucoup de connaissances sur le thème des révolutions et voulez absolument mobiliser ces connaissances. Il me semble important de rappeler que néanmoins c'est **l'analyse du sujet et la construction d'une réponse argumentée et précise à ce sujet singulier** qui vous permettra de réussir l'exercice. Il faut donc toujours veiller à bien répondre au sujet.

Par ailleurs, une **difficulté particulière au thème des révolutions,** tient au fait que l'on peut donner au terme révolution des sens très différents selon que l'on parle de révolution politique, de révolution scientifique ou encore de révolution économique et sociale. La tentation peut alors être grande d'utiliser ces différents sens pour donner des réponses différentes au sujet et ainsi faire un plan qui semble dialectique. Dans le cas du présent sujet, il n'est, par exemple, pas absolument impossible de parler des révolutions scientifiques néanmoins ça n'est pas là que se pose vraiment le problème. La formulation du sujet suggère que l'on peut avoir peur de certaines révolutions comme des révolutions politiques ou encore technologiques. On vous demande alors de déterminer si cette peur est nécessaire ou légitime. La question se pose donc particulièrement pour les révolutions politiques qui suscitent beaucoup de peurs et c'est à partir de ce sens de révolution qu'il va falloir construire votre problématique et ensuite votre plan.

Proposition de corrigé

Introduction

« (...) permettez-moi d'affirmer ma ferme conviction que la seule chose dont nous devons avoir peur est la peur elle-même — l'indéfinissable, la déraisonnable, l'injustifiable terreur qui paralyse les efforts nécessaires pour convertir la déroute en marche en avant » déclarait Franklin Delano Roosevelt, lors de son discours d'investiture en 1933. Ainsi, Roosevelt condamne la peur elle-même car elle ne nous permettrait pas de prendre des décisions véritablement rationnelles. Pourtant, ne peut-on légitimement avoir peur de ce qui s'annonce potentiellement imprévisible ou violent ? En d'autres termes, faut-il avoir peur des révolutions ? [**Accroche**]

Les révolutions peuvent être définies comme des ruptures brutales avec l'ordre social, moral, économique ou politique qui avait cours jusqu'ici. Elles ont souvent lieu dans le but de transformer les conditions d'existence d'un peuple pour les rendre meilleures, par exemple en permettant le passage d'un régime liberticide à un régime démocratique. Mais, ce faisant, elles provoquent généralement des périodes d'instabilité propices aux violences et aux luttes au sein de la société. Nous pourrions alors considérer que bien que leurs objectifs soient souvent louables, qu'il est nécessaire et légitime d'avoir peur des révolutions dans la mesure où la violence et l'instabilité qu'elles produisent souvent constituent une véritable menace pour la vie et le bien-être des individus. Néanmoins, si l'on admet que la peur est une émotion qui nous pousse souvent à l'irrationalité, ne devrait-on pas au contraire s'en prémunir et lui préférer une certaine vigilance ? En effet, les révolutions si elles comportent, certes, des risques, ne sont-elles pas parfois moins risquées que lè fait de persister dans des comportements dangereux qui auront des effets néfastes dans le futur ? [**Analyse du sujet**]

En d'autres termes, nous allons poser le problème suivant : Est-il nécessaire, voire moral, d'avoir peur des révolutions dans la mesure où elles représentent un danger pour les individus et les sociétés ou bien faut-il au contraire se garder d'avoir peur afin de prendre des décisions plus rationnelles ? [**Problématique**]

Nous verrons d'abord qu'il n'est pas raisonnable d'avoir peur des révolutions si l'on considère qu'elles sont susceptibles de faire advenir plus de liberté et de justice. Cependant, ne peut-on dire que ces ruptures parfois violentes et aux résultats incertains doivent légitimement nous inspirer de la peur ? Et pourtant, la peur est-elle réelle une émotion appropriée quand l'on souhaite anticiper et gérer un risque ? [**Annonce du plan**]

Développement

1. Les révolutions : une nécessité pour faire advenir liberté et égalité

1.1. Les révolutions : un progrès pour les libertés

Faut-il avoir peur des révolutions ? Ou bien faut-il au contraire s'en réjouir et les rechercher si l'on cherche à faire advenir une société plus juste ? Les révolutions sont des ruptures avec l'ordre établi précédent, en ce sens, on peut les rechercher si l'on souhaite instaurer une société plus juste ou plus libre. Depuis le 17e siècle, un certain nombre de penseurs notamment des Lumières défendent l'idée que le progrès de l'humanité passe par de plus grandes libertés civiles et politiques. Ainsi, Locke dans son *Second traité du gouvernement civil*, défend-il l'idée que les hommes ont des droits naturels (droit à la vie, droit à la liberté, droit de propriété) et qu'un pouvoir qui violerait ces droits justifierait qu'on lui résiste voire que l'on se révolte contre lui. Rousseau, quant à lui au 18e siècle, défend l'idée dans son *Contrat social*, qu'un pouvoir véritablement légitime est un pouvoir où c'est la volonté générale qui est souveraine c'est-à-dire que c'est le peuple qui doit être souverain et décider des lois ou de ses gouvernants. Si ces penseurs ne disent pas nécessairement comment procéder pour instaurer un régime où les individus ont davantage de libertés civiles et politiques, leurs pensées influencent néanmoins ceux qui mènent les révolutions du XVIIe, XVIIIe et XIXe siècles. Une des premières parmi ces révolutions, la révolution américaine est un bon exemple de révolution libérale qui permet effectivement l'instauration d'un régime démocratique. Partie d'une révolte contre les nouvelles taxes que l'Angleterre prétendait faire payer aux colonies, c'est progressivement au nom des droits naturels de l'homme que les colons se soulèvent et réclament leur autonomie politique. La révolution achevée et l'indépendance acquise, des constitutions sont alors rédigées dans les différents États qui affirment la souveraineté du peuple, instaurent le gouvernement représentatif, la séparation des pouvoirs et proclament les libertés individuelles et politiques. Si l'on se place du point de vue du résultat et si l'on admet que les hommes cherchent à avoir davantage de liberté et à disposer d'eux-mêmes alors il ne semble pas justifié d'avoir peur des révolutions car elles sont un moyen effectif d'atteindre cet objectif.

1.2. La peur de la misère plutôt que la peur des révolutions

Indépendamment de la question des libertés, les révolutions sont également souvent déclenchées pour des raisons sociales, parce que la situation économique est difficile ou les inégalités trop criantes pour être encore acceptables. Alors ceux qui n'ont plus rien, ceux qui vivent dans la misère ne craignent sans doute pas les révolutions car ils espèrent un changement de leur situation sociale et ne voient pas ce qu'ils pourraient avoir à perdre à la remise en cause de l'ordre établi. Pour Marx, la révolution sera alors facteur de progrès politique dans la mesure où la révolution prolétarienne devrait permettre la disparition des classes sociales, et ce faisant, la disparition de la classe sociale des exploités. Marx considère ainsi que les révolutions libérales bourgeoises ne sont que des prémisses de l'ultime révolution qui sera la révolution communiste. Il interprète ainsi la Révolution française comme une révolution qui a donné le pouvoir aux bourgeois au détriment de la noblesse, mais n'a pas réellement permis aux classes populaires une amélioration notable de leur condition de vie puisque les moyens de productions et les fruits du travail sont désormais accaparés par la classe bourgeoise. Au contraire, Marx voit dans la Commune de Paris en 1871, une révolution prolétarienne avortée, certes, puisque réprimée dans le sang, mais qui a les caractéristiques d'une révolution prolétarienne du fait du soulèvement des masses et de leur auto-organisation dans la Commune. Il observe que la Commune a « brisé le pouvoir de l'État moderne » en « restituant au corps social les forces jusqu'alors absorbées par l'État parasite qui se nourrit de la société et en paralyse le mouvement ». Que l'on interprète la Commune comme la première révolution prolétarienne ou comme l'achèvement des révolutions de 1789 et 1848, il reste que l'œuvre de la Commune finira par être largement adoptée par la IIIe République : politique scolaire, anticléricalisme, réforme militaire... En ce sens, on peut considérer que les révolutions permettent finalement d'instaurer un ordre plus favorable aux individus les plus mal loti. La bourgeoisie ou la noblesse, si l'on s'inscrit dans le cadre de la lutte des classes, devraient alors craindre les révolutions car elles risquent d'y perdre leur prééminence, mais tel n'est sans doute par le cas de la classe des prolétaires. Néanmoins, peut-on réellement dire que seuls les plus favorisés auraient à craindre les révolutions ? Les révolutions en tant qu'elles sont souvent violentes et ont des résultats incertains ne devraient-elles pas faire peur à tous ?

2. Des révolutions violentes aux résultats incertains

2.1. La violence des révolutions

Si le changement radical qu'est la révolution peut se faire de manière pacifique, il reste que les révolutions politiques se font rarement sans aucune violence et produisent toujours des périodes d'instabilité puisque le nouveau régime doit alors se mettre en place et que cela se fait rarement sans rapports de force entre les différents acteurs en présence. Marx considère ainsi la révolution comme une offensive contre l'ordre bourgeois lui-même c'est-à-dire comme une remise en cause radicale des rapports de classes telle qu'ils sont institués, le prolétariat prenant alors le pouvoir sur la classe bourgeoise. Il affirme ainsi dans le Manifeste du parti communiste : « L'histoire de toute société jusqu'ici est l'histoire de la lutte des classes. Homme libre et esclave, patricien et plébéien, seigneur et serf, maître et compagnon, bref, oppresseurs et opprimés sont restés en constante opposition, ils ont mené une lutte ininterrompue, une lutte tantôt cachée, tantôt ouverte, qui à chaque fois s'est terminée par une transformation révolutionnaire de la société entière, ou bien par l'anéantissement commun des classes en lutte. »

On voit ici que la peur peut être légitime car la révolution, selon les dires de Marx, peut conduire à une transformation radicale mais aussi à une destruction réciproque des classes en lutte. La révolution résulte, en effet, de l'affrontement de deux classes, le prolétariat et la bourgeoisie, la première luttant pour renverser le système capitaliste. Cette violence révolutionnaire est résumée dans la phrase de Marx : « *la violence est l'accoucheuse de toute vieille société qui en porte une nouvelle dans ses flancs* ». La citation de Mao Tsé-Toung tirée du *Petit Livre rouge* s'inscrit clairement dans cette perspective : « *La révolution n'est pas un dîner de gala ; elle ne se fait pas comme une œuvre littéraire, un dessin ou une broderie ; elle ne peut s'accomplir avec autant d'élégance, de tranquillité et de délicatesse, ou avec autant de douceur, d'amabilité, de courtoisie, de retenue et de générosité d'âme. La révolution, c'est un soulèvement, un acte de violence par lequel une classe en renverse une autre* ». Ainsi, l'on peut légitimement craindre les révolutions dans la mesure où elles peuvent être un danger pour la vie des individus. On pourrait alors considérer qu'il est nécessaire d'avoir peur des révolutions pour survivre, mais également légitime de redouter ces événements qui peuvent conduire à des déchaînements de violence.

2.2. Des résultats incertains

Par ailleurs, on peut également craindre les révolutions car ce sont des événements qui par nature ont des résultats incertains. Si l'on peut souhaiter une révolution pour instaurer plus de liberté ou de justice, le processus même de la révolution crée beaucoup d'instabilité, des rapports de force, des luttes et il est difficile d'être certain que la situation sera finalement meilleure après la révolution. Par exemple, ces périodes d'instabilité peuvent avoir pour effet d'effrayer les citoyens les plus conservateurs qui vont alors avoir tendance à souhaiter le retour d'un pouvoir fort qui mettra fin à l'instabilité, voire à défendre le retour du souverain destitué dans un mouvement dit de contre-révolution comme cela a pu être le cas de certaines provinces lors de la révolution française qui soutenaient le roi. Plus récemment, nous pouvons voir dans la révolution égyptienne de 2011 un bon exemple d'une révolution avortée qui finalement entraîne l'instauration d'un régime similaire voire plus liberticide que celui qui a été demis par la révolution. Ainsi, lors de la révolution dite de papyrus, qui voit le départ d'Hosni Moubarak après des mois de manifestations violentes et réprimées, l'arrivée au pouvoir par les urnes d'un représentant des Frères Musulmans fait craindre à une partie de la population une islamisation de la société. Dans le même temps, des troubles persistant et la situation économique ne faisant que se dégrader, la population finit par réclamer le départ du Président élu et vote en 2014 pour le maréchal Al-Sissi représentant de l'armée qui depuis réprime sévèrement toute volonté de manifestation et arrête les militants pro-démocratie comme les défenseurs des droits humains. On voit ainsi que cette révolution est un échec du point de vue des libertés individuelles et politiques sans doute car l'élection d'un représentant des Frères Musulmans lors des élections démocratiques a suscité une trop grande instabilité. Ainsi, parce que les révolutions entraînent souvent violences et instabilité, il semble raisonnable d'en avoir peur parce que nous souhaitons sauvegarder notre vie et pouvons craindre que la situation soit en réalité encore pire ensuite. Néanmoins, la peur permet-elle réellement d'identifier la menace avec certitude ? Ne pourrait-on au contraire penser qu'il faut éviter d'avoir peur car la peur nous empêche de réfléchir efficacement et peut-être d'identifier la réelle menace ?

3. Être vigilant plutôt qu'avoir peur

3.1. La peur paralyse l'action et peut nous conduire à occulter une menace réelle

Si nous avons vu que le peuple pouvait avoir besoin de révolutions pour conquérir sa liberté et obtenir des conditions de vie favorables, la question se pose également aujourd'hui pour la survie de l'espèce humaine. Si l'on se réfère aux experts du GIEC, la situation écologique est devenue préoccupante. Nous sommes entrés dans une ère d'extinctions massives, la vie sur terre disparaît très vite et le réchauffement climatique nous met tous en danger. Les inégalités sociales n'ont jamais été aussi importantes, et la qualité de vie des êtres humains comme leur espérance de vie décroît dans plusieurs pays riches. Face à ce constat alarmant, de nombreux scientifiques et personnalités considèrent qu'il n'est plus temps de simplement résister, mais qu'il faut envisager sérieusement une révolution, c'est-à-dire une rupture radicale avec le système capitaliste qui produit ces inégalités sociales et ces catastrophes écologiques. Pourtant, la peur du changement ou des mesures à prendre semble paralyser une grande partie de la classe politique et de la société. Est-il alors bien raisonnable d'avoir peur d'une révolution ? Ne faudrait-il pas plutôt craindre l'immobilisme et la continuité ? Walter Benjamin dans les *Thèses sur le concept d'histoire* dit ainsi : « Marx a dit que les révolutions sont la locomotive de l'histoire mondiale. Peut-être que les choses se présentent autrement. Il se peut que les révolutions soient l'acte par lequel l'humanité qui voyage dans le train tire les freins d'urgence ». Il suggère ainsi que la révolution est parfois nécessaire et souhaitable pour éviter une catastrophe. La peur si elle nous paralyse et nous empêche de prendre des décisions devient alors un danger pour notre survie.

3.2. Être conscient des risques et rester vigilant plutôt qu'avoir peur

Dans nos démocraties occidentales aujourd'hui, les citoyens sont de plus en plus conscients d'une menace écologique et des inégalités sociales grandissantes. Des voix s'élèvent alors pour exhorter les politiques à prendre des mesures courageuses mais sans réellement rencontrer d'échos. La peur ne conduit pas souvent à la rationalité, mais elle paralyse ou conduit à des actions irréfléchies et à des comportements moutonniers. Plutôt que d'avoir peur des révolutions, peut-être alors faudrait-il plutôt identifier les risques et être suffisamment vigilants pour pouvoir prendre les décisions nécessaires quand cela devient utile. « Conjurer la peur ne signifie pas l'annuler ni la tranquilliser, mais la ramener à une lucidité minimale afin de ne pas lui attribuer de noms d'emprunt. Conjurer la peur, c'est lui donner son objet véritable, qui porte le beau nom de vigilance » écrit l'historien Patrick Boucheron dans l'ouvrage *L'exercice de la peur. Usages politiques d'une émotion*, publié en 2015. C'est la gestion raisonnable du risque par la vigilance qui permet donc le retour à la raison. Le débat public doit permettre d'analyser correctement les menaces, de les rendre intelligibles. Cet état de vigilance nécessite un « juste milieu » entre information et prise de décision par le gouvernement. Mais, cela peut demander de prendre des décisions courageuses en rupture avec ce qui se faisait jusqu'alors. Parfois, prendre en compte les risques et réfléchir peur conduire à s'engager dans une révolution.

Conclusion

Il peut sembler raisonnable d'avoir peur des révolutions dans la mesure où il s'agit de ruptures souvent violentes avec l'ordre établi dont le résultat est très incertain. Néanmoins, s'il est raisonnable d'envisager les risques que présentent les révolutions, il ne faut pas négliger les risques de l'immobilisme. Si ne rien changer peut sembler plus confortable et sécurisant, c'est souvent une illusion et l'immobilisme peut également présenter des risques. En définitive, les révolutions présentent des risques certes, mais en avoir peur ne semble pas être la solution qui permette d'éviter les dangers des révolutions. Il vaut sans doute mieux user de sa raison pour anticiper, identifier les risques et prendre des décisions.

Devoir d'un étudiant réalisé sur le même sujet

Commentaire

Ce devoir n'a pas été rédigé lors du concours du 23 avril 2022 mais à l'occasion d'un devoir sur table donné en amont du concours sur le même sujet. Cette copie a été particulièrement appréciée pour ses références judicieuses et précises. Mais c'est surtout la lecture fine du sujet qui a ici retenu l'attention du correcteur. La candidate a su mettre en évidence les différentes dimensions des peurs potentiellement suscitées par les révolutions.

Introduction

Ces dernières semaines, un nouveau mouvement a pris de l'ampleur en France : « Les convois de la Liberté ». Inspirés par le mouvement canadien, les manifestants aspirent à davantage de reconnaissance et exigent le retour de leurs libertés face à la situation sanitaire. Ils avaient pour projet de bloquer Paris le 13 février 2022. Cependant, par manque d'autorisation, leur mouvement a été limité. Bien que ce mouvement ne semble être qu'une révolte pour le moment, ; l'esprit révolutionnaire sûrement fait peur au gouvernement, qui n'a, par conséquent, pas accepté leur présence dans la capitale.

En effet, la révolution est un phénomène qui cause des changements profonds de paradigmes, voire des ruptures. La révolution peut être de différente nature, sociale, technologique ou bien culturelle ; mais la révolution au quotidien est le plus souvent politique. Pour les révolutionnaires, les changements causés par la révolution sont progressistes. Ainsi, selon Ludivine Bantigny dans son ouvrage *Révolution* « La révolution, dans son mouvement même donne des rêves et des idées [...] elle donne de l'espoir à ce qui n'en avait plus ». Cependant, selon la définition de J. Goldstone, la violence serait nécessaire à la révolution. Alors, la révolution pourrait aussi être crainte et susciter la peur. La peur est une émotion faisant surface face à un danger réel ou présumé. La peur peut être personnelle et ainsi, relever de l'individu, mais la peur peut aussi être collective et relever du politique au sein d'une société. La peur est souvent propre à chacun et peut être motrice ou paralysante.

La peur a toujours existé et reste au cœur de la société, que cela soit dans les régimes démocratiques ou dictatoriaux. Tout comme la peur, la révolution existe dans toutes les sociétés. Avec les outils numériques la révolution peut effectivement s'étendre à travers le monde. Cependant, les révolutions remettent en cause la stabilité, et peuvent alors être craintes.

Ainsi en quoi la peur peut-elle être un moyen de discréditer les révolutions ?

Les révolutions émanent par essence du changement qui violente toute une société, suscitant alors la peur ; cependant, la peur peut être un moyen de manipulation et d'instrumentalisation pour empêcher l'effervescence révolutionnaire.

1re partie

Les révolutions suscitent la peur car la violence usée par les révolutionnaires peut être vue comme un danger, et les changements dus aux révolutions peuvent violenter tout l'équilibre d'un système.

La révolution politique pour prendre de l'ampleur et amener un réel changement a parfois besoin de la violence. Pour marquer une réelle rupture, le pacifisme peut s'avérer inefficace. La violence est un moyen de s'affirmer dans l'espace public et de renverser l'ordre établi par la société. Karl Marx, le père de la révolution prolétaire, montrait dans son ouvrage *Le Manifeste du parti communiste*, que la violence est nécessaire mais surtout légitime. Effectivement, le peuple userait de la violence pour répondre à la violence politique des gouvernants. Le peuple est asservi par les élites. Karl Marx revendique la violence pour sortir de cette société des classes. Selon lui la violence n'est que provisoire durant la période révolutionnaire. Edwy Plenel partage également cette idée dans son ouvrage *La Victoire aux vaincus*. Les gilets jaunes ont, selon lui, répondu à la violence des élites. Leur violence était donc légitime face à cette violence politique.

La violence est donc utilisée dans les révolutions mais cette violence est de plus en plus discréditée la violence révolutionnaire suscite la peur car elle amène le chaos dans la société. Au sein des sociétés contemporaines et principalement occidentales, où la démocratie et les Droits de l'Homme sont fermement défendus, la violence est de plus en plus mal perçue. Norbert Elias manifeste dans son ouvrage *La Civilisation des mœurs* ce discrédit de la violence dans nos sociétés. Le changement révolutionnaire n'est ici, pas forcément renié. Cependant, les moyens utilisant la violence sont critiqués par une grande partie de l'opinion publique. Ce rejet de la violence s'est d'autant plus affirmé avec l'effervescence des attentats depuis le début du XXIe siècle. La société française a été profondément affectée. La violence est d'autant plus discréditée depuis, car elle rappelle ces événements.

La révolution peut également faire peur pour ses conséquences Les révolutions politiques et sociales visent par essence à remettre en cause l'ordre établi ; les conséquences peuvent alors malmener violemment la société dans le sens moral et non physique cette fois. Les bouleversements dans la société seraient donc violents dans la remise en cause de l'équilibre sociétal. Pascal Ory montre dans son ouvrage *L'Entre-deux mai, la crise d'où nous venons : 1968-1981*, que les manifestations de mai 1968 ont dans le long terme causé une révolution sociétale. Effectivement les événements de mai 1968 ont cherché à marquer une rupture avec la société française patriarcale et raciste. Cette révolution a certes, effrayé sur le moment, car les manifestants exigeaient davantage de liberté et prônaient pour certains le communisme. En *brandissant Le Petit livre rouge* de Mao Tsé-Toung, un grand nombre accusait la société capitaliste. Mais pascal Ory montre que la révolution fût bel et bien sociétale. Les changements sur la place de la femme dans la société ont bouleversé l'ordre établi. Le droit à l'IVG le 17 janvier 1975 est perçu par les conservateurs comme une violence contre la société.

En effet, les changements provoqués par une révolution peuvent s'avérer être une menace pour cette société. Certaines révolutions scientifiques et techniques effraient la société car les conséquences sur le très long terme pourraient être désastreuses. R. Ratier montre les limites de ce qui a été considéré comme un progrès révolutionnaire dans son ouvrage *L'Amérique à l'heure du MacCarthysme*. Il témoigne en effet des dangers de la révolution technologique concernant la robotique. Les robots seraient néfastes pour la société civile. Les robots sont de plus en plus présents dans le monde du travail et feraient diminuer le nombre d'emplois disponibles pour les citoyens. Les robots seraient en train de remplacer les Hommes. Les conséquences sur la société seraient d'autant plus désastreuses en raison de la perte du contact humain, au profit de la robotisation de la société. La révolution robotique serait donc une menace pour la société contemporaine.

Cependant, toutes ces peurs causées par les révolutions pourraient être un outil de manipulation de la société. Cela permettrait de dénoncer la révolution comme une menace ; sachant que la peur est une motion pouvant engendrer ce que l'on appelle « l'instinct de survie » ; et déclencher ainsi une certaine défiance vis-à-vis d'une révolution.

2e partie

Les révolutions politiques ont souvent pour conséquence le renversement du gouvernement en place voire du régime. Ainsi, face aux révolutions, la réelle peur est celle des gouvernants. Ces derniers risquent en effet de perdre leur influence, leur pouvoir et même leur vie. Ils utilisent alors la rhétorique de la peur sur la société pour discréditer le mouvement révolutionnaire. Cette rhétorique est utilisée dans les régimes autoritaires lorsque la censure, la propagande et la peur du quotidien ne sont plus efficaces pour éradiquer les esprits révolutionnaires. Le tchécoslovaque Milan Kundera montre dans son ouvrage *L'Insoutenable légèreté de l'être* que la véritable peur était du côté des gouvernants durant le Printemps de Prague de 1968. Il a publié ce livre des années après la tentative révolutionnaire. Certes, les chars ont réprimé cette révolution ; mais selon lui la peur de l'URSS de perdre son influence était bien plus importante que celle des manifestants qui croyaient aux libertés et à la démocratie. Les révolutions seront donc bien plus craintes par le pouvoir que par le peuple.

Mais au sein des régimes démocratiques aussi la peur est utilisée par le pouvoir pour empêcher l'essor d'une révolution qui ferait tomber son gouvernement. En effet, au sein des régimes démocratiques, la peur ne pas être utilisée ostensiblement au quotidien. L'État doit assurer les libertés de la presse et d'expression. Ainsi, il ne peut pas exercer un régime de terreur. Cependant des moyens restent à sa disposition pour discréditer une tentative révolutionnaire. Grunberg montre dans la revue *Débat* de mars-avril 2019 que les gilets jaunes avaient une craie volonté révolutionnaire. Selon lui ce mouvement qui a pris beaucoup d'ampleur dans l'espace public a légitimement fait peur au gouvernement, lequel a alors montré les gilets jaunes comme une menace. Emmanuel Macron, Président de la République, a dénoncé publiquement des « scènes de guerre ». Il a cherché à désolidariser l'opinion publique de ce mouvement. En employant le mot de « guerre », il cherchait à faire peur et à discréditer le mouvement.

La peur est une émotion reconnue comme à la fois motrice ou inhibitrice. Lorsque le pouvoir montre en permanence que les révolutions politiques ne peuvent qu'engendre l'instabilité et la violence, l'opinion publique peut manifester une certaine défiance à l'égard des révolutions. Cette peur utilisée par le pouvoir serait donc un moyen de détourner la population des révolutions qui menacent le pouvoir. Cette essence de la peur étant à l'origine de l'instinct de survie est développée dans les recherches de Charles Darwin. Bien que ses recherches portent sur le monde animal, il démontre que par peur de perdre la vie, l'homme peut faire abstraction de tout le reste. La Révolution française, bien souvent idéalisée dans son côté libérateur, a été très meurtrière comme le montre Patrice Gueniffey dans son ouvrage *La Politique de la Terreur : violence révolutionnaire de 1788 à 1794*. Alors, la peur instrumentalisée par le pouvoir peut rendre le peuple inactif et obéissant. Ce peuple regretterait les révolutions par peur pour sa vie et sa stabilité.

Des révolutions ont ainsi été retardées par cette politique de la peur. Dans un climat de peur extrême exercée par le pouvoir, l'esprit révolutionnaire peut être mis de côté pour sa sûreté. En effet dans les années 1950 aux États-Unis, le Maccarthysme était au cœur de la société. Dans un contexte de guerre froide, où l'idéologie communiste était vue comme l'empire du mal par les États-Unis, le Maccarthysme visait à mener une véritable chasse aux sorcières contre les communistes. Dans ce contexte, les Américains avaient peur d'être accusés à tort et de subir un véritable lynchage de la société. Ainsi, certains Américains ont mis de côté leurs revendications d'égalité raciale. Autrement dit la révolution contre la ségrégation raciale a été reportée aux années 1960 et cela uniquement par peur du maccarthysme et d'une éventuelle mise aux bans de la société. Avec le maccarthysme, le gouvernement américain a pu contenir toutes les oppositions politiques et leurs potentielles révolutions.

Conclusion

Les révolutions suscitent donc de la peur principalement en raison de l'instrumentalisation de cette émotion. Majoritairement par les élites au pouvoir, les révolutions sont dénoncées et discréditées en raison de leur violence. Mais cela permet avant tout au pouvoir de désolidariser l'opinion publique du mouvement révolutionnaire. Alors le pouvoir reste aux gouvernants. En réalité, a plus grande peur est du côté des dirigeants qui ont beaucoup à perdre. Ainsi, la peur est instrumentalisée par les gouvernants pour renverser la peur du côté du peuple.

Il est tout de même important de comprendre que certaines révolutions ne suscitent pas la peur lorsqu'elles résultent d'un long cheminement. Ainsi elles ne causent ni violence ni peur du changement. C'est ce que montre le professeur d'histoire Emmanuel Droit dans son article « La Stasi face à la révolution pacifique de l'automne 1989 en République Démocratique allemande » publiée dans la *Revue du* XXe *siècle*, concernant la chute du mur de Berlin.

Sujet 6
La peur

La peur, une arme politique ?

Commentaire général :

Ce sujet proposé au concours 2022 s'avère être aussi intéressant que difficile à traiter. On remarquera, en effet, l'absence de verbe dans sa formulation. De tels sujets laissent ainsi une plus grande liberté d'analyse et de problématisation au candidat... ce qui s'avère être une difficulté pour réaliser devoir en trois heures.

L'une des manières d'aborder le sujet pouvait donc résider en l'ajout d'un verbe : « la peur est-elle une arme politique ? » ou encore « la peur doit-elle être une arme politique ? ». Précisons qu'il ne s'agit pas là d'une problématique mais bien d'un point de départ pour aborder les enjeux du sujet. La seconde difficulté provient sans aucun doute du terme « arme », lourdement chargé en signification. En effet, l'arme apparaît dès lors qu'il y a affrontement. Les bonnes copies seront sans doute celles qui auront fait l'effort de questionner l'usage de ce terme.

Le corrigé proposé ici fait le choix de réaliser ce travail dans la troisième partie. Il aurait été tout autant possible de construire une problématisation autour de ce terme. L'introduction aurait, par exemple, pu établir la présence de la peur dans la vie politique comme point de départ de l'analyse et orienter la problématisation autour d'une tension « arme » / « instrument ». Si la peur est un instrument, alors elle peut avoir sa place dans la vie politique, tandis que s'il s'agit d'une arme, il convient de la proscrire. Ce commentaire permet de souligner qu'il n'existe pas « une » façon de traiter un sujet et qu'il est indispensable de justifier ses choix, aussi bien dans l'introduction que tout au long de la démonstration.

Proposition de corrigé

Introduction

Le 24 février 2022 débutait l'invasion de l'Ukraine par la Russie. L'attaque brutale du pays a déclenché la crainte d'un nouveau conflit mondial. Or, cette peur du conflit semble être au cœur de la stratégie du Kremlin, semblant faire de la peur une arme politique. [**Accroche**] La peur se définit comme étant une émotion ressentie face à une menace réelle ou supposée pour le bien-être individuel ou collectif. Le terme « politique » est, lui, particulièrement difficile à appréhender car polysémique. Il peut en effet tout autant renvoyer à la gestion de la cité au sens large, qu'aux acteurs politiques eux-mêmes, ou encore au contenu de l'action publique (les « politiques publiques »). Nous envisagerons ici la politique comme ce qui a trait à l'organisation de l'État et à l'exercice du pouvoir. Ce que nous nommerons « sphère politique » renverra finalement à deux aspects : la conduite de la politique de l'État vis-à-vis des autres États d'une part (la « politique étrangère ») et le champ politique propre à l'espace national. Ce deuxième objet d'étude nécessite de s'intéresser à la fois à la question de l'accès au pouvoir ainsi qu'à son exercice. Quelle que soit la sphère politique étudiée – sous l'angle des relations entre États ou à l'intérieur d'un espace politique national – il apparaît que des conflits, des affrontements peuvent survenir. Il convient donc de se demander quelles sont les armes dont disposent les acteurs politiques pour s'affronter, et il s'agira, plus précisément d'étudier la possibilité d'utiliser la peur dans ces espaces d'affrontements. L'arme est un instrument visant à blesser voire éliminer un ennemi. Cette idée « d'ennemi » fait sens lorsqu'il s'agit d'étudier la guerre, mais devient plus problématique lorsque l'on se place dans un cadre démocratique et il conviendra alors de parler « d'adversaire politique » plutôt que d'ennemi. Il conviendra de se demander finalement si la peur est une arme politique mais aussi et surtout si elle peut l'être, c'est-à-dire si l'on peut autoriser son usage dans les différents espaces de luttes politiques. [**Analyse du sujet**] Dès lors, il est possible de poser la problématique suivante : Dans quelle mesure la peur peut-elle être utilisée comme arme dans les différents espaces d'affrontements politiques ? [**Problématique**] Il apparaîtra dans un premier temps que la peur se révèle être une véritable arme dans les relations entre les États. Si la sphère internationale se distingue largement de la sphère politique nationale, il apparaît bien, pourtant, que la peur peut être utilisée par les différents acteurs dans ce champ politique. Cependant, la peur est une émotion dangereuse pour une démocratie, et il convient dès lors de la circonscrire au maximum. [**Annonce du plan**]

Développement

1. La peur une arme à part entière dans les relations entre les États

Le premier espace politique qui peut conduire à l'usage d'armes est celui des relations entre États. L'expression « arme politique » renvoie dans une large mesure au champ lexical de l'affrontement guerrier, conduisant à l'analyse des affrontements entre États. Nous verrons ainsi que la peur constitue bien une arme à part entière dans les relations conflictuelles entre États. Il apparaît que la peur peut bien être une arme en raison de l'espace politique particulier que constitue celui des relations internationales.

1.1. La peur de l'arme fait de la peur une arme dans les relations entre États

Lorsque les États entretiennent des relations conflictuelles, ils cherchent à utiliser différentes armes pour atteindre leurs ennemis. Or, la peur constitue une arme à part entière. Pour le comprendre, il convient de rappeler qu'une peur est associée à la présence d'une menace. En cela, agiter des menaces est une façon pour un État de faire naître la peur et de servir ses intérêts. La première de ces menaces est l'arme nucléaire. Les États n'utilisent pas tant l'arme nucléaire en tant que telle mais plutôt la menace de l'utiliser. La Guerre froide a sans conteste illustré avec le plus de force cet usage de la peur du nucléaire. L'expression « équilibre de la terreur » a d'ailleurs été utilisée pour caractériser la relation entre les blocs soviétique et américain : l'usage de l'arme nucléaire par l'un des deux camps aurait conduit à des représailles immédiates menant à leur destruction, comme l'illustre le film *Docteur Folamour* de Stanley Kubrick (1964). Cet usage de la peur du nucléaire dans les relations entre États ne s'est cependant pas arrêté avec la fin de la Guerre froide. La guerre actuellement menée par la Russie en Ukraine a fait ressurgir la crainte d'un affrontement armé de grande ampleur. Elle a également conduit les grandes puissances nucléaires à brandir de nouveau la menace de l'usage de cette arme. Selon le politologue et spécialiste des questions internationales Bruno Tertrais : « Les Russes se servent du nucléaire pour nous impressionner, nous faire peur, nous diviser » (« La menace nucléaire plane sur la guerre en Ukraine », *Le Monde*, mars 2022) puisque la menace du nucléaire vise à dissuader les pays occidentaux à s'engager dans le conflit.

Au-delà de l'arme nucléaire, de nouvelles menaces ont émergé dans les relations entre États, alimentant ainsi de nouvelles peurs. Le numérique est le canal privilégié pour faire naître ces nouvelles menaces. En effet, le *cyber* constitue aujourd'hui un nouvel espace d'affrontements entre États. Il n'est d'ailleurs pas anodin de voir que des cyberattaques ont eu lieu quelques semaines avant l'offensive russe en Ukraine. L'une de ces attaques eut pour effet d'afficher sur des sites ukrainiens : « ayez peur et attendez-vous au pire ». Les cyberattaques constituent de nouvelles menaces qui peuvent conduire aux blocages de certaines administrations, ou encore au vol d'informations. Mais le numérique est également l'espace investi par certaines puissances, au premier rang desquelles on retrouve la Russie, pour chercher à diffuser des fausses informations, des rumeurs, et in fine répandre la peur. En cela, le *cyber* a été particulièrement investi par la Russie pour attaquer l'Ukraine comme l'explique le géographe Kevin Limonier. Des opérations informationnelles menées par la Russie en Ukraine cherchent à manipuler l'opinion publique pour « répandre le trouble et la peur dans la société ukrainienne ». Ces nouvelles formes de menaces soulèvent désormais des craintes dans les pays occidentaux et la peur de ces déstabilisations renforce le pouvoir des puissances l'utilisant.

Il apparaît donc que les États, lorsqu'ils entretiennent des rapports conflictuels, ont à leur disposition plusieurs armes parmi lesquelles on retrouve la peur. Il peut s'agir d'une part de la peur d'utiliser certaines armes, comme le nucléaire, ou l'utilisation du cyberespace pour répandre la peur dans un État et ainsi perturber son fonctionnement. La peur se révèle être ainsi au cœur des affrontements en raison de l'espace particulier que constitue l'espace politique international.

1.2. Les relations internationales, un espace politique particulier

La peur constitue une véritable arme politique sur la scène internationale en raison de la particularité de cet espace politique. En effet, les relations internationales sont, dans la tradition des penseurs réalistes, décrites comme l'affrontement d'intérêts étatiques. Dans ce contexte, chaque État fait preuve « d'égoïsme » en cherchant à défendre ses intérêts propres. Dans l'analyse réaliste, il n'existe pas de système international permettant la régulation de ces conflits. Ainsi, pour le philosophe Thomas Hobbes, les relations internationales sont comparables à l'état de nature. Théorisant la naissance de l'État, T. Hobbes décrivait l'état de nature dans *Le Léviathan* (1651) comme un état de guerre de tous contre tous. Cet état de nature perdurerait donc dans les relations internationales.

Cette vision des relations internationales comme « état de nature » peut cependant être largement nuancée. Il existe en effet aujourd'hui un cadre institutionnel international devant permettre la régulation des conflits, et finalement éviter cet « état de nature » décrit par T. Hobbes. En cela, l'ONU (Organisation des Nations Unies) occupe une place importante. Créée en 1945, elle dispose notamment pour mission de maintenir la paix et d'assurer la sécurité internationale. Deux organes jouent un rôle important. Il s'agit d'une part du Conseil de sécurité : composé de 15 États membres, dont 5 permanents (Russie, États-Unis, France, Chine, Royaume-Uni), il vise à régler des conflits par des moyens pacifiques et, en dernier recours, peut autoriser l'emploi de la force pour maintenir la sécurité internationale. D'autre part, l'Assemblée générale est un organe permettant le dialogue entre l'ensemble des États membres. Elle prend des résolutions qui peuvent, ensuite, être reprises par le Conseil de sécurité. En définitive, de telles institutions internationales devraient permettre d'échapper à l'usage de la peur en tant qu'arme politique en désamorçant les conflits. Cependant, il apparaît que ces institutions peinent à remplir pleinement leur rôle. La guerre menée par la Russie montre qu'un État peut décider de se soustraire de tout contrôle international et faire usage de toutes les armes dont elle a à disposition, parmi lesquelles on retrouve la peur.

Il apparaît, au terme de cette première partie, que la peur constitue bien une arme politique sur la scène politique internationale. Parce qu'elle est un espace politique particulier, où s'affrontent les intérêts des États, il n'est cependant pas possible d'en déduire que la peur constitue une arme dans tout espace politique. Il convient donc désormais d'étudier l'usage de la peur dans les espaces politiques nationaux.

2. La peur peut également être utilisée dans le champ politique national

L'espace politique national est un lieu de confrontation entre les partis politiques pour accéder au pouvoir. Il apparaît que la peur peut bien constituer une arme politique, aussi bien dans l'optique de la conquête du pouvoir que dans son exercice.

2.1. La peur, une arme rhétorique dans la compétition électorale

La peur peut être utilisée par les formations politiques lors de leur affrontement en campagne électorale. On peut ici parler « d'arme politique » puisque la peur vise bien à éliminer des adversaires en vue de remporter l'élection. Dans son ouvrage *Peur, espoir, compassion, indignation : l'appel aux émotions dans les campagnes présidentielles*, la politiste Marion Ballet s'est ainsi intéressée aux discours des candidats aux élections présidentielles entre 1981 et 2007 et, plus précisément à ce qu'elle nomme les « rhétoriques émotionnelles », c'est-à-dire le fait d'exprimer une émotion ou solliciter chez les électeurs une réponse affective afin d'obtenir leur vote. Elle montre ainsi que la peur figure parmi les différentes rhétoriques émotionnelles, aux côtés de l'espoir, la compassion ou l'indignation. Il convient cependant de noter que la peur n'est pas nécessairement l'instrument le plus utilisé par les différents candidats et tend même à reculer. Elle note ainsi que le recours à la peur, dans les professions de foi, les déclarations officielles ou encore les émissions télévisées, a diminué de 32,9% entre 1981 et 2007.

Arme rhétorique en recul, la peur persiste bien dans les discours électoraux, mais elle varie d'un parti politique à l'autre. En effet, il n'existe pas « une peur » mise en avant par les partis politiques. L'usage de la peur varie donc selon le positionnement politique des candidats. Ainsi, Marion Ballet montre que les candidats d'extrême gauche articulent les discours de peur autour d'enjeux économiques et sociaux. Le capitalisme est présenté comme étant une menace pour les travailleurs et le discours vise autant à susciter la peur qu'à inciter à lutter contre le système économique. Le parti écologiste est celui qui, de tous les partis, invoque le plus la peur. À l'inverse, le discours du Front National s'oriente essentiellement vers l'immigration, l'Europe et les partis gouvernementaux et s'inscrit dans une « rhétorique catastrophiste du déclin ». Dans cette logique, « l'étranger » vient menacer l'identité et l'indépendance de la Nation. En outre, si l'immigration est jugée responsable du chômage, du « déclin » de la protection sociale ou encore du manque de logement, elle est aussi profondément associée aux questions sécuritaires. De leur côté, les partis historiques de gouvernement que furent le Parti Socialiste et l'UMP utilisent de façon moins récurrente la peur lors de leur campagne et cherchent davantage à orienter leurs discours vers l'espoir.

Différentes peurs sont donc bien utilisées par les partis politiques lors des campagnes électorales en vue d'accéder au pouvoir. Si les partis de gouvernement utilisent moins la peur pour se faire élire, cela signifie-t-il qu'ils ne l'utilisent pas une fois au pouvoir ? Une telle idée doit être largement nuancée.

2.2. L'instrumentalisation de la peur pour éliminer des ennemis

Il apparaît que la peur peut être utilisée par le pouvoir politique en démocratie. Très souvent, cette peur tient pour point de départ la présence d'un « ennemi extérieur » comme le montre le politiste Corey Robin dans son ouvrage *La peur. Histoire d'une idée politique* (2006). Cet ouvrage insiste particulièrement sur le cas américain – ce qu'il nomme « la peur à l'américaine » - dans deux contextes différents : celui de la menace communiste durant la Guerre froide, d'une part, et celui des années suivant les attentats du 11 septembre 2001, d'autre part. Le pouvoir politique peut alors avoir pour objectif d'insister auprès de l'opinion publique sur la présence de cette menace. Un tel usage permet ainsi de susciter l'unité du pays en vue d'affronter cet « ennemi extérieur ». On observe bien que la peur est une arme visant à mobiliser le peuple dans le champ politique national pour affronter des ennemis extérieurs, potentiellement présents sur le territoire national. La présence de ces potentielles menaces extérieures conduit d'ailleurs le gouvernement à les traquer. Ce fut notamment le cas avec la « chasse aux sorcières » menée par le sénateur McCarthy dans les années 1950.

Cependant, l'instrumentalisation de la peur peut également conduire le gouvernement à chercher à atteindre des « ennemis intérieurs ». Corey Robin montre ainsi comment l'instrumentalisation des menaces communistes ou terroristes a pu permettre d'attaquer d'éventuels contestataires. Le chercheur montre que la peur de l'ennemi extérieur peut dès lors se transformer en outil d'intimidation au sein de la société. Selon lui, les mouvements les plus progressistes apparaissent alors souvent comme étant suspects. En effet, le pouvoir accuse ces mouvements réformistes de saper l'unité nationale, les rendant de facto des alliés potentiels de l'ennemi extérieur. Le mouvement des droits civiques fut par exemple visé durant la Guerre Froide par ces soupçons. Le discrédit fut également porté sur les mouvements réformistes après les attentats de 2001. Corey Robin montre comment le pouvoir politique a pu assimiler les mouvements réformistes et le terrorisme islamiste dans l'ère « post 11 septembre ».

Il apparaît donc, à l'issue de cette deuxième partie, que la peur peut effectivement être un instrument pour les acteurs politiques. Il convient cependant de réfléchir sur les effets de cet usage : peut-on accepter que la peur fasse ainsi l'objet d'une telle instrumentalisation en démocratie ?

3. Parce que la peur est une « arme » politique, son usage doit être circonscrit dans une démocratie

Nous avons jusqu'à maintenant admis l'idée que la peur pouvait être une « arme » sans véritablement questionner ce terme, le prenant finalement comme simple synonyme « d'instrument ». En questionnant le terme « arme », il conviendra de se demander si la peur ne doit pas être exclue de la compétition électorale et éliminer de tout exercice du pouvoir.

3.1. L'ambiguïté du terme : les « armes » sont-elles permises dans la compétition électorale ?

Il convient en premier lieu de premier lieu de questionner l'usage du terme « arme politique » pour désigner la peur dans un espace politique national. En effet, le champ politique s'est profondément pacifié à partir du XIXe siècle. Comme le souligne le sociologue Olivier Ihl, ce siècle marque le passage d'une citoyenneté « insurrectionnelle » à une citoyenneté « électorale ». Les armes ont dès lors progressivement été écartées du champ politique. Une gravure publiée en 1848 illustre parfaitement cette idée. On voit, sur cette dernière, un homme tenir dans sa main droite un bulletin de vote et dans sa main gauche un fusil et déclarer : « ça c'est pour l'ennemi du dehors (le fusil) pour le dedans, voilà comment l'on combat loyalement les adversaires ». On remarquera que le terme « ennemi » n'est utilisé que pour désigner l'extérieur. Le champ politique ne présente, lui, que des « adversaires ». En cela, si l'on considère que la peur est bel et bien « une arme » alors on peut considérer qu'elle ne doit pas être utilisée en démocratie.

Pour autant, on pourrait prendre cette expression « arme politique » comme une métaphore, une exagération pour désigner un simple « instrument politique ». En effet, il paraît légitime de ne pas mettre sur un même plan une arme telle qu'un fusil et une émotion comme la peur. Pourtant, la peur s'avère être une « arme par destination » lorsqu'elle participe à stigmatiser une population. Ainsi, en 2019, le ministère de l'intérieur recensait 1142 faits à caractère raciste et xénophobe. La xénophobie, en tant que « peur » de l'autre qui se mue en « haine » de l'autre, conduit à des dérives violentes. Par ailleurs, en reprenant la gravure précédente, il convient de souligner que la démocratie est non seulement un espace d'affrontement pacifique, mais il est aussi un espace où l'affrontement se doit d'être « loyal ». Or, il convient de se demander si l'usage de la peur dans le débat public ne participe pas à brouiller certains messages et nuire au débat public, car, comme l'écrivait Montaigne la peur « engendre de terribles éblouissements ».

S'il est établi que la peur est une arme politique, nous pouvons finalement souligner qu'elle doit être limitée dans le cadre de la compétition électorale. On peut finalement se demander si la peur ne constitue pas une menace pour la démocratie elle-même lorsqu'elle est utilisée par le pouvoir.

3.2. Une démocratie doit faire en sorte que la peur ne soit pas une arme politique pour le pouvoir

Lorsque la peur est utilisée par le pouvoir en démocratie, elle peut devenir une véritable arme contre la démocratie elle-même. En effet, la peur peut venir perturber le fonctionnement des institutions démocratiques. À titre d'exemple, la peur suscitée par certaines menaces – les attentats en 2015 puis la pandémie en 2020 - a conduit à l'instauration en France d'un « état d'urgence » afin de permettre au Premier ministre de prendre rapidement certaines mesures pouvant notamment limiter les libertés d'aller et venir, d'entreprendre ou encore de se réunir. Ces mesures ont conduit le Conseil d'État à alerter sur la mise en place répétée de ces situations d'état d'urgence qui « déstabilisent le fonctionnement ordinaire des institutions, (...) [et] restreint les libertés de façon excessive et altère, à terme, la cohésion sociale ».

Il est dès lors nécessaire d'encadrer l'usage de la peur par le pouvoir. En cela, l'État de droit doit garantir la présence d'institutions suffisamment fortes pour contre balancer l'usage de la peur par l'exécutif. Ainsi, comme le rappelle l'historien Patrick Boucheron dans l'ouvrage *L'exercice de la peur. Usages politiques d'une émotion* (2015) : « Il est politiquement légitime d'avoir peur, non pas des cibles que les gouvernements désignent, mais de ce qui risque d'arriver réellement. (...) Dès lors, conjurer la peur ne signifie pas l'annuler ni la tranquilliser, mais la ramener à une lucidité minimale afin de ne pas lui attribuer de noms d'emprunt. Conjurer la peur, c'est lui donner son objet véritable, qui porte le beau nom de vigilance ». La vigilance doit dès lors être institutionnellement prévue pour permettre d'éviter les dérives liées à l'usage de la peur par le gouvernement.

Conclusion

Pour conclure, il apparaît que la peur constitue bien une « arme politique ». La peur de l'usage des armes et l'investissement dans le cyberespace permettent ainsi de faire de la peur une véritable arme pour les États. Ces derniers s'affrontent dans un espace politique difficile à encadrer pour les organisations internationales. Mais la peur est également utilisée par les acteurs politiques en démocratie dans les espaces politiques nationaux, aussi bien pour l'accès au pouvoir que dans son exercice, comme le montre l'idée de « gouvernement par la peur ». Or, cet usage se révèle être particulièrement problématique dans la mesure où les armes ne sont pas tolérées en démocratie. [**Résumé des enjeux et réponse à la problématique**] Puisque la peur peut devenir une véritable arme contre les adversaires et finalement contre la démocratie elle-même, il convient de l'encadrer. Il s'agit là d'un double défi pour les démocraties contemporaines : savoir identifier ce qui relève d'un usage raisonnable ou dangereux de la peur d'une part, et pouvoir mettre en place des institutions efficaces pour prévenir son usage. [**Ouverture**]

Sujet 7
L'alimentation

Comment assurer la sécurité alimentaire ?

Commentaire général :

La sécurité alimentaire mondiale demeure encore aujourd'hui l'un des principaux sujets de préoccupation des organisations internationales, des États voire des citoyens lorsqu'on évoque la question de l'alimentation. Nous avons en effet conscience que les ressources de la Terre ne sont pas inépuisables et que l'accès à une nourriture saine est un élément essentiel de l'existence.

L'actualité nous rappelle également l'acuité de ce sujet. Nous vivons en effet une période de pénurie sur certains produits alimentaires et d'augmentation brutale des prix de ces produits de première nécessité. Pour nous Occidentaux, ces hausses de prix peuvent paraître anecdotiques pour la plupart des ménages mais dans le reste du monde, la moindre variation d'un cours sur un produit agricole essentiel tel que les céréales peut plonger des millions de personnes dans l'insécurité alimentaire.

L'intérêt du sujet repose également sur **les multiples dimensions de la sécurité alimentaire**. Elle concerne à la fois la capacité à avoir accès à une ration alimentaire suffisante. Elle repose par ailleurs sur des aspects plus qualitatifs de l'alimentation puisque la sécurité alimentaire consiste non seulement à répondre à ses besoins mais également à accéder à une nourriture saine.

Proposition de corrigé

Introduction

Le dernier rapport sur la sécurité alimentaire mondiale publié en juillet 2022 par l'Organisation des Nations unies pour l'agriculture et l'alimentation alerte contre l'échec des politiques internationales de lutte contre la faim. La sous-alimentation concerne en 2021, 9,8 % de la population mondiale contre 8 % en 2019, conséquences néfaste de la mise à l'arrêt d'une partie des économies mondiales en raison de la crise sanitaire. Si depuis les années 1970, la sécurité alimentaire avait largement progressé, la tendance s'est inversée depuis 2014. L'objectif « faim zéro », pourtant placé à la deuxième position des 17 objectifs mondiaux de développement durable fixé en 2015 au sein de l'agenda 2030 semble désormais inatteignable. **[Accroche]** La définition de la sécurité alimentaire a largement évolué depuis les années 1970. Si elle pouvait se résumer au départ à une question de disponibilité alimentaire, son acception est désormais bien plus large. Depuis 1996, l'Organisation des Nations unies pour l'alimentation et l'agriculture a adopté à l'occasion du Sommet mondial de l'alimentation une nouvelle définition de la sécurité alimentaire ; celle-ci « existe lorsque tous les êtres humains ont, à tout moment, un accès physique et économique à une nourriture suffisante, saine et nutritive, leur permettant de satisfaire leurs besoins énergétiques et leurs préférences alimentaires pour mener une vie saine et active ». La sécurité alimentaire renvoie donc à différents besoins. Elle n'est atteinte que lorsque les besoins des hommes en alimentation sont couverts en quantité mais aussi en qualité. Elle recouvre donc deux dimensions que les anglophones distinguent à travers les concepts de « food security », pour désigner les aspects quantitatifs de la disponibilité alimentaire, et de « food safety », renvoyant cette fois aux aspects plus qualitatifs. Les enjeux liés à la sécurité alimentaire sont donc bien plus larges. Il ne suffit plus simplement d'assurer à l'ensemble de l'humanité un accès à l'alimentation. Il convient plus largement de s'interroger sur les excédents alimentaires, théoriquement incompatibles avec la persistance de la sous-alimentation. **[Analyse du sujet]** Alors que les disponibilités théoriques moyennes sont largement suffisantes pour couvrir les besoins de l'intégralité des individus qui vivent sur la Terre, comment expliquer que l'insécurité alimentaire concerne toujours plus de la moitié de l'humanité ? **[Problématique]** Le défi est immense, du fait de la croissance de la population mondiale mais également des changements des modes de vie. Il convient à la fois de lutter contre la sous-alimentation mais aussi plus largement contre la malnutrition. La question de la faim est donc bien un problème global qui se doit de dépasser les simples enjeux de disponibilités alimentaires. **[Anonce du plan]**

Développement

1. Un défi : l'augmentation des besoins alimentaires

1.1. La bombe humaine

Dès la fin du XVIIIe siècle, l'économiste britannique Thomas Malthus mettait en avant le risque que pouvait faire peser une trop forte croissance de la population mondiale sur les ressources alimentaires. Si l'on sait aujourd'hui que ce constat dressé dans son *Essai sur le principe de la population* de 1798 est largement erroné du fait de la croissance des productions agricoles, les interrogations autour de la sécurité alimentaire face à la croissance démographique demeurent. Alors que la population mondiale n'est estimée qu'à environ 2,6 milliards de personnes en 1950, elle atteignait 5 milliards en 1987 puis 7 milliards en 2011. Nous sommes aujourd'hui environ 7,7 milliards d'êtres humains à vivre sur Terre et la population mondiale devrait encore augmenter pour atteindre 9,7 milliards d'individus en 2050 voire 11 milliards en 2100, d'après les études prospectives. Cette croissance effrénée de la population est la conséquence de la transition démographique ; celle-ci désigne le passage d'une situation d'ancien régime démographique, marquée par une natalité et une mortalité élevée, un nouveau régime démographique, au sein duquel la natalité et la mortalité sont basses. Entre ces deux situations, les sociétés passent par un stade de forte croissance de la population car la mortalité diminue beaucoup plus rapidement que la natalité. Ce changement de régime démographique s'explique par l'amélioration du niveau de vie ou encore par les progrès de l'hygiène et de la médecine. La croissance de la population s'opère donc par le haut, grâce à un allongement de l'espérance de vie à la naissance, mais aussi par le bas, en raison d'une très forte fécondité qui demeure, avant un changement des habitudes familiales qui peut prendre plusieurs générations. Si chaque société de la planète vit un processus proche, celles-ci ne le traversent pas à la même époque. Alors que l'Europe a connu sa transition démographique au XIXe siècle, c'est l'Asie et ses géants démographiques qui l'ont vécu dans la seconde moitié du XXe siècle, expliquant cette très forte croissance de la population mondiale. Cette transition démographique est en voie d'achèvement en Inde mais elle se poursuit dans une partie du monde, notamment en Afrique subsaharienne, espace en très forte croissance démographique au cours de cette première moitié du XXIe siècle. De ce fait, plus de la moitié de la croissance démographique que connaîtra le monde d'ici à 2050 aura lieu en Afrique. La population d'Afrique subsaharienne devrait doubler d'ici cette date, alors qu'elle subit déjà une insécurité alimentaire d'ampleur.

1.2. La transition alimentaire

Cette croissance de la population mondiale s'accompagne de surcroît d'un changement dans les modes de vie et d'une augmentation encore plus forte de la consommation de produits alimentaires. La croissance démographique est largement absorbée par les villes. Les géographes évoquent cette fois une transition urbaine, afin de désigner le passage d'une société majoritairement rurale à une société majoritairement urbaine. Si cette évolution était connue par la France en 1930, le basculement a eu lieu en 2007 à l'échelle mondiale. Plus de la moitié de l'humanité vit désormais en ville, dans des espaces largement déconnectés des productions vivrières traditionnelles et nécessitant donc une intégration aux circuits commerciaux pour subvenir aux besoins alimentaires. Le cadre de vie de la population a donc des conséquences sur ses approvisionnements et sur ses modes de consommation. Le concept de transition alimentaire permet de rendre compte de cette modification du rapport à l'aliment. Il a touché les pays du Nord au cours du XXe siècle et concerne désormais les pays émergents. Le nutritionniste américain Michael Popkin a théorisé cette transition en distinguant trois phases, notamment dans un article publié en 1993 dans la *Population and Development Review*, « Nutritional Patterns and Transitions ». La première phase permet de réduire la sous-alimentation grâce à l'augmentation des revenus. Elle se manifeste par une augmentation de la consommation de céréales. La deuxième phase correspond à une diversification alimentaire ; tandis que la consommation de céréales se réduit, celles de sucre, de graisses ou de protéines d'origine animale augmentent. Enfin, la troisième phase voit se multiplier des régimes alimentaires allégés en calories, en graisses alimentaires et en sucre afin de leur substituer des produits de qualité. Ce modèle de la transition alimentaire est parfois critiqué pour son caractère schématique puisqu'il ne prend pas en compte les spécificités culturelles ; en Inde, ce modèle de la transition alimentaire ne fonctionne que très imparfaitement comme l'a montré le géographe Frédéric Landy, du fait des nombreux interdits culturels pesant sur la consommation de viande et compliquant donc la mise en évidence d'une deuxième phase. Cette transition alimentaire s'accompagne également de changement dans les lieux de consommation de l'alimentation, comme l'a montré François Ascher dans un livre de 2005, *Le mangeur hypermoderne* ; la hausse du niveau de vie et l'urbanisation provoquent d'une augmentation de la consommation alimentaire en dehors du foyer. Elle peut également contribuer à faciliter l'accès à une nourriture trop riche et trop grasse, contribuant ainsi au deuxième volet de l'insécurité alimentaire.

2. Offrir une alimentation de qualité pour tous

Alors que les défis sont immenses, la conquête de la sécurité alimentaire à l'échelle mondiale passe par une lutte contre la sous-alimentation mais également contre la malnutrition.

2.1. Une sous-alimentation persistante

La sous-alimentation concerne donc, en 2021, 9,8 % de la population mondiale, soit 800 millions de personnes. Ces chiffres s'aggravent depuis 2015 et plus encore depuis 2019. D'après les données de l'Organisation des Nations unies pour l'agriculture et l'alimentation, la faim a concerné 103 millions de personnes en plus en 2020 et 46 millions en 2021. L'agence onusienne reconnaît elle-même que cette aggravation de la situation complique la réalisation de l'objectif « faim zéro » d'ici à 2030. D'après les projections des agences internationales, la faim concernerait encore 670 millions de personnes en 2030, soit 8 % de la population mondiale et donc autant qu'en 2015, année de la définition de l'agenda 2030 de développement durable. Cette sous-alimentation est principalement concentrée dans les pays du Sud. Elle concerne 21 % de la population africaine, 9,1 % de la population d'Amérique latine et 9 % des Asiatiques. Les manques alimentaires sont essentiellement le fait de petits paysans ou d'anciens ruraux réfugiés dans les bidonvilles des grandes métropoles. Ces problèmes d'insécurité alimentaire chronique peuvent toujours engendrer des situations graves à l'échelle locale et constituer un risque de déstabilisation politique. Les données de la FAO nous apprennent également que la moitié des 2,37 milliards de personnes en situation d'insécurité alimentaire modérée ou grave, vit en Asie, soit environ 25 % de la population du continent tandis plus de 56 % des Africains sont affectés par une situation d'insécurité alimentaire grave ou chronique. La sous-alimentation peut avoir des conséquences sociales très lourdes. Les enfants victimes de sous-alimentation ont un risque plus élevé de mourir prématurément ou de présenter un retard de croissance et de développement intellectuel. S'ils parviennent à l'âge adulte, ils sont davantage exposés que les autres à des maladies chroniques. Un septième des enfants nés en 2015 souffre d'une insuffisance pondérale, soit plus de 20 millions de personnes. 22 % des enfants de moins de cinq ans présentent un retard de croissance, soit environ 150 millions d'individus. La sous-alimentation a donc des conséquences sociales et économiques très lourdes.

2.2. Une malnutrition en hausse

La malnutrition est un problème encore plus vaste puisqu'elle concerne près de la moitié de l'humanité. Selon les données de l'Organisation des Nations unies pour l'alimentation et l'agriculture, plus de 3,5 milliards de personnes souffrent de malnutrition, celle-ci incluant la sous-alimentation, les problèmes de carence ou encore la suralimentation. Plus de 2 milliards d'individus souffrent ainsi de carence en micronutriments tandis que plus d'un milliard est victime de différentes pathologies liées à un excès de graisse et de sucre. La surnutrition conduit ainsi à des situations de surpoids voire d'obésité. Elle est souvent comparée à une épidémie du fait de sa très large diffusion dans le monde. Loin des clichés qui l'associent uniquement aux pays riches, la suralimentation est désormais une donnée mondiale et concerne même parfois les espaces traditionnels de la sous-alimentation. Symptômes d'une amélioration des revenus dans les pays émergents, des modifications des modes de vie et plus particulièrement de l'augmentation de la sédentarité, le surpoids et l'obésité constituent des maux du XXIe siècle principalement dans les pays anciennement industrialisés mais aussi dans les pays émergents. L'Organisation mondiale de la santé distingue ainsi le surpoids qui correspond un indice de masse corporelle entre 25 et 30 et l'obésité pour laquelle l'IMC est supérieur à 30. Surpoids et obésité constituent des facteurs d'aggravation des risques de maladies chroniques et de maladies cardiovasculaires. D'après l'OMS, la prévalence du diabète a doublé entre 1990 et 2020. L'enquête internationale Food in the Anthropocene établit ainsi un lien direct entre les régimes alimentaires hypercaloriques et la diffusion toujours plus large de ces maladies. Le recours à des nourritures toujours plus transformées issues des systèmes agroalimentaires contribue à faire émerger ces nouveaux enjeux de santé publique. L'historien Georges Vigarello avance ainsi l'idée qu'une personne obèse a un coût sanitaire deux fois plus lourd qu'un individu à la corpulence moyenne, dans son livre *Les métamorphoses du gras*. Histoire de l'obésité. L'obésité concerne ainsi 13,1 % de la population mondiale, avec de gros écarts en fonction des régions du monde puisqu'elle concerne 40 % de la population des États-Unis contre 4,2 % de celle du Japon. La suralimentation est donc largement culturelle ; elle dépend à la fois d'une surnutrition et des modes de vie. Elle est parfois genrée. Si le surpoids est essentiellement masculin en Grèce, il est largement féminin dans les pays d'Afrique du Nord et du Moyen-Orient. Dans certaines cultures, le surpoids demeure même valorisé socialement, tandis que dans les pays du Nord, il est largement associé est une alimentation peu qualitative caractéristique des populations les moins favorisés.

3. Un problème global

Les deux volets de la sécurité alimentaire sont donc en augmentation, en dépit de disponibilités alimentaires moyennes toujours plus grandes et d'un niveau de vie global en hausse, ce qui témoigne bien du fait que la sécurité alimentaire est un problème bien plus large.

3.1. La dimension géopolitique

La conquête de la sécurité alimentaire est d'abord un enjeu politique. Plusieurs chercheurs ont mis en évidence ce lien ténu entre sécurité alimentaire et persistance des guerres et des conflits, notamment la géographe Sylvie Brunel. Elle affirme ainsi que « la carte des famines se superpose à celle des guerres » et que « le risque alimentaire majeur est aujourd'hui lié à la guerre et aux conflits », notamment dans *L'Afrique - un continent en réserve de développement* publié en 2010. Ce constat permet notamment de lutter contre les clichés qui consistent à associer les densités de peuplement ou le climat à la survenue des famines. Des logiques de prédation et une instrumentalisation politique sont la plupart du temps à l'origine des crises alimentaires graves. Les guerres récentes offrent de nombreux exemples pour illustrer ces propos. En dépit de leur interdiction par les conventions internationales de la guerre, les sièges urbains fournissent encore l'occasion de priver directement des populations d'approvisionnement en alimentation. Au début des années 1990, le siège de Sarajevo entrepris par l'armée serbe a une nouvelle fois permis d'entrevoir ces logiques de privation, avant l'instauration de circuits d'approvisionnement parallèle, notamment grâce à des tunnels creusés à proximité de l'aéroport. Plus proche de nous, les grandes villes syriennes ont été coupées des circuits classiques d'approvisionnement mais aussi de l'aide alimentaire par l'armée gouvernementale soutenue par l'aviation russe. L'alimentation demeure également un enjeu stratégique du conflit yéménite lorsque les troupes gouvernementales bombardent les réserves dans les régions contrôlées par les rebelles. Les famines sont donc instrumentalisées à des fins politiques et l'aide alimentaire est parfois détournée de ses objectifs premiers. L'accaparement de ces ressources par le gouvernement sud-soudanais en fournit un cas d'école. La sécurité alimentaire dépend donc largement des conditions politiques, tandis que les ressources agricoles demeurent plus largement une arme géopolitique mobilisée par les puissances pour imposer leurs fins. Les sanctions économiques internationales, notamment imposées à la Corée du Nord, à l'Iran ou plus proche de nous à la Russie, peuvent avoir pour objectif d'éloigner les populations de la sécurité alimentaire afin de favoriser un soulèvement politique est donc un changement de régime. À plus d'un titre, l'alimentation est donc une arme et la faim un corollaire instrumentalisé pour des objectifs politiques.

3.2. Une question essentiellement économique

L'alimentation n'est désormais plus qu'une composante mineure de vastes circuits productifs et commerciaux qui parcourent le monde, à tel point qu'un véritable fossé s'est creusé entre « la fourche et la fourchette », comme le montre Pierre Raffard, dans sa *Géopolitique de l'alimentation et de la gastronomie* publiée en 2021. Cette globalisation des circuits de production a contribué à une perte de repères, tout en maintenant à l'écart des circuits commerciaux internationaux une partie de l'humanité. Si la faim dans le monde a largement reculé depuis des années 1970, elle persiste à une échelle loin d'être négligeable, du fait de l'exclusion dont souffre une partie de l'humanité victime d'une extrême pauvreté. L'économiste indien Amartya Sen a mis en évidence, notamment dans son livre publié en l'an 2000, *Un nouveau modèle économique*, l'importance des données socio-économiques dans l'explication de la faim. La persistance de la sous-alimentation ne peut se résumer à la question des ressources mais doit être envisagé sous l'angle des evenus. C'est la pauvreté qui est à l'origine de cette persistance de la sous-alimentation, encore aggravée par la financiarisation des cours des produits alimentaires ou encore par la concurrence des agricultures exportatrices au détriment des cultures vivrières. Fort de ce constat, on comprend mieux pourquoi plus de 10 millions de Brésiliens souffrent encore de sous-alimentation dans un pays régulièrement qualifié de ferme du monde du fait de sa position dominante sur les circuits alimentaires mondiaux. Dans les pays du Nord, le lien entre pauvreté et sous-alimentation a atteint des niveaux très faibles. Cependant, la pauvreté peut être associée dans des proportions bien plus grandes à des logiques de malnutrition. À l'inverse, pour une partie de la population, la conquête d'une alimentation de qualité est devenue prégnante. Celle-ci tente de rompre avec la nourriture industrielle et privilégie des produits locaux ou d'autres dont la qualité est garantie par des labels. Il faut bien reconnaître que les scandales alimentaires sont surtout liés à des productions agroalimentaires. Il peut s'agir de véritables risques sanitaires à l'instar de l'encéphalopathie spongiforme bovine ou maladie de la vache folle ayant affecté entre 1982 et le début des années 2000 des viandes bovines nourries à partir de farines animales. Si la sécurité alimentaire n'est pas systématiquement menacée, le manque de traçabilité des productions industrielles a pu également contribuer à son discrédit. Même si elles ne remettent pas en cause la santé humaine, la consommation de viande de cheval présentée comme de la viande bovine dans des plats industriels a pu provoquer le scandale du horsegate. Une nourriture de qualité représente cependant un coût non négligeable, à tel point que certains ménages des pays riches demeurent nécessairement à l'écart de cette tendance.

Conclusion

a sécurité alimentaire n'est donc pas un problème de disponibilité mais d'accès à la nourriture. C'est l'inégale répartition des ressources qui expliquent la persistance d'une sous-alimentation chronique. Le développement demeure donc la meilleure arme contre la faim, même si l'augmentation du niveau de vie peut être un temps responsable d'un creusement de l'insécurité alimentaire, entendue cette fois dans sa dimension qualitative. La lutte contre la faim est donc intrinsèquement liée aux questions de richesse mais également à des enjeux géopolitiques. **[Résumé des enjeux et réponse la problématique]** Alors que les données des agences onusiennes témoignent d'un reusement des difficultés, les analystes mettent en avant le risque d'une nouvelle rise alimentaire globale, conséquence de l'invasion militaire de l'Ukraine par la Russie menée depuis février 2022. La déstabilisation de ces deux grands pays exportateurs de céréales mais également d'oléoprotéagineux et de fertilisants a provoqué des ruptures d'approvisionnement sur les marchés mondialisés et entraîné une hausse des prix alimentaires dont on ne mesure pas encore les conséquences en termes d'insécurité alimentaire. **[Ouverture]**

Partie

2

L'épreuve d'Histoire au concours commun

- Descriptif de l'épreuve
- Méthodologie
- Cours : Les relations entre les puissances et les modèles politiques des années 1930 à nos jours
  Histoire politique, sociale et culturelle de la France depuis les années 1930
- Sujets d'entraînement

1 Descriptif de l'épreuve

1 L'esprit de l'épreuve

a. Une analyse de documents

Durée de l'épreuve : 2 h

Coefficient : 3

Conditions : aucun document autorisé ; un seul sujet

Description de l'épreuve : l'épreuve d'Histoire propose une analyse de plusieurs documents sur le thème suivant : « Les relations entre les puissances et les modèles politiques des années 1930 à nos jours » et « Histoire politique, sociale et culturelle de la France depuis les années 1930 ». Le réseau ScPo précise par ailleurs que le programme de révision est celui de l'enseignement commun de terminale générale. Les sujets peuvent donc porter à la fois sur les relations internationales mais aussi sur les évolutions institutionnelles et politiques de la France depuis les années 1930.

La traditionnelle dissertation d'histoire a donc laissé sa place à une épreuve d'analyse de documents depuis la session 2020, même s'il a fallu attendre la session 2022 pour que les Instituts d'études politiques puissent proposer un sujet en conditions réelles.

Le *Guide du candidat* édité par le réseau ScPo précise que « la nature de cette épreuve correspond à ce qui est demandé aux élèves lors du baccalauréat. » Toutefois, dans le cadre d'un concours d'accès à l'enseignement supérieur, il faut vous attendre à ce que le niveau d'exigence du jury soit nettement plus élevé qu'au baccalauréat. De même, puisqu'il n'y a qu'un seul sujet, aucune impasse n'est possible sur toute l'étendue du programme, le monde depuis les années 1930. Et, pour compliquer encore un peu plus la tâche, l'épreuve d'histoire a lieu conjointement à celle de langues.

Deux épreuves en une...

Attention : le sujet d'histoire est distribué en même temps que celui de langues vivantes, lors de l'épreuve de 3 h qui a traditionnellement lieu l'après-midi. Le temps annoncé de 2 h est donc purement indicatif et seuls des entraînements en conditions réelles et une discipline de fer vous permettront de remplir à la fois les attendus de l'épreuve d'histoire et de celle de langues dans le temps global imparti.

b. Les compétences attendues

Un exercice d'analyse et de réflexion

Il est primordial de comprendre ce que le jury attend de vous, afin de pouvoir proposer la réponse la mieux adaptée à l'épreuve. Une analyse de documents ne consiste pas en un simple test d'érudition ; il ne s'agit donc pas de mémoriser le plus d'informations possible et d'accumuler un maximum de détails sur les faits historiques.

Votre **capacité d'analyse et de réflexion** est évaluée lors d'une telle épreuve. Il convient donc de donner du sens aux documents proposés en construisant une **réflexion problématisée**. La maîtrise des faits historiques doit donc être conçue comme un moyen pour construire cette réflexion et non comme une fin en soi.

Vous devez donc être capables de proposer à la fois une analyse des documents mais aussi un **raisonnement historique plus large** pour démontrer au jury que vous avez perçu le sens des documents mais aussi celui de la consigne qui accompagne ceux-ci.

Les critères d'évaluation

Contrairement à un discours parfois entendu, l'évaluation d'un devoir de concours ne relève pas de critères subjectifs plus ou moins arbitraires laissés au libre choix du correcteur. Ce dernier cherche surtout à évaluer votre capacité à mobiliser vos connaissances au service d'un raisonnement cohérent et intelligible.

La note que vous obtiendrez dépend donc de trois critères fondamentaux :

- l'analyse du sujet ;
- la qualité de la démonstration et la pertinence des exemples ;
- la maîtrise des aspects formels de l'exercice.

Les deux **erreurs les plus fréquentes** lors de ce type d'exercice sont la paraphrase, c'est-à-dire la simple reformulation des idées citées dans les documents et l'exposition de connaissances sans s'appuyer sur les documents. L'analyse doit donc chercher à prendre appui sur les documents, tout en étant capable de s'en détacher, c'est-à-dire de donner du sens aux éléments qu'ils contiennent grâce à des connaissances extérieures.

c. Quelques conseils d'organisation

Les erreurs fréquentes

Lors de la première lecture du sujet, il est fréquent de penser que l'on n'aura rien à dire sur celui-ci. Gagnés par le stress face à l'enjeu de l'exercice, les candidats sont fréquemment envahis par un sentiment de panique.

Après quelques minutes d'épreuve et un bref exercice de *brainstorming*, vous devez néanmoins vous rendre compte que votre préparation vous a permis d'engranger les connaissances suffisantes pour éclairer les documents et donner du sens à la situation historique proposée.

N'oubliez pas d'accorder une véritable place à l'analyse de la consigne. Même s'il ne s'agit pas d'un exercice de dissertation classique, l'introduction répond largement aux mêmes normes. Il est alors indispensable de **bien définir les termes du sujet** afin de les comprendre.

De la même manière, il arrive que l'on soit gagné par l'écueil inverse qui consiste à penser que le sujet est évident et que la réponse l'est tout autant. Il est pourtant **indispensable de proposer au brouillon une analyse approfondie de la consigne et des documents** et de ne pas se lancer directement dans l'élaboration d'un plan ou dans la rédaction du devoir. Même si l'épreuve est très courte, il pourrait être préjudiciable d'adopter ce type de réflexe.

L'autre tendance : rédiger dès les premières minutes

L'épreuve étant très courte, de nombreux candidats pensent gagner du temps en se lançant immédiatement dans la rédaction de la réponse à la question posée. Cette tendance, qui est déjà à proscrire en dissertation, ne peut fonctionner dans le cadre d'une analyse de documents. En effet, même si vous avez déjà travaillé sur un sujet proche, il paraît totalement impossible que le même dossier documentaire soit proposé lors d'un devoir et au moment du concours. Il est donc primordial d'adapter sa réponse au dossier documentaire proposé et donc de travailler au brouillon, quitte à écrire moins pour écrire mieux !

Le brouillon est donc un impératif, même si seuls les exercices en temps réel vous permettront de vous rendre compte du temps à consacrer à celui-ci. Il n'est évidemment pas possible de tout rédiger au brouillon dans une épreuve aussi courte mais pour autant, l'absence de brouillon peut vous coûter très cher en commettant un contresens dans l'analyse du sujet.

La gestion du temps

Puisqu'il est indispensable de terminer son devoir et qu'une copie qui ne serait pas achevée pourrait être très lourdement sanctionnée, la gestion du temps est donc primordiale dans la préparation au concours. Il ne faut donc pas oublier de se présenter avec une montre ou un chronomètre le jour du concours, les téléphones portables n'étant évidemment pas acceptés.

De même, il est tout à fait possible de se fixer des temps de passage, à la manière d'un sportif qui connaît à la seconde près le temps de référence à certains moments clés de sa course. Ainsi, en fonction de l'heure de début d'épreuve et de vos habitudes de travail, vous pouvez fixer *a priori* des temps indicatifs de passage en fonction de votre nombre de parties par exemple.

Même si le cadrage doit forcément être adapté à vos propres habitudes de travail, il est raisonnable de penser que l'organisation suivante peut fonctionner.

Comment

S'organiser efficacement

- 30 min : analyse des documents, élaboration de la problématique et du plan ;
- 15 min : rédaction au brouillon de l'introduction et de la conclusion ;
- 1 h : rédaction du corps du devoir ;
- 15 min : rédaction de la conclusion et relecture du devoir.

Dans tous les cas, la rédaction ne doit pas être considérée comme l'unique élément d'un devoir. En effet, c'est votre capacité d'analyse et d'organisation de vos connaissances qui est évaluée, il pourrait être très dangereux de réduire le temps passé au brouillon.

Enfin, puisque tous les éléments sont pris en compte dans l'appréciation d'un devoir, nous vous conseillons de conserver quelques minutes de relecture afin de corriger les quelques fautes qui feraient immanquablement perdre des points. Ce temps doit être mis à profit pour se conformer aux règles élémentaires attendues, à savoir notamment le sous-lignage des titres de presse, de livres ou de films cités dans le devoir.

2 Méthodologie

1 L'identification des documents

Après avoir pris connaissance de la consigne et des documents dans leur ensemble, la première étape du travail revient à les identifier précisément. C'est à ce moment-là qu'il convient de comprendre les points de vue exprimés au sein de ces documents et de tenter de percevoir la logique qui a guidé la conception de ce sujet par le jury.

Quatre questions sont ainsi fondamentales pour cerner précisément les documents.

Comment

Interroger efficacement un document

Il faut se poser quatre questions :

- Quoi ? : quelle est la nature des documents ?
- Qui ? : qui sont leurs auteurs ?
- Où ?, Quand ?, Comment ? : quel est le contexte de production de ces documents ?
- Pourquoi ? : quels en sont les enjeux ?

a. Déterminer la nature des documents

La nature d'un document doit être déterminée avec précision puisque celle-ci a une incidence sur **le type d'informations que l'on y trouve et le parti pris avec lequel elles sont exprimées.**

Une affiche cherche ainsi à séduire son observateur à l'aide de formules simples ou d'images expressives. Dans un discours, l'orateur a pour ambition de convaincre ses auditeurs avec des arguments construits. Un article de presse a pour but d'analyser de manière distanciée en phénomène, lorsqu'il est extrait de la presse d'information. En revanche, s'il est publié dans un organe militant, il exprimera un point de vue sur une situation précise.

b. Présenter les auteurs

L'auteur se doit également d'être clairement identifié. Qu'il s'agisse d'une personne physique ou d'une institution, identifier l'auteur d'un document permet de saisir **le point de vue** du document.

La constitution de fiches sur les principales personnalités du programme ainsi que sur les institutions et organisations marquantes permet ainsi de dépasser la simple tendance au recopiage de la description fournie dans le paratexte.

c. Comprendre le contexte de production des documents

En situant la production du document dans l'espace et dans le temps, vous pouvez percevoir avec plus d'acuité **l'horizon mental de l'auteur du document**. Celui-ci exprime nécessairement un point de vue en fonction de l'époque dans laquelle il vit.

C'est pourquoi **il est proscrit d'évoquer des faits postérieurs dans votre commentaire** puisque l'auteur d'un document l'a composé en fonction des connaissances qu'il avait à un moment donné du passé. Le seul moment où l'on peut s'écarter de cette règle de base est la conclusion et en particulier l'ouverture.

d. Définir l'enjeu des documents

En replaçant le document dans son contexte historique plus large, il est désormais possible d'en préciser les enjeux c'est-à-dire les buts qui ont accompagné leurs auteurs dans la conception de ces documents.

Cette dernière étape est stratégique car elle permet d'entrer dans l'analyse du contenu des documents et de poser les premières bases de la problématique.

2 Construire une problématique

a. Qu'est-ce qu'une problématique ?

Clé de lecture qui guide toute l'analyse des documents, cette question posée en introduction annonce la démonstration à venir dans le développement. De même, la conclusion permet de répondre clairement à cette problématique.

La problématique **ne peut consister en une simple reformulation sous forme interrogative de la consigne proposée**. De la même manière, elle ne peut consister en une simple reformulation du thème de l'étude. Il est nécessaire de témoigner de votre degré de compréhension de l'ensemble documentaire et de mettre en évidence la cohérence d'ensemble de l'étude proposée.

b. L'analyse de la consigne

Comment

Analyser efficacement une consigne

Après avoir défini la consigne, il est désormais possible d'effectuer une lecture plus attentive des documents en soulignant les passages ou en entourant les aspects iconographiques qui répondent à la consigne. Un aller-retour constant avec le brouillon doit permettre de conserver les réflexions que cela inspire.

Cet exercice d'analyse minutieuse des documents et de redéfinition du sujet doit permettre de dégager progressivement le problème global posé par l'analyse proposée.

La consigne vous livre **un axe d'analyse et de réflexion** pour aborder les documents. Il est donc nécessaire de la définir précisément afin de répondre au sujet posé. De la même manière que pour la dissertation, le premier travail consiste donc à en définir les termes, pour éviter le hors-sujet mais également pour fournir les matériaux nécessaires à la construction de l'introduction et des moments clés du devoir.

c. La formulation de la problématique

Il est conseillé de **rédiger la problématique sous une forme interrogative** afin de bien la mettre en valeur au sein de l'introduction. Elle peut cependant prendre la forme d'une interrogative indirecte (« nous nous demanderons... »).

Elle doit être conçue comme un fil rouge qui permet ensuite de développer toute la réflexion. Il peut donc être maladroit de formuler une problématique sur une seule des parties du développement.

La conclusion doit apporter une réponse précise à cette problématique, afin d'éviter des répétitions trop lourdes au sein du devoir.

3 La construction du plan

a. Un bon développement est toujours organisé

Au même titre que pour la dissertation de Questions contemporaines, l'analyse de documents d'histoire doit être conçue comme un travail de démonstration qui vise à répondre à une problématique déterminée en fonction du sens du sujet. La démonstration doit donc suivre **un plan qui répond de manière progressive et réfléchie à la question posée en introduction**.

Le plan permet ainsi d'éviter le hors-sujet en déterminant une cohérence globale en fonction des documents et de la consigne. Il permet de fixer l'ordre de succession des idées dégagées lors du travail de brouillon. De manière plus insidieuse, il permet également de contourner une difficulté propre aux commentaires linéaires en occultant volontairement certains sujets qui ne seraient pas compris.

Puisque le jury évalue votre capacité à structurer votre pensée, il paraît très risqué de construire un plan de manière rudimentaire. Ce type de réflexe risquerait de vous entraîner vers la paraphrase, c'est-à-dire la simple reformulation des idées du texte.

Dans l'idéal, les sous-parties doivent être matérialisées par un changement de paragraphe et il est préférable d'espacer chacune des parties par un saut de ligne, afin d'aérer visuellement la copie.

Il est conseillé de ne pas rendre apparents les titres, ce qui doit vous obliger à proposer des transitions entre les parties afin de bien mettre en évidence la logique de construction d'ensemble.

Dans tous les cas, **le plan doit être équilibré**. Chacune des parties doit être à peu près identique en longueur. Il faut donc être particulièrement vigilant dans la gestion du temps lors de l'épreuve pour éviter une dernière partie qui serait beaucoup plus courte que la ou les précédente(s).

Comment

Déterminer le nombre de parties

Éternelle question relative à l'épreuve d'histoire ou à celle de Questions contemporaines, le nombre de parties ne doit pas être déterminé en fonction d'un *a priori*. Si les dissertations traditionnelles de science politique comportent bien deux parties, les épreuves du concours laissent davantage de latitude. De la même manière, le modèle de la dissertation historique en trois parties ne correspond pas nécessairement à l'analyse de documents. S'il n'y a donc pas de réponse stricte à ce dilemme, il est évident que le nombre de trois parties constitue un maximum qu'il est préférable de ne pas dépasser, étant donné que l'épreuve doit être réalisée en seulement deux heures.

b. Comment construire un plan ?

Le plan est l'ossature de votre devoir. Il est la réponse à la problématique que vous avez choisie de proposer en introduction. Il doit être composé de plusieurs grands blocs dotés de leur propre unité, chacun de ces blocs permettant de répondre à une partie du sujet.

Le travail préparatoire au brouillon doit permettre d'identifier les principaux thèmes des documents et de mobiliser ses connaissances en fonction de cette identification réalisée préalablement. Une relecture d'ensemble du document s'impose pour mettre en évidence les aspects qui devront être développés lors de la rédaction.

Comment

Déterminer les thèmes du plan

Armé d'un crayon ou d'un surligneur, il est désormais temps de relever les passages importants d'un texte ou les détails significatifs d'une image. En fonction de ces relevés, vous déterminez en quelques mots-clés les idées principales qui ressortent de cette sélection. Autour des documents ou sur une feuille de brouillon, Il est désormais possible de mettre en évidence quelques connaissances historiques précises. Enfin, en rassemblant les idées ainsi relevées dans les documents, il est possible de déterminer deux ou trois grands thèmes qui permettront de construire les deux ou trois parties du plan.

Il est absolument **proscrit de consacrer une partie à chaque document**. La confrontation et la mise en relation des différents documents sont en effet indispensables pour bien cerner le sens du corpus documentaire présenté par le jury. Chaque partie se doit donc de rassembler des éléments tirés de chacun des documents.

Il n'existe pas de plan type. Dans le cas de l'analyse d'un texte, le plan peut parfois être dégagé du texte lui-même puisque son auteur l'a conçu comme une démonstration. Le plan peut donc être déterminé en fonction des étapes de cette démonstration.

Comment

Organiser le plan

Sans pour autant remettre en cause le principe fondamental selon lequel le plan doit être déterminé en fonction de l'épreuve elle-même, il est néanmoins possible de dégager quelques règles. L'ordre chronologique se doit d'être respecté dans un devoir d'histoire. Les événements les plus anciens constituent donc le début du développement, alors que les plus récents seront conservés pour la fin de celui-ci. De plus, le plan progresse généralement en partant de ce qui est le plus évident vers ce qui est le plus abstrait ou interprétatif.

Afin de faciliter la suite de votre travail, nous vous conseillons de rédiger les titres des parties. Ce dernier travail préalable permet :

- de gagner du temps lors de la rédaction ;
- de bien mettre en évidence la démonstration d'ensemble ;
- d'anticiper la rédaction des paragraphes de transition.

Pour autant, dans le devoir que vous rendez, **le plan ne doit pas être apparent**, afin de bien mettre en évidence les liens entre les différents éléments qui le composent.

4 La rédaction du devoir

a. L'introduction

Une bonne introduction d'analyse de documents est nécessairement moins longue et moins formelle que celle d'une dissertation. Il est néanmoins possible d'en passer par les phases classiques de l'introduction.

L'accroche peut ainsi montrer en quelques mots que vous avez parfaitement su déterminer le sens du sujet. Il peut s'agir de partir d'un élément d'actualité, d'une référence intellectuelle ou beaucoup plus simplement d'une phrase affirmative qui exprime en quelques mots votre compréhension du sujet.

Une introduction doit également comporter **une présentation des documents**, reprenant le travail d'identification menée au brouillon. Pour ce faire, il est préférable d'éviter de se contenter de recopier les éléments fournis avec les documents.

En s'efforçant de l'articuler avec les documents, **l'introduction reprend par ailleurs votre analyse de la consigne**. Ce travail de définition préalable vous permet d'amener correctement votre problématique et votre annonce du plan.

L'introduction : un élément central de l'évaluation d'un devoir

De la même manière que votre attention n'est pas toujours constante lorsque vous suivez un cours, le correcteur est particulièrement concentré au début de la lecture de votre devoir afin de tenter de comprendre ce que vous avez voulu exprimer dans celui-ci. Si l'introduction est d'excellente qualité, il peut déjà avoir une idée de l'évaluation globale du devoir à venir. L'introduction commande alors la première impression du correcteur et elle l'aide à lire la suite. C'est pourquoi elle doit être particulièrement soignée, même dans une épreuve relativement courte.

b. La place des citations

Les documents ne sont pas des simples prétextes à une dissertation. Il est donc absolument rédhibitoire de proposer un simple récit historique à partir du thème évoqué par les documents ou la consigne. L'analyse fondée sur des connaissances précises doit donc vous permettre d'éclairer le sens des documents et de les critiquer.

Chacun de vos paragraphes se doit donc de comporter une ou plusieurs citations des documents. Dans tous les cas, les citations doivent être le point de départ de votre réflexion.

Comment

Citer un document ?

Dans votre copie, il est très important de sélectionner certaines parties de phrases ou certains mots-clés que vous pourrez recopier en les entourant de guillemets. Vous serez d'ailleurs vigilants à la forme de ces guillemets (« ... »). Si vous souhaitez citer un long passage de texte, il est préférable de mentionner le numéro du paragraphe ou de ne recopier que le début et la fin, en remplaçant le corps de la citation par trois points entre parenthèses. Dans le cas d'une image, il est indispensable de décrire les éléments significatifs que vous avez repérés.

Chaque citation se doit ensuite d'être analysée, afin de dégager le sens du document mais aussi ses limites. Vous expliquez donc ce que l'auteur a voulu signifier en utilisant de tels mots ou en mobilisant de telles images. Vous précisez ses buts ainsi que l'effet qu'il a cherché à obtenir en produisant ce document. Vous montrez également ce qu'il a omis de dire afin de mettre en évidence une lecture partiale voire engagée des faits.

c. Les transitions

Les transitions sont des éléments fondamentaux d'appréciation d'un devoir puisqu'elles permettent de **mettre en évidence la cohérence de votre réflexion**. Une bonne transition se prépare donc dès la construction du plan au brouillon.

Formellement, la transition peut prendre la forme d'un paragraphe de deux ou trois phrases isolées entre deux parties d'un devoir. Elle se compose globalement d'une conclusion partielle de la partie qui vient de s'achever et de l'annonce rapide de l'idée qu'il s'agira de démontrer dans la partie suivante. Elle détermine le lien logique entre les idées.

d. La conclusion

Souvent négligée lors de la rédaction de votre devoir, la conclusion est pourtant indispensable pour achever votre raisonnement. Le plus simple est de **la construire en réponse à la problématique posée en introduction**.

Formellement, la conclusion est nécessairement plus courte que l'introduction. Elle ne doit pas pour autant être négligée, puisqu'elle est la dernière impression que vous laisserez à votre correcteur.

Elle permet non seulement de clore un raisonnement. La première étape de la conclusion consiste donc en un bilan qui répond simplement et clairement à la problématique posée est donc à la consigne.

La conclusion doit également permettre d'ouvrir sur un nouvel enjeu. Afin de pouvoir proposer une véritable ouverture en fin de devoir, il paraît indispensable de conserver une idée lors du travail de brouillon car ce n'est pas après deux heures d'épreuve que l'on est en mesure de proposer une ouverture de qualité.

Pour construire une ouverture de qualité, le plus simple est souvent de se projeter vers la période postérieure. Il s'agit donc d'annoncer de la manière la plus simple l'avenir immédiat qui suit les documents, tout en évitant les questions inutiles et en privilégiant la forme affirmative.

Les conseils des anciens tremplinistes

Nous avons sollicité d'anciens étudiants de la préparation Tremplin pour qu'ils vous livrent quelques conseils sur l'organisation de votre année et les épreuves du concours commun. Ils sont désormais en master d'institut d'études politiques et vous adressent les quelques recommandations suivantes.

- Une lecture attentive du sujet et des documents est primordiale.
- La méthodologie est l'élément clé dans cette épreuve technique : il faut trouver le bon dosage entre informations puisées dans les documents et les apports de connaissances.
- Soignez bien votre introduction (accroche, définition des termes du sujet, présentation des documents, problématisation, annonce de plan), c'est la première impression du correcteur sur vous !
- Interrogez-vous sur les documents : pourquoi vous sont-ils proposés ? Qu'apportent-ils à votre raisonnement ? Quels points de vue défendent-ils ? S'ils vous sont proposés, ce n'est pas par hasard....
- Partez toujours du texte (et non de vos connaissances) pour ensuite développer les idées véhiculées par le sujet et les documents. Attention toutefois à ne pas tomber dans la paraphrase ou la sur-utilisation de citations.
- N'hésitez pas à utiliser des références dites de « pop culture » si le sujet et les documents s'y prêtent. Ne vous forcez pas à citer des choses incongrues si vous n'êtes pas sûr. Finalement, faites des choses avec lesquelles vous êtes à l'aise !
- La gestion du temps, de l'orthographe et de la syntaxe sont les maîtres-mots le jour J.

Cours

- **Les relations entre Les puissances et les modèles politiques des années 1930 à nos jours**
- **Histoire politique, sociale et culturelle de la France depuis les années 1930**

THÈME

I

Fragilité des démocraties, totalitarisme et Seconde Guerre mondiale

- L'impact de la crise de 1929 : déséquilibres économiques et sociaux
- Les régimes totalitaires
- La Seconde Guerre mondiale (1939-1945)

1 L'impact de la crise de 1929 : déséquilibres économiques et sociaux

Quelques dates à retenir

- 24 octobre 1929 : krach boursier de Wall Street
- Octobre 1930 : premier coup d'État de Getúlio Vargas au Brésil
- Janvier 1933 : Hitler devient chancelier en Allemagne
- 4 mars 1933 : investiture de Franklin Delano Roosevelt
- Juillet 1933 : échec de la conférence économique de Londres
- 1936 : accords Matignon

Parti des États-Unis, le krach boursier de Wall Street affecte en profondeur l'économie mondiale en provoquant une longue dépression économique. Le monde avait pourtant connu une longue période de croissance économique entre 1896 et 1929, même si les contemporains ont eu un regard biaisé sur cette période favorable du début du siècle en la nommant la Belle Époque.

La Première Guerre mondiale a en effet profondément bouleversé cet équilibre et ce sont des sociétés à peine remises qui sont de nouveau frappées par la crise. Les solutions nationales globalement inefficaces amènent au repli, voire à l'avènement d'une nouvelle expérience politique : les régimes totalitaires.

1 Du krach boursier à la crise économique

De la même manière qu'en 1873, l'entrée dans la dépression économique des années 1930 débute par un krach boursier qui se produit en octobre 1929, à Wall Street. Le jeudi 24 octobre 1929, « jeudi noir », les cours des actions s'effondrent pendant que de nombreux investisseurs liquident leur position. En une seule journée, plus de 13 millions d'actions sont ainsi proposées à la vente.

La bulle spéculative éclate et fragilise les banques. Les clients se ruent dans les guichets pour retirer leurs liquidités. En quelques jours, les banques assistent, impuissantes, à l'effondrement du système financier capitaliste. À plusieurs moments, la panique gagne les investisseurs, notamment les 28 et 29 octobre 1929, ce qui conduit rapidement à la fermeture des banques. La moitié d'entre elles fait faillite lors de cette crise.

Les consommateurs, ruinés, n'achètent plus, ce qui provoque une importante baisse des prix. La crise se propage donc aux secteurs industriel et agricole, provoquant fermetures d'usines et chômage. Puisque les banques ne sont plus en mesure de proposer des crédits, le marché immobilier s'effondre et l'industrie américaine n'investit plus. Les États-Unis connaissent alors la déflation, c'est-à-dire une baisse généralisée des prix et de la production. En 1930, les États-Unis comptent ainsi

12 millions de chômeurs. En 1932, la production industrielle des États-Unis est de 50 % inférieure à celle de 1929.

Pour le président des États-Unis, Herbert Hoover, la crise est passagère. Il déclare ainsi en mars 1930 que « la prospérité est au coin de la rue ».

Portrait à connaître

Herbert Hoover (1874-1964) : un président dans la tourmente

Après une carrière dans l'industrie minière, Herbert Hoover prend la direction de la National Food Administration, chargée d'assurer le ravitaillement des alliés au cours de la Première Guerre mondiale, grâce à l'appui de l'administration démocrate. En 1920, il choisit pourtant de soutenir le candidat républicain Warren G. Harding qui lui propose de devenir secrétaire au Commerce, fonction qu'il occupe de 1921 à 1928. Peu de temps après son élection en novembre 1928, il doit faire face à l'écroulement de l'économie américaine qui favorise largement la volonté de changement politique qu'incarne son opposant démocrate aux élections de 1932 : Franklin Delano Roosevelt.

2 Des mécanismes aujourd'hui bien connus

Si les contemporains ont eu du mal à anticiper la survenue de la crise, les nombreuses études sur le sujet ont permis de bien identifier ses mécanismes. Plusieurs facteurs sont ainsi invoqués, même si les interprétations de la crise sont divergentes.

La Première Guerre mondiale a déstabilisé en profondeur les économies. La politique de création monétaire menée par les États-Unis au cours du conflit a favorisé l'inflation. La conférence de Gênes de 1922 prévoit cependant le rétablissement de la convertibilité en or des principales monnaies dans le cadre du Gold Exchange Standard. Or, ce système encourage l'endettement et plus généralement la financiarisation de l'économie ; à la fin des années 1920, les États-Unis sont ainsi endettés à hauteur de 370 % de leur PIB.

Les années 1920 marquent l'essor de la spéculation aux États-Unis. Quatre millions d'Américains sur les 120 millions d'habitants que comptent alors les États-Unis possèdent un portefeuille d'actions. Attirés par l'espoir de gain facile, ces spéculateurs ont également été encouragés par la possibilité d'acheter des titres en empruntant jusqu'à 90 % de leur valeur. Cette possibilité d'acheter des actions à crédit a entraîné une déconnexion progressive entre l'économie réelle et la bourse. Le cours des actions a augmenté 5,5 fois plus vite que la valeur de la production, entre 1926 et 1929.

3 La mondialisation de la crise

Partie des États-Unis, cette crise se diffuse rapidement au monde du fait de la place centrale acquise par l'économie américaine dans les échanges internationaux au sortir de la Première Guerre mondiale. En quelques mois, ce sont l'ensemble des pays industrialisés qui sont affectés par cette crise.

Les États-Unis se désengagent des échanges internationaux et retirent les capitaux qu'ils avaient investis à l'étranger. Entre 1929 et 1932, le commerce mondial perd un quart de son volume et près des deux tiers de sa valeur. La dépression sape les bases de l'économie mondiale en ruinant la confiance nécessaire aux échanges internationaux.

En Europe, la crise touche d'abord le Royaume-Uni, l'Allemagne et l'Autriche. Les principales banques allemandes et autrichiennes font faillite, notamment la Kreditanstalt, la principale banque d'Autriche. Entre 1929 et 1932, la production industrielle allemande baisse de moitié. La France est, quant à elle, touchée plus tardivement, du fait de sa plus faible dépendance vis-à-vis du commerce international.

L'Amérique latine est également particulièrement affectée par cette chute des prix mondiaux des matières premières. La contraction des échanges au profit des États-Unis et cette baisse des prix détruisent les bases d'une économie tournée vers l'exportation de produits agricoles. Une grande partie des États latino-américains rompt alors avec leur modèle économique libéral. Plusieurs coups d'État favorisent par ailleurs l'installation de régimes autoritaires, à l'image du Brésil dirigé par Getúlio Vargas à compter de 1930.

4 L'explosion de la misère

Cette dépression mondiale a des conséquences dévastatrices sur des populations qui ne sont toujours pas pleinement remises de la Première Guerre mondiale. Face à l'absence de prestations sociales, le chômage de masse est alors destructeur. En 1932, les pays industrialisés comptent ainsi 30 millions de chômeurs contre 10 millions en 1920.

Aux États-Unis, la malnutrition a resurgi. Deux millions d'Américains dépendent ainsi de la soupe populaire pour manger. Des bidonvilles, surnommés ironiquement hoovervilles accueillent les familles qui ont été contraintes de quitter leur logement. Les files d'attente pour les soupes populaires provoquent un choc dans un pays que l'on pensait prospère au sortir des *Roaring Twenties*, la décennie favorable des années 1920. De nombreuses photographies reprennent ce thème, en insistant plus particulièrement sur la prospérité qui demeure pour certaines catégories sociales et la misère qui sévit pour d'autres.

Un ouvrage à connaître

Les raisins de la colère de John Steinbeck

Pour ce roman publié en 1939, l'écrivain américain John Steinbeck a reçu le prix Pullitzer l'année suivante. Ce livre est un témoignage saisissant de la misère paysanne. Endettés pour moderniser leur exploitation, une partie des paysans sont contraints de céder leurs terres et de se lancer dans un exode vers un nouvel avenir. John Steinbeck met ici en scène la famille Joad, contrainte de quitter l'Oklahoma à travers la route 66, pour tenter de fuir la misère encore aggravée par la sécheresse. La popularité de ce livre est encore accentuée par son adaptation en film dès 1940 par John Ford.

Cette misère provoque également quelques contestations. Des « marches de la faim » sont ainsi organisées dans la France du début des années 1930 pour réclamer « du travail et du pain ».

5 Des solutions nationales globalement inefficaces

Dans cette période de troubles économiques et sociaux, les États privilégient le repli sur eux-mêmes en proposant des réponses nationales à une crise pourtant mondiale.

La plupart des pays occidentaux adoptent alors des politiques de dévaluation de leur monnaie, suspendant par ailleurs la convertibilité en or de celle-ci. Ils misent ainsi sur les théories économiques néoclassiques qui défendent le principe des vertus autorégulatrices du marché.

Les États adoptent par ailleurs des mesures protectionnistes, pensant pouvoir faire face seuls à la crise. Aux États-Unis, les droits de douane atteignent 25 % pour certains produits. La France et le Royaume-Uni tentent, quant à eux, d'encourager les échanges avec leurs colonies, afin de trouver de nouveaux débouchés aux investissements et aux productions excédentaires.

Le symbole de ces égoïsmes nationaux est la conférence économique mondiale de Londres de juin-juillet 1933. Réunis pour tenter de mettre fin à la crise, les représentants de 66 États sont alors incapables de s'entendre pour proposer une réponse commune. Bien au contraire, forts de cette incapacité à s'entendre, ils s'affrontent à coups de dévaluation pour tenter de rendre leurs économies plus compétitives.

6 Une réponse originale : le *New Deal*

Les périodes de crise sont cependant propices à l'émergence de nouvelles idées. L'économiste anglais John Maynard Keynes (1883-1946) imagine alors la théorie de la relance par la consommation.

Le keynésianisme constitue ainsi l'un des piliers du *New Deal*, mis au point par le président américain Franklin Delano Roosevelt. Ce dernier rompt avec la tradition américaine et augmente considérablement le poids de l'État dans l'économie.

Un discours à connaître

Le message d'investiture du président Roosevelt

Profitant du discrédit qui pèse sur les Républicains au pouvoir depuis 1920, le président Franklin Delano Roosevelt s'impose lors des élections de 1932. Le 4 mars 1933, il prononce un discours d'investiture, diffusé en direct à la radio et suivi par plus de deux millions d'Américains. Il annonce alors la fermeture de toutes les banques du pays afin de tester leur solvabilité et présente les principales mesures imaginées pour lutter contre la crise. Il redéfinit le modèle économique et social américain et imagine une forme de protection sociale contre les aléas de l'existence.

Le *New Deal* passe par la création de nombreuses agences publiques financées par l'État fédéral. La volonté de relance se caractérise aussi par le financement de programmes de travaux, notamment des politiques de reboisement ou de construction d'infrastructures énergétiques. L'idée est de permettre à davantage d'Américains de consommer, afin de remédier aux surplus de production.

La relance n'est cependant pas aussi rapide qu'espérée. En 1938, les États-Unis comptent toujours 11 millions de chômeurs et l'État-providence imaginé dans la première moitié des années 1930 exclut toujours les pauvres et les Afro-Américains.

7 En France, le Front populaire face au malaise politique

Touchée plus tardivement que les autres économies européennes, la France est finalement rattrapée par la crise à la fin de l'année 1931. Dans un contexte international troublé, elle est à son tour marquée par une tentative de prise de pouvoir des forces réactionnaires lors de la crise du 6 février 1934.

La crise se manifeste notamment par une vague de xénophobie. Entre 1926 et 1931, 800 000 travailleurs étrangers sont ainsi expulsés de France, notamment des Polonais arrivés à l'issue de la Première Guerre mondiale dans le cadre d'une convention signée entre les deux États.

Les difficultés économiques et sociales affaiblissent encore une IIIe République, déjà écornée par les scandales politiques de la fin du XIXe siècle et par le choc de la Première Guerre mondiale. Entre juillet 1929 et juin 1940, 29 gouvernements se succèdent, favorisant l'essor de l'antiparlementarisme.

Face à la menace que constituent les ligues d'extrême droite, les forces de gauche s'unissent à l'occasion des élections municipales de mai 1935, puis des élections législatives de mai 1936. L'union des forces de gauche permet l'accès au gouvernement de ministres issus de la Section française de l'internationale ouvrière (SFIO), du Parti radical et de l'Union socialiste républicaine, les communistes acceptant de soutenir ce gouvernement mais refusant d'y participer directement.

Après un mouvement de grève de grande ampleur, le gouvernement du Front populaire adopte les accords Matignon en juin 1936. L'union des partis de gauche permet une politique de relance de l'économie par une augmentation des salaires et marque une rupture radicale avec la politique déflationniste menée jusqu'alors.

Un texte à connaître

Les accords Matignon des 7 et 8 juin 1936

Négociés par des représentants du gouvernement, les syndicats et le patronat, les accords Matignon permettent la concrétisation d'un idéal social porté par le Front populaire. Ils marquent une révolution dans les relations en entreprise grâce à l'adoption de contrats collectifs de travail. Les salaires sont augmentés, de manière inversement proportionnelle à leur montant. Les plus bas salaires gagnent ainsi 15 % contre 7 % pour les salaires les plus élevés. Le droit de grève est pleinement reconnu ainsi que la place des délégués syndicaux dans l'entreprise, prolongeant ainsi la loi Waldeck-Rousseau de 1884.

2 Les régimes totalitaires

Quelques dates à retenir

- Octobre 1917 : la révolution bolchevique place Lénine à la tête de la Russie
- 1922 : création de l'URSS
- Octobre 1922 : la marche sur Rome ouvre les portes du pouvoir à Mussolini
- 1924 : mort de Lénine ; Staline lui succède
- 1925 : publication de *Mein Kampf*
- 1925-1926 : adoption des lois fascistissimes en Italie
- 30 janvier 1933 : Hitler devient chancelier
- Février 1933 : l'incendie du Reichstag permet l'interdiction des partis socialistes et communistes en Allemagne
- Août 1934 : mort du président Hindenburg ; Hitler cumule les fonctions de chancelier et président
- 1935 : conquête de l'Éthiopie par l'Italie
- Novembre 1936 : axe Rome-Berlin

Les difficultés économiques et politiques de l'entre-deux-guerres favorisent l'émergence d'un nouveau type de régime politique : le totalitarisme. En dépit des controverses qui ont accompagné ce choix sémantique, le terme de « totalitarisme » a été adopté pour regrouper trois expériences politiques particulières qui voient le jour en URSS, en Italie puis en Allemagne. Il s'agit alors de distinguer ces régimes d'autres dictatures en considérant qu'ils cherchent à créer un homme nouveau en mobilisant la totalité de la vie des individus. Pourtant, si les traits communs sont indéniables dans le fonctionnement des États totalitaires, leurs idéologies sont profondément différentes, voire opposées.

1 Un concept controversé

On doit l'origine du mot « totalitaire » au député italien Giovanni Amendola qui l'utilise pour la première fois dans un article du 12 mai 1923, « Majorité et minorité ». Il conçoit alors ce néologisme pour dénoncer le régime mis en place par Benito Mussolini en Italie. Mais, ce dernier retourne le sens de l'adjectif pour lui donner une connotation positive dans un discours du 22 juin 1925 au cours duquel il vante sa « féroce volonté totalitaire ».

Un discours à connaître

Mussolini à la chambre des députés, le 3 janvier 1925

Après sa rupture avec le Parti socialiste, Mussolini crée les Faisceaux de combat en 1919 et s'entoure des *squadristi*, de jeunes miliciens vêtus de chemises noires qui sèment la terreur. Après son accession au pouvoir en 1922, il transforme peu à peu l'Italie en un État totalitaire. Il va jusqu'à revendiquer la responsabilité morale du meurtre de l'opposant socialiste Giacomo Matteotti, lors d'un discours devant la chambre des députés. Il reprend alors à son compte l'ensemble des critiques formulées contre les fascistes pour les retourner contre ses détracteurs et vanter « la superbe passion de l'élite de la jeunesse italienne ».

Le concept est ensuite repris en Allemagne comme un élément de modernité visant à défendre l'entreprise en cours de destruction de la république de Weimar. Hitler lui-même le reprend à son compte dans un discours du 4 octobre 1933.

Les historiens s'emparent ensuite du terme de « totalitarisme ». Dès 1936, Élie Halévy (1870-1937), professeur à Sciences Po Paris établit une comparaison entre les États totalitaires. Cette tradition comparative est ensuite reprise par plusieurs chercheurs. Elle est encore omniprésente dans l'étude actuelle des totalitarismes.

En 1951, la philosophe Hannah Arendt met en évidence les caractéristiques communes aux totalitarismes dans *Les origines du totalitarisme*. Selon elle, ces expériences politiques doivent être distinguées des régimes autoritaires. Outre le statut du chef, la terreur y est mobilisée comme un moyen de gouvernement. Au sein des expériences totalitaires, il n'y a plus d'État à proprement parler ni de société afin d'atomiser les individus pour favoriser leur embrigadement derrière une idéologie forte.

Un ouvrage à connaître

Démocratie et Totalitarisme de Raymond Aron

En 1965, l'historien Raymond Aron oppose cette fois le totalitarisme aux régimes démocratiques dans *Démocratie et Totalitarisme*. Il définit ainsi cinq critères qui sont encore régulièrement cités comme des éléments symboliques de différenciation des régimes totalitaires. On retrouve ainsi dans chacune de ces expériences la mobilisation de l'économie, le culte d'un chef et la dictature d'un parti unique, la terreur de masse, le contrôle de tous les moyens de communication par l'État et une idéologie unique érigée en valeur centrale.

Même si cette catégorie d'analyse est toujours utilisée aujourd'hui, certains historiens ont cependant mis en évidence les limites du concept de totalitarisme. Les recherches menées par l'Anglais Ian Kershaw ont ainsi permis de mesurer les limites de la domination totalitaire sur la société civile en mettant en évidence les importants facteurs de résistance d'une partie de la population.

2 Trois expériences particulières

L'émergence des États totalitaires prend place dans une chronologie restreinte ; ces expériences politiques particulières se construisent ainsi entre 1917 et 1934.

En URSS, la construction du régime totalitaire débute avec la révolution d'Octobre 1917 qui permet aux Bolcheviques d'accéder au pouvoir en renversant le gouvernement bourgeois mis en place à la suite de la révolution de février. Elle s'achève lors de l'accession au pouvoir de Staline, après la mort de Lénine en 1924 ; en cinq ans, Staline s'impose comme l'homme fort du régime, en éliminant ses principaux rivaux au sein du parti.

Un portrait à connaître

Joseph Staline (1879-1953), « l'homme d'acier »

Né en Géorgie, Joseph Djougachvili choisit le pseudonyme de Staline, c'est-à-dire d'homme d'acier, lorsqu'il intègre en 1912 le Comité central du parti bolchevique. Il soutient la révolution d'Octobre 1917 et accède au secrétariat général du parti en 1922, en dépit de ses relations parfois tendues avec Lénine. Il lui succède à sa mort, en 1924, installe l'État totalitaire soviétique entre 1924 et 1929, puis permet à l'URSS de devenir une grande puissance grâce à sa victoire dans la Seconde Guerre mondiale. Après sa mort, son successeur, Nikita Khrouchtchev, remet en cause une partie de son héritage lors de la déstalinisation amorcée en 1956.

En Italie, les Faisceaux de combat apparaissent en 1919 pour contester les traités de paix et alimenter le thème de « la victoire mutilée ». En 1921, Benito Mussolini crée le Parti national fasciste et remporte ses premiers sièges de députés. Mais, c'est la marche sur Rome du 29 octobre 1922 qui permet à Benito Mussolini d'accéder au pouvoir. Il est alors appelé par le roi Victor-Emmanuel III qui le nomme chef du gouvernement. Mussolini transforme progressivement son pouvoir, en assassinant le leader socialiste Matteoti, puis en adoptant les lois fascistissimes en 1925-1926. Ces dernières suppriment les libertés publiques et octroient les pleins pouvoirs à Mussolini.

Un portrait à connaître

Benito Mussolini (1883-1945), le *Duce*

Exclu du parti socialiste pour ses prises de position favorables à la guerre, cet instituteur fonde en 1919 les Faisceaux de combat puis en 1921 le Parti national fasciste. Il accède à la tête de l'État italien en 1922 et engage l'Italie aux côtés de l'Allemagne nazie dans la Seconde Guerre mondiale. Le 28 avril 1945, il meurt exécuté par des résistants italiens.

En Allemagne, la dénonciation des traités de paix est également omniprésente, en même temps que « la théorie du coup de poignard dans le dos » séduit une opinion publique déboussolée ; des ennemis de l'intérieur, les judéo-bolcheviques, seraient ainsi responsables de la défaite de 1918. Dès l'année suivante, Adolf Hitler crée le Parti national-socialiste des travailleurs allemands (NSDAP). Après une série de succès électoraux, il devient chancelier le 30 janvier 1933. Grâce à l'incendie du Reichstag, il interdit les partis socialiste et communiste et cumule les fonctions de chancelier et de président, à la faveur de la mort du président Hindenburg.

Un portrait à connaître

Adolph Hitler (1889-1945), le *Führer*

Engagé au cours de la Première Guerre mondiale, Adolf Hitler en sort profondément marqué. Il fonde le Parti national socialiste dès 1919 et tente de prendre le pouvoir par la force lors du putsch de la brasserie, à Munich, en 1923. Emprisonné, il développe alors ses thèses dans *Mein Kampf*, qu'il écrit depuis sa cellule. Poussé par la crise économique, le parti nazi devient le premier parti d'Allemagne, ce qui conduit le président Hindenburg à le nommer chancelier. Après avoir mis en place un État totalitaire, provoqué la Seconde Guerre mondiale et mis en œuvre le génocide, il se suicide le 30 avril 1945, dans son bunker à Berlin.

3 Des régimes nés de la guerre et de la crise

Ces trois expériences politiques profitent largement de la déstabilisation des États européens lors de la Première Guerre mondiale. L'historien américain George Mosse insiste notamment sur le transfert de la violence des champs de bataille vers la sphère politique dans *De la grande guerre au totalitarisme. La brutalisation des sociétés*, publié en 1990.

Dans les trois États touchés par le totalitarisme, les conditions de paix imposées à l'issue de la Première Guerre mondiale sont vécues comme une humiliation.

En Italie notamment, la promesse de gains territoriaux n'a pas été honorée malgré les attentes consécutives à son engagement aux côtés de la France et de la Grande-Bretagne en 1915. De la même manière, en Allemagne, le traité de Versailles est dénoncé comme un « diktat » par Adolf Hitler, tant les peines imposées à l'Allemagne sont lourdes.

La déstabilisation économique et sociale des États européens consécutivement à la crise de 1929 favorise également l'émergence de cette nouvelle forme d'État. L'Allemagne est particulièrement affectée par le chômage, qui favorise l'agitation sociale. Pourtant eux-mêmes responsables d'une partie de ces troubles du fait des affrontements réguliers avec les communistes, les nazis parviennent à prospérer en se présentant comme les garants de l'ordre.

4 Un système politique mis au pas

Premier élément constitutif de l'État totalitaire, le chef tout-puissant bénéficie d'un culte de la personnalité. Il se présente comme l'incarnation du peuple. En URSS, Lénine est embaumé lors de sa mort en 1924 et Staline se construit la figure du « petit père des peuples ». Mussolini s'érige en guide et devient le Duce en 1925, même si la monarchie demeure et limite de fait cette personnalisation du pouvoir. Hitler s'impose comme le *Führer*, un chef charismatique auquel tous les Allemands sont liés personnellement en vertu du *Führerprinzip*.

Ce chef prend appui sur un parti unique de masse qui favorise la légitimation de la volonté dictatoriale par le peuple. Ce parti unique diffuse l'idéologie et met fin à l'État de droit en s'appuyant sur une multitude d'organisations annexes. Dès la révolution bolchevique de 1917, toute opposition est proscrite en URSS. Du côté de l'Italie, il faut attendre les lois fascistissimes de 1925-1926 pour assister à la création juridique de la dictature. En Allemagne, des décrets successifs adoptés en 1933 et 1934 suppriment les élections et interdisent tous les autres partis que le NSDAP.

Dans les trois régimes, ces chefs tout-puissants refusent la contestation. En URSS, la dictature du parti s'illustre par une série de purges qui visent à assurer la complète soumission du Parti communiste. Entre 1936 et 1938, les trois quarts du Comité central sont ainsi écartés du pouvoir. De la même manière, en Allemagne, lors de la nuit des Longs couteaux de juin 1934, les rares voix contestataires au sein du parti nazi sont éliminées.

Outil pour traquer les dissidents, la terreur est conçue comme un moyen de préserver la communauté nationale de ceux qui sont définis comme des ennemis. La Tcheka en URSS, l'Organisation de vigilance et de répression de l'antifascisme (OVRA) en Italie et la Gestapo en Allemagne jouent ce rôle de police politique. Entre 1933 et 1939, 350 000 communistes allemands sont arrêtés et déportés dans les premiers camps de concentration, notamment Dachau. À l'occasion de la nuit de Cristal de novembre 1938, la violence du régime nazi s'exprime à l'égard de la population juive.

5 Une population embrigadée

La mobilisation constante de la population est l'élément fondamental de différenciation avec les régimes autoritaires. Il s'agit de transformer l'ordre social et culturel dans lequel les populations vivent. Tous les moyens sont ainsi mis au service de cette volonté de créer l'homme nouveau, qu'ils s'agissent de l'école, des activités sportives, des loisirs, des arts ou encore des mouvements de jeunesse.

Les enfants sont ainsi l'objet de toutes les attentions. Les organisations de jeunesse suivent un modèle militaire et ont pour but de construire le monde de demain et de s'immiscer dans les structures les plus privées de la société civile : les familles. Au sein des jeunesses communistes ou des jeunesses hitlériennes, les enfants des États totalitaires apprennent l'ordre et exaltent des valeurs nationalistes.

Les adultes ne sont pas en reste de cet encadrement général de la population. En URSS, ce sont les syndicats qui jouent ce rôle, alors que du côté de l'Italie et de l'Allemagne, les organisations de loisirs sont très populaires. Le *Dopolavoro* (« après le travail ») encadre ainsi plus de quatre millions de personnes en Italie en 1942 pendant que le *Kraft durch Freude* (« la force par la joie ») compte plus de 20 millions d'adhérents en 1939.

Les arts sont également mis au service de la propagande totalitaire. Chacun des trois régimes organise des grandes cérémonies, mêlant défilés, mises en scène théâtrales et chants. Le cinéma permet également de célébrer les expériences totalitaires, qu'ils s'agissent des films de Sergueï Eisenstein en URSS ou de Lenny Riefenstahl en Allemagne.

Toutefois, des recherches récentes suggèrent que certains espaces de liberté sont préservés. L'historien anglais Ian Kershaw a ainsi mis en évidence une certaine résistance des individus. Il a montré la faible implantation des mythes clés du régime au sein de la population bavaroise. D'après lui, ce sont plutôt l'indifférence et l'intérêt de chacun pour sa propre vie quotidienne qui dominaient.

6 Le contrôle de l'économie

L'économie est mobilisée au service de la refondation des trois expériences politiques totalitaires. Cette mise au pas est en effet conçue comme un moyen de servir les intérêts politiques.

En URSS, Staline met en œuvre la collectivisation des terres, l'industrialisation et la planification, entre 1929 et 1936. La modernisation est ainsi imposée par la force. Les vertus du bon ouvrier sont exaltées, à l'image de Stakhanov, mineur qui honore son pays en remplissant au quintuple les normes de production. Cet élan réformateur s'accompagne de politiques de famine instrumentalisées pour mettre au pas des régions entières, à l'instar de l'Ukraine.

Un discours à connaître

Le bilan du premier plan quinquennal de 1933

Le 7 janvier 1933, devant le Comité central du Parti communiste de l'Union soviétique, Joseph Staline dresse le bilan du premier plan quinquennal instauré en 1929. Il fait ici état de la transformation en profondeur de l'économie soviétique en vantant la collectivisation des exploitations agricoles. Il défend le modèle des sovkhozes, des fermes d'État et des kolkhozes, des coopératives de production. En revanche, à l'occasion de cette ode aux réformes économiques engagées, Staline oublie de mentionner l'effondrement des rendements agricoles et la mort de six à huit millions de personnes lors de la Grande famine de 1932-1933. La liquidation des koulaks est alors présentée comme une action menée au nom de la lutte des classes.

L'Italie et l'Allemagne tentent de mettre en œuvre une politique de développement autarcique en relançant les productions nationales. Dès 1925, Mussolini lance la bataille pour le blé qui vise à augmenter la production et les rendements. Il cherche par ailleurs à contrôler les échanges et à limiter les importations. À la suite de la crise de 1929, le fascisme crée l'Institut de reconstruction industrielle pour encadrer et soutenir le capitalisme.

Du côté de l'Allemagne, le défi économique est immense après la crise de 1929. Le nazisme prend appui sur de grands industriels qui reçoivent d'importantes commandes de l'État, en échange de leur pleine adhésion au projet politique. Dans l'agriculture, des méthodes plus dirigistes sont adoptées pour réguler les prix au profit des producteurs. Le Troisième Reich finance directement des milliers d'emplois pour tenter de mettre fin au chômage ; le plein-emploi est obtenu en 1936 et l'obligation du travail pour tous est adoptée en 1938. Mais très vite, c'est le réarmement qui absorbe les investissements.

7 Des idéologies divergentes

Principales limites à la comparaison entre les régimes totalitaires, leurs idéologies sont fondamentalement différentes. Si les trois États visent bien à forger un « homme nouveau », ce dernier a un visage profondément différent entre l'URSS, l'Italie et l'Allemagne.

L'URSS défend ainsi l'idéal communiste. De la propriété collective des moyens de production, doit advenir une société égalitaire, en vertu de l'idéologie marxiste. Cette société sans classes et sans État est censée voir le jour après une phase transitoire de dictature du prolétariat. Une fois au pouvoir, les bolcheviques suppriment ainsi la propriété privée et s'en prennent physiquement aux paysans qui refusent la collectivisation des terres.

En Italie, l'idéologie repose surtout sur le poids de l'État. Benito Mussolini souhaite restaurer la grandeur de l'Italie impériale, quitte à se lancer tardivement dans la conquête coloniale en Éthiopie. Après l'alliance avec l'Allemagne qui se manifeste par la conclusion de l'axe Rome Berlin le 1er novembre 1936, l'antisémitisme est également adopté en Italie, comme en témoigne l'adoption des lois raciales en 1938, un ensemble de décrets anti-juifs.

Dans l'Allemagne nazie, Adolf Hitler défend le triomphe de la race aryenne, comme il l'expose dans son livre rédigé en prison en 1924, *Mein Kampf*. Cette idéologie raciale va de pair avec la conquête d'un nouvel espace vital nécessaire à l'épanouissement de cette race pensée comme supérieure. De la même manière, les races inférieures doivent être éliminées. Considérés comme responsables de la défaite lors de la Première Guerre mondiale, les juifs sont alors victimes de mesures discriminatoires conduisant à la mise en œuvre de la politique génocidaire. D'autres peuples sont également victimes du processus génocidaire, en particulier les Tsiganes.

8 Des démocraties libérales menacées

Au cours des années 1930, se joue un combat entre les démocraties et les régimes autoritaires. Au-delà de l'installation des régimes totalitaires, la démocratie perd également du terrain en Pologne, en Yougoslavie, en Roumanie, au Portugal ou encore en Espagne.

En Allemagne, dès 1933, Hitler exprime sa volonté de remettre en cause le traité de Versailles. En 1935, la Sarre est rattachée au Reich et le service militaire est rétabli. L'année suivante, la Rhénanie est remilitarisée. En 1938, Hitler annexe l'Autriche à travers l'*Anschluss*. La même année, il revendique les Sudètes, un territoire tchécoslovaque peuplé de deux millions de germanophones.

Les démocraties occidentales choisissent l'apaisement et pensent avoir sauvé la paix lors de la conférence de Munich. Le Premier ministre britannique, Neville Chamberlain et le président du Conseil français, Édouard Daladier y rencontrent Adolf Hitler et Benito Mussolini et choisissent le compromis, quitte à autoriser l'annexion des Sudètes par l'Allemagne.

Dès le 15 mars 1939, l'Allemagne viole les accords de Munich lors de la fondation du protectorat de Bohême-Moravie et amorce la marche vers la Seconde Guerre mondiale.

Un discours à connaître

Édouard Daladier devant les députés le 4 octobre 1938

De retour de Munich où il vient de conclure un accord avec l'Allemagne hitlérienne, le président du Conseil français défend son action devant la chambre des députés. Au cours de la nuit du 29 au 30 septembre 1938, les démocraties occidentales viennent en effet de choisir l'appeasement préconisé par Neville Chamberlain, alors que Daladier était lui-même favorable à une politique de fermeté. Il exprime ainsi l'angoisse devant la situation internationale chaotique et estime avoir « sauvé la paix ». À titre personnel, il semble cependant convaincu que cet accord n'est en réalité qu'une manière de la repousser.

3 La Seconde Guerre mondiale (1939-1945)

Quelques dates à retenir

- 1937 : massacre de Nankin
- 23 août 1939 : pacte de non-agression entre Staline et Hitler
- 1er septembre 1939 : invasion de la Pologne par l'Allemagne
- Juin 1940 : la France défaite signe l'armistice
- 7 décembre 1941 : attaque de Pearl Harbor par le Japon
- Janvier 1942 : conférence de Wannsee
- 2 février 1943 : défaite de Stalingrad
- Juin 1944 : débarquement en Normandie
- 8 mai 1945 : capitulation allemande
- 6 et 9 août 1945 : bombardements nucléaires sur Hiroshima et Nagasaki
- 2 septembre 1945 : capitulation japonaise

L'impact social de la crise de 1929 et les velléités expansionnistes de l'Allemagne hitlérienne préparent le déclenchement d'un nouveau conflit mondial. Cependant, l'origine essentielle de la guerre réside dans l'opposition idéologique entre les démocraties libérales et les régimes totalitaires. Dès 1933, Hitler se lance à la conquête d'un nouvel espace vital à l'Est, alors qu'en Asie, les hostilités débutent dès les années 1930 par l'invasion de la Chine par le Japon.

1 Un conflit parti d'Asie

En Asie, le Japon impérial prend le contrôle du littoral chinois à partir de 1931, afin de soumettre à sa domination « une sphère de coprospérité de la grande Asie orientale ». En 1936, il s'allie avec l'Allemagne et déclare la guerre l'année suivante à la Chine. 300 000 prisonniers sont ainsi massacrés en décembre 1937, à Nankin.

Face à l'embargo mis en place par les États-Unis pour soutenir la Chine, le Japon se lance à la conquête de l'Asie du Sud-Est pour trouver de nouvelles ressources. Le Japon s'empare ainsi de l'Indochine en septembre 1940. Il se rend ensuite maître d'une grande partie des îles du Pacifique, de la Malaisie, de la Birmanie, des Philippines ou encore des Indes néerlandaises. Le 7 décembre 1941, l'aviation japonaise attaque la base américaine de Pearl Harbor dans le Pacifique.

En Europe, la France et la Grande-Bretagne déclarent la guerre à l'Allemagne le 3 septembre 1939, à la suite de l'attaque de la Pologne. Les démocraties occidentales privilégient au départ une stratégie défensive qui provoque « la drôle de guerre » et permet à l'Allemagne de prendre progressivement le contrôle du reste du continent. La Wehrmacht envahit le Danemark et la Norvège, avant de se tourner vers l'ouest.

Le 10 mai 1940, l'Allemagne lance une offensive en Europe de l'Ouest et envahit les Pays-Bas, la Belgique, le Luxembourg et la France grâce à la stratégie dite de la « guerre éclair », la *blitzkrieg*, qui allie une action combinée de l'aviation et des blindés. Après la conclusion de l'armistice par la France le 21 juin 1940, le Royaume-Uni se retrouve seul en guerre face à l'Allemagne.

Des discours à connaître

Ceux de Churchill, Pétain et de Gaulle

En ce printemps 1940, l'histoire s'accélère. Winston Churchill succède à Neville Chamberlain et prend la tête d'un gouvernement d'union nationale. Il appelle à l'effort de guerre, même s'il reconnaît dans son discours d'investiture du 13 mai 1940, n'avoir rien d'autre à offrir « que du sang, du labeur, des larmes et de la sueur ». Quelques semaines plus tard, la France reconnaît sa défaite. Lors d'un discours radiodiffusé le 17 juin 1940, le maréchal Pétain annonce aux Français son intention de conclure l'armistice avec l'Allemagne, les appelant à se rassembler « en ces heures douloureuses ». Le lendemain, le général De Gaulle prononce son fameux appel du 18 juin, qui bien que très peu entendu le jour même du fait de sa diffusion sur les ondes de la BBC, acquiert *a posteriori* une importance capitale.

L'offensive reprend ensuite à l'est de l'Europe. Le 22 juin 1941, l'Allemagne nazie lance l'opération Barbarossa au détriment de l'URSS et en dépit du Pacte germano-soviétique qui avait été conclu en août 1939. L'Allemagne a donc pris le contrôle d'une grande partie de l'Europe, à l'exception de quelques États demeurés neutres comme la Suède, la Suisse, le Portugal et l'Espagne.

2 Les occupations allemandes et japonaises

Guerre d'anéantissement, la Seconde Guerre mondiale cherche à détruire l'ennemi. Les puissances de l'Axe sont ainsi unies par une même idéologie impérialiste et raciste qui légitime la violence contre les populations occupées.

En dépit des lois de la guerre, des massacres sont commis notamment sur le front de l'Est. Les soldats de l'Armée rouge constitués prisonniers sont parfois exécutés ou soumis à des conditions d'internement qui les conduisent à la mort. En représailles, les soldats soviétiques commettent des exactions contre les populations civiles en Europe centrale et orientale.

En Asie, les prisonniers de guerre sont détenus dans des conditions très difficiles et sont parfois utilisés pour des expériences médicales. Dans la péninsule de Corée, des dizaines de milliers de femmes doivent servir comme prostituées, ce sont les « femmes de réconfort ».

Le conflit reste cependant étroitement associé au génocide des juifs et des Tziganes. Dès 1940, les juifs polonais sont regroupés dans des ghettos. Lors de la progression de la Wehrmacht, ils sont victimes des commandos spéciaux, les *einsatzgruppen*.

À compter de 1942, face à l'entrée en guerre annoncée des États-Unis, la conférence de Wannsee met en œuvre la solution finale de la question juive. Des centres de mise à mort sont alors aménagés en Pologne pour éliminer les populations juives d'Europe. Plus de cinq millions de juifs ont ainsi été exterminés au cours du conflit.

Au total, ce sont ainsi plus de 50 millions de personnes qui ont perdu la vie, dont une majorité de civils, contrairement à la Première Guerre mondiale au cours de laquelle ces derniers ne représentaient que 5 % du total des victimes.

3 Entre résistances et collaborations

Dans les régions défaites et occupées, certains gouvernements font le choix de la collaboration. La France accepte ainsi de perdre son indépendance et d'aligner sa politique avec l'Allemagne en confiant le pouvoir au maréchal Pétain. Pour l'Allemagne, cette réorganisation de l'Europe offre au Troisième Reich l'espace vital dont il se targue d'avoir besoin.

Des mouvements de résistance cherchent alors à lutter contre les occupations. En ce qui concerne la France, le général de Gaulle fait le choix de se réfugier en Angleterre, reçoit le soutien de Churchill et tente d'organiser la résistance intérieure.

Un portrait à connaître

Charles de Gaulle (1890-1970), l'incontournable

Dans l'entre-deux-guerres, le général de Gaulle tente de mettre en garde contre le réarmement allemand et de défendre la nécessité d'une modernisation de l'armée française. Mais, il n'est pas entendu et n'est appelé que tardivement au gouvernement en tant que sous-secrétaire d'État à la défense en juin 1940. Refusant l'armistice avec l'Allemagne, il se rend à Londres puis dirige la France libre. À la tête du Gouvernement provisoire de la République française, il met en œuvre les débuts de la reconstruction, avant de démissionner en janvier 1946. Retiré du pouvoir, il y revient à la faveur de la crise du 13 mai 1958, donne naissance à la Ve République dont il occupe la présidence jusqu'à sa démission en 1969.

4 Les tournants de la guerre

Après l'attaque de la base de Pearl Harbor, les États-Unis entrent en guerre contre l'Axe. Ils bombardent les principales villes du Japon puis s'engagent dans une opération de reconquête du Pacifique, à partir de 1942.

En Europe, la bataille de Stalingrad (septembre 1942-février 1943) constitue un tournant majeur du conflit puisqu'elle marque la fin des victoires allemandes. 150 000 soldats allemands sont tués.

Après avoir repris le contrôle de l'Afrique du Nord, les alliés lancent plusieurs débarquements pour libérer l'Europe pendant que l'URSS entreprend une vaste opération de reconquête qui l'amène à poursuivre la Werchmacht jusqu'au cœur de l'Allemagne.

En Asie, les États-Unis reprennent progressivement le Pacifique. Les bombardiers japonais connaissent leur première défaite lors de la Bataille de Midway en juin 1942. Les États-Unis reconquièrent alors progressivement les archipels du Pacifique, libèrent le littoral chinois et ont recours aux bombardements nucléaires d'Hiroshima et de Nagasaki, les 6 et 9 août 1945 qui précipitent la capitulation du Japon le 2 septembre 1945.

Un discours à connaître

La justification du président Truman

Lancé en 1939, le projet Manhattan permet en quelques années de créer une nouvelle génération d'arme : la bombe atomique. Celle-ci est testée pour la première fois dans le désert du Nouveau-Mexique, le 16 juillet 1945, la veille de l'ouverture de la conférence de Potsdam. Pour la seule fois de son histoire, elle est utilisée en condition réelle pour détruire deux villes japonaises, les 6 et 9 août 1945. Conscient du tournant historique, le président Truman prend la parole à la radio, le 9 août 1945, pour justifier ces attaques. Il insiste notamment sur l'extrême brutalité de l'armée japonaise ou encore sur la nécessité imposée par les événements. En effet, d'après le président des États-Unis, ces deux bombes ont été mobilisées pour écourter « l'agonie de la guerre » et « pour sauver les vies de plusieurs milliers de jeunes Américains ».

5 Les bases d'un nouvel ordre mondial

La Seconde Guerre mondiale jette les bases de la décolonisation. Les soldats issus des colonies sont mobilisés dès 1940 ; la Grande-Bretagne mobilise ainsi 2,5 millions de soldats indiens pendant que 450 000 soldats nord-africains s'engagent pour le compte de la France.

Mais, les difficultés des démocraties occidentales fragilisent le mythe de la supériorité de l'homme blanc et écornent leur puissance. De manière plus concrète encore, les États européens peinent à assurer une administration des territoires coloniaux. Cet affaiblissement profite aux mouvements nationalistes qui exigent des réformes au sortir de la Seconde Guerre mondiale.

Dans le même temps, la guerre consacre la puissance économique des États-Unis. Alors que les capacités productives de l'Europe sont très affectées, les États-Unis ont profité de leur position pour se renforcer, en tant qu'arsenal des démocraties dans un premier temps, puis en s'engageant contre l'Axe. En 1945, ils détiennent les deux tiers du stock d'or mondial et réalisent 50 % de la production industrielle totale.

Les États-Unis imposent alors leur vision du monde dans la reconstruction. Ils jettent les bases d'une gouvernance économique mondiale lors de la conférence de Bretton Woods qui consacrent le dollar comme la seule monnaie internationale de référence. Ils imposent le libéralisme dans le monde à travers les accords du GATT, General Agreement on Tariffs and Trade, en 1947. De la même manière, ils mettent en œuvre le multilatéralisme lors de la fondation de l'ONU par la charte de San Francisco de juin 1945.

6 Un monde profondément meurtri

Plus de 50 millions de personnes, soit au moins cinq fois plus que lors de la Première Guerre mondiale, périssent. L'URSS paye le plus lourd tribut, avec plus de 20 millions de victimes, dont la moitié de civils. Par ailleurs, plusieurs dizaines de millions de personnes ont également dû quitter leur logement, face aux destructions matérielles considérables qui ont affecté de nombreuses villes, ainsi que de nombreuses infrastructures de transport à travers l'Europe.

Le caractère de destruction systématique qu'a pris le conflit provoque également un choc moral. Le monde s'interroge sur la mise au service de la science pour l'anéantissement de masse. Les bombardements atomiques d'Hiroshima et de Nagasaki tuent à eux seuls entre 150 000 et 250 000 personnes. La découverte du processus génocidaire contribue également à cette prise de conscience des horreurs de la guerre.

Pour juger les principaux responsables de la guerre, des tribunaux spéciaux sont mis en place à Nuremberg (novembre 1945-octobre 1946), puis à Tokyo (mai 1946-novembre 1948). Ils jettent les bases d'une justice internationale et permettent notamment de définir la notion de « crime contre l'humanité ». La naissance de l'ONU fait également espérer un monde nouveau.

Un document à connaître

La Charte des Nations unies ou Charte de San Francisco

Adoptée par 51 États lors de la conférence de San Francisco du 26 juin 1945, la Charte des Nations unies fixe les buts de l'organisation. L'ONU a ainsi pour but de maintenir la paix et la sécurité collective, d'assurer la reconnaissance du droit des peuples à disposer d'eux-mêmes, de faire respecter les droits de l'Homme et les libertés fondamentales ou encore de favoriser le progrès social et les conditions de vie meilleures. Ces buts sont soumis au principe de l'égalité souveraine de l'ensemble des États membres. Pour assurer son fonctionnement, l'ONU dispose notamment de l'Assemblée générale à l'intérieur de laquelle chaque État possède une voix mais aussi du Conseil de sécurité qui est un organe exécutif restreint qui accorde à cinq membres permanents le droit de veto.

THÈME

II

Les débuts de la guerre froide (1945-1962)

- La division du monde en deux blocs
- Une nouvelle donne géopolitique
- La France, une nouvelle place dans le monde

1 La division du monde en deux blocs

Quelques dates à retenir

- 1947 : doctrine Truman et Jdanov
- Février 1948 : coup de Prague
- 1948-1949 : blocus de Berlin
- 1949 : fondation de la RFA puis de la RDA
- 1949 : création de l'OTAN
- 1955 : fondation du pacte de Varsovie
- 1961 : construction du mur de Berlin

Au terme de la Seconde Guerre mondiale, se met en place une lutte planétaire entre les deux grands vainqueurs du conflit : les États-Unis et le l'URSS. Chacun défend son propre modèle idéologique et rassemble autour de lui des alliés en fonction de ses valeurs. Ces deux systèmes d'alliances divisent la planète, à tel point qu'en 1947, le journaliste américain Walter Lippman (1889-1974) imagine l'expression de « guerre froide » pour décrire de manière oxymorique ces nouvelles tensions qui surgissent dans le monde sans jamais déclencher une nouvelle guerre mondiale.

1 Une opposition de valeurs

Les violences extrêmes perpétrées au cours de la Seconde Guerre mondiale expliquent largement le changement de nature du nouvel affrontement qui divise le monde dès la sortie du conflit. L'arme atomique rejoint également cette volonté de paix et rend nécessaire de repenser la guerre.

L'historien Raymond Aron a très justement décrit ce sentiment par cette formule restée célèbre : « Paix impossible, guerre improbable ». Si l'affrontement direct ne semble pas réaliste, les deux Grands cherchent à rivaliser en s'affrontant sur d'autres terrains.

Les deux grands vainqueurs de la guerre défendent chacun leur propre modèle idéologique :

- Les États-Unis se placent à la tête du monde libre ; ils cherchent à incarner la liberté à travers l'attachement à la libre recherche du bonheur ou encore au libéralisme économique. Sur le plan politique, ils sont une république fédérale qui accorde une grande place aux libertés individuelles. Ils se présentent donc comme les défenseurs du libéralisme et de la démocratie.
- Le modèle soviétique défend le marxisme-léninisme, c'est-à-dire le contrôle de l'État et de la société par un parti unique : le Parti communiste de l'Union

soviétique. Au niveau économique, cet État totalitaire dirige la production industrielle et agricole, afin de parvenir à une égalité sociale entre les travailleurs. L'égalité est donc privilégiée vis-à-vis de la liberté.

2 Les premières tensions

Au sortir de la Seconde Guerre mondiale, les États-Unis et l'URSS tentent de s'entendre et de poursuivre la logique d'alliance qui a permis la victoire face aux puissances de l'Axe. Ils participent ainsi conjointement à plusieurs sommets internationaux, mais l'alliance laisse très vite place à la défiance.

L'URSS comme les États-Unis se reprochent réciproquement de transformer leur avantage militaire décisif acquis dans la victoire dans la sphère politique. Staline craint que les États-Unis ne contrôlent pleinement l'Europe ou le Japon alors que Truman dénonce l'emprise politique de l'URSS sur les États qu'il a contribué à libérer.

Les deux grandes puissances parviennent à rassembler derrière eux des alliés pour former progressivement deux blocs. La nouvelle carte du monde se dessine alors en fonction du rapport de force entre les deux grandes puissances. Dans les régions libérées par les Américains, la démocratie libérale est rétablie, alors que dans les régions sous emprise soviétique, c'est le modèle communiste qui commence à se mettre en place.

Dès 1946, l'ancien Premier ministre britannique, Winston Churchill, décrit cette division qui fracture le monde.

Un discours à connaître

Le discours de Fulton

Dès le 5 mars 1946, au cours d'un discours prononcé devant les étudiants de l'université de Fulton dans le Missouri, l'ancien Premier ministre britannique Winston Churchill dénonce « le rideau de fer qui s'était abattu à travers l'Europe », de Stettin, en Pologne, à Trieste, port italien de la mer Adriatique. Invité par le président des États-Unis, Harry Truman, Churchill exprime ici publiquement son inquiétude face à la montée en puissance de l'influence soviétique en Europe. Il tente alors d'obtenir des garanties de la part des États-Unis pour qu'ils continuent à soutenir les Européens. Mais, Churchill n'est pas entendu et son discours est jugé à la fois trop alarmiste et largement anticommuniste. Les médias britanniques l'accusent même de ne pas avoir accepté sa défaite au profit du travailliste Clement Attlee. Pourtant, très vite le scénario pessimiste prend corps et l'expression de Churchill devient incontournable.

La division de l'Europe en deux blocs

En Europe, cette division en deux blocs est particulièrement forte.

Staline étend l'influence de l'URSS en Europe centrale en favorisant l'accès des communistes au pouvoir dans les pays libérés par l'Armée rouge. Certains États européens sont ainsi transformés en démocraties populaires, comme la Pologne, la Hongrie, la Roumanie ou la Bulgarie. En février 1948, les communistes tchécoslovaques prennent également le contrôle du pays avec le soutien de l'URSS ; le retentissement de l'événement est énorme et fait craindre une soviétisation complète de l'Europe.

Au sein de ces démocraties populaires, la politique est alors étroitement soumise aux décisions du PCUS (le Parti communiste de l'Union soviétique). Dans ces États, l'organisation d'une série de procès politiques témoigne de la volonté de Staline de reprendre le contrôle sur les partis communistes locaux ; plusieurs cadres sont ainsi exécutés, afin de s'assurer de la fidélité absolue des gouvernants des démocraties populaires.

L'Est de l'Europe se trouve alors intégré dans un ensemble politique cohérent : le bloc de l'Est. Ce dernier constitue progressivement un glacis défensif d'États satellites qui garantissent la sécurité du territoire soviétique.

En réaction, les États-Unis proposent une politique d'endiguement pour soutenir les peuples libres. La doctrine Truman passe alors par le versement d'une aide proposée aux États européens, le plan Marshall, destinée à lutter contre la misère et donc contre le communisme.

En cinq ans, entre 1948 et 1952, plus de 13 milliards de dollars sont ainsi attribués à 17 pays européens qui se regroupent dans l'Organisation européenne de coopération économique (OECE).

Un discours à connaître

La doctrine Truman

En ce 12 mars 1947, Harry Truman s'exprime devant le Congrès afin de solliciter l'octroi d'une aide aux Européens pour lutter contre le communisme. Il y fait état de deux « modes de vie » dont l'un des deux « s'appuie sur la terreur et l'oppression ». Cette critique très virulente contre le communisme dénonce l'expansionnisme soviétique, dans la droite lignée du discours prononcé par Churchill en 1946. Les États-Unis doivent s'engager pour défendre « l'espoir » ; cet engagement prend la forme du plan Marshall, du nom du secrétaire d'État américain.

En septembre 1947, l'URSS répond à la doctrine Truman par l'énoncé de la doctrine Jdanov. Le monde est désormais divisé en deux camps antagonistes. L'URSS se présente ainsi comme le camp des « forces anti-impérialistes et antifascistes » face au « camp impérialiste » dirigé par les États-Unis. Dans la continuité de cette déclaration, le *Kominform* est chargé de coordonner de contrôler l'action de tous les partis communistes à travers le monde.

Cette logique de division prend une tournure militaire lors de la fondation de l'Organisation du traité de l'Atlantique Nord en 1949 (OTAN), à laquelle répond le pacte de Varsovie, un « traité d'amitié de coopération et d'assistance mutuelle », conclu en 1955.

3 L'Allemagne, symbole de cette fracture

L'Allemagne est le symbole de cette division de l'Europe en deux camps. Scindée en quatre zones d'occupation, comme le prévoient les accords de Yalta et de Potsdam, Berlin est l'épicentre d'une des premières crises de la guerre froide. Elle n'est pourtant qu'une ville détruite, ravagée par les bombardements et les incendies. Berlin ne compte plus que 2,8 millions d'habitants en 1945 contre 4,3 millions en 1939.

La capitale allemande assiste à la dégradation des rapports entre les alliés occidentaux et l'URSS de Staline. Elle devient rapidement le théâtre du glissement de la grande alliance contre le nazisme vers un nouvel antagonisme.

Face à la création en juin 1948 par les Anglais et les Américains d'une monnaie unique, le *Deutsche Mark*, Staline ordonne le blocus de Berlin ouest. Mais le pont aérien organisé par les Américains oblige Staline à céder et à lever le blocus. L'effort américain est à la hauteur des enjeux ; au cours des 11 mois de blocus, 200 000 vols acheminent ainsi près de deux millions de tonnes de marchandises.

En mai 1949, l'Allemagne se divise en deux États : la République fédérale d'Allemagne (RFA) et la République démocratique allemande (RDA). La première est libérale et rejoint le bloc de l'Ouest alors que la deuxième est communiste et devient une démocratie populaire.

4 Les débuts de la construction européenne

Le projet d'une confédération européenne avait été déjà exposé à plusieurs reprises dans l'entre-deux-guerres. L'idée européenne émerge de nouveau au sortir de la Seconde Guerre mondiale. Winston Churchill déclare ainsi dans un discours prononcé à Zurich le 19 septembre 1946 : « Il nous faut ériger quelque chose comme les États-Unis d'Europe ». En 1948, un congrès de l'Europe se tient à La Haye et réunit plus de 800 européistes, bien décidés à profiter du contexte international pour mettre en œuvre l'idée européenne.

Les débuts de la construction européenne correspondent cependant à une volonté de faire face à la menace soviétique. L'Organisation économique de coopération européenne (OECE) est ainsi créée pour permettre le versement des aides du plan Marshall.

Les Européens prennent en main leur propre destin lors de la création du Conseil de l'Europe en 1949. Cette organisation, qui existe encore aujourd'hui, a pour but de « sauvegarder et de promouvoir les idéaux qui sont leur patrimoine commun et de favoriser leur progrès économique et social ».

Les partisans du fédéralisme européen entreprennent ensuite plusieurs initiatives au cours des années 1950. En 1951, six pays décident de s'associer dans la Communauté européenne du charbon et de l'acier (CECA), afin de mettre en commun leurs productions de charbon et d'acier sous une autorité commune.

En 1954, cet élan unitaire est un temps interrompu par l'échec de la Communauté européenne de défense (CED), promue puis refusée par la France. Mais, cette première crise d'ampleur est dépassée en 1957 lors de la signature du traité de Rome qui donne naissance à la Communauté économique européenne (CEE).

5 La destalinisation et la coexistence pacifique

Trois ans après la mort de Staline, en 1956, le XXe Congrès du Parti communiste d'Union soviétique marque une rupture profonde. Nikita Khrouchtchev souhaite en effet organiser la déstalinisation. La moitié des détenus du Goulag sont alors amnistiés.

Un portrait à connaître

Nikita Khrouchtchev (1874-1971), le réformateur

Chef du Parti communiste de l'Ukraine puis de l'Union soviétique, il succède à Staline en 1953. Pour marquer la rupture avec son prédécesseur, il se rapproche du dirigeant yougoslave Tito. De même, en 1956, il met en œuvre la déstalinisation lors du XXe congrès du PCUS. Il entend ainsi rompre avec le culte de la personnalité ou encore l'enfermement dans les Goulags. Mais cette politique accélère la rupture avec la Chine. Pourtant, Khrouchtchev n'hésite pas à réprimer l'insurrection de Budapest en 1956 ou encore à faire construire le mur de Berlin en 1961. Il est renversé en 1964 du fait de son image de réformateur.

Au sein du bloc de l'Est, les relations connaissent également une certaine amélioration. Le *Kominform* est dissous, même si les liens restent étroits avec les démocraties populaires, comme l'illustre l'intervention des chars soviétiques à Budapest en 1956 pour réprimer la volonté d'Imre Nagy qui prône le retrait de la Hongrie du pacte de Varsovie.

Khrouchtchev défend par ailleurs le principe de « la coexistence pacifique », c'est-à-dire de la cohabitation en dépit des systèmes sociaux opposés qui divisent le monde. Cette politique conduit à un début de réchauffement des rapports entre les deux blocs, même si les États-Unis défendent toujours une politique de fermeté à l'encontre des Soviétiques. La construction du mur de Berlin dans la nuit du 12 au 13 août 1961 témoigne par ailleurs des tensions qui demeurent entre les deux blocs.

2 Une nouvelle donne géopolitique

Quelques dates à retenir

- 1947 : fin de l'Empire des Indes, indépendance de l'Inde et du Pakistan
- 14 mai 1948 : naissance de l'État d'Israël
- 1949 : indépendance de l'Indonésie
- 1er octobre 1949 : proclamation de la République de Chine par Mao Zedong
- 1950 : traité d'amitié entre la Chine et l'URSS
- 1950-1953 : guerre de Corée
- 1954-1973 : guerre du Vietnam
- Avril 1955 : conférence de Bandung
- 1956 : indépendance du Maroc et de la Tunisie
- 1960 : indépendance de l'Afrique Noire française
- 1961 : création du mouvement des non-alignés à Belgrade
- 1962 : indépendance de l'Algérie

Le monde d'après 1945 ne peut cependant pas se résumer à l'affrontement entre les deux blocs. L'affaiblissement des puissances coloniales conduit en effet à une complexification de cette division du monde avec l'émergence progressive des États décolonisés. De nouveaux acteurs apparaissent sur la scène internationale. Ces derniers tentent de s'unir pour donner naissance au tiers-monde, sans que cette initiative ne puisse réellement donner corps à un ensemble homogène. Dans le même temps, le Moyen-Orient devient l'un des foyers de conflits les plus chauds de la planète, pendant que la Chine commence sa reconstruction.

1 La décolonisation

Dans un contexte international renouvelé, les puissances européennes sont contraintes de céder progressivement aux revendications des mouvements nationalistes des pays colonisés. En deux décennies seulement, la colonisation disparaît presque complètement de la planète.

L'Europe sort en effet considérablement affaiblie de la Seconde Guerre mondiale ; les puissances européennes ont ainsi dû parfois cesser d'administrer concrètement les colonies pendant la guerre et le mythe de la supériorité de l'homme blanc est largement écorné. La crise du canal de Suez est la première alerte adressée aux Européens par le président égyptien Nasser.

Un portrait à connaître

Gamal Abdel Nasser (1918-1970), grand promoteur de la décolonisation

Face à l'humiliation que représente la défaite des Arabes face à Israël en 1949, Gamal Abdel Nasser et d'autres officiers prennent le pouvoir en Égypte en 1952. Il fait partie des grands promoteurs de la décolonisation, participe à la conférence de Banduung et prône lui-même l'affrontement direct vis-à-vis des anciennes puissances européennes. Ainsi, en 1956, il décide de nationaliser le canal de Suez pour récupérer les importantes richesses liées au versement des taxes par les navires qui l'empruntent. La France et l'Angleterre mènent une expédition victorieuse contre l'Égypte mais sont contraintes de renoncer par les États-Unis et l'URSS qui prennent le parti de l'Égypte.

L'URSS et les États-Unis favorisent cette décolonisation ; les Soviétiques dénoncent en effet un nouvel avatar du communisme alors que pour les États-Unis, ancienne colonie, la décolonisation est un objectif tant politique qu'économique.

L'ONU devient dès lors un instrument de libération des peuples colonisés. Cette institution internationale encourage la reconnaissance du droit des peuples à disposer d'eux-mêmes et accueille les nouveaux venus. Entre 1945 et 1981, l'ONU passe ainsi de 51 à 157 États membres.

Au Moyen-Orient, la décolonisation débute dès 1946 avec l'indépendance de la Syrie et du Liban, anciens territoires administrés par la France. En Asie du Sud, l'indépendance des Philippines est acquise en 1946 également. L'année suivante, l'Empire des Indes cède la place à deux États, l'Union indienne et le Pakistan (composé lui-même du Pakistan occidental et du Pakistan oriental, devenu Bangladesh en 1971). L'Indonésie accède à l'indépendance en 1949.

En Afrique, alors que le continent ne compte que quatre États indépendants (le Liberia, l'Égypte, l'Éthiopie et l'Afrique du Sud) en 1945, il est entièrement décolonisé en 1975. En ce qui concerne les colonies françaises, l'indépendance de la Tunisie et du Maroc est actée dès 1956, celle de l'Afrique noire en 1960, alors que l'Algérie déchirée par la guerre accède à l'indépendance en 1962.

La décolonisation se déroule donc majoritairement par la négociation, même si on retient plutôt les contre-exemples de l'Indochine ou de l'Algérie. De même, contrairement à une idée répandue, l'opposition entre une décolonisation pacifique, celle du Royaume-Uni et une décolonisation violente, celle de la France, est largement fausse.

2 Le Moyen-Orient, foyer de conflits

Le Moyen-Orient s'impose rapidement comme un foyer majeur de déstabilisation, à compter de 1945. L'importance prise par le pétrole dans l'économie mondiale, ainsi que les rivalités confessionnelles au sein de ce berceau des trois monothéismes sont à l'origine de nombreux conflits.

Le retrait du Royaume-Uni de Palestine donne une ampleur jusqu'alors inégalée à l'affrontement entre Juifs et Arabes. En vertu de la déclaration Balfour adoptée en 1917, un foyer national juif s'est installé en Palestine et accueille de plus en plus d'exilés en provenance d'Europe. Mais, cette arrivée massive de Juifs sur une terre peuplée par les Arabes provoque des tensions de plus en plus grandes entre les communautés.

La création de l'État d'Israël le 14 mai 1948 transforme la guerre civile entre Arabes et Juifs de Palestine en une guerre internationale. Les voisins d'Israël, unis dans la Ligue arabe, tentent, sans succès, de l'anéantir. Israël sort au contraire renforcé du premier conflit israélo-arabe de 1948. Cette première victoire permet à Israël d'agrandir son territoire et de renforcer la cohésion de sa communauté nationale.

Un portrait à connaître

David Ben Gourion (1886-1973), le fondateur d'Israël

Né en Pologne, David Ben Gourion rejoint la Palestine dès 1906 et s'impose rapidement à la tête de la communauté juive de Palestine. Grand artisan du sionisme, c'est à lui que revient l'honneur de proclamer la naissance de l'État d'Israël le 14 mai 1948. Il en devient le Premier ministre, fonction qu'il occupe entre 1948 et 1953 puis entre 1955 et 1963. Il est également à l'origine de la création de l'armée unitaire israélienne, *Tsahal*.

3 La tentative d'union du tiers-monde

Les pays décolonisés cherchent à s'unir pour former ce que le journaliste français Alfred Sauvy (1898-1990) a nommé le « tiers-monde » dans un article de *L'observateur politique*. Comme le tiers état de la France d'avant 1789, les pays décolonisés constituent à la fois la population la plus nombreuse mais aussi la plus pauvre.

Les pays du tiers-monde se réunissent ainsi en 1955 à la conférence de Bandung, en Indonésie. Ils cherchent à affirmer leur indépendance par rapport aux deux blocs et à porter les revendications africaines.

Un discours à connaître

Nehru à la conférence de Bandung

Disciple de Gandhi, Jawaharlal Nehru est devenu le Premier ministre de l'Union indienne depuis l'indépendance du pays en 1947. C'est à lui que revient l'honneur de prononcer le discours de clôture de la conférence de Bandung le 24 avril 1955. Il condamne les valeurs sur lesquelles repose la Charte des Nations unies puisque selon lui ce texte a été construit comme un prolongement de l'impérialisme européen. Il défend le principe de non-ingérence des grandes puissances dans les affaires intérieures des autres États et appelle de ses vœux à la décolonisation pacifique de l'Afrique.

Dans le contexte de la guerre froide, les États nés de la décolonisation font l'objet d'une attention particulière des deux blocs. L'URSS exerce ainsi une influence très forte sur une grande partie d'entre eux, notamment l'Égypte de Nasser.

En 1961, les pays du tiers-monde tentent de s'organiser en « mouvement des non alignés », à l'occasion de la conférence de Belgrade tenue dans la Yougoslavie de Tito. Mais, le mouvement s'essouffle rapidement et les tendances centrifuges dépassent la volonté d'union.

4 L'entrée en scène de la Chine

Après une longue période de guerre civile, entrecoupée par une union entre nationalistes et communistes pour lutter contre l'envahisseur japonais, la victoire des communistes permet à Mao Zedong de proclamer la naissance de la République populaire de Chine (RPC), le 1er octobre 1949.

Les nationalistes se réfugient alors sur l'île de Formose et tentent de perpétuer la République de Chine, obtenant notamment le droit de conserver le siège de membre permanent au Conseil de sécurité de l'ONU jusqu'en 1971.

Exsangue, la Chine se rapproche de celui qui est amené à devenir le grand frère soviétique dès 1950. Les deux États concluent un traité d'amitié et d'assistance mutuelle qui permet à l'URSS de sortir de son isolement diplomatique et à la Chine de récupérer des subsides pour développer une première industrialisation du pays.

La Chine adopte alors un modèle de développement calqué sur celui de l'URSS. Mao Zedong met notamment en œuvre une économie planifiée à partir de 1953 et développe une industrie lourde. D'un point de vue politique, elle reprend par ailleurs une grande partie des aspects du régime totalitaire soviétique, notamment le parti unique et le culte de la personnalité mis au service de Mao Zedong.

Un portrait à connaître

Mao Zedong (1893-1976), le Grand Timonier

Séduit par l'idéologie marxiste, Mao Zedong participe à la fondation du Parti communiste chinois en 1919. Au terme d'une ascension progressive, il prend la tête de ce parti après la Longue Marche de 1935. Dans le contexte de la guerre civile, il décide un temps de s'allier avec Tchang Kai-chek pour repousser les Japonais. Dès 1946, la guerre civile reprend et la victoire communiste permet à Mao Zedong de fonder la République populaire de Chine. Il s'affirme comme le Grand Timonier, c'est-à-dire le chef incontesté, lors de la Révolution culturelle déclenchée contre les modérés. Dès la fin de sa vie, il amorce le rapprochement avec les États-Unis et l'intégration de la Chine dans l'économie mondiale.

5 La guerre froide en Asie

L'Asie devient le théâtre de plusieurs affrontements emblématiques de la guerre froide au cours des années 1950.

En Corée, l'ancienne colonie japonaise est partagée entre les occupations soviétiques et américaines depuis 1945, en fonction du 38e parallèle. La Russie et la Chine s'unissent en soutien de la partie nord qui déclenche une offensive en 1950 contre le sud. En l'absence de l'URSS, les États-Unis font voter la décision d'une intervention armée des Nations unies. Le général MacArthur mène la contre-offensive, avant d'être démis de ses fonctions pour avoir envisagé un recours massif à l'arme atomique.

Conflit le plus meurtrier de la guerre froide, la guerre de Corée n'est jamais véritablement réglée puisqu'elle se termine en juillet 1953 par l'armistice de Panmunjeom qui prévoit l'instauration d'une zone de démilitarisation séparant les deux parties de la péninsule.

Comme en Europe, la bipolarisation s'impose. Contrainte de quitter l'Indochine après la défaite de Diên Biên Phu en 1954, la France cède la place aux soldats américains qui tentent d'empêcher le Vietnam de devenir un nouvel État communiste. Dès 1961, le président Kennedy envoie des conseillers militaires américains pour soutenir le régime sud-vietnamien dans sa lutte contre la guérilla communiste.

3 La France, une nouvelle place dans le monde

Quelques dates à retenir

- Juin 1944 : fondation du GPRF à Alger
- 20 janvier 1946 : démission du général de Gaulle
- Octobre 1946 : début de la IVe République
- 1946-1954 : guerre d'Indochine
- 1958 : retour du général de Gaulle au pouvoir et fondation de la Ve République
- 1954-1962 : guerre d'Algérie
- 18 mars 1962 : accords d'Évian
- Octobre 1962 : révision constitutionnelle de la Ve République
- Décembre 1962 : élection du général de Gaulle à la présidence de la Ve République

Au terme de la Seconde Guerre mondiale, la France n'est plus qu'une puissance mineure. Elle a été défaite en 1940 et a choisi la voie de la collaboration avec l'Allemagne. Mais, l'action diplomatique du général de Gaulle au cours du conflit lui permet très vite de retrouver une place dans le concert des nations. Pourtant, ce dernier est rapidement écarté des affaires politiques, avant un retour en grâce à la faveur de la crise du 13 mai 1958. Il peut dès lors mettre en place à la fois sa vision politique et diplomatique du pays sous la Ve République.

1 La France à la Libération

Après la Seconde Guerre mondiale, la France traverse une situation désastreuse. Grâce à l'organisation du Conseil national de la Résistance (CNR) à compter de 1943, et du Gouvernement provisoire de la République française (GPRF) à partir de juin 1944, le général de Gaulle parvient à éviter que le pays ne soit placé sous une administration de l'armée américaine. Même si elle n'est pas invitée aux grandes conférences internationales, la France parvient néanmoins à obtenir une zone d'occupation en Allemagne et un siège de membre permanent au Conseil de sécurité de l'ONU.

La question du jugement des responsables des crimes de guerre divise profondément la société française. Plusieurs milliers de collaborateurs sont exécutés sommairement au cours d'une première vague d'épuration sauvage. Mais, rapidement, le GPRF prend en main le processus afin de limiter les dérapages. Plus de 80 000 condamnations légales sont prononcées et 767 exécutions sont réalisées. L'objectif est donc à la fois de tourner la page du conflit mais aussi de réconcilier les Français, comme en témoigne notamment la transformation de la peine du maréchal Pétain ; malgré sa condamnation à mort, sa peine est commuée en détention à perpétuité, afin d'éviter de le transformer en martyr et de faire resurgir les tensions du passé.

La sortie de guerre place également les Français dans des situations délicates pendant plusieurs années. Un tiers des enfants présente des troubles de croissance causés par la malnutrition. Près d'un quart du capital immobilier a été détruit. Plus d'un million de familles se retrouvent sans-abri. Face aux pénuries, l'inflation est galopante. Les défis économiques sont donc considérables, tandis que les déséquilibres alimentaires perdurent. Le rationnement et les cartes d'alimentation restent ainsi en vigueur jusqu'en 1949.

2 Le retour de la démocratie

L'autre grand défi de la France de 1945 est le rétablissement de la démocratie.

Le GPRF organise des élections municipales en avril 1945, puis un double référendum en octobre de la même année. La nouvelle assemblée constituante consacre les débuts du tripartisme ; la vie politique est dominée par les socialistes de la Section française de l'internationale ouvrière (SFIO), les communistes du Parti communiste français (PCF) et une troisième force issue de la démocratie chrétienne, le Mouvement républicain populaire (MRP).

En novembre 1945, le général de Gaulle est élu à l'unanimité comme chef du gouvernement. Mais, il démissionne dès le 20 janvier 1946 face à la baisse des crédits militaires et au refus des partis de gauche de créer un nouveau régime dans lequel le pouvoir exécutif serait fort. Loin de créer un électrochoc à la suite de sa démission, le général de Gaulle est marginalisé et connaît alors une traversée du désert.

Les trois forces politiques dominantes s'unissent en signant la charte du tripartisme le 23 janvier 1946. Une première constitution est proposée aux Français en mai 1946 mais rejetée par référendum. En octobre 1946, un nouveau projet constitutionnel, cette fois accepté par les Français, donne naissance à la IVe République. Dans son préambule, le nouveau régime réaffirme l'attachement à la Déclaration des droits de l'homme de 1789 et consacre le retour de la démocratie.

3 La IVe République, entre nécessités et limites

La IVe République est souvent associée à l'instabilité ministérielle et à une fin désastreuse dans les affres de la guerre d'Algérie. Cependant, il est important de se garder de considérer le nouveau régime au regard de son échec. De même, cette lecture critique est en grande partie le reflet du regard porté par les gaullistes sur ce régime. Partisans d'un exécutif fort, les gaullistes se placent d'emblée dans l'opposition à un nouveau régime très proche de la IIIe République.

Certes, les difficultés politiques sont grandes. La IVe République souffre d'un manque d'adhésion populaire autour d'elle. Seuls 53 % des votants ont approuvé sa constitution à l'automne 1946. De même, les divergences profondes entre les trois forces politiques dominantes provoquent une forte instabilité politique. Vingt-et-un gouvernements se succèdent ainsi entre 1946 et 1958. Dès 1947, dans le contexte de la guerre froide, les communistes sont écartés du pouvoir et viennent grossir les rangs des opposants au régime.

Les sujets de crise ne manquent pas. Les questions coloniales soulèvent ainsi de grandes difficultés politiques. La IVe République doit ainsi affronter la guerre d'Indochine entre 1946 et 1954. Elle est défaite face à la République démocratique du Vietnam proclamée par le leader communiste Ho Chi Minh. Mais, c'est la crise algérienne qui a raison du régime instauré en 1946.

4 La guerre d'Algérie

Longtemps considérée comme un trouble à l'ordre public commis sur le territoire de la République, la guerre d'Algérie débute véritablement lors du soulèvement du 1er novembre 1954. Face à des attentats simultanés perpétrés par les indépendantistes algériens du Front de libération nationale (FLN), la France renforce la présence policière avant d'envoyer l'armée et de déployer une action d'envergure à compter de 1955.

Pendant plusieurs années, la France tente de rétablir l'ordre à travers des opérations militaires brutales, notamment la guerre à outrance lancée en 1956 ou encore la bataille d'Alger au cours de l'année 1957. Au nom de la raison d'État, le gouvernement couvre le recours à la torture afin de désorganiser les réseaux des combattants algériens. Si cette politique permet une victoire sur le plan militaire, la France fait face à une large condamnation internationale et à une défaite morale.

En mai 1958, la guerre d'Algérie entraîne la France dans la crise politique. Les généraux en poste en Algérie, soutenus par une partie des Français d'Algérie, prennent le pouvoir, par crainte d'un abandon par la France de l'Algérie. Le pays est au bord de la guerre civile. Ce contexte permet le retour au pouvoir du général de Gaulle lorsque le président René Coty fait appel au « plus illustre des Français », après la crise du 13 mai 1958.

5 La fondation de la Ve République

Le général de Gaulle est investi président du Conseil et reçoit les pleins pouvoirs pour six mois afin de réviser la Constitution, en dépit de l'opposition des forces de gauche qui craignent le retour de la dictature. Dès 1946, le général de Gaulle avait exprimé son souhait d'accorder au président de la République des pouvoirs importants, à l'occasion de plusieurs discours.

Un discours à connaître : le discours de Bayeux

Malgré son élection triomphale à la tête du Gouvernement provisoire de la République française, le général de Gaulle s'oppose vite à la coalition des trois forces politiques dominantes et critique vertement les projets de constitution de la IVe République. Il condamne avec vigueur le régime parlementaire et « la dictature des partis ». Il prône au contraire un chef d'État puissant, conçu comme la clé de voûte des institutions. Ce dernier se doit d'être le garant de la cohésion nationale, afin de se prémunir contre l'instabilité ministérielle qui avait fragilisé la IIIe République. Mais, le général de Gaulle n'est pas écouté. Il se retire et tente de défendre son projet constitutionnel à travers le Rassemblement du peuple français (RPF), fondé en 1947. Il lui faut cependant attendre qu'une profonde crise politique née en Algérie le fasse sortir de sa traversée du désert et lui offre l'opportunité de mettre en oeuvre sa vision constitutionnelle.

Même si le pouvoir exécutif sort renforcé de la crise du 13 mai 1958, la France demeure un régime parlementaire puisque l'Assemblée conserve le droit de renverser le gouvernement à tout moment. Néanmoins, son pouvoir est limité par rapport à la IVe République. Le gouvernement peut désormais légiférer par ordonnance. De même, la création du Conseil constitutionnel consacre l'avènement d'un organe de contrôle de l'activité législative, en rupture par rapport à la tradition séculaire de souveraineté absolue du parlement.

6 La France du général de Gaulle

Au terme de l'élection présidentielle qui se tient en fin d'année 1958, le général de Gaulle devient le premier président de la Ve République. Il s'attache d'abord à mettre en place une politique de grandeur et d'indépendance nationale. Après plusieurs nouvelles tentatives de réformes et face au transfert de la guerre sur la scène métropolitaine à travers les attentats de l'Organisation armée secrète (OAS), le général de Gaulle se résout à l'indépendance de l'Algérie. Celle-ci est obtenue à travers les accords d'Évian du 18 mars 1962.

La même année, le général de Gaulle cherche à consolider son pouvoir exécutif. Après avoir été la cible de plusieurs attentats, notamment celui du Petit-Clamart, le 22 août 1962, le général de Gaulle propose un référendum sur une révision constitutionnelle instaurant l'élection du president au suffrage universel. Le souvenir du coup d'État de Louis-Napoléon Bonaparte et du rétablissement du Second empire en 1852 déclenchent une vive opposition. Mais, ce changement constitutionnel est approuvé par les Français en octobre 1962, ce qui confère au président de la République un pouvoir charismatique.

Le général de Gaulle s'attache également à moderniser la France. Après l'instauration du nouveau franc en 1960, il met sur pied une politique volontariste de développement économique. La culture y prend une place importante, notamment à travers la création d'un ministère des Affaires culturelles ou encore par le biais de la création de l'Office de radiodiffusion-télévision française (ORTF), même si celle-ci cristallise les tensions, notamment à l'occasion de la crise de mai 1968.

THÈME III

La détente (1962-1975)

- Les débuts de la détente
- L'affirmation de la Chine
- La persistance des conflits au Moyen-Orient

1 Les débuts de la détente

Quelques dates à retenir

- 1957 : premier satellite artificiel dans l'espace : le Spoutnik
- 1961 : premier homme dans l'espace : Youri Gagarine
- 1962 : crise des missiles de Cuba
- 1963 : interdiction des essais nucléaires dans l'atmosphère
- 1968 : Traité de non-prolifération nucléaire
- 1969 : mission Apollo 11
- 1972 : accord SALT I

À compter de 1962, après l'apogée des tensions lors de la crise de Cuba, les deux Grands mènent une politique de rapprochement, surnommée « la détente ». Celle-ci débute par la plus forte tension directe qu'aient connue les deux grandes puissances au cours de la guerre froide.

La crise des missiles de Cuba place en effet le monde au bord de la guerre nucléaire, même si l'affrontement direct est évité de justesse. Cette crainte d'un affrontement direct et donc d'une mise en péril globale du monde conduit les États-Unis et l'URSS à se rapprocher et à chercher de nouveaux terrains d'affrontement.

1 La crise de Cuba, paroxysme des tensions

L'accession au pouvoir de Fidel Castro en janvier 1959 sur l'île de Cuba située à moins de 150 km des côtes américaines constitue une remise en cause de la doctrine Monroe ; depuis le XIXe siècle, les États-Unis se sont en effet arrogés un certain contrôle sur le reste de l'Amérique. Les relations entre les États-Unis et le dirigeant cubain, Fulgencio Batista, étaient ainsi excellentes, en dépit de ses largesses prises vis-à-vis de la démocratie.

Un portrait à connaître

Fidel Castro (1926-2016), le *Lider Maximo*

À partir de 1952, Fidel Castro s'engage dans la lutte contre la dictature de Fulgencio Batista, soutenue par les États-Unis. Il tente alors une première révolution en 1953 mais l'échec de celle-ci le conduit en prison. Dès sa sortie de détention, il reprend la lutte armée en 1956 et parvient à accèder au pouvoir en 1959. C'est par hostilité vis-à-vis des États-Unis qu'il embrasse la cause socialiste internationale et se rapproche de l'URSS. Au début des années 1960, il tente même de diffuser sa révolution en Amérique latine, avec le soutien d'Ernesto Che Guevara. Il a dirigé Cuba de 1959 à 2008, avant de confier le pouvoir à son frère Raoul Castro, qui s'est lui-même retiré de la présidence en 2018 puis de la direction du Parti communiste cubain en 2021, au profit de Miguel Díaz-Canel.

L'installation d'un communiste au pouvoir dans ce territoire si proche des États-Unis est cependant conçue comme intolérable, dans le contexte de la guerre froide. Dès 1959, le président Eisenhower proclame un embargo total sur les échanges commerciaux des États-Unis avec Cuba.

Le président John Fitzgerald Kennedy lui succède en faisant campagne sur le thème de la coexistence pacifique. Pourtant, en avril 1961, le nouveau président autorise le débarquement d'exilés cubains et de membres de la CIA dans la baie des Cochons. L'opération tourne au fiasco et pousse Fidel Castro à se rapprocher encore davantage de l'URSS.

À l'automne 1962, la crise de Cuba entraîne le monde au bord de la guerre nucléaire. Face à la découverte de l'installation sur l'île de rampes de lancement de fusées soviétiques, le président Kennedy renforce le blocus de l'île et lance un ultimatum à l'adresse de l'URSS.

Un discours à connaître

Kennedy face à l'URSS

Le 22 octobre 1962, le président américain John Fitzgerald Kennedy se montre très ferme vis-à-vis de l'URSS. Il avait pourtant préconisé une politique d'ouverture vis-à-vis de l'URSS et défendu le rapprochement entre les deux blocs lors de son discours d'investiture de janvier 1961. Averti le 16 octobre de la construction en cours de site de lancement de missiles nucléaires à Cuba, le président des États-Unis réagit dans une allocution télévisée. Il s'adresse à la fois à ses compatriotes et au monde entier pour mettre en garde contre le risque de guerre nucléaire. Avec fermeté, il menace le monde d'une guerre nucléaire et prévoit des « représailles massives » contre l'URSS en cas d'attaque.

L'affrontement entre Kennedy et Khrouchtchev tourne au bras de fer mondial. Les Soviétiques acceptent finalement de retirer leurs fusées, en l'échange de la garantie de l'indépendance de Cuba et du retrait des fusées de l'OTAN installées en Turquie.

2 Le rapprochement entre les deux blocs

L'intensité de cette crise favorise paradoxalement le rapprochement entre les deux Grands. Le teléphone rouge, une ligne de communication directe, est installé entre la Maison-Blanche et le Kremlin. La crise des missiles de Cuba et la peur de l'apocalypse nucléaire marquent paradoxalement l'entrée dans une période de détente, c'est-à-dire de coopération entre les deux Grands.

En 1963, un premier traité multilatéral interdit les essais nucléaires dans l'atmosphère. En 1968, le traité de non-prolifération cherche à empêcher de nouveaux États de se doter de l'arme atomique. Le traité SALT I (*Strategic Arms Limitation Talks*) de 1972 marque l'apogée de la détente en matière nucléaire. Cet accord limite le nombre de missiles balistiques déployés par les deux camps.

En Europe, la détente se concrétise par une politique de rapprochement entre les deux blocs. Le chancelier de RFA, Willy Brandt, instaure ainsi l'Ostpolitik, une politique d'ouverture vers l'Est qui le conduit notamment à s'agenouiller devant le mémorial du ghetto de Varsovie. Les dirigeants de RFA et de RDA siègent côte à côte lors de la Conférence sur la sécurité et la coopération en Europe (CSCE) qui se tient à Helsinki entre 1973 et 1975.

3 De nouveaux terrains de rivalité

Cette détente oblige les deux Grands à s'affronter par d'autres moyens, pour tenter de prouver au reste du monde leur supériorité technologique.

La course à l'espace s'impose notamment comme le nouveau terrain privilégié de cet affrontement technologique. Cette compétition est au départ dominée par les Soviétiques, qui sont notamment les premiers à envoyer un satellite artificiel dans l'espace, le Spoutnik en 1957, ou encore les premiers à envoyer un homme dans l'espace, Youri Gagarine en 1961.

Mais, ce sont bien les États-Unis qui marquent les esprits en envoyant les premiers des hommes marcher sur la Lune grâce au succès de la mission Apollo 11, en juillet 1969.

L'affrontement reprend également une tournure plus idéologique. Le président des États-Unis John Fitzgerald Kennedy se rend ainsi à Berlin en juin 1963 pour y prononcer l'un de ses discours les plus célèbres.

Un discours à connaître

Kennedy à Berlin le 26 juin 1963

Près de deux ans après la construction du mur entre Berlin-Ouest et la RDA, le président des États-Unis effectue une visite officielle à Berlin-Ouest le 26 juin 1963. Il adresse alors un message aux Berlinois de l'Ouest pour exprimer toute sa solidarité à travers cette formule restée célèbre : *Ich bin ein Berliner*. Par-delà cette déclaration, il cherche à montrer la faillite du monde communiste : « Notre démocratie n'est pas parfaite ; cependant, nous n'avons jamais eu besoin d'ériger un mur pour empêcher notre peuple de s'enfuir ».

2 L'affirmation de la Chine

Quelques dates à retenir

- 1956 : la Chine critique la déstalinisation menée par Khrouchtchev
- 1958 : Grand Bond en avant
- 1960 : l'URSS interrompt son aide économique
- 1964 : la Chine dispose de la bombe atomique
- 1966-1976 : Révolution culturelle
- 1969 : guerre sino-soviétique
- 1971 : la Chine fait son entrée au Conseil de sécurité de l'ONU
- 1972 : visite officielle du président des États-Unis Richard Nixon en Chine

La Chine s'affirme progressivement comme une nouvelle puissance, même si l'entreprise de redressement portée par Mao Zedong n'est pas linéaire. La République populaire de Chine connaît en effet des périodes très difficiles, notamment à l'occasion de la Révolution culturelle. D'un point de vue diplomatique, elle se lance en quête de nouveaux partenaires après la rupture avec l'URSS. La Chine se rapproche alors du tiers-monde, avant de se tourner vers l'Occident.

1 La rupture avec l'URSS

La République populaire de Chine de Mao Zedong s'éloigne progressivement du grand frère soviétique, à compter de la mort de Staline, en 1953. L'accession au pouvoir de Nikita Khrouchtchev et sa volonté de remettre en cause une partie du stalinisme y sont pour beaucoup. Face au processus de déstalinisation entamé par Nikita Khrouchtchev lors du XXe congrès du Parti communiste de l'Union soviétique, Mao affirme que « les mérites de Staline l'emportent sur ses erreurs ».

La Chine renonce progressivement au modèle soviétique de développement et lance son propre modèle économique, le Grand Bond en avant, en 1958. La Chine cherche ainsi à rompre avec sa trop forte dépendance vis-à-vis de l'industrie lourde et se tourne vers des petites unités de production rurale. Mais, cette politique de développement autonome est un fiasco et se traduit par la mort de plus de 20 millions de personnes.

Les tensions sont croissantes vis-à-vis de l'URSS. En 1960, l'URSS interrompt son aide économique et rappelle les milliers d'experts qu'elle avait envoyés pour aider au développement de la Chine. L'affrontement entre la Chine et l'URSS culmine en 1969 lors de la guerre sino-soviétique, un conflit frontalier de faible intensité qui aboutit au *statu quo* après la mort de quelques dizaines de soldats dans les deux camps.

2 La quête de nouveaux alliés

Afin de sortir de son isolement diplomatique, la Chine cherche alors à apparaître comme l'un des leaders du mouvement des non-alignés. Elle rivalise avec l'URSS pour s'imposer comme une grande puissance diplomatique au moment de l'émergence politique du tiers-monde.

La Chine tente d'affirmer la possibilité d'une troisième voie et cherche à diffuser son propre modèle de développement à l'étranger. Le Premier ministre Zhou Enlai multiplie ainsi les déplacements dans le monde, notamment en Afrique.

Un portrait à connaître

Zhou Enlai (1898-1976), le grand ambassadeur de la Chine communiste

Premier ministre de la République populaire de Chine entre octobre 1949 et sa mort, Zhou Enlai est le visage de la révolution communiste à l'étranger. C'est en particulier à lui que revient la mission de trouver des soutiens à l'étranger, qu'il s'agisse de se rapprocher de l'URSS, du tiers-monde ou des États-Unis. À ce titre, il peut être considéré comme le véritable architecte de l'intégration de la Chine dans la mondialisation.

Par la voix de Zhou Enlai, la Chine encourage notamment la décolonisation. Elle fournit une aide technique, économique et militaire aux pays du tiers-monde et s'implante ainsi en Somalie, en Guinée ou en Tanzanie. Dans ce dernier État, des communes populaires sont instaurées sur le modèle du Grand Bond en avant.

Parallèlement, la Chine devient la cinquième puissance atomique en 1964 et affirme alors son volontarisme diplomatique et militaire et sa volonté de se hisser sur la scène internationale.

3 De la Révolution culturelle au rapprochement avec l'Occident

Les difficultés internes qu'elle rencontre lors de la Révolution culturelle compliquent cependant cette tâche. Profondément divisée face à cette volonté de Mao Zedong de relancer la dynamique révolutionnaire, la République populaire de Chine connaît une éclipse sur la scène internationale, dans la seconde moitié des années 1960. Elle est ainsi totalement incapable d'intervenir dans la guerre du Vietnam.

C'est son rapprochement avec l'Occident qui lui permet de construire progressivement sa puissance. Dès 1964, la France du général de Gaulle reconnaît la République populaire de Chine. En 1971, la Chine communiste fait son entrée au Conseil de sécurité de l'ONU.

Cette normalisation des relations internationales culmine avec le premier voyage officiel d'un président américain en Chine, celui du président Nixon en février 1972. Cette visite est le résultat de la diplomatie du ping-pong, qui a permis à une équipe de pongistes américains de participer à un tournoi en Chine l'année précédente. Mais, ce rapprochement prend réalité plusieurs années et il faut attendre 1978 pour que les États-Unis reconnaissent officiellement le gouvernement communiste de Pékin.

3 La persistance des conflits au Moyen-Orient

Quelques dates à retenir

- 1967 : guerre des Six Jours
- 1973 : guerre du Kippour/premier choc pétrolier

Au Moyen-Orient, les crises perdurent. Au cours des années 1960, l'affrontement se concentre surtout entre Israël et ses voisins. Il a d'abord des conséquences géopolitiques locales mais provoque également des répercussions internationales, comme l'illustrent la guerre du Kippour et le choc pétrolier dont elle est à l'origine.

1 La persistance des tensions entre Israël et les pays arabes

Fort du soutien diplomatique qu'il acquiert progressivement au sein de la Ligue arabe, le président égyptien Nasser décide de fermer le détroit de Tiran, qui permet l'accès d'Israël à la mer Rouge. Cette provocation est également un moyen de défendre le nationalisme arabe dans le contexte de l'émergence progressive du tiers-monde.

La réponse d'Israël ne se fait pas attendre. L'État hébreu riposte en attaquant l'Égypte, la Syrie et la Jordanie. En réalité, les tensions n'ont jamais cessé entre Israël et ses voisins arabes et cet élément mineur sert de prétexte à une nouvelle guerre.

Les armées arabes sont écrasées entre le 5 et le 10 juin 1967, ce qui donne son nom au conflit : la guerre des Six Jours. Israël prend alors le contrôle de plusieurs territoires. Elle occupe le Golan au détriment de la Syrie et le Sinaï, une région égyptienne. L'ONU adopte la résolution 242 qui impose la restitution des territoires occupés mais aussi la reconnaissance de l'État d'Israël par ses voisins.

La situation des Arabes de Palestine est désormais bouleversée. La Cisjordanie et la bande de Gaza sont placées sous un régime d'occupation israélienne. Yasser Arafat devient dès lors le leader de la cause palestinienne et défend la fin de l'occupation militaire par le biais de l'Organisation de libération de la Palestine (OLP), fondée au Caire en 1964.

Un portrait à connaître

Yasser Arafat (1929-2004), le leader d'un État qui n'en est pas un

Dès 1959, Yasser Arafat dirige un mouvement palestinien autonome, le Mouvement de libération de la Palestine et mène des attentats contre Israël. Dix ans plus tard, il prend la tête de l'Organisation de libération de la Palestine (OLP) et devient l'ambassadeur international de la cause palestinienne. Il est ainsi reçu à l'ONU en 1974 et obtient que l'OLP devienne l'interlocuteur international du peuple palestinien. À la fin des années 1980, il renonce à l'action terroriste et accepte de reconnaître l'État d'Israël. Il conclut ainsi les accords d'Oslo en 1993, ce qui lui permet d'obtenir le prix Nobel de la paix l'année suivante, récompense partagée avec le Premier ministre israélien Yitzhak Rabin.

2 La question des territoires occupés

L'occupation du Sinaï et du Golan par Israël est à l'origine d'une nouvelle guerre, la guerre du Kippour, en 1973. Les États arabes attaquent conjointement et par surprise Israël lors de la fête juive du Yom Kippour pour tenter de reprendre le contrôle de ces territoires. Ils sont proches de réussir leur pari. Ils étaient en effet parvenus à renforcer leur puissance militaire grâce à l'appui de l'URSS mais l'aide des États-Unis permet aux Israéliens de mener une contre-offensive vigoureuse et d'obliger les armées arabes à battre en retraite.

Israël parvient à les repousser et le conflit débouche sur un *statu quo*. Pour mettre la pression sur les Occidentaux, les pays arabes de l'Organisation des pays exportateurs de pétrole (OPEP) décident de réduire leur production de pétrole afin de faire exploser les cours, ce qui provoque le premier choc pétrolier. L'OPEP a été créée en 1960 pour défendre les intérêts des pays producteurs face aux pays importateurs. Sans succès, malgré l'ampleur des difficultés économiques et sociales que ce choc pétrolier engendre, les pays arabes tentent d'obtenir par ce moyen de pression la restitution des territoires contrôlés par Israël depuis 1967.

THÈME

IV

Les remises en causes économiques, politiques et sociales des années 1970 à 1991

1 Une France renouvelée

Quelques dates à retenir

- Mai 1974 : élection de Valéry Giscard d'Estaing à la présidence de la République
- Mai 1981 : élection de François Mitterrand à la présidence de la République
- 1986-1988 : première cohabitation, Jacques Chirac, Premier ministre
- 1993-1995 : deuxième cohabitation, Édouard Balladur, Premier ministre
- Mai 1995 : élection de Jacques Chirac à la présidence de la République
- 1997-2002 : troisième cohabitation, Lionel Jospin, Premier ministre

Les dernières années au pouvoir du général de Gaulle sont marquées par la crise de Mai 68 qui marque une volonté de rupture dans différents domaines. Après l'échec du référendum organisé en 1969, le général de Gaulle se retire, même si le gaullisme lui survit un temps. L'accession au pouvoir de Valéry Giscard d'Estaing en 1974 et plus encore de François Mitterrand en 1981 consacrent cette volonté de rompre avec la France du général de Gaulle. Le pays découvre alors l'alternance politique mais aussi les cohabitations.

1 La droite centriste et libérale au pouvoir (1974-1981)

Un portrait à connaître

Valéry Giscard d'Estaing (1926-2020)

Diplômé de polytechnique, Valéry Giscard d'Estaing réalise une carrière politique fulgurante. Député de centre-droit, il est choisi par le général de Gaulle, puis par Georges Pompidou pour occuper le ministère de l'Économie et des Finances, avant d'accéder lui-même à la présidence en 1974. Il devient alors le plus jeune président de la Ve République mais également le premier non gaulliste à accéder à cette fonction. Il accomplit plusieurs réformes d'importance mais son autorité est fragilisée par les difficultés économiques et l'affaire des diamants. Après sa défaite face à François Mitterrand en 1981, il demeure l'une des voix importantes du centre-droit, avant de rejoindre l'Académie française et le Conseil constitutionnel.

Élu président en 1969, Georges Pompidou se place dans la continuité de son prédécesseur, même si son Premier ministre, Jacques Chaban-Delmas, promet une « nouvelle société » afin de s'adapter après la crise de Mai 68. La disparition du président Georges Pompidou précipite les élections présidentielles. Organisées en mai 1974, elles consacrent le recul des gaullistes, le retour de la gauche derrière François Mitterrand et surtout la victoire de la droite libérale à travers l'élection de Valéry Giscard d'Estaing. Ce dernier promet un « libéralisme avancé ».

Il adopte une série de réformes afin d'adapter la société française à l'évolution des mœurs. La majorité électorale est désormais fixée à 18 ans et non plus 21 ans. L'avortement est dépénalisé. Le divorce par consentement mutuel est institué. La démocratisation de l'enseignement crée le collège unique pour tous les élèves. L'ORTF est divisée en une série de sociétés indépendantes.

Néanmoins, les difficultés économiques pèsent de plus en plus sur la société française. Plusieurs plans de relance sont alors imaginés pour faire redémarrer l'économie mais le chômage augmente et l'inflation est très forte. Premier ministre à compter de l'été 1976, l'économiste Raymond Barre concentre les critiques face aux difficultés de la France dans le contexte économique renouvelé. En 1981, la France compte 1 650 000 chômeurs. L'inflation est supérieure à 13 % tandis que le déficit du commerce extérieur atteint 60 milliards de francs.

2 « Changer la vie » avec François Mitterrand (1981-1995)

Candidat de l'union de la gauche, François Mitterrand remporte l'élection présidentielle de mai 1981, entraînant la première alternance de la Ve République. Au lendemain du second tour, le nouveau président dissout l'Assemblée nationale afin d'obtenir pour le Parti socialiste la majorité absolue des sièges de députés. Après avoir été tenue 23 ans éloignée du pouvoir, la gauche effectue alors son grand retour et promet de « changer la vie » à travers les 110 propositions du programme présidentiel.

Un portrait à connaître

François Mitterrand (1916-1996)

Député et onze fois ministre sous la IVe République, François Mitterrand incarne l'opposition au Général de Gaulle à partir de 1958, dont il dénonce notamment *Le coup d'État permanent*. À l'origine du Parti socialiste fondé lors du congrès d'Épinay en 1971, il parvient à réaliser l'union de la gauche afin d'accéder à la présidence de la République en 1981. Il devient dès lors le premier président de gauche de la Ve République mais aussi le seul à accomplir deux septennats. Il poursuit dès lors la construction européenne, entreprend des réformes d'importance, avant d'être paralysé par la maladie et la cohabitation.

Les mesures les plus emblématiques concernent l'abolition de la peine de mort, la régularisation de nombreux immigrés clandestins, le droit d'émettre aux radios locales, les nationalisations de plusieurs grands groupes industriels, l'octroi d'une cinquième semaine de congés payés, la limitation du temps de travail à 39 heures, la fixation de l'âge légal de départ à la retraite à 60 ans, la hausse du SMIC et des allocations familiales ou encore le renforcement des pouvoirs locaux par l'intermédiaire des lois de décentralisation. La politique de relance provoque cependant très vite les premières inquiétudes et nécessite dès 1983 « le tournant de la rigueur ».

Ces difficultés politiques et économiques profitent notamment à l'extrême droite. Fondé en 1972 par Jean-Marie Le Pen, le Front national sort progressivement de l'ombre. En 1986, grâce à l'adoption du scrutin proportionnel, 30 députés frontistes font leur entrée à l'Assemblée nationale. Lourde défaite pour la gauche, ces mêmes élections législatives offrent la majorité absolue aux partis de droite.

3 Le temps des cohabitations

Le septennat entre alors dans une phase inédite de cohabitation entre un président de la République socialiste et un Premier ministre gaulliste, Jacques Chirac. Même si cette situation n'était pas prévue par les institutions, elle se traduit dans la pratique par un renouvellement de l'exercice du pouvoir. Le Premier ministre se consacre à la politique intérieure pendant que le président s'occupe de la défense et de la politique extérieure.

Lors des élections présidentielles de 1988, la division de la droite profite à François Mitterrand. De nouvelles réformes sont adoptées comme la création du revenu minimum d'insertion (RMI) en 1988 ou encore de la contribution sociale généralisée (CSG) en 1990. Mais, les difficultés économiques et sociales ont raison de la majorité socialiste, de surcroît fragilisée par plusieurs scandales.

En 1993, la droite remporte massivement les élections législatives ; le Parti socialiste ne compte plus que 70 députés. Une nouvelle période de cohabitation débute entre François Mitterrand et Édouard Balladur nommé Premier ministre. Fort du soutien de l'opinion, ce dernier entreprend une politique de privatisation ou encore un durcissement de la législation sur l'immigration. Mais, c'est Jacques Chirac qui est choisi par les Français pour succéder à François Mitterrand, à partir de 1988.

Un portrait à connaître

Jacques Chirac (1932-2019)

Député de Corrèze, plusieurs fois ministre du général de Gaulle, il accède à la fonction de Premier ministre lors de l'élection de Valéry Giscard d'Estaing à la présidence de la République. À compter de 1976, il se présente comme l'héritier du général de Gaulle lors de la fondation du Rassemblement pour la République (RPR). Élu président de la République en 1995, réélu en 2002, Il est à l'origine de la réforme du quinquennat pour éviter une nouvelle cohabitation qu'il avait lui-même vécu à la fois en tant que Premier ministre mais aussi en tant que président.

4 Jacques Chirac face à une nouvelle cohabitation

Élu pour lutter contre « la fracture sociale », Jacques Chirac doit rapidement affronter plusieurs mouvements sociaux de grande ampleur. Une partie des Français accepte mal le plan de réforme des retraites et de la Sécurité sociale lancée par le Premier ministre Alain Juppé. Face aux difficultés, Jacques Chirac décide de dissoudre l'Assemblée nationale en avril 1997 afin de renouveler la légitimité de sa majorité.

Mais, ces élections législatives profitent à « la gauche plurielle » unie derrière Lionel Jospin. La France connaît alors sa troisième période de cohabitation, inversée par rapport aux deux précédentes. Le président de la République gaulliste cohabite désormais avec un Premier ministre socialiste. Le gouvernement de gauche décide alors de régulariser 40 000 sans-papiers, de réduire la durée hebdomadaire du travail à 35 heures, de créer 350 000 emplois jeunes ou encore d'adopter le pacte civil de solidarité (Pacs). La France retrouve la croissance grâce à une conjoncture économique favorable.

Cependant, n'ayant pas su percevoir la menace de l'extrême droite, Lionel Jospin arrive en troisième position lors du premier tour des élections présidentielles du 21 avril 2002. Jacques Chirac est réélu président de la République. Mais, cette fois, il reçoit le pouvoir pour cinq ans, après l'adoption du quinquennat destiné à éviter une nouvelle cohabitation.

2 Progrès soviétiques et revers américains

Quelques dates à retenir

- 1971 : fin de la libre convertibilité en or du dollar
- 1973 : premier choc pétrolier après la guerre du Kippour
- 1974 : démission du président Nixon après le scandale du Watergate
- 1975 : unification du Vietnam communiste
- 1977 : crise des euromissiles
- 1979 : révolution islamique de l'ayatollah Khomeini en Iran
- 1980 : élection de Ronald Reagan aux États-Unis

Au cours des années 1970, le monde traverse une période de remises en cause. La puissance américaine est affaiblie pendant que le communisme gagne du terrain. Cette évolution géopolitique est notamment manifeste au Vietnam, où les Soviétiques succèdent à l'ancienne puissance tutélaire américaine pour encourager l'invasion du Cambodge par le Vietnam.

1 Une période délicate pour les États-Unis

Durant les années 1970, les États-Unis traversent une période difficile. Ils sont tout d'abord fragilisés par un scandale politique qui contraint le président Richard Nixon à demissionner.

Un discours à connaître

L'annonce par Nixon de sa démission

En 1972, une source anonyme révèle une affaire d'espionnage concernant l'immeuble du Watergate qui abrite les locaux du Parti démocrate, à Washington. Le président républicain, Richard Nixon, est soupçonné d'être impliqué directement dans l'écoute de ses adversaires, à tel point que le Congrès entame à son encontre une procédure d'*impeachment*. Face au risque de destitution qui pèse sur lui, le président n'a d'autres choix que de démissionner. Il annonce son départ lors d'un discours télévisé au cours duquel il occulte totalement les difficultés auxquelles font face les États-Unis, notamment économiques.

Les États-Unis souffrent également de difficultés économiques. En 1971, Nixon est contraint de mettre fin à la libre convertibilité en or du dollar, ce qui provoque une crise financière et une forte inflation.

Le premier choc pétrolier consécutif à la décision des pays de l'OPEP d'augmenter brutalement les prix du pétrole à la suite de la guerre du Kippour renforce encore cette inflation et plonge l'Occident dans la crise. Cette décision intervient en représailles au soutien apporté par les Américains à Israël et illustre l'interdépendance croissante du monde.

Plus généralement, la puissance américaine souffre. En 1973, les États-Unis sont contraints d'accepter la première défaite militaire de leur histoire ; à travers les accords de Paris, ils reconnaissent ainsi l'extension du communisme en Asie du Sud-Est et se retirent du Vietnam.

2 Un *leadership* américain contesté

En 1975, la République socialiste du Vietnam s'impose définitivement pendant que l'affaiblissement des États-Unis est consacré par l'évacuation de l'ambassade de Saïgon par les airs.

Le communisme progresse également au Cambodge où le général Lon Nol est chassé par les Khmers rouges. En Amérique centrale et au Moyen-Orient, les États-Unis subissent également plusieurs revers diplomatiques. En 1979, la dictature pro américaine de Somoza est renversée au Nicaragua. La même année, le régime pro américain du Shah d'Iran cède la place à la République islamiste de l'ayatollah Khomeini.

Un portrait à connaître

Rouhollah Khomeini (1902-1989), l'ayatollah

Rouhollah Khomeini accède à la fonction d'ayatollah en 1961, c'est-à-dire de cadre du clergé chiite. Il s'exile en Irak, en Turquie et en France mais continue de s'opposer au régime du shah par le biais d'une propagande audiovisuelle enregistrées sur des cassettes audio. Après plusieurs manifestations, il rentre au pays en 1979 afin de lancer la révolution victorieuse. Une fois au pouvoir, il transforme l'Iran en théocratie et s'érige en « Guide suprême de la révolution », tout en luttant frontalement contre Israël et les États-Unis.

L'URSS sort donc renforcée des années 1970. C'est notamment grâce au soutien des Soviétiques que le Vietnam s'impose au détriment des Khmers rouges du Cambodge. De la même manière, à partir de 1975, l'URSS s'implante en Angola et au Mozambique, au terme de l'indépendance acquise grâce à l'intervention de troupes cubaines.

Forts de ces succès, les Soviétiques envahissent l'Afghanistan en 1979. Mais ce coup d'éclat provoque un changement d'attitude du président Jimmy Carter qui durcit la politique menée à l'égard de l'URSS.

3 De nouvelles tensions à la fin des années 1970

Les tensions ressurgissent entre les deux Grands, à tel point que cette période est appelée la « guerre fraîche ».

L'Europe se retrouve au centre de cet affrontement lors de la crise des euromissiles. Après le déploiement en 1977 par l'URSS de fusées SS20, les États-Unis répliquent deux ans plus tard en installant des missiles équivalents, les Pershing II. Craignant de subir directement cette crise, les Berlinois de l'Ouest manifestent aux cris de « plutôt rouges que morts ». Pour la première fois depuis 1962, le risque d'une guerre nucléaire ressurgit.

Ronald Reagan promet un redressement de la puissance américaine, comme l'illustre son slogan de 1984, *America is back*. Il dénonce « l'empire du mal » et annonce son intention de reprendre l'initiative dans la guerre froide. Le symbole de ce volontarisme guerrier est le projet d'initiative de défense stratégique (IDS) qui vise à protéger le territoire des États-Unis par des missiles nucléaires.

Un discours à connaître

Ronald Reagan contre l'empire du mal

En ce 8 mars 1983, le président des États-Unis s'exprime devant la convention annuelle de l'association nationale des Évangélistes. Il place donc naturellement la guerre froide sur le plan de la morale religieuse et oppose ainsi le bien et le mal. Face à des États-Unis en plein doute, il défend un programme conservateur et très hostile vis-à-vis de l'URSS. Il critique directement « l'illusion du gel nucléaire » qui ne peut donner lieu qu'à une « paix trompeuse ». Selon lui, les États-Unis doivent se redresser et affronter frontalement l'URSS afin de mettre fin aux « pulsions agressives de l'empire du mal. »

3 L'avènement d'une paix mondiale ?

Quelques dates à retenir

- 1978 : Deng Xiaoping prend la tête de la République populaire de Chine
- 1980 : entrée de la Chine au FMI
- 1985 : accession au pouvoir de Mikhaïl Gorbatchev en URSS
- 1989 : massacre de la place Tian'anmen
- 1989 : chute du mur de Berlin
- 1991 : traité START de réduction des armements stratégiques
- 1991 : effondrement de l'URSS
- 1992 : fin de l'apartheid en Afrique du Sud
- 1993 : accords d'Oslo ou de Washington
- 1994 : élection de Nelson Mandela à la tête de l'Afrique du Sud

Les difficultés rencontrées par l'URSS au cours des années 1980 changent de nouveau la donne. La paix semble revenue, à tel point que l'on évoque parfois une nouvelle détente. La démocratie progresse dans le monde et semble définitivement triompher lorsque le mur de Berlin tombe et que l'URSS implose sur elle-même. La Chine poursuit également son ouverture sur le monde mais l'intensité de la répression contre les étudiants qui manifestent sur la place Tian Anmen en juin 1989 témoigne des limites de cette démocratisation en cours. La fin de l'histoire ne semble donc pas être pour demain.

1 Une aggravation des difficultés en URSS

Du côté de l'URSS, la décennie 1980 est marquée par une aggravation des difficultés internes. Le système soviétique entre en crise ; le niveau de vie est en baisse à mesure que s'accroît le poids des dépenses militaires dans le budget global de l'URSS. Ces dernières représentent alors entre 15 et 20 % du PIB.

En 1985, l'accession au pouvoir de Mikhaïl Gorbatchev marque un tournant. Il lance une série de réformes pour tenter de sauver le système soviétique. À travers la *glasnost*, « la transparence », Gorbatchev souhaite renforcer les libertés individuelles et politiques. Par la *perestroïka*, « la reconstruction », il cherche à mettre en œuvre une politique d'ouverture à l'économie de marché.

Il s'engage par ailleurs dans le désarmement, avec pour objectif de réduire le déficit budgétaire de l'URSS. Après plusieurs années de pourparlers, George Bush et Mikhaïl Gorbatchev concluent le traité START (*Strategic Arms Reduction Talks*), en 1991. Celui-ci prévoit non seulement de limiter la course aux armements mais aussi de réduire les arsenaux existants.

2 L'implosion du bloc de l'Est

Les réformes engagées par Mikhaïl Gorbatchev provoquent l'effondrement de l'URSS sur elle-même. Les démocraties populaires d'Europe de l'Est contestent la tutelle soviétique.

En Pologne et en Hongrie, des élections libres sont organisées. Elles portent au pouvoir des opposants ou des réformateurs, sans entraîner de réaction de l'URSS, ce qui témoigne du changement de politique induit par le nouveau leader soviétique, qui n'entend plus intervenir pour maintenir de force des régimes communistes alliés.

En mai 1989, le gouvernement hongrois décide d'ouvrir sa frontière avec l'Autriche. Face à l'afflux massif d'Allemands de l'Est qui profitent de cette brèche dans le rideau de fer pour fuir le monde communiste, les atermoiements de la République démocratique d'Allemagne aboutissent à la chute du mur de Berlin en novembre 1989.

C'est une conférence de presse du 9 novembre 1989, au cours de laquelle est annoncée comme immédiate la liberté de circuler prévue en réalité comme une réforme à moyen terme, qui provoque l'ouverture des points de passage dans le mur de Berlin, sous la pression des habitants. Dès 1990, la réunification des deux Allemagne symbolise la faillite du modèle communiste.

Face aux difficultés économiques, le contexte social de l'URSS devient explosif. Mikhaïl Gorbatchev est considéré comme le responsable de cette période de difficultés. Il doit subir la montée en puissance de quelques réformateurs, parmi lesquels Boris Elstine qui accède à la tête de la République socialiste fédérative soviétique de Russie en mai 1990. Il démissionne alors du Parti communiste avant de se faire élire président de la république de Russie et de remettre en cause frontalement l'autorité de Mikhaïl Gorbatchev.

Au cours de l'année 1991, l'URSS s'effondre. Les anciennes républiques soviétiques proclament tour à tour leur indépendance. Les uns après les autres, les pays d'Europe de l'Est sortent du communisme et adoptent les modèles occidentaux de la démocratie libérale et de l'économie de marché.

Le 25 décembre 1991, Mikhaïl Gorbatchev n'a d'autres choix que de démissionner de la présidence de l'Union soviétique et de reconnaître sa dissolution.

Un discours à connaître

Gorbatchev annonce la fin de l'URSS

À la tête d'un État totalement délité, Mikhaïl Gorbatchev prend la parole à la télévision soviétique le 25 décembre 1991, 70 ans après la proclamation de l'URSS par Lénine. Contraint de reconnaître la disparition de cet empire du XXe siècle, Mikhaïl Gorbatchev met notamment en avant « le fardeau de la militarisation à outrance » pour expliquer cette défaite. Il revient également sur les réformes entreprises depuis 1985 pour tenter de changer le pays en profondeur. Mais, il reconnaît également sa propre responsabilité : « l'ancien système s'est écroulé avant que le nouveau ait pu se mettre en marche ».

3 La fin de l'Histoire ?

Un peu trop rapidement, l'analyste américain Francis Fukuyama proclame la « fin de l'histoire » dans un article, puis un essai consacré à la démocratisation que connaît le monde en cette fin des années 1980. Il tient ainsi à résumer par cette expression l'avènement d'un consensus universel sur la démocratie libérale qui met fin à l'affrontement idéologique qui a dominé le monde pendant la deuxième moitié du XXe siècle.

L'espoir de l'avènement d'une paix mondiale est très fort. Plusieurs conflits régionaux prennent fin, notamment en Afrique du Sud où l'accession au pouvoir de Frederik de Klerk, en 1989, permet de mettre un terme à l'apartheid et de préparer l'élection du premier président sud-africain noir, Nelson Mandela, en mai 1994.

Un portrait à connaître

Nelson Mandela (1918-2013), le premier président noir d'une « nation arc-en-ciel »

Nelson Mandela s'engage très tôt dans le Congrès national africain dont il est l'un des leaders, en 1948, lors de l'instauration de l'apartheid en Afrique du Sud. Il préconise d'abord une lutte pacifique, avant de rejoindre les rangs de la branche militaire clandestine de l'ANC. Emprisonné entre 1962 et 1990, il devient une légende de la lutte contre l'apartheid. Le gouvernement libéral de Frederik de Klerk le fait libérer en 1990. Quatre ans plus tard, il devient le premier président noir d'une Afrique du Sud démocratique et multiraciale. Il quitte sa fonction en 1999 et s'engage dans la lutte contre la pauvreté et le sida. En 2013, Nelson Mandela et Frederik de Klerk obtiennent conjointement un prix Nobel de la paix.

Du côté de la Birmanie, c'est une autre icône internationale de la paix qui s'engage en 1989 contre la dictature. Aung San Suu Kyi, la fille du leader de l'indépendance, dénonce alors le pouvoir de la junte militaire et devient l'égérie internationale d'une rébellion populaire noyée dans le sang. Elle invite ses compatriotes à se « libérer de la peur » dans un discours du 27 avril 1989 et reçoit le prix Nobel de la paix en 1991 pour cet engagement.

Au Moyen-Orient, la guerre entre l'Iran et l'Irak s'achève en 1988. L'année suivante, c'est le Liban qui recouvre la paix, après près de quinze ans de guerre civile et religieuse. En 1989 toujours, l'URSS retire ses troupes d'Afghanistan pendant qu'en Asie, le Vietnam évacue le Cambodge.

Les espoirs de paix concernent également la question palestinienne qui semble évoluer vers une solution négociée. L'Organisation de libération de la Palestine accepte de renouer le dialogue avec Israël. Au terme de négociations secrètes, un accord de paix est conclu à Washington en septembre 1993 par le premier ministre Yitzhak Rabin et le leader de l'OLP, Yasser Arafat. Ces accords, les accords d'Oslo ou de Washington, permettent aux Palestiniens de progresser vers l'obtention d'un État, en échange de la reconnaissance d'Israël.

4 L'intégration de la Chine dans l'économie de marché

Après deux ans de lutte au sommet, Deng Xiaoping s'impose à la tête de la Chine en 1978. À travers lui, c'est la ligne pragmatique et libérale qui l'emporte.

Il met en œuvre la réforme de « la porte ouverte » qui vise à ouvrir la Chine vers l'extérieur. Il hérite en effet d'une Chine qui est restée largement rurale, peu développée et dont le tiers des habitants vit dans une pauvreté extrême.

Un discours à connaître

Les quatre modernisations de Deng Xiaoping

Un an après son accession au pouvoir, Deng Xiaoping présente devant le 11e congrès du Parti communiste chinois la politique des quatre modernisations. Grâce au développement de l'agriculture, de l'industrie, de la recherche et de la défense, le nouveau chef d'État chinois ambitionne de suivre l'exemple des dragons asiatiques en instaurant une politique de rattrapage. Il cherche également à surmonter les difficultés consécutives de la Révolution culturelle. Par le développement d'une politique de privatisation, Deng Xiaoping entend intégrer la Chine dans la mondialisation, tout en défendant l'orthodoxie doctrinaire de la dictature du prolétariat mise en place en Chine.

Cette libéralisation s'opère progressivement et débute par l'ouverture de quatre zones économiques spéciales en 1979 ; ces ZES sont des territoires ouverts aux investisseurs étrangers, aménagés sur le littoral chinois.

Cette volonté d'attirer les investisseurs s'accompagne de l'entrée de la Chine au FMI en 1980. Deng Xiaoping autorise également la création d'entreprises privées, ce qui donne naissance au « socialisme de marché ». Il complète ensuite cet ensemble de réformes en ouvrant aux investisseurs toutes les villes littorales en 1984, avant d'autoriser les implantations étrangères sur l'intégralité du territoire en 1992. Les résultats sont spectaculaires ; entre 1979 et 1989, le PNB chinois augmente en moyenne de huit à 9 % par an.

La Chine refuse cependant toute réforme politique. Même si le niveau de vie moyen en Chine s'élève, le creusement des inégalités mécontente une partie de la population. Encouragés par le soulèvement en Europe de l'Est et les réformes de Gorbatchev, les étudiants chinois réclament une libéralisation du régime. Face à cette contestation, la réaction des autorités chinoises est brutale. Le 4 juin 1989, pour mettre fin à la révolte des étudiants rassemblés sur la place Tian'anmen de Pékin, Deng Xiaoping autorise l'armée à mener une répression sanglante.

Ce massacre de la place Tian'anmen marque le refus de la cinquième démocratisation, c'est-à-dire de la démocratie. Plus de 2 000 manifestants sont tués. Les pays occidentaux coupent un temps le contact avec la Chine mais cette rupture reste relative et de courte durée.

THÈME

V

L'ordre mondial bouleversé (depuis 1991)

Le monde depuis 1991 :

- la montée en puissance des pays émergents ;
- succès et limites de la puissance américaine.

1 Le monde depuis 1991

Quelques dates à retenir

- Janvier 1991 : Guerre du Golfe
- 25 décembre 1991 : dissolution de l'URSS
- 1992 : traité de Maastricht
- 1993 : accords de Washington ou d'Oslo entre Israël et la Palestine
- 1994 : génocide des Tutsis au Rwanda
- 1995 : accords de Dayton pour mettre fin à la guerre en Bosnie
- 2000 : accession au pouvoir de Vladimir Poutine à la tête de la Russie
- 11 septembre 2001 : attentats du World Trade Center
- Octobre 2001 : début de la guerre d'Afghanistan
- Décembre 2001 : admission de la Chine à l'OMC
- 2002 : création de la Cour pénale internationale (CPI)
- 2003 : début de la guerre en Irak

L'effondrement de l'URSS en 1991 met un terme à la guerre froide. Cependant, la disparition de l'affrontement entre les deux blocs ne marque pas l'avènement de la paix mondiale tant espérée. Des conflits locaux se poursuivent et de nouvelles menaces apparaissent, à l'instar du terrorisme islamiste. Après un temps de domination de la puissance américaine sur le monde au cours de la décennie 1990, la montée en puissance des pays émergents donne naissance à un monde multipolaire.

1 La multiplication des conflits locaux

L'implosion du bloc de l'Est et la fin de la guerre froide ne se traduisent pas par une diminution des affrontements armés. Bien au contraire, de nouveaux sujets d'affrontements apparaissent et donnent lieu à des conflits, face auxquels la communauté internationale est incapable d'agir. Cette dernière tente pourtant d'utiliser à plein son droit d'ingérence en légitimant des interventions extérieures au nom de l'urgence humanitaire.

En Afrique, plusieurs États de l'Est sont ainsi déchirés par des guerres civiles, notamment le Soudan, la Somalie ou le Rwanda ; ce dernier est ainsi le théâtre du génocide des Tutsis, commis par les Hutus, au cours de l'année 1994. En quelques mois, entre 800 000 et 1 300 000 Tutsis sont ainsi massacrés, face à une communauté internationale largement impuissante.

À l'ouest de l'Afrique, la guerre civile fait des ravages au Liberia entre 1989 et 1997. Dans le Sahel, le terrorisme s'implante et menace les populations locales et les intérêts étrangers.

Le Moyen-Orient demeure également sous tension. En dépit des espoirs suscités par les accords de Washington de 1993, l'assassinat du Premier ministre Yitzhak Rabin en 1995 rappelle que le conflit est loin d'être réglé. Au cours des années 1990, les mouvements islamistes palestiniens, notamment le Hamas, multiplient les attentats-suicide. Entre 2000 et 2005, le déclenchement de la seconde intifada témoigne d'une nouvelle dégradation de la situation en Palestine.

2 De l'hégémonie américaine au monde multipolaire

Au cours des années 1990, les États-Unis tentent pourtant de jouer à plein leur rôle de gendarme du monde. Ils profitent de la disparition de l'URSS pour prétendre pouvoir fixer les règles d'un nouvel ordre international unipolaire.

Leur puissance militaire et diplomatique semble à son apogée au cours de la guerre du Golfe de janvier-février 1991. Après l'invasion du Koweït par l'Irak de Saddam Hussein, les États-Unis lancent l'opération « tempête du désert » à la tête d'une coalition de 34 États, parmi lesquels plusieurs pays arabes. Cette intervention multilatérale réalisée avec le soutien de l'ONU est un succès.

Un discours à connaître

George W. Bush et le « nouvel ordre mondial »

Après avoir fait fortune dans l'exploitation du pétrole au Texas, George W. Bush accède à la vice-présidence sous Ronald Reagan, avant de lui succéder. Les États-Unis viennent de remporter une victoire éclatante dans la guerre du Golfe. Ils sont parvenus à libérer le Koweït, « un petit pays dont beaucoup d'Américains n'avaient jamais entendu parler » et peuvent désormais être « fiers, confiants, la tête haute ». Dans ce discours devant le Congrès, prononcé le 6 mars 1991, le président Bush annonce l'avènement d'un « nouvel ordre mondial » qui doit permettre de sortir « de l'impasse de la guerre froide » et de déployer toute la puissance des États-Unis.

Les États-Unis s'illustrent également dans les Balkans. À travers l'OTAN, ils interviennent militairement contre les Serbes, face à une Union européenne incapable de s'entendre et d'agir. Les États-Unis obtiennent la signature des accords de Dayton qui mettent fin à la guerre en Bosnie en 1995.

Mais, les attentats du 11 septembre 2001 frappent les différents éléments de leur puissance et rappellent leur fragilité. Pour la première fois depuis Pearl Harbor, le 7 décembre 1941, les États-Unis sont attaqués directement sur leur propre sol. Le président George W. Bush entend venger l'affront subi par les États-Unis et conforter sa position hégémonique.

Dès le mois d'octobre 2001, les premières bombes frappent l'Afghanistan. Si cette intervention destinée à lutter contre les talibans est largement acceptée par les partenaires des États-Unis, la guerre en Irak déclenchée en 2003 témoigne des profondes failles au sein de l'ancien bloc occidental. La France et l'Allemagne refusent alors de soutenir l'intervention américaine.

Un discours à connaître

Le discours de Dominique de Villepin à l'ONU

Par la voix de son ministre des Affaires étrangères, Dominique de Villepin, la France exprime en ce 14 février 2003 son refus de participer aux côtés des États-Unis à la guerre en Irak. Dans l'héritage du général de Gaulle qui refusait une simple soumission attentiste, Dominique de Villepin marque la volonté française de privilégier la négociation et le refus de céder à l'obsession américaine de la guerre. Ce discours s'avère nettement prémonitoire puisqu'il annonce par ailleurs l'avènement de tensions très fortes en Irak et le risque d'un renforcement du terrorisme.

Ces interventions ont largement contribué à plonger le Moyen-Orient dans la crise, facilitant ainsi l'installation des réseaux terroristes. C'est notamment sur les ruines de l'intervention en Irak que s'est construite la puissance territoriale du califat de l'État islamique.

3 La Russie post-soviétique

Après une décennie de transition économique et politique difficile, l'accession au pouvoir de Vladimir Poutine à la tête de la Fédération de Russie en l'an 2000 marque la volonté de restaurer l'autorité de l'État. Cet ancien cadre du KGB n'hésite pas à user de méthodes violentes pour affirmer son autorité, comme l'illustre notamment la lutte contre les indépendantistes tchétchènes.

Un portrait à connaître

Vladimir Poutine (né en 1952), le nouveau tsar de Russie

Ancien officier du KGB, Vladimir Poutine accède à la direction des services de renseignement russe au cours des années 1990, grâce à sa proximité avec Boris Eltsine. À la suite de la démission de ce dernier, il assure la fonction de président de la Fédération de Russie, avant d'être confirmé dans ses fonctions lors de l'élection du 7 mai 2000. Depuis, il règne d'une main de maître sur son pays, quitte à censurer ses opposants, voire à utiliser des méthodes violentes à leur encontre.

En vertu d'un changement constitutionnel approuvé par référendum en 2020, il a la possibilité d'effectuer deux autres mandats présidentiels et de se maintenir au pouvoir jusqu'en 2036.

Vladimir Poutine restaure une certaine personnalisation du pouvoir. Afin de contourner l'interdiction de briguer un troisième mandat successif, il fait élire à la présidence de la Fédération de Russie son ancien premier ministre Dimitri Medvedev entre 2008 et 2012, avant de reprendre sa fonction. De la même manière, en 2020, il a fait adopter une réforme de la Constitution lui permettant de demeurer au pouvoir.

Vladimir Poutine jouit d'une réelle popularité auprès des Russes. Il est parvenu à restaurer une partie de la puissance russe, en particulier au sein de « son étranger proche », c'est-à-dire sur le territoire de l'ancienne URSS. Moscou cherche ainsi à garder son influence sur ses voisins, notamment en Ukraine dont la capitale Kiev est considérée comme le berceau de la civilisation russe. En 2014, la Russie a ainsi annexé la Crimée au détriment de l'Ukraine. Elle apporte également son soutien aux séparatistes du Donbass et mène une guerre en Ukraine depuis mars 2021.

La Russie cherche ainsi à réaffirmer sa propre voie dans la mondialisation. Elle s'est rapprochée de la Chine par la conclusion d'un traité donnant naissance à l'Organisation de coopération de Shanghai (OCS). La Russie apporte par ailleurs son soutien au président syrien Bachar al-Assad et tente de négocier une sortie de crise à travers le processus d'Astana.

4 L'affirmation de la République populaire de Chine

Un temps fragilisée par la répression de 1989, la République populaire de Chine s'affirme néanmoins très rapidement comme une puissance mondiale. Les années 2000 sont celles de l'ouverture et du développement spectaculaire de la Chine. En 2001, elle intègre l'Organisation mondiale du commerce et acquiert une place plus importante dans le commerce international.

La Chine cherche par ailleurs à manifester sa puissance aux yeux du monde. En 2003, elle envoie le premier thaïkonaute dans l'espace. En 2008, Pékin obtient l'organisation des Jeux olympiques. De la même manière, elle développe largement son armée ; avec plus de 2,7 millions de soldats, l'armée populaire de Chine est la plus importante au monde.

La Chine demeure néanmoins une puissance incomplète. Elle n'occupe que le 82e rang mondial en termes de PIB par habitant et le 86e rang mondial au niveau de l'indice de développement humain, même si ces indicateurs sont en constante amélioration depuis le début des années 2000. La Chine souffre, de surcroît, de plusieurs fragilités, notamment l'ampleur des inégalités et l'absence de véritables réformes sociales ou politiques.

Un portrait à connaître

Xi Jinping (né en 1953), un Mao des temps modernes

Fils d'un haut cadre du Parti communiste, Xi Jinping ne semblait pas prédestiné à accéder un jour aux plus hautes fonctions chinoises. Il a en effet connu une descente aux enfers, en même temps que son père, accusé de complot contre le parti. Mais, la répression dont a été victime sa propre famille ne l'a pas empêché de gravir les échelons au sein du Parti communiste chinois. Xi Jinping accède ainsi à la fonction de Secrétaire général du Parti communiste chinois et de Président de la commission militaire centrale de la Chine à l'automne 2012. L'année suivante, il devient président de la République populaire de Chine et a obtenu depuis, l'aval de l'assemblée populaire nationale, pour devenir président à vie. Il contrôle donc tous les leviers du pouvoir et n'hésite pas à écarter tous les obstacles qui pourraient se présenter contre lui ; 1,5 million de membres du parti ont ainsi été évincés depuis 2012.

5 L'Union européenne : succès et déboires

L'Union européenne tente également de réaffirmer sa puissance dans la mondialisation. Elle parvient ainsi progressivement à s'étendre jusqu'à 28 membres, avant la décision des Britanniques de quitter l'ensemble européen. Le référendum sur le Brexit organisé en 2016 est une nouvelle illustration des déboires que traverse l'Union européenne tout au long de son histoire.

En 1992 notamment, l'Union européenne est incapable de parler d'une seule voix et de réagir face à la guerre qui sévit en Bosnie, alors même qu'elle connaît un processus d'approfondissement majeur lors du traité de Maastricht qui prévoit l'instauration d'une véritable union politique par la création d'une citoyenneté européenne ou la mise en œuvre de nouveaux domaines de coopération entre les États membres. De la même manière, l'entrée en vigueur de l'euro en 1999 marque une étape importante de la coopération européenne mais elle concrétise aussi une Union européenne à plusieurs vitesses.

Plus généralement, l'Union européenne peine largement à convaincre ses peuples. La vigueur de l'euroscepticisme est ainsi illustrée par la faible participation électorale des peuples lors des scrutins européens ou encore par le rejet de la France ou des Pays-Bas de soutenir le projet constitutionnel, en 2005.

6 Une république française en mouvement

À une autre échelle, la République française connaît plusieurs évolutions pour s'adapter aux critiques et aux difficultés. Depuis l'an 2000, l'instauration du quinquennat et l'inversion du calendrier électoral font coïncider le mandat des députés sur celui du président, afin de limiter la possibilité d'une nouvelle cohabitation. Mais, cette réforme conduit à une lecture plus présidentielle du régime, tandis que le personnel politique semble de plus en plus discrédité.

La Ve République doit également s'adapter aux différentes étapes de la décentralisation. Entamée en 1982, cette politique marque une rupture avec la tradition politique française. Les régions gagnent en compétences, pendant que leur nombre a été réduit en 2015. La France cherche ainsi à rendre plus efficiente l'organisation de ses pouvoirs internes dans le cadre de l'intégration européenne.

La société reste néanmoins profondément divisée. Si la laïcité est initialement conçue comme un vecteur de liberté religieuse, elle a également pu être instrumentalisée ces dernières années pour stigmatiser les musulmans. À plusieurs reprises, la classe politique en même temps qu'une partie de la société française débattent des questions d'inclusion, d'identité ou d'intégration.

7 Un multilatéralisme en difficulté

Au monde unipolaire des années 1990, succède très vite un monde multipolaire. L'émergence de nouvelles puissances se manifeste d'abord dans la sphère économique. Mais, ce basculement du centre de l'économie mondiale a également des conséquences géopolitiques. L'Occident ne parvient plus à imposer ses vues aux autres États et se voit de plus en plus concurrencé par des puissances montantes telles que l'Iran ou la Turquie.

Le multilatéralisme progresse néanmoins dans le domaine judiciaire. Ainsi, en 2002, l'ONU est parvenue à créer une Cour pénale internationale, forte des expériences particulières des tribunaux pénaux internationaux. Celle-ci siège à La Haye aux Pays-Bas et vise à poursuivre les auteurs de crime contre l'humanité, même si certains États ont refusé de ratifier son traité de création, notamment les États-Unis, la Russie ou la Chine.

Sujets d'entraînement

- Sujet 1 : La politique de l'État français durant la Seconde Guerre mondiale
- Sujet 2 : L'arme atomique et la géopolitique mondiale à partir de 1945
- Sujet 3 : La France et l'Europe dans la défense atlantique
- Sujet 4 : La modification des grands équilibres géopolitiques mondiaux, l'année 1989
- Sujet 5 : L'Union européenne face aux guerres dans l'ex-Yougoslavie

Au terme de cette deuxième partie consacrée à l'épreuve d'histoire, nous vous proposons plusieurs sujets d'entraînement donnés dans le cadre de nos préparations Tremplin IEP ces dernières années. Le dernier sujet d'entraînement proposé ici correspond quant à lui à l'épreuve proposée lors du concours d'avril 2022. Chacun de ces sujets est accompagné d'un corrigé complet ; certains comportent également des copies rédigées par des étudiants en conditions réelles d'examen, afin de vous permettre de vous rendre compte de ce qu'il est possible de rédiger dans le temps imparti de l'épreuve.

- « La politique de l'État français durant la Seconde Guerre mondiale. »
- « L'arme atomique et la géopolitique mondiale à partir de 1945. »
- « La France et l'Europe dans la défense atlantique. »
- « La modification des grands équilibres géopolitiques mondiaux, l'année 1989. »
- « L'Union européenne face aux guerres dans l'ex-Yougoslavie. »

Sujet 1
La politique de l'État français durant la Seconde Guerre mondiale

Consigne : À partir de vos connaissances et de l'analyse des deux documents suivants, vous présenterez la politique de l'État français durant la Seconde Guerre mondiale.

Document 1

« Laissez-nous tranquilles » Affiche de Vichy, 1941

Paris, Musée de l'Armée.

Document 2

Philippe Pétain devant la Haute Cour de Justice, 23 juillet 1945 (extraits)

J'ai passé ma vie au service de la France. Aujourd'hui, âgé de près 90 ans, jeté en prison, je veux continuer à la servir, en m'adressant à elle une fois encore. Qu'elle se souvienne ! J'ai mené ses armées à la victoire en 1918. Puis, alors que j'avais mérité le repos, je n'ai cessé de me consacrer à elle. J'ai répondu à tous ses appels, quels que fussent mon âge et ma fatigue. Le jour le plus tragique de son Histoire, c'est encore vers moi qu'elle s'est tournée (...).

Lorsque j'ai demandé l'armistice, d'accord avec nos chefs militaires, j'ai rempli un acte nécessaire et sauveur (...).

De ce pouvoir, j'ai usé comme d'un bouclier pour protéger le peuple français. Pour lui, je suis allé jusqu'à sacrifier à mon prestige. Je suis demeuré à la tête d'un pays sous l'occupation.

Voudra-t-on comprendre la difficulté de gouverner dans de telles conditions ? Chaque jour, un poignard sur la gorge, j'ai lutté contre les exigences de l'ennemi. L'Histoire dira tout ce que je vous ai évité, quand mes adversaires ne pensent qu'à me reprocher l'inévitable.

L'occupation m'obligeait à ménager l'ennemi, mais je ne le ménageais que pour vous ménager vous-mêmes, en attendant que le territoire soit libéré (...).

Au contraire, pendant quatre années, par mon action, j'ai maintenu la France, j'ai assuré aux Français la vie et le pain, j'ai assuré à nos prisonniers le soutien de la Nation (...).

Pendant que le Général De Gaulle, hors de nos frontières, poursuivait la lutte, j'ai préparé les voies de la libération, en conservant une France douloureuse mais vivante (...).

C'est l'ennemi seul qui, par sa présence sur notre sol envahi, a porté atteinte à nos libertés et s'opposait à notre volonté de relèvement.

J'ai réalisé, pourtant, des institutions nouvelles ; la Constitution que j'avais reçu mandat de présenter était prête, mais je ne pouvais la promulguer.

Malgré d'immenses difficultés, aucun pouvoir n'a, plus que le mien, honoré la famille et, pour empêcher la lutte des classes, cherché à garantir les conditions du travail à l'usine et à la terre (...).

À votre jugement répondront celui de Dieu et celui de la postérité. Ils suffiront à ma conscience et à ma mémoire.

Je m'en remets à la France !

Proposition de corrigé

Introduction

Si la question de la responsabilité du régime de Vichy et de son dirigeant Philippe Pétain dans la déportation des populations juives françaises et étrangères a refait surface lors de la campagne présidentielle française de 2022, elle trouve son origine, en particulier, dans les procès qui ont eu lieu à la libération dont celui de Philippe Pétain, en 1945, devant la Haute Cour de justice. **[Accroche]**

Ainsi les deux documents proposés permettent de revenir sur cette politique de l'État français durant la Seconde Guerre mondiale, régime autoritaire et centré autour de la personne du Maréchal Pétain. Le premier document est un document de propagande du gouvernement de Vichy, qui date de 1941 et dont l'objectif est de défendre son projet de refondation de la France à travers la Révolution nationale. L'État français est alors engagé dans une politique de collaboration avec l'occupant, de liquidation de la République, une politique antisémite et d'exclusion mais aussi d'encadrement de la société française. L'année 1941 est aussi l'affirmation d'une autre légitimité, celle d'une France résistante et libre incarnée par le général de Gaulle qui considère le gouvernement de Vichy comme illégitime alors que la victoire nazie semble désormais moins assurée. Ce document de propagande a justement pour objectif de rappeler ce projet de refondation porté par l'État français tout en mettant en avant les menaces intérieures et extérieures qui pèsent sur ce régime de Vichy en 1941, justifiant par-là ses propres difficultés. Le second document est ce discours liminaire tenu par Philippe Pétain le 23 juillet 1945 lors de l'ouverture de son procès devant la Haute Cour de justice spécialement constituée pour juger celui qui est encore considéré comme un héros de la Première Guerre mondiale et aussi l'un des principaux responsables des actions politiques du régime de Vichy. Ce procès débute moins d'un an après la libération de Paris et le rétablissement de la légalité républicaine en France. Alors que la libération s'accompagne d'une vague d'épurations, le GPRF entend reprendre en main le processus et asseoir sa légitimité en organisant ce procès. Le discours de Philippe Pétain, alors âgé de 90 ans, qui a lieu le premier jour de son procès a pour objectif de justifier son action politique et se présenter aux Français à la fois comme une figure héroïque mais aussi comme un « bouclier » devant les circonstances exceptionnelles de ces quatre années marquées par l'occupation allemande y compris en affirmant des contrevérités historiques et en omettant des actions politiques délibérées allant dans le sens d'une collaboration volontaire et d'un durcissement du régime dont il est l'un des principaux responsables. Ce dernier a fait le choix « de la fascisation et de la totalisation » du régime comme le souligne l'historien Laurent Joly. **[Présentation et contextualisation des documents]**

Les deux documents permettent ainsi de comprendre les caractéristiques de la politique mise en place par le régime de Vichy et les justifications apportées à celles-ci. Il s'agira donc de voir en quoi les documents montrent les contradictions propres au régime de Vichy. **[Problématique]**

Si l'État français entend fonder un ordre nouveau par ses choix politiques, celui-ci a surtout mené une politique de compromission marquée par la duperie. **[Annonce du plan]**

À partir du 10 et 11 juillet 1940, l'État français est consacré et concentre les pouvoirs dans les mains du Maréchal Pétain. L'État français entend alors fonder un ordre nouveau par ses choix politiques, qui passe non seulement par une remise en cause de l'ordre ancien facilitée par la défaite française mais aussi par l'application d'un programme conservateur et réactionnaire, la Révolution nationale. **[Introduction de la partie]**

La défaite française entre mai et juin 1940 a servi de prétexte pour mettre fin à l'ordre ancien républicain largement rejeté par certaines personnalités politiques dont le maréchal Pétain. Ainsi lors de son procès Philippe Pétain rappelle cette nécessité, pour lui, de se désengager du conflit, « Lorsque j'ai demandé l'armistice [...], j'ai rempli un acte nécessaire et sauveur. » Le choix de l'armistice est alors d'abord un acte politique et non une défaite militaire. La capitulation militaire pouvait signifier une reprise de la guerre, position défendue alors par le nouveau sous-secrétaire d'État à la guerre, le général de Gaulle, qui souhaite une continuité de la guerre et qui l'exprime depuis Londres le 18 juin 1940 au micro de la BBC. Les partisans de l'armistice souhaitent profiter de celui-ci pour refonder la France et la sortir, selon eux, du déclin dont est responsable la République. L'armistice est ainsi signé symboliquement à Rethondes le 22 juin 1940.

Le choix est alors fait de liquider, sous une apparence de légalité, l'héritage républicain par une série de mesures qui fondent l'État français. Ce dernier se place en rupture avec l'héritage de la Révolution française et à l'inverse dans l'héritage de la droite antirépublicaine des années 1930. Ainsi Philippe Pétain évoque dans son discours « la réalisation d'institution nouvelles ; la Constitution que j'avais reçu mandat de présenter était prête... ». En effet, une série de lois entre le 9 et le 11 juillet 1940 permettent de mettre en sommeil les institutions républicaines. Le gouvernement et les parlementaires installés dans la station thermale de Vichy et influencés par des personnalités antirépublicaines dont Pierre Laval, dans un contexte de désorganisation complète, votent d'abord une loi de révision afin de donner les pleins pouvoirs au maréchal Pétain pour élaborer et mettre en application une nouvelle Constitution, à une large majorité. Le 11 juillet le vote d'une série d'actes constitutionnels permet la création de l'État français et la concentration des pouvoirs dans les mains du chef de l'État français, le maréchal Pétain, synonyme de dictature personnelle. Ce rejet de la République et de ses valeurs est aussi présent sur l'affiche de propagande de 1941, en effet, à gauche de l'affiche, des menaces pèsent sur le territoire français et sur l'ordre nouveau qui s'installe en France, incarné par le régime de Vichy. Ces menaces prennent l'apparence de chiens noirs et d'un serpent à trois têtes sur lesquels figurent en particulier « la franc-maçonnerie », « le Juif » et « le mensonge » qui incarnent les ennemis intérieurs de la France reprenant, par-là, les thèmes traditionnels de l'extrême droite antirépublicaine. En effet, le régime de Vichy entend lutter contre « l'Antifrance » assimilée à la République et qui est jugée responsable du déclin et de la défaite française. Cela passe alors par une politique répressive et d'exclusion. Dès août 1940 une loi permet d'interdire les « sociétés secrètes » entraînant la fermeture des loges maçonniques dont étaient membres de nombreux fonctionnaires de la République et des adhérents du Parti radical qui incarnait cette IIIe République honnie par le gouvernement de Vichy. Cela se traduit aussi par la privation de citoyenneté pour les étrangers naturalisés depuis 1927 et par une loi sur le statut des Juifs français, le 3 octobre 1940, en vue de les mettre à l'écart de la société française. Cette loi permet d'exclure ces derniers de la fonction publique, de la magistrature et de l'armée mais aussi de l'ensemble des métiers liés aux médias, l'antisémitisme intègre ainsi le droit français. Enfin la liquidation de la République est assumée au prétexte des « mensonges » de celle-ci renvoyant probablement aux scandales politico-financiers qui ont touché cette République dans les années 1930 et qui ont largement été instrumentalisés par l'extrême droite et la droite conservatrice qui dominent désormais le gouvernement de Vichy. Les deux piliers, que sont les partis politiques et les élections, qui permettaient le fonctionnement de la vie politique sous la République disparaissent à leur tour et le terme de République est désormais officiellement remplacé par celui de « l'État français » qui porte le projet d'un ordre nouveau.

Si la liquidation de l'ordre ancien républicain est une priorité, elle doit se faire faire au profit d'un ordre nouveau, la Révolution nationale.

Ainsi le document de propagande rappelle cette volonté de renaissance portée par l'État français, l'homme et la femme sont représentés en train de planter un jeune arbuste alors que le soleil se lève, autour de l'année « 1941 », sur le territoire français. En effet, le régime de Vichy entend régénérer la France à partir d'un programme conservateur et traditionnel, celui de la Révolution Nationale dont la devise « travail, famille, patrie » devient l'emblème et qui trouve sa traduction iconographique avec cet arbuste représentant la patrie en devenir protégée par la mère nourricière et le père courageux. Il s'agit bien d'une vision conservatrice qui s'appuie sur une France rurale avant tout qui s'oppose aux mensonges et à la modernité synonyme de perversion, comme l'avait souligné le maréchal Pétain dans un discours du 25 juin 1940 : « Je hais ces mensonges qui vous ont fait tant de mal. La terre, elle, ne ment pas. » Cette régénérescence de la France se fonde aussi sur la volonté de restauration d'un ordre moral représenté par l'homme tourné vers les animaux menaçants et déterminé à les combattre en vue de protéger cet ordre nouveau qui doit permettre de refonder la France. En effet si le monde rural est considéré par Vichy comme le principal fondement de la société française, il s'accompagne de la défense d'un ordre moral dont l'Église catholique est considérée comme le principal pilier ; la référence au jugement de Dieu par Philippe Pétain devant la Haute Cour de Justice rappelle cet attachement aux valeurs conservatrices propres au programme politique du régime de Vichy.

Cette Révolution nationale propose une vision organique de la France fondée sur des communautés naturelles qui renvoient à la France d'Ancien Régime. Ainsi Philippe Pétain rappelle cette vision qui est au cœur de l'action politique du régime de Vichy : « Malgré d'immenses difficultés, aucun pouvoir n'a plus que le mien, honoré la famille et, pour empêcher la lutte des classes, cherché à garantir les conditions de travail à l'usine et à la terre. » En effet, la famille est au cœur du programme politique conservateur et réactionnaire de Vichy, ainsi dès avril 1941 une loi limite la possibilité de divorcer, celui-ci ne peut avoir lieu qu'après trois dans de mariage, l'adultère commis avec une femme de prisonnier est réprimé, l'homosexualité et l'avortement sont criminalisés. L'exaltation de la maternité passe par une hausse des allocations pour les familles nombreuses et par une célébration accrue de la fête des mères à coups de grands renforts de propagande. Cependant, comme le montre le document 2, si la femme occupe une place centrale dans la vision organique de la France par le régime de Vichy, elle reste cantonnée à sa place et dans ses fonctions naturelles, maternité, garde du foyer, éducation des enfants..., et dans une position inférieure à l'homme. Le rejet de « la lutte des classes », dont le Front populaire en 1936 en avait révélé l'ampleur, marque le retour des « corporations » qui rappellent l'Ancien régime mais qui illustrent surtout une volonté d'encadrement des travailleurs. Ainsi en décembre 1940, l'État français crée la corporation paysanne qui encadre les travailleurs au niveau local et intervient sur la question des prix et de la production mais elle est aussi un outil qui facilite les réquisitions au profit de l'occupant. En octobre 1941, elle est suivie de la création d'une charte du travail qui crée des syndicats uniques et obligatoires afin de régler les questions professionnelles ; les grèves sont interdites au profit d'arbitrages locaux. Cet encadrement concerne aussi la jeunesse à travers la création des chantiers de jeunesse fin juillet 1940 dont l'objectif est de former celle-ci aux principes de la Révolution nationale tout en fournissant des occupations à une jeunesse privée de service national.

Cependant, force est de constater que si la population adhère aux principes portés par la politique de Vichy dans un premier temps, la compromission du régime avec l'Occupant et la duperie politique ne permettent pas à cet ordre nouveau de prendre totalement racine en France. L'État français se retrouve rapidement confronté à ses contradictions en raison de sa politique de compromission avec l'Occupant et de duperie dont témoigne la propagande. **[Paragraphe de transition]**

Si l'État français et en premier lieu son dirigeant le maréchal Pétain se présentent comme un recours pour la France et les Français devant les circonstances exceptionnelles de 1940 justifiant ainsi le projet politique de l'État français, cela ne doit cacher pas la compromission de celui-ci et de ses responsables avec l'Occupant, qui ne résiste pas à l'argumentaire du « double jeu ».

L'État français et son dirigeant le Maréchal Pétain justifient la politique mise en place au nom de la sauvegarde de la France et des Français au regard des circonstances exceptionnelles de la guerre.

Cette propagande du « sauveur » et de l'homme providentiel est largement développée par les propagandistes de Vichy mais aussi par Philippe Pétain lui-même comme en témoigne le document 2 : « J'ai passé ma vie au service de la France [...] J'ai mené ses armées à la victoire en 1918[...] Le jour le plus tragique de son histoire, c'est encore vers moi qu'elle s'est tournée. » Celui-ci rappelle son rôle pendant la Première Guerre mondiale, alors qu'il était commandant en chef des forces française et son statut de héros national, une propagande largement usitée alors qu'il est à la tête du régime de Vichy et qui est surtout au service d'un véritable culte de la personnalité. Il entend rappeler aussi les circonstances qui l'ont amené au pouvoir et se présenter comme un homme providentiel, sauveur de la France. En effet, devant la situation dramatique de l'armée française en juin 1940, le maréchal Pétain alors vice-président du Conseil soutenu par le généralissime Maxime Weygand et par le sénateur Pierre Laval, est nommé président du Conseil après la démission de Paul Reynaud. Les partisans de l'armistice l'emportent et profitent surtout des circonstances dramatiques et de la désorganisation politique pour imposer leur vue et faire le pari d'une victoire allemande. Cette idée de sacrifice est donc largement à relativiser de même que cette idée d'avoir servi de « bouclier pour protéger le peuple français » justifiant ainsi l'armistice du 22 juin 1940 et les mesures politiques prises par le régime de Vichy y compris la politique de collaboration avec l'Occupant. En effet, si l'armistice a permis le semblant d'un maintien de souveraineté française, dans les faits, les conditions sont très dures et imposées par l'Allemagne sans que la France n'ait véritablement son mot à dire : le sort des prisonniers français n'est pas réglé, la France se retrouve coupée en deux par une ligne de démarcation, le territoire national est démembré avec le Nord-Pas-de-Calais rattaché au gouvernement de Bruxelles et l'Alsace et la Moselle annexés au Reich et germanisées. La propagande de Vichy se garde bien de rappeler ces conditions humiliantes et difficiles pour la France comme en témoigne la représentation du territoire national sur le document 2 qui occulte cette division de la France en deux et son démembrement.

De même, la politique de collaboration se retrouve justifiée par la protection de la France et des Français, « L'occupation m'obligeait à ménager l'ennemi, mais je le ménageais que pour vous ménager vous-même... ». Cependant, cette politique menée par le régime de Vichy, symbolisée par l'entrevue de Montoire le 24 octobre 1940, est loin d'avoir permis une protection réelle des Français à la différence de ce qu'affirme Philippe Pétain lors de ces procès « pendant quatre années, par mon action, j'ai maintenu la France, j'ai assuré aux Français la vie et le pain, j'ai assuré nos prisonniers le soutien de la Nation... ». En effet, les exigences de l'Occupant marquées par les réquisitions ont accentué la dégradation des conditions de vie des Français d'autant qu'à partir de 1941, l'Allemagne nazie n'entend plus ménager la France depuis le début de l'opération Barbarossa le 22 juin 1941. Les restrictions en France s'accélèrent et la désaffection de la population française vis-à-vis du régime de Vichy gagne du terrain. C'est dans ce contexte que les propagandistes du régime de Vichy cherchent des responsables pour expliquer l'échec du programme politique de la Révolution nationale comme le montre le titre de l'affiche, « Laissez-nous tranquilles », et désigne des ennemis de l'intérieur et de l'extérieur à travers les bêtes monstrueuses qui menacent la France. En effet, le régime de Vichy entend accélérer la répression contre tous ceux qui sont accusés de déstabiliser le régime et son projet de refondation nationale. La politique de collaboration justifiée par la protection de la population ne tient pas, ainsi le sort des prisonniers est emblématique, les Allemands refusent la libération de ces derniers, seuls quelques-uns sont libérés et accueillis en France à grand renfort de propagande. Le maréchal Pétain recule devant la pression allemande, après avoir accepté en avril 1942, le retour de Pierre Laval au pouvoir qui ne cache pas son enthousiasme et son soutien à l'Occupant ; le régime de Vichy met en place le système de la Relève en juin, un prisonnier libéré pour trois travailleurs français envoyés en Allemagne avant de mettre en place le service de travail obligatoire (le STO) à partir de 1943 accélérant la désaffection de la population française pour le régime de Vichy. L'occupation de la zone libre à partir de 1942 par les Allemands et le durcissement de la politique de l'État français qui devient un État policier aux mains des collaborationnistes et des miliciens ne doit pas masquer la compromission du maréchal Pétain.

Même si ce dernier avance une politique de « double jeu » par l'État français et surtout par lui-même, celle-ci ne tient pas au regard de la réalité historique.

Lors de son procès devant la Haute Cour de Justice, Philippe Pétain et ses avocats développent une ligne de défense qui prend appui sur l'idée que le régime de Vichy et le maréchal ont mené une politique de « double jeu » : « Pendant que le général de Gaulle, hors de nos frontières, poursuivait la lutte, j'ai préparé les voies de la libération... » Par ce discours, Philippe Pétain fait naître ce mythe du « glaive et du bouclier » qui a perduré pendant de nombreuses années après 1945. Mais la réalité historique a montré cette mystification notamment à travers les recherches historiques faites par l'historien américain Robert Paxton à partir des archives allemandes au début des années 1970. Cette idée d'accord tacite entre le général de Gaulle et le maréchal Pétain, entre la France libre et le régime de Vichy, ne tient pas la route, d'ailleurs le document 1 montre très clairement que le général de Gaulle est désigné comme une véritable menace extérieure, de même la référence au « Mensonge » peut évoquer les émissions à la radio de la France libre ou des alliés, notamment depuis la BBC, qui visent à rétablir la vérité au sujet de la réalité des combats ou du régime de Vichy auprès de la population française. En fait, dès son appel à la résistance, le général de Gaulle a été dégradé et condamné pour trahison par le régime de Vichy. Ces condamnations concernent rapidement tous les Français qui ont quitté le territoire pour continuer la lutte et sont accusés par l'État français de calomnie et de traîtrise.

La politique de collaboration menée par le régime de Vichy illustre aussi cette compromission avec l'Occupant et révèle bien que la politique du « double jeu » défendue à partir de 1945 ne tient pas. Philippe Pétain lors de son procès affirme que son action politique a été contrainte par les exigences et les volontés de « l'ennemi ». En fait dès le 24 octobre 1940, le maréchal Pétain engage la France dans une politique volontaire de collaboration avec l'Allemagne. En effet, le Maréchal Pétain et ses partisans restent alors persuadés de la possible victoire allemande et entendent placer la France dans le camp des vainqueurs au cœur d'une Europe nazie. Le régime de Vichy, pour démontrer sa bonne volonté, a donc recherché la collaboration et fréquemment anticipé ou surenchéri sur les demandes allemandes loin de cette image du « poignard sous la gorge » qui aurait contraint le Maréchal Pétain. Cette collaboration a pris la forme d'une collaboration militaire, ainsi en 1941, le régime de Vichy autorise les Allemands à utiliser les bases militaires françaises en Syrie et en Tunisie en vue de lutter contre les Britanniques et les Forces françaises libres en Afrique du Nord. À partir de 1941, l'État français accélère et durcit sa politique antisémite suivant et parfois devançant les demandes allemandes : création du Commissariat général aux questions juives à partir de mars, véritable « ministère de l'antisémitisme » pour reprendre les propos de l'historien Laurent Joly, les forces de l'ordre françaises sont mises à disposition des autorités allemandes pour les premières rafles dans la zone occupée, durcissement du statut des Juifs sur l'exemple allemand à partir de juin 1941. Les exigences allemandes s'accélèrent fin 1941 et la collaboration s'intensifie à l'initiative de Pierre Laval, revenu au pouvoir, et sans entraîner d'opposition de la part du Maréchal Pétain. L'État français bascule dans une politique collaborationniste qui ne laisse plus de doute quant à sa position face à l'occupant allemand. Si les relations entre le maréchal Pétain et les Allemands se dégradent à partir de la fin 1943 notamment au sujet de cette nouvelle Constitution évoquée dans le document 2, « la Constitution que j'avais reçu mandat de présenter était prête, mais je ne pouvais la promulguer. » Celle-ci, qui permettait un retour à des formes plus républicaines, avait surtout pour but d'envoyer un signal en direction des alliés de manière opportuniste, d'écarter la légitimité du chef de la France libre et de négocier une reconnaissance de légitimité pour l'État français et le programme de la Révolution nationale que Philippe Pétain avait voulu mettre en place à partir de 1940. Mais les Allemands refusent, permettant ainsi à ce dernier de se désigner comme victime de l'Occupant tout en acceptant d'accélérer le durcissement du régime au début de l'année 1944 et de couvrir par son silence les répressions commises par l'armée allemande et la milice.

Conclusion

Le régime de Vichy qui s'établit à partir de juillet 1940, dans des circonstances dramatiques en raison de la rapide défaite de l'armée française et de la désorganisation politique qui suit, entend liquider l'héritage républicain accusé de tous les maux et refonder un ordre nouveau afin d'assurer la renaissance de la France sur des valeurs conservatrices et traditionnelles. Cependant, les contradictions dominent, cette renaissance est largement subordonnée à une politique de collaboration avec l'Allemagne nazie qui s'intensifie au fur et à mesure de la guerre. Devant ces contradictions, l'État français et le maréchal Pétain tentent de justifier celle-ci à grands coups de propagande et falsification de la réalité historique. La thèse du « double jeu » ou « du glaive et du bouclier » se dessine dès 1945 notamment lors du procès de Philippe Pétain. Cette dernière est bientôt reprise par l'historien Robert Aron dans son livre *Histoire de Vichy* paru en 1954 qui minimise le rôle de l'État français et du maréchal Pétain dans la déportation des Juifs et la collaboration avec l'Allemagne nazie. **[Bilan]**

Cependant, la recherche historique depuis les années 1970 a largement permis de montrer que cette thèse ne résiste pas à la réalité historique comme en témoigne l'ouvrage de l'historien américain Robert Paxton, la France de Vichy, paru en 1973, qui a fondé ses recherches sur les archives allemandes et a permis de montrer le rôle clé du régime de Vichy dans la déportation des Juifs de France. **[Ouverture]**

Sujet 2
L'arme atomique et la géopolitique mondiale à partir de 1945

Consigne : Après les avoir présentés et contextualisés, vous analyserez et confronterez les documents pour montrer en quoi la détention de l'arme atomique est un enjeu majeur de la géopolitique mondiale à partir de 1945.

Document 1

La réaction d'Albert Camus à la destruction d'Hiroshima

« Le monde est ce qu'il est, c'est-à-dire peu de choses. C'est ce que chacun sait depuis hier grâce au formidable concert que la radio, les journaux, les agences d'information viennent de déclencher au sujet de la bombe atomique. On nous apprend, en effet, au milieu d'une foule de commentaires enthousiastes que n'importe quelle ville d'importance moyenne peut être totalement rasée par une bombe de la grosseur d'un ballon de football. [...]

Il est permis de penser qu'il y a quelque indécence à célébrer ainsi une découverte, qui se met d'abord au service de la plus formidable rage de destruction dont l'homme ait fait preuve depuis des siècles. Que dans un monde livré à tous les déchirements de la violence, incapable d'aucun contrôle, indifférent à la justice et au simple bonheur des hommes, la science se consacre au meurtre organisé, personne sans doute, à moins d'idéalisme impénitent, ne songera à s'en étonner. [...]

Déjà, on ne respirait pas facilement dans un monde torturé. Voici qu'une angoisse nouvelle nous est proposée, qui a toutes les chances d'être définitive. [...]

Au reste, il est d'autres raisons d'accueillir avec réserve le roman d'anticipation que les journaux nous proposent. Quand on voit le rédacteur diplomatique de l'Agence Reuter annoncer que cette invention rend caducs les traités ou périmées les décisions mêmes de Potsdam, remarquer qu'il est indifférent que les Russes soient à Koenigsberg [...], on ne peut se défendre de supposer à ce beau concert des intentions assez étrangères au désintéressement scientifique. [...]

Si les Japonais capitulent après la destruction d'Hiroshima et par l'effet de l'intimidation, nous nous en réjouirons. Mais nous nous refusons à tirer d'une aussi grave nouvelle autre chose que la décision de plaider plus énergiquement encore en faveur d'une véritable société internationale, où les grandes puissances n'auront pas de droits supérieurs aux petites et aux moyennes nations, où la guerre, fléau devenu définitif par le seul effet de l'intelligence humaine, ne dépendra plus des appétits ou des doctrines de tel ou tel État.

Devant les perspectives terrifiantes qui s'ouvrent à l'humanité, nous apercevons encore mieux que la paix est le seul combat qui vaille d'être mené. »

Extrait de l'éditorial du journal français *Combat*, paru le 8 août 1945.

Document 2

Affiche publiée par le Parti communiste français en 1958

Archives départementales de la Seine-Saint-Denis

Proposition de corrigé

Introduction

Les deux documents ont pour thème commun l'arme atomique et la géopolitique mondiale. Le premier est l'éditorial d'un important journal quotidien français issu de la Résistance, *Combat*. Il a été écrit le 8 août 1945, pendant la Seconde Guerre mondiale, deux jours après que les États-Unis, encore en guerre contre le Japon, ont largué la première bombe atomique sur la ville japonaise d'Hiroshima. Son auteur, Albert Camus, intellectuel de gauche, écrivain, journaliste et rédacteur en chef du journal, y livre sa réaction immédiate à cet événement et tâche d'en faire une analyse. Pour lui, la destruction d'Hiroshima va très probablement mettre un terme à la guerre. Mais, il pense également que le potentiel dévastateur de l'arme atomique, tout en faisant désormais peser de graves menaces sur l'humanité, va changer les rapports de force entre ceux qui la détiennent et les autres. Le second document est publié 13 ans plus tard, en 1958, en pleine guerre froide. C'est une affiche du Parti communiste français (PCF) qui dénonce la détention de missiles nucléaires par les États-Unis et s'oppose à l'installation de rampes de lancement qui feraient de la France une cible potentielle. Le PCF, qui a une audience importante à l'époque, montre ainsi non seulement sa crainte de la guerre atomique, mais aussi son refus que la France soit sous une quelconque menace ou dépendance des États-Unis. Dans le contexte de la guerre froide, les communistes s'opposent systématiquement à la puissance et à l'idéologie du leader du bloc de l'Ouest, auquel la France est alliée. Ils soutiennent l'URSS, qui domine le Bloc de l'Est. À cette époque, les Soviétiques détiennent également l'arme atomique. Les deux Grands disposent donc d'un énorme potentiel de destruction qui accentue leur puissance et donc leur domination de la géopolitique mondiale. Cependant, s'ils peuvent l'utiliser comme une menace, ils sont dans l'impossibilité de s'en servir l'un contre l'autre, à cause du risque d'anéantissement mutuel. [Problématique] On peut ainsi se demander en quoi, à partir de 1945, le potentiel destructeur de l'arme atomique et sa technologie sophistiquée accessible aux seules grandes puissances déterminent un nouvel ordre international fondé sur « l'équilibre de la terreur ». **[Présentation et contextualisation des documents]** D'abord, le fait que l'arme atomique soit une arme de destruction massive rend la guerre tellement dangereuse pour le monde que la recherche de la paix devient plus nécessaire que jamais ; ensuite, le fait que sa technologie sophistiquée soit uniquement maîtrisée par les grandes puissances, contribue à accentuer la domination de celles-ci sur la géopolitique mondiale. **[Annonce du plan]**

1. Une arme de destruction massive qui change les conditions de la guerre et de la paix

Les deux documents montrent que la détention de l'arme atomique est un enjeu majeur de la géopolitique mondiale à partir de 1945, parce que son potentiel destructeur peut changer les conditions de la guerre et de la paix. En effet, son usage à Hiroshima est un événement clé de la fin de la Seconde Guerre mondiale, mais représente un risque permanent de nouvelle guerre encore plus destructrice, ce qui en fait un facteur de paix relative dans le contexte de « l'équilibre de la terreur » caractéristique de la guerre froide. **[Introduction de la partie]**

1.1. L'usage de la bombe atomique : événement clé de la fin de la Seconde Guerre mondiale

L'éditorial d'Albert Camus montre que l'invention de la bombe et son usage à Hiroshima peuvent immédiatement changer le cours de la Seconde Guerre mondiale en faisant capituler le Japon. En effet, une seule bombe larguée a détruit la ville tout entière et a tué environ 100 000 personnes, ce qui est un coup terrible porté à l'adversaire des États-Unis. Cet événement montre à quel point la bombe atomique se différencie des engins explosifs conventionnels qui devaient être produits et lancés par milliers pour attaquer les cibles stratégiques pendant les batailles. C'est pourquoi, à plusieurs reprises dans le texte, le rédacteur en chef de *Combat* rappelle que c'est une découverte scientifique majeure. Les Américains l'ont mise au point à la suite de recherches secrètes et coûteuses menées depuis le début de la Seconde Guerre mondiale : le projet Manhattan. Devant la résistance japonaise, qui persiste malgré des défaites continues depuis 1942 et la capitulation allemande du 8 mai 1945, ils ont pris la décision d'utiliser cette nouvelle arme à peine testée. Les États-Unis ont ainsi pour objectif de décourager la population, afin de pousser à la capitulation du Japon et de mettre fin à une guerre mondiale qui dure depuis près de six ans. La perspective d'une fin de guerre proche réjouit l'ensemble des médias du camp des Alliés au moment de l'annonce de la destruction d'Hiroshima. Albert Camus s'en fait l'écho, mais va plus loin dans l'analyse et nuance l'enthousiasme général : selon lui l'arme atomique fait naître pour l'humanité « une angoisse nouvelle qui a toutes les chances d'être définitive ».

1.2. Le bannissement impossible de l'arme atomique : un risque permanent pour l'humanité

Cette angoisse, exprimée dans les deux documents, c'est celle de la guerre atomique. Albert Camus indique en effet que désormais « n'importe quelle ville d'importance moyenne peut être totalement rasée par une bombe de la grosseur d'un ballon de football », montrant à quel point il est devenu possible et même aisé de détruire tout ou une partie du monde. Cette facilité est également signifiée dans l'affiche du Parti communiste par la phrase « un doigt sur un bouton ». Au moment de la diffusion de ce document, l'angoisse est d'autant plus forte qu'entre 1945 et 1958 l'arme atomique a proliféré. En effet, plusieurs États la détiennent désormais : aux États-Unis se sont ajoutés l'URSS en 1949 et le Royaume-Uni en 1952. De plus, les bombes ont beaucoup gagné en puissance, notamment avec la mise au point en 1952 des bombes à hydrogènes dites « bombes H », plusieurs centaines de fois plus puissantes que la « bombe A » larguée sur Hiroshima. Enfin, les armes atomiques ont été produites en grand nombre et elles peuvent désormais être lancées par des missiles intercontinentaux dont la portée est de plusieurs milliers de kilomètres. Ces derniers viennent d'être mis au point par les États-Unis comme par l'URSS et il suffit d'installer des rampes de lancement sur des territoires stratégiques pour pouvoir atteindre n'importe quelle cible. Le fait que l'affiche indique que « les Français disent non » est en partie une dénonciation de l'arme nucléaire. De nombreux acteurs cherchent à interdire celle-ci depuis son invention, à l'instar de l'Organisation des Nations Unies (ONU) qui, dès janvier 1946, prend comme première résolution de créer une commission chargée de limiter les usages du nucléaire aux domaines civils et de le bannir de l'armement des États. Cependant, cela n'a jamais empêché la prolifération des armes nucléaires. Néanmoins, les « perspectives terrifiantes » entrevues par Albert Camus sont telles qu'elles permettent un relatif maintien de la paix depuis 1945 : la peur des destructions massives dissuade les États détenteurs de l'arme atomique de s'en servir.

1.3. La dissuasion nucléaire : facteur du maintien d'une « paix armée »

La détention de l'arme atomique rend la guerre tellement dangereuse qu'elle pousse les États du monde à l'éviter le plus possible, ce qui est un facteur de paix relative. Albert Camus en a conscience dès l'annonce de l'invention de la bombe en parlant de « l'effet d'intimidation » d'Hiroshima, valable autant pour la Seconde Guerre mondiale que pour les éventuels conflits futurs. Il termine d'ailleurs son article par l'idée que « la paix est le seul combat qui vaille d'être mené ». Le lendemain de l'éditorial de *Combat*, le 9 août 1945, après une seconde attaque américaine détruisant la ville japonaise de Nagasaki et faisant quasi autant de morts qu'à Hiroshima, le Japon a bel et bien cessé les combats et signé la capitulation le 2 septembre. Depuis ce jour, aucune arme atomique n'a été utilisée au cours de batailles. Les États-Unis l'ont envisagé pendant la guerre de Corée (1950-1953), quand ils sont intervenus pour soutenir la Corée du Sud contre la Corée du Nord communiste, alliée à la Chine et soutenue par les Soviétiques. Cependant, le président Truman y a renoncé, dissuadé par l'éventualité de représailles de l'URSS, dotée de l'arme nucléaire depuis peu. La détention de l'arme atomique est ainsi un nouvel enjeu de la géopolitique mondiale à partir de 1945 puisqu'elle conditionne en partie les conflits et leur résolution. Toutefois, elle n'est qu'un facteur de paix relative pendant la guerre froide. En effet, « l'équilibre de la terreur », c'est-à-dire le fait que les États qui la détiennent soient dissuadés de s'en servir parce que d'autres peuvent le faire en représailles, empêche d'y avoir recours et contribue à éviter l'affrontement direct entre les États-Unis et l'URSS. Cependant, cet équilibre n'arrête pas les conflits plus localisés, entre les alliés des deux puissances. De plus, comme le montre l'affiche du PCF en représentant la France comme une cible potentielle de missiles nucléaires, c'est une paix armée dans laquelle la possibilité de l'usage de l'arme atomique reste une menace pour n'importe quel pays du monde.

Les deux documents montrent que la détention de l'arme atomique accentue la domination des puissances qui la détiennent dans la géopolitique mondiale. En effet, ces puissances, qui sont très peu nombreuses à en maîtriser la technologie sophistiquée et qui sont en concurrence pour étendre leur influence et maintenir « l'équilibre de la terreur », peuvent l'utiliser comme moyen de mettre d'autres États sous leur menace ou leur dépendance. **[Paragraphe de transition]**

2. Une arme sophistiquée qui accentue la domination des puissances qui la détiennent

2.1. Un monopole technologique des puissances mondiales

En 1945, au moment où Albert Camus écrit son éditorial, la bombe atomique est le monopole des États-Unis. En 1958, quand l'affiche du PCF paraît, seules deux puissances supplémentaires, l'URSS et le Royaume-Uni, ont réussi à s'en doter à leur tour. Cela s'explique par le fait que l'arme atomique est une technologie sophistiquée qui suppose d'importants moyens financiers, non seulement pour la recherche scientifique permettant de la mettre au point et de la faire évoluer, mais aussi pour la rendre opérationnelle lors d'interventions militaires (construction de missiles, de rampes, de sous-marins...). Dès 1945, le fait de la détenir est donc à la fois une caractéristique de la puissance d'un État et un moyen d'augmenter son influence dans les relations internationales. C'est pourquoi Albert Camus, en reprenant les propos écrits par d'autres journalistes au lendemain d'Hiroshima, imagine que cela peut remettre en cause certains traités ou certaines décisions internationales, dont celles de Potsdam. Celles-ci n'ont pourtant été prises que quelques jours auparavant entre les Alliés dans le but de fixer le devenir territorial et politique des vaincus de la guerre. De fait, en utilisant leur nouvelle arme, les Américains n'avaient pas pour unique objectif d'accélérer la fin de la guerre : ils voulaient aussi impressionner les Soviétiques alors que les dissensions avec Staline étaient déjà manifestes lors des conférences interalliées, dont celle de Potsdam. L'URSS occupe en effet l'est de l'Europe - l'allusion à Königsberg dans l'éditorial de *Combat* le rappelle - et semble déjà vouloir faire pression pour que cette partie du monde adopte des systèmes politiques communistes, contre l'avis des Américains. La détention de l'arme atomique accentue ainsi le potentiel d'influence des puissances dans la géopolitique mondiale, ce qui en fait l'un des objets majeurs de la concurrence entre les États-Unis et l'URSS pendant la guerre froide.

2.2. Un objet de concurrence entre les puissances mondiales

Cette concurrence est particulièrement visible dans l'affiche publiée par le Parti communiste français en 1958 pour dénoncer la volonté américaine d'installer des rampes de lancement de missiles récemment mis au point. Le PCF, qui soutient le bloc de l'Est, y diffuse de la propagande antiaméricaine sur le sujet de l'arme atomique. Cela montre que celle-ci est un enjeu majeur de la géopolitique mondiale en temps de guerre froide. La main dessinée au-dessus du bouton arbore les couleurs du drapeau des États-Unis, comme si ces derniers étaient sur le point de lancer une attaque atomique. Ici, le message de l'affiche est plus implicite : en lançant un missile atomique contre les Soviétiques depuis la France, les États-Unis feraient de cette dernière la cible d'une représaille. Toutefois, les communistes français ne peuvent pas explicitement désigner l'URSS comme l'origine de la menace qui pèse sur leur pays. Cette affiche vise donc à dénoncer le fait que l'installation de bases de missiles américaines en France expose ce pays, malgré lui, aux risques liés à un affrontement nucléaire. Ce document 2 est ainsi une dénonciation de la « course à l'armement » que mènent les États-Unis et l'URSS pour étendre et diversifier leur arsenal nucléaire afin de maintenir une force de frappe au moins égale à celle de l'autre. Il donne également un aperçu du conflit idéologique auquel se livrent les deux Grands pour remporter l'adhésion de l'opinion publique contre leur adversaire. Il montre enfin que la détention de l'arme atomique, en augmentant le potentiel militaire des puissances qui la détiennent, accentue la domination de celle-ci sur les autres États en établissant des menaces, des pressions, et des relations de dépendance.

2.3. Un facteur de dépendance des autres États du monde

Dès 1945, Albert Camus énonce la crainte de l'accentuation de la domination des puissances quand il plaide « en faveur d'une véritable société internationale, où les grandes puissances n'auront pas de droits supérieurs aux petites et aux moyennes nations, où la guerre [...] ne dépendra plus des appétits ou des doctrines de tel ou tel État ». En évoquant une « véritable société internationale », il fait probablement référence à l'ONU créée le 26 juin 1945. Il montre en tout cas que la recherche de la paix doit selon lui dépasser l'échelle des États pour être gérée par une organisation internationale. Il insiste sur le fait que celle-ci devrait être en mesure de dépasser la raison du plus fort qui a présidé jusque-là dans la géopolitique mondiale pour instaurer un droit international mettant tous les peuples à égalité et garantissant la sécurité collective. Si c'est clairement le projet de la Charte de San Francisco, texte fondateur de l'ONU, les événements qui surviennent entre 1945 et 1958 montrent que le nouvel ordre international s'avère très différent. En effet, il consacre un monde bipolaire dans lequel les puissances soviétique et américaine ont étendu leur influence sur les autres États par plusieurs moyens : l'ascendant sur les décisions de l'ONU, en particulier au Conseil de sécurité ; les interventions armées ou d'autres formes d'ingérence ; la constitution d'alliances plaçant leurs partenaires en situation de dépendance militaire ou économique. Les organisations de l'OTAN et du pacte de Varsovie (1955) sont ainsi affichées comme un cadre de protection pour les pays ne disposant ni de l'arme atomique ni d'une armée suffisamment puissante. Elles sont en réalité des moyens pour les deux Grands d'obtenir des avantages stratégiques, par exemple la possibilité d'installer des bases militaires un peu partout dans le monde pour être en mesure de mener des interventions. La guerre dépend donc encore « des appétits et des doctrines » de certains États et les « petites ou moyennes nations » comme la France sont susceptibles de voir installer sur leur territoire des rampes de lancement américaines ou soviétiques ou d'être à portée de leurs tirs de missiles. En cela, l'affiche du PCF reflète la hiérarchie des puissances qui régit la géopolitique mondiale à partir de 1945.

Conclusion

Les deux documents montrent donc que l'arme atomique devient un enjeu majeur de la géopolitique mondiale à partir de sa première utilisation à Hiroshima le 6 août 1945, en contribuant d'abord à mettre fin au second conflit mondial. Son énorme potentiel de destruction constitue un tel risque pour l'ensemble de l'humanité qu'elle est paradoxalement un facteur de paix relative pendant la guerre froide. Elle reste toutefois au cœur d'une course aux armements entre les États-Unis et l'URSS, qui ont le quasi-monopole de sa technologie du fait des importants moyens scientifiques et financiers dont ils disposent. Les deux Grands la multiplient et la déclinent dans leurs arsenaux respectifs afin de s'en servir comme moyen de pression, non seulement contre leur adversaire, mais aussi pour constituer et renforcer les Blocs. Ils maintiennent ainsi « l'équilibre de la terreur » qui empêche de se servir de l'arme atomique, de peur du risque de destruction mutuelle, tout en accentuant leur domination sur un monde devenu bipolaire. Malgré des traités ultérieurs de non-prolifération nucléaire (1968) ou de limitation de l'armement stratégiques (SALT I et II en 1972 et 1979), l'arme atomique est désormais détenue par davantage de pays (Chine, France, Israël, Inde, Pakistan, Corée du Nord) et représente toujours un risque pour l'ensemble de l'humanité. **[Bilan]** Un espoir réside peut-être dans un traité international d'interdiction des armes nucléaires signé en juillet 2017 lors d'une assemblée générale de l'ONU et devant entrer en vigueur au début de l'année 2021. Il prohibe l'utilisation, le développement, la production, les essais, le stationnement, le stockage et la menace d'utilisation de telles armes. Cependant, même s'il a été signé par 84 pays et ratifié par 50 d'entre eux, aucun des neuf pays détenteurs de l'arme atomique n'a encore souhaité s'y joindre. Le traité a pour le moment seulement la possibilité de rassembler un grand nombre de pays pour stigmatiser l'attachement des puissances à leur potentiel destructeur. **[Ouverture]**

Devoir d'un étudiant réalisé sur le même sujet

Commentaire

Ce devoir a retenu l'attention du jury parce qu'il prend non seulement appui sur des connaissances précises mais il est également très bon au niveau de la méthode. L'étudiant s'est ainsi constamment appuyé sur des éléments relatifs aux documents, en citant régulièrement le texte et en mobilisant l'image, afin de proposer une véritable réflexion sur l'arme atomique.

Introduction

La secrétaire générale adjoint des Nations unies aux affaires de désarmement, Izumi Nakamitsu, a déclaré, en avril 2018, que « l'environnement géopolitique se détériore » et que « certains considèrent que les programmes de modernisation lancée par les États constituent une nouvelle course aux armements qualitative ». **[Accroche]** Pourtant, c'est ce même armement qualitatif que dénonçait déjà Albert Camus, dans un éditorial du journal français *Combat* daté du 8 août 1945. En effet, l'écrivain français réagit alors face à l'utilisation de la bombe atomique sur la ville d'Hiroshima le 6 août 1945. C'est la première fois qu'une arme de « la taille d'un ballon de football », qui est « capable de raser n'importe quelle ville », est utilisée dans un contexte de guerre. Ainsi, cette technologie amorce une guerre d'un jour nouveau caractérisée comme froide. Cette dernière oppose les États-Unis et l'URSS, ainsi que leurs alliés respectifs. Il s'agit d'un conflit idéologique, dans lequel le monde capitaliste et le bloc socialiste s'affrontent indirectement. L'affiche du Parti communiste français (PCF) de 1958 intervient dans ce contexte de rivalités. L'objectif pour les deux superpuissances et d'assurer leur sécurité, ou leur domination, par l'emploi de tous les moyens dont ils disposent à l'exception de l'affrontement direct et généralisé. L'affiche politique dénonce la conquête du champ idéologique de la France par les États-Unis. Ce corpus de documents permet de se demander en quoi la possession de cette nouvelle technologie redéfinit-elle les rapports de force au sein de la guerre froide. **[Présentation et contextualisation des documents]** Si la force nucléaire est le fruit de la volonté des États de devenir des puissances modernes, les dangers qu'elle représente imposent une coopération sur la non-prolifération et sur le désarmement. **[Annonce de plan]**

1re partie

Cette nouvelle ère impose la nécessité de posséder la bombe pour être une puissance militaire et politique digne d'un pays moderne du milieu du XXe siècle. Cet objectif peut cependant se heurter à celui des autres États, entre concurrence idéologique et volonté de conserver son indépendance. **[Introduction de la partie]**

La bombe atomique offre une suprématie sur les autres pays en proposant une protection. Ainsi, « cette invention rend caducs les traités ou périmées les décisions, même de Potsdam ». Une partie des historiens s'accorde en effet sur le fait que l'utilisation de la bombe atomique sur Hiroshima, puis Nagasaki, respectivement les 6 et 9 août 1945, fait émerger un sentiment d'insécurité chez les Soviétiques. Ainsi, l'URSS construit un glacis même si cela est en contradiction avec les accords de Potsdam. Donc, « les Russes » après la Seconde Guerre mondiale occupent encore certaines régions, comme celle de Königsberg. La stratégie du grand frère est claire, et dès le 5 mars 1946, à Fulton, l'ancien Premier ministre britannique, Winston Churchill, en appelle à la vigilance des Européens. Ce « rideau de fer » est achevé à la suite du coup de Prague de février 1948, ce qui alimente cette fois la peur des Occidentaux. Alors, l'écrivain se rend bien compte que les décisions de plaider en faveur « d'une véritable société internationale où les grandes puissances n'auront pas de droit supérieur aux petites et moyennes nations ne dépendra plus les appétits ou des doctrines de tel ou tel État » est désormais utopique dans cet environnement de tension, lié à la peur atomique.

À la suite du coup de force des communistes, les Européens de l'Ouest troquent une protection des États-Unis contre « une angoisse nouvelle » et « qui a toutes les chances d'être définitive ». Avec la résolution Vandenberg de 1948, les États-Unis peuvent se permettre de conclure une alliance militaire avec l'Europe occidentale pour la protéger des éventuelles agressions communistes. Le traité de l'Atlantique nord signé en avril 1949 permet, dans une optique défensive, d'installer des dispositifs, dont des rampes de lancement dirigé vers l'est. Ainsi, la situation se fige en Europe. Mais, l'affiche du PCF dénonce l'absence d'indépendance des Français, dont le sort du pays et celui de toute l'Europe dépend des Américains. Comme le montre l'affiche, la France ferait office de cible.

Nonobstant, si la France est « une cible atomique » et que « les Français répondent : Non ! », l'accession du général de Gaulle à la présidence de la république en 1958, avec le soutien des communistes, concrétise ce regard hostile à la mainmise des Anglo-Saxons sur le territoire. Cela a pour effet d'encourager le retour de la puissance française d'antan. Dès 1960, la France se dote de la bombe atomique. Quatre ans plus tard, elle quitte le commandement intégré de l'OTAN et continue ses recherches en matière atomique, pour devenir une puissance thermonucléaire en 1968. Enfin, la France devient une puissance indépendante et rayonne en Europe. Elle assure la protection de ses partenaires européens, contre toute suprématie étrangère.

Si l'enjeu de posséder l'arme nucléaire répond à un objectif qui est celui d'étendre sa sphère d'influence, elle ne peut permettre l'indépendance des puissances moyennes. Cependant, l'équilibre de la terreur montre ses limites et fait émerger l'enjeu de la sauvegarde de la paix. En effet, le paroxysme de la terreur oblige un rapprochement entre les acteurs qui animent le monde, même si ces nombreuses avancées de la fin de la guerre froide semblent être remises en cause depuis quelques années. **[Paragraphe de transition]**

2e partie

Avec l'accession à la présidence des États-Unis de John Fitzgerald Kennedy le 20 janvier 1961, l'hégémonie des États-Unis se renforce sur le continent américain. Cette tendance est la conséquence de la doctrine du *containment* et de celle de Monroe. L'installation d'un gouvernement communiste sur Cuba est refusée par les États-Unis. En effet, après une intervention ratée dans la baie des Cochons en avril 1961, les Cubains se rapprochent de l'URSS de Nikita Khrouchtchev. À travers Cuba, l'URSS prend pied sur le continent américain et place Washington à portée de tir de missiles. Avant que cette éventualité ne prenne corps, un blocus est mis en place autour de Cuba. Cette crise rappelle l'idée énoncée par Albert Camus, d'un monde livré à tous les déchirements de la violence, « incapable d'aucun contrôle, indifférent à la justice et au simple bonheur des hommes », qui n'hésiteraient pas à utiliser une arme de destruction massive.

Alors, devant tant de « perspectives terrifiantes qui s'ouvrent à l'humanité, nous apercevons encore mieux que la paix est le seul combat qui vaille d'être mené ». Cette crise s'achève le 23 octobre 1962 par le retrait des missiles soviétiques. Un téléphone rouge est installé entre Moscou et Washington. Ce rapprochement entre les deux Grands annonce les futurs traités et accords destinés à sauvegarder la paix dans le monde. En effet, le traité de la non-prolifération des armes atomiques est signé en août 1968. Il prévoit que les détenteurs d'un arsenal nucléaire ne communiquent pas cette technologie aux autres nations. En revanche, les dernières puissances nucléaires, la France et la Chine, refusent de signer ce traité. Quelques années plus tard, les premiers traités de limitation des armes nucléaires voient le jour, SALT I et SALT II, respectivement en 1972 et 1979. Ces traités marquent l'apogée de la détente dans le domaine nucléaire. Enfin, ce « formidable concert » connaît son paroxysme avec l'accord START de juillet 1991, qui prévoit, quant à lui, la réduction des arsenaux nucléaires.

Cependant, certaines régions du monde restent encore aujourd'hui instables et la multiplication des puissances nucléaires constitue un danger pour la paix. La Corée du Nord, toujours communiste, est une puissance nucléaire depuis le tournant des années 2000, et s'est dotée de la bombe H, en 2016. D'ailleurs, elle fait régulièrement des essais de son armement à proximité du Japon ou de la Corée du Sud, encore sous influence américaine. De plus, le Pakistan et l'Inde, régulièrement en conflit au sujet du Cachemire, détiennent tous deux la bombe A. enfin, au Moyen-Orient, l'État israélien détiendrait un arsenal nucléaire, secrètement aidé par la France qui n'a pas ratifié le traité de 1968. Dans ce monde multipolaire, la prolifération nucléaire demeure un enjeu fondamental de la géopolitique actuelle.

Conclusion

L'arme atomique a pu être présentée par ses partisans comme un moyen de sauvegarder la paix puisqu'elle intervient dans le but d'équilibrer la terreur. Mais, cette stratégie connaît ses limites. Alors, la meilleure solution reste de convenir d'un compromis entre les parties. Pour d'autres, il s'agit d'un nouveau moyen de s'affirmer ou de pallier les frustrations de ne plus être une puissance. Cela permet d'ailleurs d'exercer une certaine influence à l'échelle régionale. Cependant, c'est cette stratégie qui fait défaut aujourd'hui et menace le monde. **[Bilan]** La possession de cette arme relève d'un enjeu majeur de la géopolitique mondiale puisqu'elle met en jeu la survie de l'humanité. Depuis le retrait des États-Unis de l'accord sur le nucléaire iranien, une nouvelle puissance est en passe d'obtenir l'arme atomique. **[Ouverture]**

Sujet 3
La France et l'Europe dans la défense atlantique

Consigne : Après les avoir présentés et contextualisés, vous analyserez et confronterez les documents pour expliquer l'évolution de la place de la France et de l'Europe dans la défense atlantique au cours des années 1960.

Document 1

Conférence de presse du général de Gaulle (Paris, 21 février 1966)

Si la France considère, qu'encore aujourd'hui, il est utile à sa sécurité qu'elle soit alliée [...] à l'Amérique, [...] la déclaration faite en commun à ce sujet, sous forme du Traité de l'Alliance Atlantique [...], reste à ses yeux toujours valable. Il est bien clair [toutefois] qu'en raison de l'évolution intérieure et extérieure des pays de l'Est, le monde occidental n'est plus aujourd'hui menacé comme il l'était à l'époque où le protectorat américain fut organisé en Europe [...]. Car, la Russie soviétique s'est, depuis lors, dotée d'une puissance nucléaire capable de frapper directement les États-Unis, ce qui a rendu, pour le moins, indéterminées les décisions des Américains quant à l'emploi éventuel de leurs bombes.

D'autre part, tandis que se dissipent les perspectives d'une guerre mondiale éclatant à cause de l'Europe, voici que des conflits où l'Amérique s'engage [...] comme avant-hier en Corée, hier à Cuba, aujourd'hui au Vietnam, risquent de prendre [...] une extension telle qu'il pourrait en sortir une conflagration générale. Dans ce cas, l'Europe, dont la stratégie est, dans l'OTAN, celle de l'Amérique, serait automatiquement impliquée dans la lutte lors même qu'elle ne l'aurait pas voulu.

Document 2

« Vingt ans après », caricature de Fritz Behrendt,
New York Herald Tribune, 1964.

1964

20 Jahre später
20 years after

Proposition de corrigé

ntroduction

Vive le Québec libre ! », le discours de Phnom Penh, la dénonciation du privilège du lollar... c'est dans cette série coups d'éclat du général de Gaulle remettant en question la oute-puissance des États-Unis au sein du « monde libre » que s'inscrit la conférence de presse du 21 février 1966. **[Accroche]** Cette conférence rend public le choix de la France le se retirer du commandement intégré de l'Organisation du Traité de l'Atlantique nord Document 1). Elle prend place dans le contexte international de la détente (à partir de

1962) qui réorganise le conflit de la guerre froide autour des principes de dialogue bilatéral et d'équilibre de la terreur entre les deux grandes puissances nucléaires. Si l'affrontement des blocs s'opère désormais sur d'autres continents (Cuba, Viet-nam), l'Europe n'en demeure pas moins le principal théâtre d'un potentiel affrontement nucléaire. C'est précisément cette menace que fait peser l'affrontement des Grands sur la sécurité européenne et la réalité de la garantie nucléaire américaine qui conduit le général de Gaulle à envisager les modalités d'une défense européenne indépendante autour de la France. Formulée dès son retour au pouvoir en 1958, cette exigence suscite beaucoup d'incompréhension et d'hostilité parmi ses alliés occidentaux, aux États-Unis comme dans la CEE. Cette critique de la politique de « grandeur » française est illustrée en 1964 par la caricature de Fritz Behrendt (Document 2). À l'occasion des cérémonies du vingtième anniversaire de la Libération, le caricaturiste germanonéerlandais du journal américain *New York Herald Tribune* ironise sur l'ingratitude de la demande française de retrait des troupes américaines. **[Présentation et contextualisation des documents]** Les deux documents apportent deux points de vue contradictoires sur les modalités de la défense de l'Europe de l'Ouest. Ils éclairent ainsi la transformation des enjeux de la défense atlantique par l'évolution du contexte de la détente et les conséquences qu'en tire la France du général de Gaulle. **[Problématique]** En nous attachant à faire dialoguer les deux documents, nous analyserons ces deux aspects successivement : dans un premier temps l'évolution des enjeux de la défense européenne dans le cadre de la détente du point de vue des différents pays européens ; dans un second temps les raisons du retrait de la France du commandement intégré de l'OTAN et les réactions qu'il a suscitées. **[Annonce du plan]**

1. L'évolution des enjeux de la défense européenne dans le cadre de la détente

Dans sa conférence de presse, le général de Gaulle insiste fortement sur l'évolution du contexte de la guerre froide qui s'est opérée au tournant des années 1950-1960. L'interprétation des conséquences de cette évolution le conduit à reconsidérer les menaces et la stratégie de la défense européenne. Au contraire, le deuxième document souligne indirectement la continuité de la présence américaine depuis 1944. Les deux documents proposent donc une lecture différente des conséquences stratégiques de la détente sur la défense de l'Europe par les États-Unis. **[Introduction de la partie]**

Si la présence américaine en Europe date effectivement du débarquement en Normandie, elle n'a cependant été pérennisée que plus tard, « à l'époque où le protectorat américain fut organisé » (Document 1). Ce protectorat correspond en effet au choix des États-Unis de demeurer en Europe après la victoire contre le nazisme pour assurer la protection de ses alliés occidentaux, contrairement à ce qui s'était passé en 1919-1920. Le maintien de la présence américaine en Europe s'est progressivement mis en place dans les années 1945-1949 dans le cadre de la guerre froide naissante face à la menace communiste sur l'Europe de l'Ouest. Le 4 avril 1949, les États-Unis signèrent avec douze pays d'Europe de l'Ouest – dont la Grande-Bretagne et la France – un pacte défensif prévoyant la solidarité militaire entre les membres. Dans sa conférence de presse, de Gaulle voit dans cette protection américaine organisée un véritable « protectorat ». Il dénonce ainsi implicitement la soumission des Européens à l'ordre américain. Inversement, Behrendt s'adresse à un public américain et met en évidence le sacrifice des soldats américains morts pour libérer l'Europe en 1944. Il souligne ainsi la générosité désintéressée des États-Unis dans la défense de l'Europe depuis la Seconde Guerre mondiale. Les deux documents s'opposent donc sur les intentions et la nature de la protection américaine en Europe.

Cette protection évolue profondément au cours des années 1950 avec la fin du monopole atomique américain. C'est ce que souligne de Gaulle en rappelant que « la Russie soviétique s'est, depuis lors, dotée d'une puissance nucléaire capable de frapper directement les États-Unis » (Document 1). Non seulement l'URSS s'est dotée de la bombe A (1949), puis de la bombe H (1953), mais également et surtout de vecteurs capables désormais de frapper directement le continent américain. Cette évolution modifie l'équilibre stratégique des forces dans le monde : alors que seuls les États-Unis étaient jusqu'alors en mesure d'atteindre leur adversaire depuis des bases de lancement européennes, la Russie peut désormais frapper le territoire américain. Cette évolution stratégique conduit de Gaulle à mettre en doute dans sa conférence la pérennité de la garantie américaine pour l'Europe de l'Ouest en cas de déclenchement d'un conflit avec la Russie. En effet, face au risque d'une guerre nucléaire généralisée, les États-Unis pourraient hésiter à faire usage de l'arme atomique pour protéger leurs alliés, cette situation nouvelle rendant « pour le moins, indéterminées les décisions des Américains quant à l'emploi éventuel de leurs bombes » (Document 1). L'évolution du contexte international lui paraît ainsi de nature à remettre en question les fondements de la défense américaine en Europe. Behrendt, pour sa part, ne fait nullement allusion à ces transformations. En montrant les cimetières américains au-dessus desquels flotte fièrement la bannière étoilée, il souligne au contraire la continuité de leur présence en Europe.

Cette situation stratégique nouvelle s'accompagne d'une évolution diplomatique majeure avec l'entrée dans la phase de la « coexistence pacifique », puis de la détente en 1962. Cette phase de la guerre froide se caractérise par un recul « des perspectives d'une guerre mondiale éclatant à cause de l'Europe » (Document 1). Cette évolution est largement liée à « l'évolution intérieure et extérieure des pays de l'Est », en particulier à la stabilisation des régimes communistes dans les « démocraties populaires », ainsi qu'à la mise en œuvre de la déstalinisation à partir de 1956, et, sur le plan extérieur, à la création du pacte de Varsovie en 1955. Cette stabilisation de l'est du continent réduit les crises et les risques de guerre en Europe. Les oppositions de guerre froide s'opèrent désormais sur d'autres continents : « comme avant-hier en Corée, hier à Cuba, aujourd'hui au Vietnam ». Le général de Gaulle fait ici référence à trois grands conflits de guerre froide : la guerre de Corée (1950-1953), la guerre du Vietnam (qui perdure depuis 1955) et la crise des missiles de Cuba (1962). Ces conflits ont mis en évidence la persistance de l'affrontement des Grands par alliés interposés. Très critique envers l'intervention américaine au Vietnam, de Gaulle souligne le risque que ces conflits font peser sur l'équilibre mondial à travers une extension qui pourrait mener à « une conflagration générale » (Document 1), dont l'Europe deviendrait l'un des théâtres privilégiés. Non seulement le « parapluie américain » n'offre plus, selon lui, les mêmes garanties, mais il fait peser sur le continent un risque majeur de destruction. En employant à dessein une terminologie catastrophiste, il agite la menace d'une troisième guerre mondiale dont l'Europe serait la principale victime. Au contraire, Behrendt met en évidence le caractère irresponsable et alarmiste de de Gaulle en le représentant seul, manifestant de manière pompeuse et ridicule devant des tombes.

Les deux documents s'opposent ainsi sur l'importance stratégique des évolutions de la guerre froide au tournant des années 1950-1960. Ils reflètent une opposition naissante entre Européens de l'Ouest à propos de la garantie américaine et par conséquent de la nécessité de créer une défense européenne indépendante. Alors que de Gaulle estime que cette dernière est indispensable, la plupart de ses partenaires européens et une large part de l'opinion publique occidentale n'en voient pas la nécessité. **[Paragraphe de transition]**

2. L'indépendance de l'Europe : l'autonomie française au sein de l'Alliance atlantique

Cette indépendance stratégique européenne passe pour de Gaulle par le retrait du commandement intégré de l'OTAN (Document 1) qui devrait se traduire par le démantèlement des bases américaines et le départ des troupes stationnées en France (Document 2). Cette exigence gaullienne s'inscrit dans une vision large de la place de l'Europe et de la France dans le monde que ne partagent pas la plupart des autres pays européens. **[Introduction de la partie]**

Pour de Gaulle, retirer la France du commandement intégré de l'OTAN ne signifie en aucun cas la fin de l'alliance américaine. Il commence d'ailleurs par rappeler ce point essentiel de son positionnement : « Si la France considère, qu'encore aujourd'hui, il est utile à sa sécurité qu'elle soit alliée [...] à l'Amérique, [...] la déclaration faite en commun à ce sujet, sous forme du Traité de l'Alliance Atlantique [...], reste à ses yeux toujours valable » (Document 1). Partageant largement l'anticommunisme de ses alliés, le général a prouvé à maintes reprises sa fidélité aux États-Unis face à la menace soviétique, en particulier en soutenant fermement ces derniers lors de la crise de Cuba en 1962. Il n'est donc nullement question ici d'une neutralité entre les blocs, mais bien d'une question interne à l'alliance occidentale. La décision française est cependant d'autant plus spectaculaire que Paris accueille depuis sa création le siège du quartier général de l'OTAN et que 29 bases américaines ont été implantées sur le territoire français. De Gaulle a bien conscience de tous ces enjeux et insiste donc sur « l'utilité » de l'alliance américaine, sans pour autant la qualifier d'« indispensable ».

La décision française s'explique par la volonté de recouvrer une entière souveraineté en matière de défense. De Gaulle dénonce le fait que la stratégie militaire de l'Europe soit « dans l'OTAN, celle de l'Amérique » (Document 1). Il souligne ici que la position française conteste les modalités de prise de décision des Anglo-saxons au sein du commandement de l'alliance. En effet, si, dès les années 1950, les

Britanniques ont été associés aux décisions américaines, les États-Unis ont constamment refusé d'accorder à la France le même rôle au sein du commandement de l'alliance, comme le demandait de Gaulle depuis 1958. La critique gaullienne porte en particulier sur les modalités de la décision d'engager les forces nucléaires de l'OTAN. Il craint en effet que l'Europe ne puisse ainsi être « automatiquement impliquée dans la lutte lors même qu'elle ne l'aurait pas voulu » en vertu de la mainmise anglo-saxonne sur le commandement. La souveraineté de commandement qui devrait s'accompagner de l'exigence d'un départ des troupes américaines stationnées en France. C'est précisément ce qu'illustre la pancarte de la caricature de Behrendt : *Yankee Go Home* (Document 2). Le terme péjoratif de *Yankee* renvoie en effet à l'image d'une puissance américaine irrespectueuse de ses alliés. Il est utilisé par Behrendt de manière ironique, dans la mesure où de Gaulle semble reprendre ici des slogans populaires anti-américains. Son exigence d'indépendance est ainsi ridiculisée par son caractère outrancier.

Tout au long des années 1960, ce positionnement gaullien suscite de multiples critiques, souvent ironiques, de la part des partenaires européens de la France. La « politique de grandeur » est non seulement moquée, mais considérée comme dangereuse par certains pays particulièrement exposés à la menace soviétique (RFA, Pays-Bas). La caricature de Behrendt représente le général « en majesté », le port altier, l'attitude hautaine. Surtout, de Gaulle est absolument seul, isolé, comme il l'est alors sur la scène internationale européenne. Cet isolement est également perceptible dans la conférence de presse de 1966 à travers l'absence de mention des partenaires européens de la France. La décision du général n'est absolument pas dépendante de ses partenaires de la CEE. Il convient toutefois de nuancer cette impression d'isolement international que cherche à mettre en avant la caricature, dans la mesure où de Gaulle a cherché – et obtenu avec le traité de l'Élysée en janvier 1963 – un partenariat stratégique européen avec l'Allemagne fédérale. La réaffirmation par Kennedy de la présence américaine en Europe en juin 1963 a toutefois conduit à rassurer les autres Européens et à isoler à nouveau la position gaullienne. Au regard de ce contexte, Behrendt propose bel et bien une caricature, largement simplifiée et idéalisée, du positionnement français sur une scène internationale et européenne particulièrement complexe à cette époque.

Conclusion

La confrontation des documents éclaire ainsi la décision française de sortir de l'OTAN et d'exiger le retrait des troupes américaines à travers la transformation du contexte international dans le cadre de la détente. Elle souligne que cette décision n'a rien à voir avec un retournement d'alliance, ni avec des considérations uniquement politiques et nationalistes, mais qu'elle relève avant tout de choix stratégiques et de souveraineté militaire face aux doutes sur la garantie nucléaire américaine. La France apparaît cependant largement isolée dans son positionnement, tandis que ses partenaires européens demeurent profondément attachés, pour des raisons idéologiques, militaires et mémorielles, au parapluie américain. La divergence européenne s'explique avant tout par la plus grande crédibilité de la protection des

États-Unis face à une force de frappe française modeste et encore naissante. [**Bilan**] La décision annoncée le 21 février 1966 est officialisée le 7 mars. Le retrait du commandement intégré et le départ des troupes américaines deviennent effectifs l'année suivante. Ils sont suivis de négociations bilatérales pour fixer les modalités de coopération avec les différents membres de l'alliance. La France demeure l'un des piliers de la défense atlantique. La politique d'indépendance stratégique est progressivement abandonnée dès les années 1970-1980 pour aboutir en 2009 au retour de la France dans le commandement intégré de l'OTAN. Tout au long de la guerre froide, la crainte d'une guerre nucléaire sur le théâtre européen et les interrogations sur l'effectivité de la protection nucléaire américaine perdure et ressurgit, notamment, au cours de la crise des euromissiles entre 1979 et 1983. **[Ouverture]**

Sujet 4
La modification des grands équilibres géopolitiques mondiaux, l'année 1989

Consigne : À partir d'une analyse critique de ces documents et de vos connaissances, vous analyserez en quoi l'année 1989 marque un bouleversement de l'ordre mondial.

Document 1

Francis Fukuyama, « La fin de l'histoire ? »

Francis Fukuyama est né en 1952 à Chicago. Après avoir obtenu un doctorat en sciences politiques à Harvard, il travaille pour l'administration américaine comme spécialiste du Moyen-Orient puis sur la politique européenne à partir de 1989. À l'été 1989, Francis Fukuyama publie un article retentissant, « The end of History ? » dans la revue *The National Interest*, traduit en français dans la revue *Commentaires* en septembre de la même année.

« Le siècle qui se termine [est] plein de confiance dans le triomphe définitif de la démocratie libérale à l'occidentale. [...] Le triomphe de l'Occident est évident, d'abord par l'épuisement total de tout autre système alternatif au libéralisme occidental. [...] Ce phénomène dépasse les relations internationales et se voit également dans l'extension inéluctable de la culture de consommation occidentale. Au cours de la dernière décennie, on a assisté à des changements manifestes dans le climat intellectuel des deux plus grands pays communistes du monde et au début de mouvement de réforme dans l'un et dans l'autre [...] La disparition du marxisme-léninisme d'abord en Chine puis en Union soviétique équivaudra à sa mort en tant qu'idéologie dotée d'une importance historique mondiale. Ce à quoi nous assistons n'est peut-être pas seulement la fin de la Guerre froide, mais la fin de l'histoire tout court : autrement dit, le point final de l'évolution idéologique de l'humanité, et l'universalisation de la démocratie libérale occidentale comme forme finale du gouvernement humain. [...] Cela ne veut pas dire la fin de tous les conflits internationaux. [...] Il y aura toujours un très haut niveau, peut-être un niveau croissant de violence ethnique et nationaliste. [...] Ce qui implique que le terrorisme et des guerres de libération nationale continueront. [...] Mais les conflits à large échelle [...] semblent disparaître de la scène ».

Extrait de la revue Commentaires, *septembre 1989.*

Document 2

« La nuit où le mur tomba »

Légende de la photographie : « La nouvelle vient de tomber. Des milliers de Berlinois de l'Est se ruent à l'assaut du mur. À la rencontre de leurs frères de l'Ouest qui, eux aussi, au début de la soirée, s'étaient massés de l'autre côté. Les mains se tendent, la joie éclate : Berlin pour la première fois depuis bientôt 30 ans ne fait plus qu'un. »

Spécial Allemagne

LE FIGARO

premier quotidien national français

8 PAGES de reportages, commentaires, analyses et les images de l'événement

La nuit où le mur tomba

Première du Figaro, *11-12 novembre 1989.*

Proposition de corrigé

Introduction

Les célébrations du bicentenaire de la Révolution française le 14 juillet 1789 illustrent symboliquement l'un des temps forts de cette année 1989 qui laisse présager l'entrée dans un nouvel ordre mondial marqué par le triomphe de la démocratie et de la paix. **[Accroche]**

Les deux documents proposés illustrent à eux seuls ce moment clé de l'histoire. Ainsi le premier document est un article de réflexion, avec une dimension à la fois géopolitique et philosophique, qui a fait grand bruit dès sa parution aux États-Unis à l'été 1989, puis en France en septembre paru sous le titre provocateur « la fin de l'histoire ? » dans la revue *Commentaires*. Cet article qui semble prédictif s'appuie sur une analyse fine des bouleversements économiques et géopolitiques qui ont touché le monde depuis une décennie et en particulier le bloc communiste. Alors que l'année 1989 n'est pas encore terminée, ces bouleversements, selon l'auteur, annoncent la fin d'un ordre établi depuis la Seconde Guerre mondiale marqué par la bipolarisation et par l'affrontement de deux idéologies. Francis Fukuyama en tant qu'universitaire américain et conseiller du président Ronald Reagan est ainsi persuadé que le modèle de la démocratie occidentale représenté par les États-Unis s'imposera comme un modèle universel. Le document 2 semble confirmé cette analyse, en effet l'événement de la chute du mur de Berlin dans la nuit du 9 au 10 novembre 1989 constitue un choc mondial, comme l'illustre la Une de ce numéro « spécial Allemagne » du Figaro dont le titre et la photographie rappellent l'espoir immense suscité par cet événement. En effet, la ville de Berlin symbolise à elle seule cette division de l'Europe en deux pendant la Guerre froide dont le Mur fut l'emblème depuis sa construction en 1961. L'événement marque une accélération de l'histoire alors que les transitions démocratiques ont déjà commencé en Pologne ou en Hongrie et que le dirigeant soviétique Mikhaïl Gorbatchev, depuis son arrivée au pouvoir, a entamé une politique de réformes en URSS tout en ouvrant la voie à un apaisement des relations internationales. Dans le même temps, c'est l'ensemble du monde qui semble touché par ces bouleversements et transitions démocratiques. Pour autant, au-delà des symboles et de la réalité des événements, des limites à cet unanimisme apparaissent déjà en 1989. Les deux documents permettent ainsi de comprendre que l'année 1989 a été vécue comme une année charnière qui modifie les grands équilibres mondiaux au profit d'une victoire de la démocratie libérale et de la paix. **[Présentation et contextualisation des documents]**

En quoi peut-on dire que l'année 1989 marque la fin d'un ordre établi depuis la Seconde Guerre mondiale et laisse espérer l'entrée dans une période d'optimisme ? **[Problématique]**

Si l'année 1989 constitue un moment démocratique inédit qui semble annoncer la fin d'un affrontement idéologique né après la Seconde Guerre mondiale, elle annonce aussi l'établissement d'un monde pacifié même si des limites apparaissent déjà. **[Annonce du plan]**

1. L'année 1989, par l'ampleur et l'accélération des événements, constitue un moment démocratique inédit qui semble annoncer la fin d'un ordre établi depuis la Seconde Guerre mondiale.

Les deux documents permettent de comprendre que l'année 1989 marque la fin subite d'une opposition idéologique qui a divisé le monde en deux au profit de la victoire de la démocratie libérale, non seulement en raison des réformes engagées à l'intérieur du bloc communiste mais aussi en raison des transitions démocratiques qui semblent aboutir cette même année. **[Introduction de la partie]**

1.1. La déconstruction de cet ordre établi est le d'abord le résultat d'événements inattendus et de volontés de réformes qui illustrent l'échec d'un modèle idéologique.

Ainsi, la une du journal *Le Figaro* rappelle ce moment imprévisible et historique qu'est la chute du mur de Berlin dans la nuit du 9 au 10 novembre, « Berlin pour la première fois depuis bientôt 30 ans ne fait plus qu'un ». En effet, Berlin, au cœur de la zone soviétique est devenu la ville symbole d'un monde coupé en deux blocs opposés idéologiquement. C'est à Berlin que la première crise de la Guerre froide a lieu avec le blocus de Berlin entre 1948 et 1949 ; pour éviter l'exode et continu d'Allemands de l'Est vers l'Ouest, les autorités de la RDA, avec l'accord de l'URSS, décident de se lancer dans la construction d'un mur, afin de couper définitivement la ville en deux, dans la nuit du 12 au 13 août 1961 dont la présence est rappelée sur le plan de Berlin qui accompagne la photographie. Le mur de Berlin devient ainsi l'épicentre de ce « rideau de fer » qui coupe l'Europe en deux depuis la Seconde Guerre mondiale. Pour l'Occident, le Mur est surtout devenu le signe d'une faillite du modèle communiste comme l'affirme le président américain John Fitzgerald Kennedy lors de sa venue à Berlin Ouest le 26 juin 1963. L'imprévisibilité de l'événement ne doit pas pour autant cacher les tendances qui se dessinent depuis une décennie et dont Francis Fukuyama se fait l'écho.

Cette déconstruction est aussi le résultat d'une faillite du système communiste comme le souligne l'universitaire américain, « La disparition du marxisme-léninisme d'abord en Chine puis en Union soviétique équivaudra à sa mort en tant qu'idéologie ». En effet, les volontés réformistes engagées à la fois par le dirigeant chinois Deng Xiaoping depuis son arrivée au pouvoir en 1978 et par le nouveau dirigeant soviétique Mikhaïl Gorbatchev, depuis 1985, illustrent cette volonté de modernisation du modèle communiste mais elles deviennent aussi les signes de l'échec de ce même modèle face au libéralisme et au capitalisme. Ainsi Deng Xiaoping entame une rupture radicale marquée par la politique des quatre modernisations et une volonté d'ouvrir progressivement le territoire chinois au monde extérieur avec la création dès 1979 de quatre zones économiques spéciales, sur le littoral, ouvertes aux investissements étrangers avant d'ouvrir l'ensemble des villes littorales et des régions côtières en 1984. Dès 1980, la Chine intègre le FMI et engage une libéralisation partielle de son économie donnant ainsi naissance au « socialisme de marché ». De son côté Mikhaïl Gorbatchev lance la Perestroïka (« reconstruction ») et la Glasnost (« transparence ») en vue de donner un nouveau souffle à une économie soviétique au bord de l'asphyxie tout en introduisant une plus grande liberté d'expression au sein de la population.

1.2. Ces réformes qui s'éloignent du modèle communiste conservateur ouvrent alors la voie à une volonté de transitions démocratiques qui semblent triompher en 1989.

Ainsi la photographie à la Une du Figaro illustre cette mobilisation populaire, à Berlin Est, qui aspire à plus de démocratie et de libertés en franchissant le Mur. Cette mobilisation est le résultat d'un « effet domino » de transitions démocratiques entamées quelques mois auparavant et qui permettent à Francis Fukuyama d'annoncer « le triomphe définitif de la démocratie libérale à l'occidentale ». En effet, ce triomphe s'observe d'abord dans les démocraties populaires qui entendent profiter des réformes engagées par Mikhaïl Gorbatchev pour s'émanciper. En Pologne, cette volonté de changements est incarnée par le syndicat Solidarnosc que soutiennent indirectement l'Église catholique et le pape Jean-Paul II. Le général Jaruzelski n'a d'autre choix que de négocier et légaliser Solidarnosc avant d'annoncer des élections libres pour le printemps 1989. En Hongrie, l'aile réformiste du parti communiste s'impose et entame une libéralisation du régime. Devant la mobilisation populaire, la pluralité politique est annoncée dès février et en mai le « rideau de fer » à la frontière autrichienne commence à être démantelé. Suite à ces premières transitions et à l'annonce de la venue de Mikhaïl Gorbatchev à Berlin Est pour le 40e anniversaire de la RDA, les Berlinois se mobilisent à leur tour aux cris de « Nous sommes le peuple » et déstabilisent le régime d'Erich Honecker qui refuse toute Perestroïka. La maladresse des dirigeants de la RDA conjuguée à la pression sur les gardes-frontières précipite la chute du mur de Berlin. Les images de ce dernier pris d'assaut par les manifestants font alors le tour du monde et l'événement devient planétaire.

L'événement valide la victoire de la démocratie libérale et occidentale comme modèle universel ; c'est ainsi que Francis Fukuyama considère celle-ci comme « la forme finale du gouvernement humain » même s'il en ignore les premières limites. Cette prédiction de l'universitaire américain se confirme effectivement au-delà de l'Europe. En Amérique latine, le Brésil poursuit sa transition démocratique, après vingt ans de dictature au Chili, des réformes constitutionnelles annoncent une transition démocratique. En Afrique du Sud, Frederik de Klerk arrive au pouvoir et entame des négociations avec l'ANC en vue d'abandonner l'apartheid. En Chine, les manifestants depuis le début de l'année 1989 appellent à une Perestroïka chinoise et à l'établissement d'une transition démocratique. Les étudiants occupent la place Tiananmen mais les dirigeants chinois instaurent la loi martiale et décident de faire évacuer par la force la place dans la nuit du 3 au 4 juin au prix de 2 500 morts. Cette répression par le pouvoir communiste rappelle les limites de cette croyance en une marche irrépressible vers la démocratie annoncée par Francis Fukuyama dans cet article « la fin de l'histoire ? ».

Si la fin de l'histoire marque la fin d'un ordre établi depuis la Seconde Guerre mondiale et donc du risque d'affrontement nucléaire à grande échelle, elle ne signifie pas pour autant la disparition des conflits comme le souligne Francis Fukuyama. **[Transition]**

2. L'année 1989 semble aussi annoncée l'établissement d'un monde pacifié même si les premières limites apparaissent déjà.

Les deux documents permettent de comprendre que l'année 1989 constitue un moment d'optimisme, non seulement en Europe mais aussi dans le monde, en raison de l'éloignement de la crainte d'un conflit entre les deux grandes puissances et de l'annonce de l'entrée dans une période pacifiée. Pour autant, les deux documents en rappellent aussi les limites. **[Introduction de partie]**

2.1. L'annonce de la fin de la Guerre froide favorise la croyance dans le triomphe imminent de la paix et l'éloignement des risques d'une guerre à grande échelle.

Même si la Guerre froide se caractérise par l'absence d'affrontements directs, les tensions entre les deux Grands ont parfois fait craindre l'affrontement nucléaire. C'est ainsi que l'image de la chute du mur de Berlin représentée ici sur la Une du numéro spécial du Figaro fait figure d'événement car elle semble mettre un terme au risque de conflit nucléaire en Europe avec l'annonce de la fin du « rideau de fer ». À nouveau les événements semblent confirmer les propos de Francis Fukuyama qui annonce dans l'extrait proposé que « les conflits à large échelle semblent disparaître de la scène. » En effet, l'Europe a connu une très forte de période de tensions entre 1977 et 1987 avec « la crise des euromissiles » dans un contexte de retour des tensions entre les États-Unis et l'URSS dans un contexte de « guerre fraîche ». Le déploiement des missiles nucléaires SS20 par les Soviétiques dans les démocraties populaires a entraîné une réaction de l'OTAN en vue de déployer des missiles nucléaires américains Pershing II en Europe de l'Ouest à partir de 1983 en vue d'une riposte en cas d'attaque. La crainte d'une guerre nucléaire est alors très présente parmi les populations européennes. C'est l'arrivée de Mikhaïl Gorbatchev au pouvoir qui permet de clore ce moment de tensions et d'ouvrir une véritable période de coopération entre les États-Unis et l'URSS en vue d'une politique de désarmement.

Ce tournant dans les relations entre les deux Grands est souligné par Francis Fukuyama lorsqu'il évoque qu'« au cours de la dernière décennie on a assisté à des changements manifestes dans le climat intellectuel » laissant présager la fin de la Guerre froide et du risque d'affrontement nucléaire. En effet, pour mener à bien ses réformes (la Perestroïka et la Glasnost) Mikhaïl Gorbatchev entend limiter les engagements internationaux de l'URSS et réduire les dépenses militaires pour sortir l'URSS du marasme économique et financier alors que les États-Unis de Ronald Reagan cherchent de leur côté à réduire les risques d'un affrontement nucléaire. La reprise du dialogue américano-soviétique et la volonté commune de réduire les risques nucléaires aboutissent ainsi au traité de Washington, le 8 décembre 1987, qui prévoit la destruction de tous les missiles soviétiques et américains de portée intermédiaire stationnés en Europe, ce qui met fin à « la crise des Euromissiles » entamée en 1977. En même temps, Mikhaïl Gorbatchev annonce un désengagement soviétique dans différentes parties du monde à l'image du retrait d'Afghanistan après dix ans de guerre et se rend à Pékin en mai 1989 en vue de renouer un dialogue avec la Chine, rompu depuis le début des années 1960. L'année 1989 annonce aussi l'ouverture d'une période pacifiée qui rayonne au-delà des zones de tensions entre les deux blocs ; ainsi d'autres conflits semblent pouvoir trouver une issue y compris au Moyen Orient avec l'annonce de la fin de la guerre civile au Liban ou la poursuite du dialogue engagé entre l'OLP et Israël depuis 1988.

2.2. Cependant, comme le précise Francis Fukuyama, cela ne signifie pas la fin des violences ou des guerres et le risque de conflits et de terrorisme restent à un niveau très élevé à la fin des années 1980.

En effet, les risques et les tensions restent une réalité, à commencer au Moyen Orient. Si l'Iran vient de sortir d'un conflit avec l'Irak de Saddam Hussein en 1988, elle continue à incarner un islamisme politique qui rejette l'Occident et ses valeurs. Au début de l'année 1989, sur décision de l'Ayatollah Khomeiny une fatwa (décret religieux) est lancée contre l'écrivain britannique Salman Rushdie qui le condamne à mort pour blasphème et apostasie après la publication de son roman, les Versets sataniques publiés en 1988 qui avaient déjà suscité de vives émotions en Angleterre, aux États-Unis et dans de nombreux pays à majorité musulmane. De même le continent africain reste marqué par des conflits frontaliers.

Même en Europe, où le vent d'optimisme soulevé par la chute du mur de Berlin qui annonce une future réunification et une probable disparition du rideau de fer dont la Une du Figaro se fait ici l'écho historique avec cette formule choc « la nuit où le mur tomba » ne doit pas non plus cacher qu'il existe des limites à cet unanimisme et à cet espoir de paix en 1989. La Roumanie n'envisage pas de transition démocratique et son dirigeant mégalomane Nicolae Ceausescu entend se maintenir au pouvoir y compris par la force. La situation en Yougoslavie illustre la résurgence des nationalismes en Europe et avec lui le risque de conflits. Dès l'été 1989, le nationaliste serbe Slobodan Milosevic multiplie les discours nationalistes et réclame l'unité du peuple serbe y compris dans des territoires où la population est majoritairement albanophone et n'exclut pas dans l'avenir un conflit armé. Ce nationalisme serbe favorise alors des réactions dans les autres républiques yougoslaves annonçant la fin prochaine de cette république fédérale de Yougoslavie face aux nationalismes montant. La fin de l'histoire de Francis Fukuyama n'annonce donc pas la fin des risques de conflits en dépit de cet élan d'optimisme européen et mondial qu'ont soulevé les événements de cette année 1989.

Conclusion

L'année 1989 marque un spectaculaire progrès de la démocratie dans le monde avec l'accélération des événements au cours de cette année. L'ordre établi depuis la Seconde Guerre mondiale se fissure d'abord en Europe avec des transitions démocratiques d'abord pacifiques dont la chute du Mur devient l'emblème. Le tournant semble global. La victoire de la démocratie et l'effondrement des régimes autoritaire soulèvent un vent d'optimisme sans précédent au point de croire à une victoire définitive de ce modèle démocratique et libéral, et plus largement du monde occidental et de ses valeurs. Cet optimisme passe aussi par la croyance en l'établissement d'un monde pacifié avec cette chute du mur de Berlin qui annonce la fin de la Guerre froide, après 40 années d'affrontement Est-Ouest. La paix semble alors triompher à grande échelle. Pourtant d'autres évènements semblent à contre-courant de l'histoire à l'image de l'écrasement de la révolte étudiante place Tiananmen par l'armée chinoise ou de la montée des nationalismes en Yougoslavie. **[Bilan]**

L'année 1989 ne marque donc pas la fin de l'histoire mais illustre un enchaînement d'événements qui ouvrent sur un nouvel ordre mondial qui s'éloigne bientôt des espoirs portés par ce vent d'optimisme comme l'illustre le retour de la guerre en Europe avec l'éclatement de la Yougoslavie ou les régressions démocratiques qui touchent l'Europe depuis les années 2000. **[Ouverture]**

Devoir d'un étudiant réalisé sur le même sujet

Commentaire

Ce devoir a retenu l'attention de son correcteur pour la maîtrise de l'exercice de l'analyse de documents. En effet, la méthode de l'exercice est plutôt bien acquise. Les documents sont compris et le candidat est parvenu à amener des connaissances judicieuses pour les expliquer. Le correcteur a cependant regretté l'absence de références aux conflits dont parle Fukuyama.

Introduction

Les 2 et 3 décembre 1989, se tient le sommet de Malte au cours duquel Georges H.W. Bush, président des États-Unis et Mikhaïl Gorbatchev, dirigeant de l'Union Soviétique, annoncent la fin de la Guerre froide. Ce n'est pourtant pas cet événement qui marqua le plus l'année 1989. **[Accroche]**

En effet le premier document est un extrait de l'article « La fin de l'Histoire ? » de F. Fukuyama paru lors de l'été 1989 dans la revue *National Interest*. Traitant du bouleversement des grands équilibres géopolitiques mondiaux, cet article paraît dans un contexte de seconde détente marqué par un désarmement des deux Grands et de nombreuses libéralisations, ayant amené notamment à la chute du Mur de Berlin le 9 novembre 1989. Cet événement fait la une du *Figaro* paru le week-end du 11-12 novembre, auquel le journal consacre tout un dossier intitulé : « La nuit où le mur tomba ». Ces deux documents font part des nombreux événements qui transformèrent l'ordre mondial en 1989. **[Présentation et contextualisation des documents]**

Il convient donc de se demander en quoi l'année 1889 marque la fin de la Guerre froide ? **[Problématique]**

Il est tout d'abord intéressant d'étudier dans un premier temps la fin d'une opposition idéologique, puis dans un deuxième temps la victoire de la démocratie libérale. **[Annonce du plan]**

La Guerre froide est marquée, non pas par des affrontements physiques entre deux États comme ce fut le cas notamment au début du XXe siècle mais avant tout par un affrontement idéologique. Différents événements de l'année 1989 marquent la fin de cet affrontement idéologique, de cette opposition qui sépara le monde en deux blocs : communiste ou capitaliste. **[Introduction de la partie]**

Dans son article, Francis Fukuyama traite « des changements manifestes dans le climat intellectuel des deux plus grands pays communistes du monde et [du] début du mouvement de réforme dans l'un et dans l'autre ». Il fait ainsi référence aux réformes de libéralisation menées en Chine et en URSS. En effet, en URSS, Gorbatchev institue la *Glasnost* et la *Perestroïka*. Ces deux politiques réformistes marquent une libéralisation du pays par une volonté de transparence et une remise en cause du système économique soviétique. De même, la Chine de Deng Xiaoping se libéralise et se rapproche de pays non communistes comme la France et les États-Unis. Ainsi, en 1989 l'opposition idéologique est moins flagrante qu'auparavant en raison d'une plus grande inclusion de ces deux pays soviétiques dans le commerce mondial et de leur basculement vers une idéologie moins marxiste-léniniste.

L'article de F. Fukuyama s'intitule « La fin de l'Histoire ? » car pour lui désormais, « les conflits à large échelle [...] semblent disparaître ». Cette hypothèse résulte probablement de la politique de désarmement amorcée par les leaders des deux blocs depuis 1987 et la fin de plusieurs conflits périphériques notamment l'Angola, le Nicaragua ou l'Afghanistan. Cela montre bien qu'en 1989 une volonté de mettre fin à la Guerre froide semble dominer le monde.

C'est finalement la chute du Mur de Berlin qui symbolise le mieux la fin de cette opposition. Après le discours de Fulton prononcé par W. Churchill le 5 mars 1946, le rideau de fer était devenu physique dans la ville de Berlin depuis 1961. On voit notamment sur la Une du Figaro que de nombreuses expressions (« les mains se tendent », « Berlin pour la première fois depuis 30 ans ne fait plus qu'une ») insistent sur cette réunification entre les habitants de la RDA et de la RFA. Cette chute bouleverse complètement l'opposition qui existait jusqu'alors. La chute du Mur de Berlin détruit symboliquement le rideau de fer qui se désagrégeait déjà depuis l'ouverture en mai 1989 de la frontière austro-hongroise, et marque la fin d'une opposition comme on le voit sur la photo où des personnes escaladent le Mur.

L'apaisement entre les deux grands mis en place par des réformes de libéralisation, puis par la chute du Mur de Berlin mettent fin à l'opposition idéologique mondiale et permettent la victoire de l'Occident. **[Transition]**

Le triomphe de la démocratie et les mesures de libéralisation montrent que l'idéologie occidentale s'impose de plus en plus en vainqueur au cours de l'année 1989 et amorçant ainsi une réforme obligatoire de l'URSS si elle ne veut pas disparaître. **[Introduction de la partie]**

F. Fukuyama écrit « l'universalisation de la démocratie libérale occidentale comme forme finale de gouvernement ». En effet, la démocratie a gagné plusieurs États autoritaires en 1989. En février, la Hongrie entame une transition vers le multipartisme en organisant des élections libres qui amènent au pouvoir des opposants au régime communiste. La Pologne fait de même quelques mois plus tard. Cela résulte notamment d'une critique des réformes mises en place par M. Gorbatchev et pour F. Fukuyama c'est le début pour l'URSS de « sa mort en tant qu'idéologie ». Ainsi, on constate bien que l'idéologie soviétique perd de son influence et amorce son échec puisque d'anciennes démocraties populaires se tournent vers le système occidental.

La Une du *Figaro* offre un point de vue français sur la chute du Mur de Berlin. À travers l'expression « la joie éclate » on voit que cet événement est perçu positivement par le monde occidental qui en sort victorieux, puisque ce bouleversement résulte des nombreuses manifestations contre le régime communiste de RDA qui ont eu lieu en octobre et en novembre 1989. La disparition du Mur montre bien que les habitants de RDA souhaitent désormais adopter le système occidental de la RFA, ce qui avait déjà été démontré par de nombreux exodes vers l'Ouest suite à l'ouverture de la frontière austro-hongroise du mois de mai précédent. L'idéal démocratique occidental prend bel et bien le dessus sur la vision autoritaire de l'Est.

Enfin, F. Fukuyama traite également dans son article de « l'extension inéluctable de la culture de consommation occidentale ». En effet le rideau de fer empêche à de nombreux égards l'américanisation de la vie à l'Est. À cette époque le soft power américain est déjà très puissant avant l'implantation de grandes marques américaines partout dans le monde (ex : Coca-Cola). Ce soft power gagne même la Chine et se diffuse ou tend à se diffuser dans les nouveaux pays libéraux. Ainsi les États-Unis s'imposent comme le grand vainqueur de la Guerre froide en instaurant leurs valeurs démocratiques, libérales et en diffusant leur culture dans le monde

Conclusion

L'année 1989, dans un contexte de détente et de désarmement, montre l'arrivée progressive de la fin de la Guerre froide. L'ouverture de la frontière austro-hongroise en mai, la chute du Mur de Berlin en novembre symbolise physiquement la fin de l'opposition idéologique entre le bloc de l'Est et le bloc de l'Ouest. Les réformes de libéralisation remettent en cause la totalité du système soviétique et le rendent moins puissant. Cela permet à l'Occident de propager son système de démocratie libérale et sa culture américanisée. On peut donc considérer que la Guerre froide s'achève bien en 1989 par la victoire du camp occidental. **[Bilan]**

Dans son article F. Fukuyama prédit la mort de l'Union Soviétique en tant qu'idéologie, il conviendrait alors de se demander comment passe-t-on d'une mort idéologique à une mort politique en l'espace de deux ans. **[Ouverture]**

Sujet 5
L'Union européenne face aux guerres dans l'ex-Yougoslavie

Consigne : Après les avoir présentés et contextualisés, vous analyserez et confronterez les documents pour expliquer l'évolution du rôle diplomatique de l'Union européenne dans le contexte des conflits dans l'ex-Yougoslavie.

Document 1

« La paix venue de Washington », article paru dans le journal Le Monde, le 23 novembre 1995

« Une fois de plus, c'est donc au président Bill Clinton, déjà parrain de la poignée de main israélopalestinienne, qu'il est revenu d'annoncer un accord de paix largement enfanté par la diplomatie américaine. [...] Mais si, depuis Camp David au moins, le Proche-Orient est un des terrains privilégiés de l'influence américaine, c'est cette fois un conflit bien européen, [...] que les États-Unis contribuent, de façon décisive, à éteindre.

Et l'Europe, demandera-t-on ? À cette question qui les exaspère, les dirigeants européens répondent : depuis quatre ans, ce sont notamment des « casques bleus » britanniques, néerlandais, espagnols, ukrainiens et français qui sont sur le terrain. Ils ont protégé les convois d'aide humanitaire, nourri et soigné les populations. [...]

Seulement, pour le malheur des Européens, le conflit dans l'ex-Yougoslavie éclate à peu près au moment où ils proclament à la face du monde que, l'après-guerre froide venue, l'Europe va se doter des instruments qui lui permettront de se faire entendre sur la scène internationale : elle va avoir une politique étrangère et de défense commune. Bref, l'Union européenne se veut une nouvelle « grande puissance ». C'est le discours maastrichtien. [...]

Las ! le premier test venu, l'Europe affiche son impuissance. Elle étale ses divisions politiques [...]. Sans doute faudra-t-il attendre encore un peu pour dire si la paix de Dayton est un triomphe de la diplomatie américaine. Elle solde, à coup sûr, ce qu'il faut bien appeler un fiasco européen.

Ce n'est pas que les États-Unis soient sans blâme dans cette affaire. Dès le début, l'administration Bush, qui avait dépêché un demi-million d'hommes au secours d'un puits de pétrole nommé Koweït, se refuse au moindre engagement. L'administration Clinton n'intervient qu'à la demande expresse des Européens, pour accoucher d'un plan de paix qui est, en gros, le leur à ceci près qu'il prévoit la levée de l'embargo sur les armes pour la Bosnie. Elle le fait parce qu'il y va de l'avenir de l'OTAN, donc de son leadership sur l'Alliance atlantique.

[...] La leçon n'en est que plus terrible pour les Européens, toujours à mille lieues d'une politique de défense commune dont, après tout, les nouveaux membres de l'Union disent, publiquement, qu'ils ne veulent pas... Triste bilan pour une future « nouvelle grande puissance. »

Document 2

Photographie des accords de Paris signés le 14 décembre 1995.

Le président serbe Slobodan Milosevic (à gauche) serre la main du président croate Franjo Tudjman (au centre), à côté du président bosniaque Alija Izetbegovic (à droite) lors de la signature de l'accord de paix sur la Bosnie négocié à Dayton dans les semaines précédentes. En arrière-plan de gauche à droite : Bill Clinton, Jacques Chirac, le chancelier allemand Helmut Kohl et le premier ministre britannique John Major.

Proposition de corrigé

Introduction

« Sarajevo », au printemps 1992 le siège de la ville par les forces serbes réveille les démons européens près de quatre-vingts ans après l'assassinat de l'archiduc d'Autriche Hongrie qui causa l'embrasement de 1914. Les guerres de l'ex-Yougoslavie signent le retour de la guerre en Europe sans que l'Union européenne parvienne à y mettre fin par ses propres moyens. **[Accroche]** L'article « La paix venue de Washington », paru dans le quotidien *Le Monde* (Document 1), met en évidence cette impuissance européenne aux yeux des lecteurs et de l'opinion publique française et européenne. Il paraît le 23 novembre 1995, deux jours après les accords de Dayton qui mettent fin au conflit en Bosnie et à la guerre sur le continent. Cette guerre s'inscrit dans une série de conflits armés opposant à partir de 1991 les républiques indépendantistes (Slovénie, Croatie, Bosnie) à la fédération yougoslave dominée par la Serbie. En dépit des efforts diplomatiques de l'UE pour rétablir la paix et l'engagement de Casques bleus de l'ONU, c'est finalement l'intervention américaine par le biais de l'OTAN qui oblige les forces en présence à négocier. Il s'agit d'un revers important pour la jeune diplomatie européenne née du traité de Maastricht de 1992 et cherchant à s'affirmer dans le monde de l'après-guerre froide. En dépit de cet échec, les Européens sont bien présents sur la photographie de la poignée de main officielle entre les protagonistes de la guerre lors de la signature des accords de Paris le 14 décembre 1995 (Document 2). En arrière-plan, le document suggère le rôle clé des dirigeants européens dans les négociations. [Problématique] Les deux documents présentent ainsi des aspects différents, voire contradictoires, du rôle de l'UE dans le rétablissement de la paix continentale. Ils illustrent la difficile émergence de la diplomatie européenne à travers son échec à rétablir seule la paix sur le continent. **[Présentation et contextualisation des documents]** En nous attachant à faire dialoguer les deux documents, nous analyserons ces deux aspects successivement : dans un premier temps la naissance difficile de la diplomatie européenne après la fin de la guerre-froide ; dans un second temps l'échec de l'UE à rétablir la paix seule dans les conflits de l'ex-Yougoslavie. **[Annonce du plan]**

1. La naissance difficile de la diplomatie européenne

L'article du *Monde* insiste sur l'importance du contexte international pour comprendre à la fois les ambitions européennes dans les conflits yougoslaves et leur échec dans la division. La diplomatie européenne est alors en pleine affirmation durant la première moitié des années 1990 et le retour de la guerre sur le continent fait figure de test. Au contraire, le deuxième document montre une diplomatie européenne unie et affirmée au service de paix. Les deux documents proposent donc une lecture différente de la place de la diplomatie européenne dans le monde. **[Introduction de la partie]**

Les deux documents présentent la naissance de la diplomatie européenne à travers le rôle nouveau sur la scène internationale d'une action commune des « dirigeants européens », évoqués dans le texte et présents sur la photographie. Jusque-là, les différents pays européens exerçaient leur diplomatie de manière plus nationale. Cette naissance de la diplomatie européenne s'inscrit dans un contexte dans lequel « l'après-guerre froide venue, l'Europe va se doter des instruments qui lui permettront de se faire entendre sur la scène internationale » (Document 1). La guerre froide a pris fin en Europe avec la chute du mur de Berlin en novembre 1989 et la réunification allemande en octobre 1990 a symbolisé l'unité retrouvée du continent. C'est cette unité que les dirigeants européens cherchent à mettre en évidence lors de la cérémonie de décembre 1995. Présent sur la photographie de la conférence de Paris (Document 2), le chancelier Helmut Kohl représente cette Allemagne réunifiée, nouvelle puissance européenne intégrée à l'OTAN. À ses côtés, se trouvent les représentants des deux autres puissances européennes depuis 1945, le président français Jacques Chirac et le Premier ministre britannique John Major. Le texte souligne au contraire combien cette unité des Européens en matière de politique étrangère et de sécurité est alors fragile. La coopération politique européenne se révèle rapidement à la fois inadaptée aux enjeux continentaux faisant suite à la disparition de l'URSS en décembre 1991 et impuissante à réagir aux conflits qui déchirent la Yougoslavie à partir de l'été 1991.

L'unité européenne est alors approfondie par le traité de Maastricht signé en février 1992 et dans lequel l'Europe communautaire « va avoir une politique étrangère et de défense commune » (Document 1). La politique de défense et de sécurité commune (PESC) de l'UE entre en vigueur en 1993 avec le traité dont elle constitue le deuxième pilier après la Communauté européenne et avant la coopération policière et judiciaire. Elle donne à l'UE un objectif pacifiste au service de la paix continentale et mondiale, autorisant ainsi les missions humanitaires et de maintien de la paix, en particulier dans le cadre de l'ONU. Un tel objectif correspond aux attentes politiques et aux idéaux pacifistes d'une large majorité d'Européens dont l'article du *Monde* se fait l'écho en regrettant son manque de concrétisation. L'autre enjeu de la PESC est de faire de l'UE « une nouvelle « grande puissance » » (Document 1). Cette puissance doit se situer dans l'Alliance atlantique aux côtés des Américains, tout en permettant à l'Europe de s'affirmer. « C'est le discours maastrichtien » (Document 1). L'article du *Monde* souligne également la dimension grandiloquente de cette ambition de puissance européenne affichée, en particulier face à la réalité d'une quasi-hégémonie américaine dans le monde.

Les États-Unis font alors figure de « gendarmes du monde ». Même si l'expression n'est pas employée dans les documents, elle est fortement suggérée par la place de Bill Clinton au centre de la poignée de main de la conférence de Paris (Document 2). Le président américain apparaît comme faiseur de paix. Ce rôle est d'ailleurs dévolu aux États-Unis depuis la fin de la guerre froide par leurs interventions régulières dans les conflits à travers le monde et notamment au Proche-Orient. En 1991, « l'administration Bush [...] avait dépêché un demi-million d'hommes au secours d'un puits de pétrole nommé Koweït » (Document 2). Lors de la guerre du Koweït, l'intervention de la coalition onusienne réunie par les États-Unis avait rétabli l'intégrité territoriale du royaume en chassant les troupes irakiennes de Saddam Hussein. En 1993 à nouveau, les États-Unis avaient été les instigateurs de « la poignée de main israélo-palestinienne » (Document 1) entre le premier ministre israélien, Yitzhak Rabin, et le chef de l'Organisation de libération de la Palestine, Yasser Arafat, lors de la signature des accords d'Oslo que la mise en scène de Paris vient imiter (Document 2). La poignée de main d'Oslo rappelait elle-même celle des accords de « Camp David » (Document 1) en 1978, au cours desquels la paix entre

Israël et l'Egypte fut préparée. Toutefois, les États-Unis cherchent aussi à donner une place croissante à leurs alliés, en particulier européens. Cette volonté américaine explique que les États-Unis aient choisi d'abord de refuser le « moindre engagement » (Document 1) dans les conflits yougoslaves, laissant la main à l'UE. Finalement, c'est bien le caractère indispensable de Washington que mettent en évidence les deux documents, à travers la place centrale du président américain sur la photographie et le titre de l'article. [Paragraphe de transition] Les deux documents s'opposent cependant sur la vision de l'unité et du rôle international de l'UE dans le monde post-guerre froide. Certes, l'UE s'est désormais dotée des instruments pour intervenir dans les conflits, mais elle est loin d'être aussi unie et impliquée que le sont les États-Unis. C'est bien alors la puissance américaine qui détient les clés de la paix dans le monde.

2. L'échec de l'UE en ex-Yougoslavie

Les guerres qui s'engagent en Yougoslavie durant la première moitié des années 1990 constituent un test important pour la nouvelle diplomatie européenne. Si l'UE est amenée naturellement à jouer un rôle clé en faveur de la paix sur le continent et en particulier lors aux accords de Paris (Document 2), elle ne parvient cependant pas à surmonter ses divisions pour résoudre seule les conflits (Documents 1). Les guerres de Yougoslavie constituent donc pour l'UE un échec dont il convient d'éclairer les raisons. **[Introduction de la partie]**

Les deux documents montrent bien l'importance clé de ces conflits pour la diplomatie européenne. Le texte souligne ainsi qu'il s'agit pour elle du « premier test venu », tandis que la photographie met en évidence l'écho international de la cérémonie de Paris. Ces conflits marquent en effet le retour de la guerre sur le continent européen, alors qu'elle en était absente depuis 1945. « Le conflit dans l'ex-Yougoslavie éclate » (Document 1) en 1991, quelques mois avant la chute de l'URSS. La Fédération yougoslave se délite progressivement avec les indépendances successives de la Slovénie, de la Croatie, puis de la Bosnie. L'intervention de l'armée fédérale sous domination serbe conduit à des conflits armés durables au sein des différentes républiques, en particulier en Bosnie où s'affrontent trois camps soutenus par les trois républiques dont les représentants se trouvent sur la photographie : le président serbe Slobodan Milosevic, le président croate Franjo Tudjman et le président bosniaque Alija Izetbegovic (Document 2). L'hostilité entre les différents camps se lit dans la poignée de main assez lointaine et très peu cordiale qu'échangent les ennemis d'hier, Milosevic et Tudjman. Il s'agit d'un geste purement protocolaire et formel destiné à sceller l'accord. Izetbegovic observe la scène avec satisfaction, mais sans un sourire. Les sacrifices consentis par les peuples des trois républiques durant quatre années de guerres meurtrières, ainsi que le nettoyage ethnique des populations par des milices paramilitaires, expliquent l'animosité durable et perceptible entre ces acteurs.

Malgré sa dimension de guerre civile, le conflit yougoslave est aussi « un conflit bien européen » (Document 1) auquel la CEE, puis l'UE ont tenté de mettre fin en intervenant dès 1992. L'UE a notamment envoyé des Casques bleus britanniques, néerlandais, espagnols, ukrainiens et français [...] sur le terrain » (Document 1). Les armées européennes ont ainsi été engagées dans un premier temps sous le commandement de l'ONU, non pour mettre fin au conflit, mais pour protéger les convois humanitaires, nourrir et soigner les populations. Ces Casques bleus ont néanmoins été parfois pris à partie ou ont été les témoins impuissants des atrocités commises par les belligérants contre les civils comme lors du siège de Sarajevo ou du massacre de Srebrenica. C'est précisément cet attentisme que critique le journaliste du *Monde* en soulignant que « l'Europe [a affiché] son impuissance ». Il insiste en outre sur le fait que ces questions « exaspèrent » les responsables européens en soulignant leurs responsabilités. Cette impuissance s'explique essentiellement par les « divisions politiques » européennes. En effet, les différentes puissances européennes ont choisi de soutenir des camps opposés : l'Allemagne a reconnu presque immédiatement la Slovénie et la Croatie, tandis que la France et la Grande-Bretagne ont choisi de soutenir l'intégrité de la fédération yougoslave dominée par la Serbie. Incapables de s'accorder entre eux, les Européens se sont ainsi principalement concentrés sur l'aide humanitaire pour limiter les conséquences du conflit sans pouvoir y mettre un terme. Contrairement à l'unité de façade retrouvée sur la photographie des accords de Paris (Document 2), la discorde entre les principales puissances continentales a donc bien conduit à ce « fiasco européen » (Document 1). Cet échec à rétablir la paix dans l'ex-Yougoslavie est également celui de la diplomatie européenne naissante et du mirage de la « nouvelle grande puissance » dénoncé par l'article du *Monde*.

Le premier document insiste enfin sur l'échec diplomatique de l'UE en soulignant que les Européens ont finalement dû se résigner à faire appel aux États-Unis et à l'OTAN : « L'administration Clinton n'intervient qu'à la demande expresse des Européens » (Document 1). S'étant tenue à l'écart du conflit, Washington intervient finalement en septembre 1995 par des frappes aériennes qui mettent fin à la progression des troupes ennemies en Bosnie et forcent les belligérants à rejoindre la table des négociations. Ces négociations constituent ensuite « un triomphe de la diplomatie américaine » puisqu'elles se déroulent à Dayton dans l'Ohio, loin de l'Europe donc. Une fois encore, la photographie de la cérémonie est largement trompeuse. La signature des accords à Paris le 14 décembre répond à une demande européenne – française principalement –, mais ne doit pas faire illusion sur l'origine des accords de paix. La photographie présente également Bill Clinton en faiseur de paix désintéressé, alors même que les États-Unis ont également cherché à défendre leurs intérêts en intervenant dans le conflit yougoslave. L'article du *Monde* souligne certes que le rôle des États-Unis dans les négociations ne doit pas être surestimé, puisque le plan de paix avait été préalablement établi par les Européens, sans que ces derniers soient toutefois capables de l'imposer. Le document 1 insiste toutefois sur les intérêts propres des États-Unis, en particulier pour « l'avenir de l'OTAN » et leur « leadership sur l'Alliance Atlantique ». La reconfiguration des menaces mondiales après la disparition de l'URSS rend moins nécessaire une alliance militaire qui retrouve alors une fonction en évoluant d'une force de défense frontalière en Europe à une force de maintien de la paix et d'intervention dans les conflits asymétriques. À ce titre également, les guerres de Yougoslavie ont ainsi conduit à établir la nouvelle donne stratégique internationale post-guerre froide.

Conclusion

La confrontation des deux documents met en évidence les difficultés de la diplomatie européenne naissante après 1992. Ils soulignent en particulier le décalage existant entre ses ambitions de puissance pacifique et la réalité de ses moyens d'intervention dans les conflits armés. Ils confirment la restructuration des rapports de forces internationaux au profit d'une « hyperpuissance » américaine durant la première moitié des années 1990. Les guerres de Yougoslavie constituent ainsi un échec indubitable pour l'UE qui reflète les divisions internes de ses membres face à la complexité de la crise yougoslave. Ce « fiasco » marque durablement la politique étrangère et de sécurité commune, ainsi que l'image de l'Europe dans le monde. L'UE confirme alors qu'elle est une puissance économique, mais toujours un nain politique. **[Bilan]** Les leçons de la crise yougoslave ont été progressivement tirées pour compléter le traité de Maastricht et développer la politique européenne de sécurité et de défense (PESD) depuis le traité de Lisbonne en 2007. L'UE a également déployé des forces aériennes au-dessus de la Baltique pour protéger l'espace aérien de ses États membres. La crise ukrainienne en 2014 et l'annexion de la Crimée par la Russie est toutefois venue rappeler les limites de la défense européenne hors des frontières de l'UE. La route semble donc encore longue pour réaliser le programme d'« Europepuissance » reformulé en décembre 2019 par la nouvelle présidente de la Commission européenne, Ursula von der Leyen. **[Ouverture]**

Devoir d'un étudiant réalisé sur le même sujet

Commentaire

Ce devoir a retenu l'attention du jury pour son respect de la méthode et le juste équilibre trouvé entre l'analyse des documents et l'apport de connaissances extérieures. Il manque cependant quelques nuances et l'interprétation des documents aurait pu être davantage discutée. Ce devoir aurait pu être plus précis, en mettant en avant le soutien de l'Allemagne aux Croates et aux Slovènes alors que la France a soutenu un temps les Serbes. En mentionnant que les accords ont été signés à Paris avec la présence des dirigeants européens, le devoir aurait pu également faire preuve de davantage de nuances en mettant en évidence une réelle volonté des pays européens de s'affirmer dans le règlement du conflit. Il aurait également été possible d'élargir sur le rôle des États-Unis en tant que gendarme du monde, après ses interventions dans la guerre du Golfe ou dans le conflit israélo-palestinien à travers les accords d'Oslo.

Introduction

En 1993, étaient signés les accords d'Oslo entre Israël et la Palestine, sous l'égide de Bill Clinton, président des États-Unis dans le but d'instaurer un état de paix entre les deux pays. Le 27 novembre 1995, le même Bill Clinton annonçait la fin de la guerre ethnique en Yougoslavie entre Croates, Serbes et Bosniaques. Les deux documents rendent compte de cette action diplomatique du président de la première puissance mondiale. Le premier document est un article de presse publié dans le quotidien *Le Monde* le 23 novembre 1995, relatant les accords de paix de Dayton, négociés aux États-Unis. Cet article défend l'idée que l'Union européenne n'a pas tenu ni son rang, ni ses ambitions internationales. Sur le sol même de l'Europe, c'est aux États-Unis que revient la mission de trouver un accord entre les belligérants. Le deuxième document confirme la place centrale qu'occupe Bill Clinton. Il s'agit d'une photographie prise le 14 décembre 1995, lors des accords de Paris et sur laquelle on peut voir Slobodan Milosevic, le président serbe, Franjo Tudjman, le président croate et Alija Izetbegovic, le président bosniaque. Plusieurs Européens sont également présents, parmi lesquels le président de la République française Jacques Chirac, le chancelier allemand Helmut Kohl ou encore le Premier ministre britannique John Major. Mais, la mise en scène met en avant le rôle joué par Bill Clinton dans la négociation de ces accords. Ces derniers mettent fin à la guerre en Bosnie qui avait débuté en 1991 à la suite de la déclaration d'indépendance de plusieurs nations de Yougoslavie. Mosaïque de peuples traditions culturelles et religieuses diverses que la dictature de Tito était parvenue à contenir, la Yougoslavie éclate après le délitement de l'URSS. La volonté d'indépendance de la Bosnie entraînait bientôt le conflit le plus meurtrier que l'Europe ait connu depuis la Seconde Guerre mondiale. **[Présentation et contextualisation des documents]** Pourquoi l'Europe a-t-elle joué un rôle si mineur dans la résolution de ce conflit alors même qu'elle avait pour ambition de s'affirmer sur la scène internationale ? **[Problématique]** Freinée par ses divisions internes, l'Union européenne n'a eu d'autres choix que de solliciter l'intervention de tierces parties pour résoudre ce conflit à ses portes. **[annonce du plan]**

1re partie

L'article du *Monde* évoque d'emblée « un fiasco européen » pour qualifier le rôle joué par l'organisation de la résolution du conflit en ex-Yougoslavie. Cela sous-entend donc que l'Union européenne n'a pas eu un rôle prépondérant. Pourtant, comme le souligne l'article, l'Union européenne avait pour ambition « de se doter des instruments qui lui permettront de se faire entendre sur la scène internationale ». Il fait par ailleurs mention du « discours maastrichtien », du nom du traité éponyme signé le 7 février 1992 dans la ville de Maastricht. Celui-ci avait pour ambition d'achever d'une part l'unification économique de l'Europe, notamment par la création d'une monnaie unique, et d'autre part de réaliser une réelle entité politique, avec la création de la citoyenneté européenne notamment. Ce traité vise également à la mise en place progressive d'une politique étrangère commune, la politique étrangère et de sécurité commune (PESC), susceptible de conduire le moment venu à une défense commune. Néanmoins, dès la phase de ratification du traité, ces limites sont apparues. Le traité est ainsi accepté par les Français d'extrême justesse alors que le Danemark l'a refusé ; il n'entre donc finalement vigueur qu'au 1er novembre 1993.

Ces failles se sont affichées au grand jour avec le conflit en Bosnie. L'article affirme même que « le premier test venu, l'Europe affiche, son impuissance ». En effet, les divisions au sein de l'Union étaient assez fortes et ses membres n'ont pas réussi à trouver un terrain commun pour parler d'une même voix. Elle n'est pas parvenue à trouver une politique commune et son poids dans le conflit est resté très limité. Le document iconographique en témoigne. Sur celui-ci, les chefs d'État des pays de l'UE que sont Jacques Chirac, Helmut Kohl et John Major apparaissent en retrait. Ils se trouvent à l'arrière-plan, derrière les dirigeants serbes, croates et bosniaques. Ils sont peu visibles car effacés par ces derniers. Par ailleurs, ils ont une attitude qui semble humble et qui pourrait témoigner d'une moindre implication dans le conflit. L'Europe n'a en effet pas pu jouer un rôle central de réconciliateur.

2e partie

Face à cet échec européen, il est alors apparu indispensable que des acteurs tiers interviennent pour résoudre ce conflit.

L'article mentionne ainsi, que depuis quatre ans, ce sont notamment des Casques bleus qui interviennent pour venir en aide aux populations. Les casques bleus ont donc été envoyés en ex-Yougoslavie dans le cadre d'une intervention de l'organisation des Nations unies. Cette intervention des Casques bleus britanniques, néerlandais, espagnol et français témoigne donc de l'implication individuelle des États européens mais ce n'est pas l'Union européenne qui a fédéré ses membres à agir conjointement. Cela souligne davantage encore son impuissance et le besoin qu'elle a d'avoir l'appui d'autres organisations internationales. L'Union européenne n'est donc pas parvenue à créer une armée commune pour intervenir dans la guerre en Bosnie. Les divisions étaient trop fortes et chaque État membre a envoyé ses propres Casques bleus. Le même phénomène s'est reproduit lors de l'intervention de l'OTAN pour combattre les milices serbes.

Ainsi, comme le souligne l'article, c'est l'action des États-Unis qui a permis la signature des accords de paix entre les belligérants. « C'est cette fois un conflit bien européen que les États-Unis contribuent de façon décisive à éteindre. » en effet, les accords de paix ont été négociés sur la base américaine de Dayton, en étroite collaboration avec Bill Clinton. La photographie témoigne aussi du rôle majeur joué par le président des États-Unis. Ce dernier a une attitude satisfaite. Il semble triomphant. Il n'est caché par aucun autre chef d'État, contrairement aux Européens. Il est en arrière des acteurs principaux que sont les dirigeants serbes, croates et bosniaques. Néanmoins, sa position centrale témoigne de son rôle important. Les dirigeants européens ont donc eu besoin de l'aide des États-Unis qui se sont affirmés comme les gendarmes du monde au cours des années 1990.

Conclusion

Si l'Union européenne, à travers la signature du traité de Maastricht, affichait l'ambition de parler d'une même voix et de mettre en place une politique étrangère commune, les divisions en son sein ont donné un coup d'arrêt à cette volonté. Le conflit en ex-Yougoslavie est le premier révélateur des difficultés à mettre en œuvre une diplomatie mondiale européenne et une véritable politique de défense commune. L'intervention de l'ONU, puis des États-Unis dans le conflit soulignent encore davantage l'impuissance de l'ensemble européen. **[Bilan]** À plusieurs reprises, les États européens ont ainsi pu afficher leurs désaccords face aux situations internationales. La crise irakienne de 2003 a une fois de plus permis de démontrer l'importance des divisions entre les pays membres de l'Union européenne. Alors que la France et l'Allemagne étaient opposées à une intervention en Irak, le Royaume-Uni et l'Espagne ont décidé de s'engager aux côtés des États-Unis. **[Ouverture]**

Partie

3

L'épreuve d'anglais au concours commun

- Descriptif de l'épreuve
- Méthodologie
- Progresser en anglais
- Acquérir des connaissances
- Sujets d'entraînement

1 Descriptif de l'épreuve

1 L'esprit de l'épreuve

a. De quoi est composée l'épreuve d'anglais ?

Durée de l'épreuve : 1 h

Coefficient : 1,5

Conditions : aucun document autorisé

Description de l'épreuve : l'épreuve d'anglais au concours est basée sur l'étude d'un article récent, tiré de la presse anglo-saxonne. Elle est maintenant composée de deux exercices indépendants. En effet, le traditionnel exercice de synonymes a disparu depuis la réforme de 2019.

Il vous est demandé de :

- Rédiger un *essay* à l'anglo-saxonne (« ***Essay*/14pts** »), c'est-à-dire un texte court et argumenté qui répondra à une question en rapport avec l'article étudié et dans lequel vous devez défendre un point de vue personnel dans une limite de plus ou moins 300 mots.
- Répondre à des questions de compréhension portant sur un article de presse (« ***Reading comprehension*/6pts** »).

2 Les compétences attendues

a. Qu'en dit le rapport de jury ?

Il est primordial, quand on est candidat à un concours de s'intéresser aux rapports de jury. Ceux du concours commun sont disponibles à l'adresse suivante : https://www.reseau-scpo.fr/rapports-de-jury

Voici ce que le jury précise dans son rapport de 2020 :

« On attend des étudiant(e)s qu'ils manifestent un intérêt pour les langues et les civilisations étrangères. Ils suivent des cours de langues vivantes une fois dans leur école. Un très bon niveau d'anglais est néanmoins indispensable dès l'entrée dans l'une des Sciences Po du réseau. »

Le jury, dans ses différents rapports, ne fait guère de mystère sur le fait que ce qui prime, dans ce qui est en tout premier lieu une épreuve de langue vivante, demeure **la maîtrise linguistique**.

Par ailleurs, ce sera votre capacité à mobiliser vos **connaissances en civilisation, histoire, géographie ou culture littéraire** acquises tout au long de votre scolarité et durant cette année de préparation qui permettra au jury de départager les candidats.

C'est donc **une alliance du fond et de la forme** qui va constituer votre objectif à atteindre au terme de cette préparation.

b. La forme

La compétence linguistique

Il n'est évidemment pas nécessaire d'être bilingue afin d'espérer obtenir une note correcte à cette épreuve mais il n'en demeure pas moins que les copies valorisées seront celles dont les réponses et l'*essay* seront les plus corrects possible sur le plan linguistique.

Ce qu'en dit le jury

Comme tous les ans, les correcteurs regrettent que trop de copies fassent état d'une langue trop mal maîtrisée : lexique pauvre et non-respect de règles syntaxiques parfois élémentaires (le fameux -s à la troisième personne du singulier, les règles d'accord ou l'usage des articles en anglais).

Rapport de Jury 2019

Il est donc impératif, si l'on espère intégrer un IEP, d'opérer un travail de fond et de remédiation si vos bases lexicales et grammaticales sont fragiles. Le cas échéant nous vous conseillons de consacrer une bonne partie de vos révisions à ce renforcement linguistique. Nous proposerons ici des outils lexicaux et grammaticaux, mais ils ne substitueront en rien à un travail régulier en cours et personnel par le biais de vos propres lectures.

Question de candidat

Quel est le niveau du cadre européen attendu au concours ?

Le jury estime que les questions de compréhension de texte au concours visent à évaluer un niveau B2. Toutefois, dans la mesure précisément où il s'agit d'un concours, c'est une logique de classement qui prime, plutôt qu'une exigence de niveau dans l'absolu. Le niveau des candidats reçus peut ainsi être plus ou moins élevé d'une année sur l'autre. Cela dit, il est certain qu'il faut aspirer à atteindre au minimum un solide B2. Atteindre un niveau C1 serait ainsi un atout précieux pour engranger des points dans cette matière.

La méthode

Le jury souligne l'importance de la méthode et de la capacité à structurer sa pensée. Une bonne compréhension des règles de l'*essay* par exemple vous permettra de mettre en valeur votre réflexion et votre culture générale.

> **Ce qu'en dit le jury**
>
> L'exposé doit être construit et argumenté (brève construction, problématique, structuration ou fil conducteur).
>
> *Rapport de Jury 2014*

Si vous parvenez à intégrer les attentes des jurys et à appliquer à votre travail les méthodes spécifiques à chaque exercice, il est fort probable que vos efforts de problématisation et de clarté soient fortement valorisés.

c. Le fond

La compréhension d'articles de presse, ainsi que la rédaction d'un *essay* sur un sujet de société présuppose que vous êtes en mesure de faire des références précises à l'actualité, l'histoire, les institutions, les sociétés ou toutes autres connaissances pertinentes pour le sujet que vous auriez acquises dans une autre matière. Vous devrez être capable de faire le lien entre histoire et actualité, et d'analyser les problématiques soulevées à partir de toutes ces connaissances.

> **Ce qu'en dit le jury**
>
> Les correcteurs attendent, enfin, d'un futur étudiant en sciences politiques un certain recul lié à l'esprit critique et un effort d'engagement pour une réflexion plus personnalisée.
>
> *Rapport de Jury 2014*

Il s'agit non pas de « plaquer » un cours appris en amont mais de savoir utiliser à bon escient des connaissances que vous aurez accumulées au fil de vos lectures fréquentes de la presse en tout premier lieu. Il faudra donc éviter tout discours généralisant (manque d'esprit critique), stéréotypé (manque de recul) ou appris par cœur (manque de réflexion).

Un travail au long cours vous attend afin d'acquérir une connaissance suffisamment grande de l'actualité et des grands enjeux du monde d'aujourd'hui. Ce travail passera par la lecture d'articles aux sources variées sans peut-être négliger la consultation de manuels spécialisés en civilisation américaine et britannique.

2 Méthodologie

1 L'article

Votre sujet de concours aura pour base un article de presse plutôt **récent** (datant d'une période allant du mois d'octobre et février précédant le concours) sur un thème de **politique et/ou de société.**

Les articles retenus au concours sont le plus souvent issus de la **presse généraliste de qualité** (*broadsheet newspapers*) américaine ou britannique de type *The Times, The Guardian, The New York Times*. Toutefois, rien ne garantit une incursion hors des sentiers battus comme l'a prouvé le sujet d'examen d'entrée en 2e année de 2016 tiré du quotidien canadien *The Globe and Mail* qui portait sur le « Partenariat transpacifique » ou TPP.

a. Comment aborder le texte ?

Ce qu'en dit le jury

Une majorité des correcteurs insiste sur la nécessité de consacrer un temps important à la lecture et à la relecture de l'article proposé avant de commencer à rédiger. La bonne méthode consiste à examiner attentivement consignes et questions afin d'orienter de façon stratégique la lecture de l'article et d'éviter les hors-sujets.

Rapport de Jury 2019

Avant de vous précipiter sur les questions posées, vous devez vous faire une idée précise du texte lui-même.

Step one

Portez une attention particulière au titre mais aussi au sous-titre qui, en particulier dans le cadre d'articles de presse, contiennent souvent l'essence du texte ou le point de vue du journaliste. Gardez-les bien en tête, ils feront office de garde-fou et pourront peut-être vous éviter de commettre des contre-sens lors de vos interprétations de l'article.

Soyez également attentifs à la source et à la date de publication du texte, qui peuvent être significatifs. La date doit être retenue pour éviter tout anachronisme.

Step two

Lisez le texte une première fois dans sa totalité, sans paniquer au moindre terme inconnu, car il y en aura très vraisemblablement beaucoup et cela est tout à fait normal.

Rappelez-vous que les introductions et conclusions d'un article sont, comme dans une dissertation/*essay* les endroits de choix pour la description des enjeux et des intentions. Il est donc avisé de s'y attarder un peu.

À l'issue de cette première lecture, vous devez avoir repéré :

- le sujet de l'article, le phénomène décrit et/ou la base évènementielle qui a motivé sa rédaction ;
- le contexte : lieu(x) et époque(s) décrits ;
- les personnes ou les représentants mentionnés.

Step three

Intéressez-vous maintenant aux questions de compréhension mais aussi au sujet d'*essay* afin de lancer la machine (votre cerveau commencera sa recherche thématique en toile de fond).

Lisez toutes les questions avec attention.

Step four

Une seconde lecture sans interruption de la totalité du texte doit vous mener à identifier les passages qui vous permettront de répondre à ces questions. Il faut toutefois garder en tête que des éléments de réponse à une même question peuvent se situer à différents endroits du texte.

Une fois les clés du texte en main, vous pourrez vous consacrer à la rédaction de vos réponses.

Petit historique des sujets d'anglais au concours commun.

Année	Thématique	Sujet d'essay	Source
2008	La race et le genre aux élections américaines	*Race and gender as structuring factors of elections : a typically American reality?*	***The Washington Post (USA)***
2009	Libertés individuelles vs sécurité	*Should freedom be the price to pay for security?*	***The Guardian (UK)***
2010	Écologie, solution ou exagération ?	*Is going green a wise solution to saving the planet? Can the planet be « saved » after all? Isn't it subversive to denounce the pessimistic description of our polluted planet as vastly exaggerated?*	***The Times (UK)***
2011	La crise économique et son impact sur l'état providence	*In the late 1920s and early 1930s in the US and in France, the economic crisis led to state interventionism, the implementation of social policies, and ultimately their consolidation into the welfare state. Why should the crisis of 2008 not produce a revival or reinvention of the Welfare State but rather a conservative turn?*	***The New York Times (USA)***

Année	Thématique	Sujet d'essay	Source
2012	De l'efficacité des attaques personnelles dans les campagnes présidentielles (USA et monde)	*Mitt Romney has chosen to base a great deal of his nomination campaign on attacks on President Obama. Taking a look back at previous presidential campaigns, in the U.S. or elsewhere in the world, would you argue that this is an effective approach? Justify and illustrate your answer*	***The New York Times (USA)***
2013	Mouvements indépendantistes, une menace pour l'UE ?	*To what extent do you think that nationalist/ independence movements in Europe can be considered as a threat to European integration?*	***The New Statesman (UK)***
2014	Débat sur l'état-providence : est-ce un luxe aujourd'hui ?	*The sentiment that « welfare » is a luxury we can no longer afford seems to be gaining ground. Drawing on examples from various countries, discuss what is at stake in the debate around the Welfare State.*	***The Guardian (UK)***
2015	Débat sur le statut des *whistleblowers* (lanceurs d'alerte) tels qu'Edward Snowden	*Some consider whistleblowers as heroes of the war on corporate and government secrecy and corruption, others as self-appointed vigilantes in a futile and dangerous struggle to impose complete transparency. From your reading of the article and by drawing on recent examples in world news, defend and develop your personal position.*	***Rolling Stone (USA)***
2016	Débat sur la liberté de parole et les discours de haine au RU, étendu à l'UE et les USA	*Should Western democracies - where tolerance and freedom of speech are core principles - combat hate speech through democratic debate or by issuing bans? Feel free to refer to the history of tolerance and speech rights in the UK, but also in the USA, France, or other countries.*	***The Guardian (UK)***
2017	Question sur les relations entre Europe et Royaume-Uni dans le cadre du Brexit	*In what ways is Brexit the result of a troubled relationship between the UK and its European partners?*	***The Guardian (UK)***
2018	De la persistance du racisme dans notre société moderne	*To what extent can we say that racism remains a major challenge to be overcome?*	***The New York Times (USA)***
2019	Question de l'éducation vue aujourd'hui comme un ascenseur social en panne	*To what extent does education promote social mobility in today's world?*	***The Guardian (UK)***

Année	Thématique	Sujet d'essay	Source
2019 bis	Débat sur le maintien des monarchies en Europe	*Has the monarchy become an outdated institution?*	***The Guardian (UK)***
2021	Le débat sur la réforme de la police	*Do you think that "defunding" the police is desirable and/or realistic?*	***The Chicago Tribune (US)***

b. Remarques

Il se dégage de l'observation des sujets sur une période de plus d'une dizaine d'années de grandes tendances :

- **Certains quotidiens sont des terrains de jeu de prédilection des jurys**, à savoir *The Guardian* pour la sphère britannique et *The New York Times* pour la sphère américaine. Il semble dès lors judicieux de privilégier la lecture de ces deux journaux, d'autant que l'accès au *Guardian* en ligne est gratuit. Pour ce qui est du *NY Times*, il vous donne l'accès à cinq de ses articles gratuitement avant de vous demander de vous abonner.
- **Un sujet sortant de la sphère américaine ou britannique demeure peu probable.** Bien que cela puisse en rassurer certains, il ne faut néanmoins pas négliger de connaître les grandes figures et problématiques au Canada, en Australie/Nouvelle Zélande ou en Afrique du Sud.

Question de candidat

Je trouve la lecture d'articles de presse très difficile, est-ce normal ?

Il est tout à fait normal que votre premier ressenti vous inquiète si vous n'avez pas l'habitude de lire la presse en anglais. C'est une habitude à prendre et il faut en premier lieu vous familiariser avec un lexique et des formules idiomatiques qui sont différents de ce que vous pourrez rencontrer au lycée. Il n'y a pas d'autres solutions que de persévérer et parfois utiliser le dictionnaire tout en prenant note des mots intéressants que vous rencontrerez. Après un certain temps, vous vous rendrez compte que beaucoup de mots et expressions reviennent très souvent. J'insiste sur le fait qu'il faut que vous acceptiez de ne pas tout comprendre. Tâchez de deviner le sens des mots que vous ne connaissez pas et poursuivez votre lecture même si vous ne comprenez pas tout. Il en sera de même le jour du concours ! Practice makes perfect !

2 Les questions de compréhension

a. Lire les questions

Rappelez-vous, il faut avoir pris connaissance des questions avant de procéder à la seconde lecture de l'article.

Étudiez chacune avec une attention particulière : **ne vous contentez pas de saisir vaguement l'idée**. Les premiers écueils à éviter sont le contresens ou le hors-sujet : analysez chaque terme. Il est essentiel de ne pas se précipiter et de bien identifier ce qui vous est demandé, afin de ne pas vous répéter d'une réponse à l'autre. Une fois cette analyse faite, appliquez les questions au texte.

Ce qu'en dit le jury

Les [...] questions posées peuvent être de portée générale (point de vue, stratégie dissuasive, type de texte...). Elles peuvent également concerner un court extrait qu'il convient alors d'expliciter. Les candidats peuvent être amenés à mobiliser des connaissances sur la région du monde où la langue est pratiquée, d'où l'intérêt d'être au fait de l'actualité et de posséder un minimum de repères (civilisationnels ou historiques). Les réponses doivent être précises, courtes et justifiées.

La paraphrase est totalement à exclure.

Rapport de Jury 2014

b. Répondre aux questions

Il est temps de relire le texte avec les questions à l'esprit. Vous utiliserez cette lecture pour identifier le ou les passages en lien avec les différentes questions. Surlignez de différentes couleurs ou numérotez en fonction de la question auquel le passage répond.

En fonction des questions, le jury veut évaluer des compétences de compréhension différentes :

- Si vous comprenez l'idée essentielle du texte ;
- Si vous savez repérer des informations précises dans l'article ;
- Si vous savez reformuler une partie/une citation du texte ;
- Si vous savez dégager l'implicite du message de l'article (2pts).

Attention, **les questions posées ne suivent pas forcément la chronologie de l'article**. Elles peuvent également impliquer des éléments de réponse dispersés dans l'ensemble du texte.

Répondez aux questions qui vous semblent les plus simples. Toutefois, **il ne suffit pas seulement de repérer les éléments de réponse mais aussi les reformuler.** Inutile de juxtaposer des bouts de phrases du texte original – avec ou sans guillemets – ou de parler vaguement du thème en question : vous êtes aussi évalué sur votre capacité à exprimer la réponse dans une langue claire et pertinente. Votre brouillon à ce stade ne doit servir qu'à organiser vos éléments de réponse et vos idées sous forme de tirets, de carte mentale composée de mots-clés. **Essayez de rédiger directement sur votre copie.**

Ceci fait, attaquez-vous aux questions les plus complexes. Ce sont souvent celles qui apportent le plus de points et qui ont pour but de départager les candidats. Reportez-vous aux passages que vous avez identifiés comme en lien avec ces questions et travaillez ces parties de façon plus approfondie. Il se peut alors que vous ayez à relire le texte dans son intégralité, une ou deux fois en fonction du temps dont vous disposez, afin de vérifier qu'aucun élément de réponse n'a été omis.

Ensuite, essayez de procéder comme avec les questions plus faciles et ne rédigez pas au brouillon. Contentez-vous, pour gagner du temps, de n'utiliser ce papier brouillon que pour structurer vos réponses.

c. Se relire

Savoir se relire efficacement n'est pas chose aisée. Cela demande de **se sortir mentalement de la tâche précédente et d'adopter un regard extérieur et critique sur son propre ouvrage**. Cognitivement, cela est souvent perçu comme une perte de temps, et encore davantage quand on est sous pression lors d'un concours. Cela n'en demeure pas moins une étape primordiale qui pourra vous permettre de gagner des points ou du moins ne pas en perdre bêtement.

Comment

Se relire efficacement

N'attendez pas d'avoir rédigé entièrement votre copie pour vous relire car vous allez vous relire « en diagonale » faute de temps et ne chasser aucune erreur. De plus ; vous êtes fatigué et votre capacité de vigilance est déjà bien entamée.

- Relisez-vous à chaque fois que vous allez à la ligne : à la fin de chaque question ou à la fin de chaque paragraphe dans le cas de l'*essay*. Des relectures courtes sont bien plus efficaces car elles concentrent votre effort de vigilance sur un temps plus réduit.
- Ne sous-estimez pas la capacité qu'a votre cerveau à compenser vos erreurs, à savoir réparer mentalement l'absence d'un déterminant voire d'un verbe lors de votre relecture. Pour ce faire, rien ne vaut une relecture subvocalisée. Relisez votre réponse/paragraphe comme si vous étiez un enfant lisant votre texte à haute voix, quitte à discrètement faire le mouvement des lèvres (sans parler évidemment) si vous l'assumez. Cela vous obligera à une certaine forme de conscience qui vous permettra de chasser un maximum de fautes.
- Relisez-vous à travers le prisme des erreurs que vous savez que vous faites. Si vous avez une tendance à systématiquement oublier les -s de pluriel ou de 3e personne du singulier, pourquoi pas faire une relecture spécifique à ce type d'erreur.

d. On recapitule ?

DO's et DON'TS des questions de compréhension

Don'ts ✗	Do's ✓
Paraphrase	***Reformuler***
Citer le journaliste ne prouve en rien votre compréhension du texte : s'y risquer vous expose à perdre tous les points de cette question.	– Même avec des guillemets, ne pas citer de mot du texte qui ne puisse pas être reformulé. – Employez vos propres mots pour expliciter ce qui est dit dans l'article.
Utiliser des éléments de réponse extérieurs	***Repérer s'il y a éléments de réponse à différents endroits du texte***
– Les questions portent sur le texte uniquement. – N'utilisez de connaissances personnelles que ce qui est nécessaire pour expliciter ce qui est implicite dans l'article. – Ne pas exprimer son opinion dans cet exercice (réservez cela pour l'*essay*).	– Cela est très souvent le cas. – Votre réponse doit alors proposer une synthèse de ces différents éléments. – Si votre réponse est incomplète, vous pouvez perdre jusqu'à la moitié des points pour cette question en fonction du barème.
Dépasser nombre de mots indiqués s'il en est	***Aller droit au but***
– Le jury confirme que des réponses trop longues seront sanctionnées. – Des réponses trop longues vont immanquablement donner lieu à du délayage.	– Pour ce faire, ne reprenez pas les termes de la question en guise d'amorce surtout si le nombre de mots est limité. – Clarifiez vos réponses grâce à des connecteurs logiques.
Répondre en une seule et longue phrase	***Fournir une réponse limpide***
– Les multiples enchâssements, les accumulations de propositions relatives conviennent moins bien à l'anglais qu'au français.	– Tâchez de fractionner vos phrases afin d'être plus clair. – Cela vous permettra peut-être également d'éviter des erreurs de syntaxe.
Se répéter	***Bien se relire***
Si vous êtes amené à vous répéter c'est que vous avez soit : – Mal réparti vos éléments de réponse ; – Manqué certains éléments de réponse du texte et il faut donc le relire.	– Bien que la compétence linguistique joue un rôle plus minime dans cet exercice, vous serez malgré tout pénalisé si vous ne vous exprimez pas clairement et que votre correcteur ne vous comprends qu'avec difficulté. – Afin d'avoir une relecture plus attentive et efficace, se relire après la rédaction de chaque question et ne pas attendre d'avoir tout rédigé.

Question de candidat

Que fait-on s'il n'y a pas de nombre de mots maximums indiqués ?

Dans ce cas-là, il est essentiel de faire attention à respecter un équilibre entre le nombre de points attribués à chaque question et le temps/espace que vous allez dévouer à la rédaction de vos réponses. La logique veut que des questions à deux points soient plus complexes que celles n'en valant qu'un seul. Elles attendront donc davantage d'éléments de réponse et de fait un développement plus long. On peut imaginer une réponse comprenant de 15 à 30 mots pour les questions à deux points. Inversement une question à un point attendra une réponse plus concise et synthétique (moins de 25 mots probablement). Attention, ces fourchettes de mots ne sont données qu'à titre indicatif et sous-entendent que tous les éléments de réponse ont été fournis de façon brève et précise.

3 L'essay

a. Méthode générale

L'*essay* constitue la partie la plus délicate de l'épreuve, d'abord pour une question de temps. Toutefois, ne la négligez surtout pas, car **elle représente presque les 2/3 (60 %) de la note**. Pensez donc à vous réserver suffisamment de temps pour traiter l'*essay* correctement, en effet les jurys déplorent que cette partie ait souvent l'air bâclée par manque de temps.

C'est un exercice d'expression personnelle et il faudra donc prêter attention à la qualité de la langue écrite. Il ne faut pas se le cacher, la forme est prépondérante et **la principale source de mauvaises notes est l'accumulation de fautes de grammaire et syntaxe**.

Le sujet qui vous est proposé n'est pas une dissertation : vous n'en auriez de toute manière pas le temps et le nombre de mots est trop limité pour cela. Le format de ce qui vous est demandé est de type « *essay* à l'anglo-saxonne » d'environ 300 mots à + ou – 10 %, ce qui vous autorise une fourchette de 270-330 mots.

Qu'est-ce qu'un *essay* à l'anglo-saxonne ?

C'est un court texte où vous êtes amené à **défendre votre point de vue** sans essayer de traiter la totalité des aspects liés à la question posée.

Vous devrez vous exprimer sur un sujet donné en développant une réponse structurée, claire, progressive et étayer votre argumentation d'exemples concrets puisés dans votre culture personnelle des sociétés et politiques américaines et britanniques.

Malgré le peu de temps, il n'est pas question de laisser libre cours à l'improvisation. Votre devoir doit être construit. Il s'agit en effet de **faire une véritable « démonstration », problématisée, argumentée, dynamique et nuancée de votre point de vue sur un sujet donné.**

Votre devoir doit donc aller d'un point de départ à un point d'arrivée, et non tourner en rond. Au moment où vous commencez la rédaction, vous devez avoir bien en tête votre objectif final.

Ce qu'en dit le jury

Le candidat doit développer son propos de manière structurée, faire preuve d'esprit critique et ne pas craindre l'engagement, très souvent absent des copies. Le correcteur attend au moins cela d'un futur étudiant de sciences politiques

Rapport de jury 2013

L'analyse du sujet

C'est une bonne habitude que de lire le sujet d'*essay*, si ce n'est en tout premier lieu dès que vous avez le sujet en main, au moins au moment où vous lisez les questions de compréhension afin de lancer inconsciemment le processus de réflexion.

Portez une attention toute particulière aux termes du sujet et à sa formulation. **Un sujet n'est pas uniquement une thématique.** Le croire pourrait vous amener à traiter un sujet voisin mais différent : ce serait alors le hors-sujet.

Cherchez à ne pas réduire trop rapidement votre sujet à une piste précise, essayez au contraire d'envisager la question posée sous tous ses aspects, de déceler tous les sous-entendus ou interprétations possibles. Cette phase cruciale ne peut pas vous prendre moins de 10 minutes au risque de tomber dans ce fameux hors-sujet qui sera malheureusement sévèrement sanctionné.

La rédaction

Ne rédigez pas tout au brouillon et veillez à rester clair et précis. Pour ce faire recourez aux articulateurs logiques (cf. chapitre « Articuler ses propos ») afin de mettre en valeur votre démonstration et menagez des transitions qui témoignent d'une progression logique. Si vous arrivez à faire sentir au correcteur que le débat progresse, il aura tendance à valoriser votre copie même s'il n'est pas d'accord avec vos arguments.

Relisez-vous régulièrement pour pouvoir corriger les fautes de langue au fur et à mesure et pour soigner la cohérence de votre propos. Mettez à profit les temps où vous êtes à court d'idées pour relire ce que vous venez d'écrire, cela offre en plus l'avantage de relancer votre réflexion.

La relecture

Celle-ci doit vous permettre de corriger le maximum de fautes de langue. Faites en particulier attention à la conjugaison des verbes, aux accords, à la concordance des temps, à la rigueur syntaxique (attention à ne pas oublier de mots !). Si vous avez bien analysé vos « erreurs typiques », vous aurez repéré des fautes que vous « faites tout le temps » et **pourrez procéder à une relecture ciblée.**

4 Passons maintenant ces trois étapes à la loupe

a. L'analyse du sujet

Les sujets proposés sont directement inspirés du texte que vous viendrez de lire.

- Lisez soigneusement le libellé.
- Interrogez-vous sur le sens de la phrase et posez-vous les questions suivantes :
  - À quel type de sujet avez-vous affaire ? Une question ouverte, fermée ? Le sujet est-il articulé autour d'une conjonction de coordination (*and/or*) ? Si tel est le cas, quel est le sens de cette coordination ?
  - Quels sont les mots-clés du sujet ? Définissez-les. Peuvent-ils avoir plusieurs sens ? Tous ces sens peuvent-ils être exploités ?
  - Y a-t-il des consignes particulières ? Qu'est-ce que la consigne vous invite-t-elle à faire ? Quel verbe ou expression est utilisé ?
  - En quoi la question soulevée se pose-t-elle aujourd'hui ? En quoi est-ce digne d'intérêt ?
- Tâchez ensuite de reformuler la question avec vos propres mots.
- Engagez-vous dans un *brainstorming* visant à mobiliser des idées qui vont se transformer en arguments.
- Choisissez des exemples auxquels adosser chacune de vos idées. Ils doivent être précis et être en adéquation avec ce que vous cherchez à démontrer.
- NB : Ne retenez pas les premiers exemples qui vous viennent à l'esprit, ce seront ceux que la plupart des candidats auront choisis. Poursuivez la réflexion ! De tout ceci, doit se détacher une idée à défendre : ce sera votre ligne directrice, votre destination.
- Veillez aussi à ne pas tomber dans le jugement de valeur.
- Dès lors on évite de tenir des propos du type : *« the revolting images », « the over aggressive behavior of ... », « the nauseating policy of ... », « people should know that... »*
- Une problématique se dégage, reformulez-la clairement.
- Organisez/Regroupez vos idées et établissez un plan, une feuille de route détaillée récapitulant vos parties, sous-parties, vos arguments et les exemples qui les illustrent.

Tâchez d'avoir une démarche qui va :

- du plus simple vers le plus complexe ;
- du plus explicite au plus implicite ;
- du plus général au plus détaillé ;
- du plus commun au plus personnel.

Tout est prêt, vous pouvez passer à la rédaction.

Les types d'énoncés

- *To what extent...?/In what ways...* : dans quelle mesure... ? jusqu'où ... ?

> Exemple : To what extent can we say that racism remains a major challenge to be overcome? (Sujet 2018)

Il y a ici une **notion de limite à explorer.** Ce type de sujet va très souvent vous inviter à nuancer les propos avancés dans le sujet.

- *Should*

> Exemple : Why should the crisis of 2008 not produce a revival or reinvention of the Welfare State but rather a conservative turn? (sujet 2011)

La présence **d'un auxiliaire de modalité présuppose une prise de position du locuteur.** C'est ce que vous oblige à faire ce type de sujets. Ici la combinaison de « why » et « should not » vous invite à **relever le paradoxe** de la situation évoquée.

- *Une yes-no question (question fermée)*

> Exemple : Has the monarchy become an outdated institution? (sujet 2019)

Ce type de sujets appelle comme dans les cas précédents une approche dialectique de la question. Vous **devez débattre de deux points de vue possibles en pesant le pour et le contre de façon nuancée pour aboutir à une synthèse.** Or, la limite des 300 mots vous permettant parfois difficilement de procéder à cela, vous pouvez opter pour un plan thématique en deux parties (avec souvent deux sous-parties) qui développeront chacune un aspect de votre démonstration.

- Cas particulier : Il y a des consignes en plus de la question posée

> Exemple : Mitt Romney has chosen to base a great deal of his nomination campaign on attacks on President Obama. **Taking a look back at previous presidential campaigns, in the U.S. or elsewhere in the world**, would you argue that this is an effective approach? Justify and illustrate your answer (sujet 2012)

Si on vous demande, comme c'était le cas en 2012, d'élargir votre réflexion à une « autre part dans le monde », vous vous devrez de puiser des exemples en dehors des États-Unis, le pays dont traitait l'article.

Question de Candidat

J'ai beaucoup de mal à trouver une problématique, comment m'y prendre ?

L'étape de la problématique est un stade qui bloque souvent les candidats. Pour aboutir à une problématique et bien l'amener dans votre introduction, vous devez d'abord vous assurer que vous avez bien compris le sujet et le démontrer à votre correcteur. Il est impératif de discuter tous les termes du sujet, de s'interroger sur la polysémie éventuelle des mots employés. Il est utile de reformuler le sujet, de se demander « Que me dit-on ? » « Pourquoi m'a-t-on posé cette question ? » « De quel constat est-ce que je veux (ou veux) partir ? » Pour cela, travaillez à partir du texte et à partir de vos connaissances. La problématique peut être définie par l'angle sous lequel vous voyez le sujet. Il n'existe pas de problématique unique sur un sujet donné : un même sujet peut être brillamment traité par deux candidats avec des problématiques fort différentes. En revanche chacune doit :

- *être spécifique au sujet (donc pas trop générale) ;*
- *présenter un point de vue personnel (mais pas trop extrême) ;*
- *mettre en valeur un paradoxe ou une relation contradictoire entre deux notions.*

Attention : ne perdez jamais votre problématique de vue une fois formulée.

b. La rédaction

Bien que plus souple dans sa construction que la dissertation à la française, il n'en demeure pas moins que l'*essay* exige que l'on respecte les 3 temps traditionnels : **introduction, développement et conclusion.**

L'introduction

Votre introduction doit **attirer l'attention de vos examinateurs**. Il est crucial de réussir ce passage obligé car la lecture de l'introduction produit nécessairement une première bonne ou mauvaise (voire très mauvaise) impression sur le correcteur et aura donc une grande incidence sur votre note finale.

Une introduction qui ne discute pas les termes du sujet, qui ne pose pas clairement la problématique et qui ne renseigne pas très explicitement sur l'agencement du développement (le plan) vous pénalise.

La réussite passe donc nécessairement par l'observation de ces 3 différentes étapes :

- L'accroche/the hook

Appelée « présentation du sujet », « mise en contexte », « entrée en matière » ou « accroche », il s'agit de votre premier contact avec votre lecteur. C'est une phrase introductive explicitant un contexte particulier lié au sujet ou un questionnement en lien direct avec le sujet qui vous est posé. Elle ne doit pas se transformer en une banalité sans intérêt.

Une accroche de type lieu commun n'invite pas à poursuivre la lecture ; il faut chercher une formule incisive (« catchy ») avec un exemple précis, le plus souvent un fait d'actualité.

Comment

Introduire le sujet

- Quand le sujet est très général, vous pouvez penser aux événements récents de l'actualité susceptibles de l'illustrer ; cela constitue une très bonne entrée en matière qui peut également servir de « fil rouge » à tout votre développement.
- Vous pouvez également ouvrir sur une donnée chiffrée, une citation, la définition d'un concept ou d'une notion culturelle comme « the American dream » ou « the Welfare state » si le sujet en contient une.
- Dans tous les cas, vous devez éviter dans les formulations trop attendues, les « phrases toutes faites » et généralités abusives de type : « Nowadays », « Man has always... », « We all know that... » etc.
- En dernier recours, vous pouvez, si le sujet vous y invite, parfois prendre appui sur l'article pour présenter le problème abordé.

Malgré tout, soyez brefs : l'essai doit tenir en 300 mots à + /- 10 %, ce qui est en effet relativement succinct, alors l'accroche ne doit pas excéder une phrase ou deux.

- La problématique/*the problem question*

À la suite de la présentation du sujet, vous énoncerez votre problématique de façon synthétique mais tout de même suffisamment explicite car, une fois encore, tous les enjeux du sujet doivent apparaître clairement à ce stade de l'introduction. Il est question ici d'une étape obligatoire dans la plupart des exercices universitaires en lettres et sciences humaines. Il s'agit certes d'une convention rhétorique, parfois artificielle, mais qui permet au correcteur d'évaluer la copie sur des qualités intellectuelles certaines.

Énoncez donc avec vos mots votre problématique et tâchez d'adapter sa formulation à ce que vous voudrez démontrer. Elle peut par exemple prendre la forme d'une phrase interrogative qui exprime le problème exposé, mais ce n'est pas obligatoire. C'est la question à laquelle répondra le développement. Attention, il faut une seule problématique par devoir.

Comment

Faire une bonne problématique

Il faut veiller à exprimer la problématique de façon claire et explicite, cela suppose également que c'est un passage clé où les erreurs d'orthographe et syntaxe seront du plus mauvais effet.

Attention donc aux :

- « this rises the question » à la place de « this RAISES the question ».
- « to what extend », « in what extent » à la place de « TO what extenT ».
- « we may wander » à la place de « we may wOnder ».
- « as to weather » à la place de « as to wHEther ».

De même, les phrases interrogatives indirectes couramment utilisées pour la formulation de problématique doivent respecter une syntaxe de phrase affirmative. Il n'y a pas d'inversion sujet/auxiliaire :

This leads us to wonder ~~how has the internet~~ changed news media outlets.

- This leads us to wonder HOW THE INTERNET HAS changed news media outlets.

Chez certains candidats, la problématique n'apparaît pas clairement faute de vocabulaire précis et d'une pensée nuancée :

~~« *Are social media a good thing or a bad thing for democracy?*~~ »

- To what extent do social media impact elections and democratic discourses?
- ou « Is distance-learning good or bad for students? »
- To what extent does e-learning qualify as a relevant process to provide and receive higher education training?

Limitez l'emploi de mots vagues dans la formulation des problématiques. Exit les mots tels que « people », « problem », « important » etc.

- L'annonce du plan/*the outline*

Indispensable dans une dissertation, l'annonce du plan considérée comme moins obligatoire pour un essai ; elle n'en demeure pas moins valorisante quand cela est fait avec efficacité. **Il est donc très recommandé d'annoncer sa démarche** en utilisant des connecteurs logiques à valeur de succession temporelle pour formuler une annonce de plan claire, et rapide.

Comment

Annoncer un plan

Les expressions très scolaires de type « in a first part/ the first place, I will discuss... ; then I will deal with ... and finally I will tackle... » sont à éviter.

- Préférez des constructions telles que « not only ..., but also... » qui conviennent très bien l'expression d'un point de vue ou « besides being ... X also..., while ... »

Soyez brefs : Comme pour l'entrée en matière, ne prenez qu'une phrase, deux au maximum pour annoncer vos grands axes. L'essentiel reste de rendre limpide la démarche engagée.

Le développement

Le corps de votre devoir devra **nécessairement être organisé en parties** (deux au minimum, trois en fonction du temps et de votre problématique) et sous-parties qui seront autant de paragraphes. Au brouillon, donnez un titre à chacune de vos parties : non pas uniquement un mot, mais une phrase/expression entière. Cela vous obligera tout au long de votre devoir à rester sur la lancée de votre problématique exposée en introduction et à ne pas tomber dans la simple description. Ces titres ne doivent pas figurer dans votre copie.

- Structurer sa pensée et rédiger en paragraphes

Ne perdez jamais de vue que votre développement doit suivre scrupuleusement le plan annoncé en introduction et qu'il est attendu de vous de structurer votre pensée.

- **La première phrase de votre première partie doit annoncer l'idée principale**, et résumer rapidement quel va être votre raisonnement (annoncez de quoi vont traiter les sous-parties).
- Après cette rapide introduction, commencez la première sous-partie. La règle de rédaction est la suivante : dès que vous énoncez une idée, associez-lui un exemple qui la justifie. Rappelez-vous : **une idée = un exemple**. Dès que vous passez à la sous-partie suivante, revenez à la ligne et suivez la même méthode que celle conseillée pour la sous-partie précédente.
- L'idéal est **de terminer votre première partie par une phrase de transition** : elle permet de faire le bilan de ce que vous avez dit et de montrer le lien avec la seconde partie.
- Votre première partie peut comprendre deux ou trois sous-parties mais compte tenu de la brièveté imposée de l'*essay*, deux sous-parties sont tout à fait acceptables.
- La seconde partie de votre *essay* sera bien sûr celle annoncée à la fin de l'introduction. Le corps de cette partie s'organise comme celui de la précédente.
- Ayez toujours le souci d'être compris par votre lecteur. Ce qui vous semble être une évidence ne le sera peut-être pas pour celui qui vous lira**. Les articulations logiques, notamment, souligneront le cheminement de votre raisonnement**.

Ce qu'en dit le jury

La dernière partie de l'épreuve propose aux candidats un sujet d'expression écrite. La rédaction est limitée à 300 mots (avec une marge de plus ou moins 10 %). Donné dans le prolongement du texte proposé, il a pour but d'évaluer les qualités rédactionnelles de ces derniers.

Rapport de Jury 2014

La présentation

La copie doit être agréable à lire, à tous les points de vue (graphie et clarté de la démarche) : à ce sujet, n'oubliez pas l'effet désastreux qu'une écriture illisible peut avoir sur un correcteur fatigué.

Pour éviter que votre *essay* n'apparaisse comme un bloc indigeste au correcteur, vous sauterez deux lignes entre l'introduction et le développement ainsi qu'entre le développement et la conclusion. Vous sauterez une ligne uniquement entre vos différentes parties. De même, vous matérialiserez les sous-parties de l'introduction et du développement par un retrait de ligne et d'un alinéa, c'est-à-dire un retrait d'espace au début de sa première ligne.

Visualisez la présentation

Retrait à la ligne et alinéa pour les sous-parties.

Saut de 2 lignes entre l'introduction et le développement puis entre le développement et la conclusion.

Les parties et sous-parties sont équilibrées en taille.

Saut d'1 seule ligne entre à les grandes parties du corps du devoir.

After the 2008 financial crisis the world witnessed a wave of social unrest in Greece where a draconian program of austerity was adopted. This agreement between the Greek government, the EU and the IMF included wage and pension cuts that unfairly targeted the poor and triggered mass rioting in Athens streets.

Yet 70 years before, the 1929 Crash and the crisis that followed had positive aftermath and saw the emergence of social progress. On that account we may wonder why collective rights are today under attack and traditional conservative values gain momentum.

Today's crisis generated increasing interest in Keynesian economics with what was announced by The Financial Times as the 'death of global free market'. For instance, Barack Obama operated a plan for extensive spending to combat recession. Unfortunately, this summer the national deficit hit the record of $1.42 trillion that became a major argument for his opponents to counter his projects to assist the American economy.

From many aspects, a greater number of people tend to think that economic recovery is a major priority while relief programs can wait for a return to economic growth. Moreover, today's modern context of global ultra-capitalism makes it harder to manage reflation policies with the control of world organization as the IMF. Like David Cameron's government, many administrations chose to focus on spending cuts and especially welfare costs instead of boosting consumption that would apply for most of its part to imported manufactured goods.

From a sociological point of view, the economic troubles caused obvious changes. The confidence crisis that has developed the last few years between individuals and institutions dramatically worsened. In a country like the USA, where individualism and competition are cornerstone values of the nation, there is high skepticism regarding anything that requires regulation like Obama's Health Care Reform.

In addition, a period of economic depression is a time when temptation is great for many to withdraw into themselves and distrust others. The lack of sympathy and reject of public responsibility may easily lead to growing intolerance between individuals. Some may turn to religious fundamentalism and others to xenophobia, explaining the right-wing nationalist upsurge throughout Europe and more particularly in the Netherlands or Austria.

1929 and 2008 crises differ in many ways and a radical reversal seem unlikely to happen in its turn. Sadly, the growing role of independent agencies and private charities is symptomatic of a breaking up welfare state. Democracies and their governments now have to exercise particular caution that the conservative turn should not intensify, as deep economic and social distress made possible the rise of fascist leaders 80 years ago.

DO's et DON'TS de la rédaction de l'essay

Don'ts ✗	Do's ✓
Se jeter sur sa copie	***Suivre un plan***
– Il n'est pas possible de juste se laisser porter par le sujet même avec quelques notes. – Vous devez suivre un chemin cohérent qui mène à une conclusion.	– Vos idées et arguments doivent obéir à un plan prévu qui suit une progressivité. – Autant que faire se peut vous annoncerez brièvement les axes que vous suivrez tout au long de votre développement.
Reprendre mot pour mot de la question du sujet dans votre introduction	***Reformuler le sujet dans l'introduction***
– Cela trahirait un total manque de réflexion préalable et d'analyse du sujet.	– C'est dans cette reformulation que le correcteur va trouver votre démarche personnelle. – Présentez-y très clairement le point de vue défendu.
Avoir un brouillon illisible	***Montrez votre logique***
– Présentez votre plan au brouillon sous forme de check-list ou de carte mentale. – N'hésitez pas à apprendre une page par partie afin d'obtenir quelque chose de clair, la rédaction en sera d'autant facilitée. – En revanche, ne rédigez rien sauf la conclusion	– Votre présentation doit mettre en relief les différentes parties de votre *essay*. – Mots charnières et connecteurs logiques aident le correcteur à suivre le chemin de votre discours. – Des transitions entre chaque partie créent le lien logique entre vos différentes parties.
Ne pas respecter la limite de plus ou moins 300 mots	***Rédiger sa conclusion en 1er***
– Un dépassement de la limite peut être pénalisé. – Un *essay* trop court sera forcément pénalisé. – Pensez à écrire le nombre de mots employés en fin d'*essay* : – Sachez que tous les mots comptent : articles, particules, contraction de négations, etc.	Bien que cela semble contre-intuitif à première vue, rédiger au brouillon sa conclusion avant toute chose permet d'éviter : – de vous perdre lors de la rédaction de votre développement car votre point d'arrivée est bien clair ; – de rédiger dans la précipitation une bien pauvre conclusion (souvent bourrée de fautes) qui laissera une piètre dernière impression à votre correcteur ; – de vous répéter entre introduction et conclusion.

Argumenter et prendre position

La principale difficulté dans la rédaction du corps du développement provient non seulement de la nécessité de le structurer mais aussi **d'y développer une prise de position argumentée.**

Il faut bien envisager l'exercice comme une démonstration **composée d'arguments concrets** systématiquement adossés à des exemples précis d'actualité. Donc, on ne se laisse pas emporter par sa plume et on garde la problématique à l'esprit pour éviter les placages de cours hors-sujet.

Ce qu'en dit le jury

Cet essai ne doit pas se contenter ni de « divagations généralisantes » ni de réponses de type « café du commerce », ni d'une simple accumulation d'exemples ou de simples témoignages personnels. Il doit prendre appui sur une réelle information et sur des connaissances relatives au sujet traité.

Rapport de Jury 2019

Comprenez qu'en fonction de la complexité du sujet, le correcteur n'attend pas forcément une solution précise, mais plutôt une approche exploratrice, un questionnement attestant d'une réflexion et d'une culture générale développée surtout quand il s'agit d'une question prospective. Le pire serait de faire de la politique fiction, c'est-à-dire disserter sur des faits ne reposant sur aucune réalité mais sur les situations conditionnelles, une réalité parallèle de l'histoire.

> Exemple : If it weren't for B. Obama's provocative speech at the annual White House correspondents' dinner, D. Trump would never have run for president.

Comment

Proposer des exemples efficaces

Il est important de se dégager de l'article donné pour la compréhension et de développer sa propre réflexion et donc de trouver ses propres exemples. Ne recourez aux arguments de l'auteur que si vous êtes totalement à court d'exemples. Autrement dit, il est important de montrer dans l'*essay* l'étendue de votre connaissance du monde et de l'actualité en recourant à des faits autres que ceux de l'article. Une absence d'exemples vous coûterait cher car votre *essay* serait perçu comme évasif et creux.

Un exemple efficace sera :

- **précis** (par opposition à des arguments abstraits ou pire psychologisants), assorti de dates ou d'un contexte défini ;
- choisi de préférence dans la **sphère anglophone** ;
- **original** si possible. C'est bien souvent sur le choix et la pertinence de ces exemples que vous pourrez faire la différence. C'est à cela que servira votre travail de lecture de la presse internationale au cours de votre préparation.

Question de candidat

Comment faire pour exprimer son opinion sans être « lourd » ?

Tout d'abord, il ne faut pas donner son avis à tout bout de champ. Ensuite, il faut savoir peser le pour et le contre, et nuancer son opinion. On va donc éviter les positions trop tranchées.

Pour finir, même si les tournures à la 1re personne sont acceptées (« I think », « personnally »,etc.), elles sont parfois perçues comme maladroites. On peut en effet, donner son point de vue sans y avoir recours, en utilisant par exemple des tournures impersonnelles, la voix passive, ou tout simplement par la force de vos arguments. Sachez que dans un plan, il est recommandé de garder ses arguments les plus forts, et par conséquent ceux avec lesquels vous êtes le plus en accord, pour la dernière partie de votre essay.

Attention, même s'il est d'usage d'employer « nous » en français, le « we » en anglais ne s'emploie pas de la même façon et on privilégiera une 1re personne du singulier (« I »).

DO's et DON'TS d'une argumentation efficace

Don'ts ✗	Do's ✓
Servir des généralités	***Proposer des exemples concrets***
– Fuir tout stéréotype ou jugement à l'emporte-pièce. – Éviter les phrases généralisantes telles que « America has... »/« The Britains always ... ».	Les exemples que vous choisirez pour illustrer vos propos devront : – être extérieurs au texte ; – proposés systématiquement pour illustrer une nouvelle idée ; – puis analysés/exploités ; Un plus pour le jury : des exemples originaux
Pas d'illustration ou d'exemples	***Bien débroussailler***
– Donne l'impression d'un *essay* désincarné et vide.	– Choisir données/des exemples en lien avec la question uniquement.
Trop d'opinions	***Développer une opinion personnelle et nuancée***
À exclure : – tout jugement de valeur ; – la diffamation ou l'ironie ; – être catégorique.	Grâce à l'emploi : – de modaux ; – d'adverbes ; – du conditionnel.
Pas d'opinion	***Être clair***
– L'*essay* sert à défendre une opinion. NB : Vous n'êtes pas obligé de partager l'opinion du journaliste.	– Employez des connecteurs logiques. – Évitez les phrases à tiroir (avec de multiples relatives enchâssées).

La conclusion

Tout comme votre introduction, votre conclusion devra attirer l'attention de vos examinateurs et pourtant elle est malheureusement trop souvent le parent pauvre des *essays*. **Il faut garder à l'esprit que c'est sur ces dernières phrases que le correcteur va attribuer sa note**. Il vaut mieux finir sur une bonne impression que sur une grossière erreur ou un contre-sens (ce qui est plutôt courant faute au manque de temps). Dans cette optique, vous pouvez observer le conseil donné précédemment qui vous suggère de **commencer votre travail de rédaction par la conclusion.** Vous la conserverez sur brouillon pour ensuite vous engager dans la rédaction de l'introduction et de votre développement directement sur votre copie. Il ne vous restera qu'à la recopier au propre dans les ultimes minutes du temps imparti.

La conclusion ne doit pas excéder les 50-60 mots et se fait généralement en **deux temps :**

- apporter une répondre à votre problématique ;
- ouvrir sur l'avenir, ou sur un sujet proche ou complémentaire de celui que vous venez de traiter.

• La récapitulation de la réponse

La récapitulation est une très rapide reprise de la réflexion exposée dans le développement.

Votre réponse intervient comme une prise de position dans la discussion qui vient d'être menée. C'est le moment où vous devez **trancher et affirmer votre opinion sans toutefois être dogmatique ou péremptoire**.

Veillez à ne pas introduire pas de nouveaux arguments ou exemples qui auraient pu être utiles dans le développement.

N'employez en aucun cas les mêmes mots que ceux que vous avez employés dans votre introduction, vous donneriez au correcteur la fâcheuse impression d'avoir tout ce temps fait du sur-place.

• L'élargissement ou ouverture

La conclusion est l'endroit où l'on élargit les perspectives : établissez, par exemple, un parallèle avec une autre période de l'histoire anglo-saxonne, ou bien avec le même problème perçu cette fois par un autre pays : la France, pourquoi pas ?

L'élargissement vous permet d'exprimer vos capacités d'abstraction et il peut révéler des aspects connexes du sujet qui mettront, une fois encore en relief, votre esprit d'analyse. **C'est la dernière opportunité de montrer vos connaissances personnelles et de faire la différence**.

Exemple de conclusion portant sur la question suivante : *Do you think that voting should be made compulsory?*

A sound representative democracy depends on citizens exercising their right to vote; mandatory voting may then become an imperative step to take when its health is at stake (▶ Opinion réaffirmée clairement). *Hopefully, it might ease the intense partisan polarization that weakens both our capacity for self-government and public trust in our governing institutions* (▶ Extension à une nouvelle problématique connexe).

En dernier lieu, il est de convenance de noter précisément le nombre de mots employés à la fin de votre *essay*.

Question de candidat

Lors de mes entraînements, je dépasse toujours la limite de mots, comment faire ?

Réussir à faire le tour d'une problématique en moins de 300 mots paraît difficile à réaliser.

Il est, vous vous en doutez, essentiel de synthétiser, de se relire de façon très critique en se demandant si chaque phrase fait réellement avancer votre argumentation, sinon c'est qu'elle peut être très raccourcie voire éliminée.

Il ne faut surtout pas tourner autour du pot et vous devez vous imposer : 1 phrase = 1 idée ou 1 argument ou 1 exemple concret. Il faut à tout prix bannir les généralités ainsi que les répétitions inutiles.

Pour un essay, votre introduction doit être plus courte que pour une dissertation classique (idem pour la conclusion), et vous savez que vous pouvez vous passer de l'annonce de plan si votre problématique est très clairement énoncée.

Enfin, le jour du concours, il est moins probable qu'avec un temps strictement limité vous puissiez dépasser de beaucoup le nombre de mots impartis.

Gérer son temps

Ce qu'en dit le jury

Beaucoup de correcteurs expriment le sentiment que les candidats ont mal géré leur temps, sans doute parce qu'ils ont privilégié l'épreuve d'histoire. Cela reviendrait alors à sacrifier l'épreuve de langue, ce qui dans un concours est toujours risqué.

Rapport de Jury 2019

Une bonne gestion du temps est un gage de réussite. L'épreuve d'anglais doit normalement vous prendre 1 h et le sujet vous sera donné en même temps que le sujet d'histoire (3 h).

Pour l'épreuve d'anglais à proprement parler, il n'y a pas de répartition idéale.

Il semble néanmoins indispensable de traiter les questions de compréhension puis faire le sujet d'*essay* que vous aurez eu la précaution de lire en amont afin de commencer votre réflexion en toile de fond.

Un minutage de 20 mn maximum pour la partie questions semble raisonnable.

Conservez le reste pour l'*essay* qui vaut 14 points sur les 20. En effet, il faut se ménager du temps pour effectuer le travail d'analyse du sujet, de trouver de réels arguments et des exemples concrets avant de se mettre à rédiger l'*essay* (sans brouillon de préférence). Il faut aussi garder du temps pour se relire efficacement.

Batir un *essay* : on recapitule ?

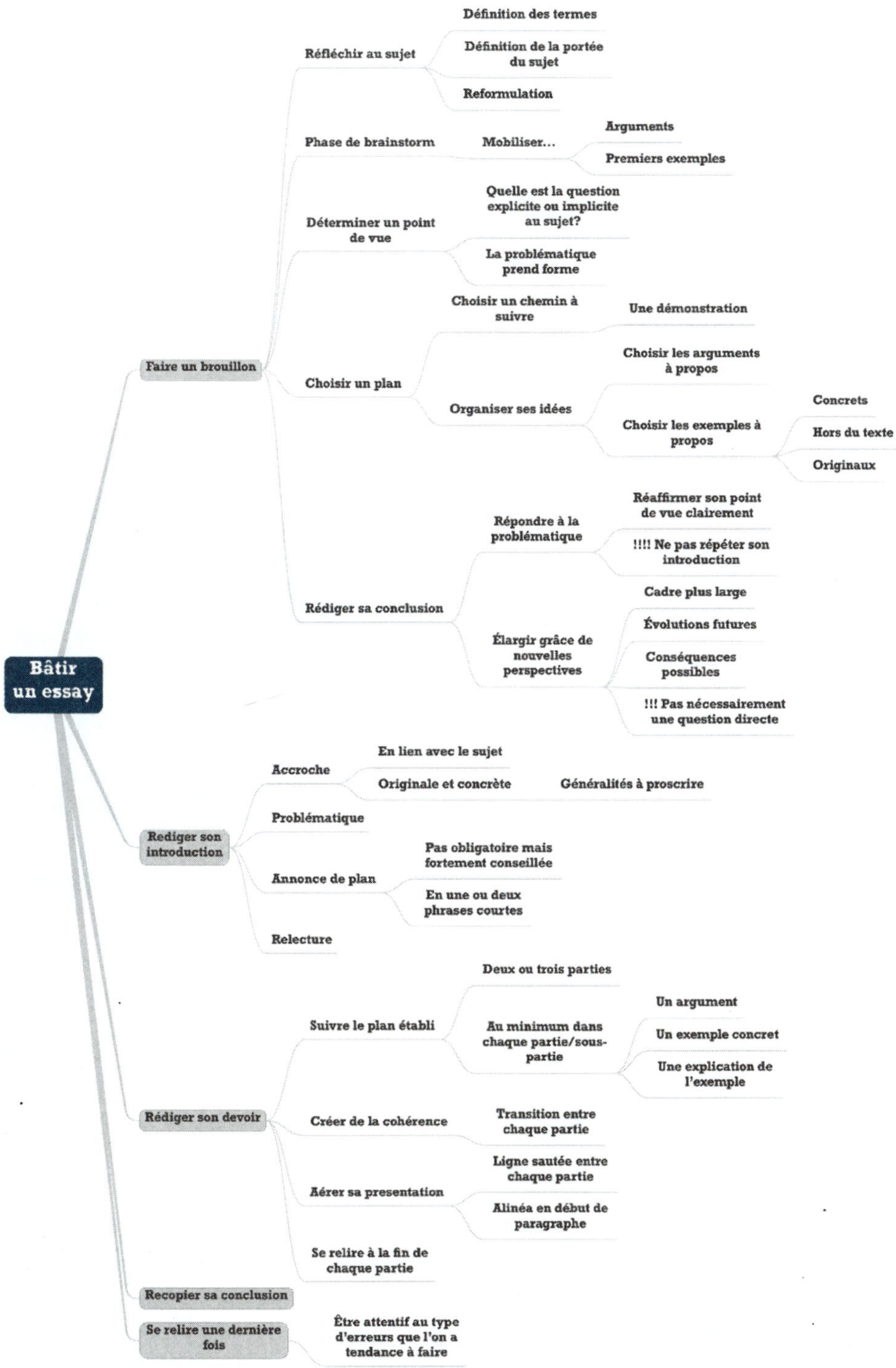

Les conseils des anciens tremplinistes

Nous avons sollicité d'anciens étudiants de la préparation Tremplin pour qu'ils vous livrent quelques conseils sur l'organisation de votre année et les épreuves du concours commun. Ils sont désormais en master d'institut d'études politiques et vous adresse les quelques recommandations suivantes.

- Le coefficient est le plus faible mais cette épreuve peut faire la différence.
- Continuez à lire l'actualité même dans les dernières semaines de l'épreuve.
- Des fiches de vocabulaire par thèmes peuvent être très efficaces (exemple : la Covid, l'élection de Joe Biden, le Brexit, le Commonwealth, etc.)
- Regardez ses séries/films en anglais sous-titré anglais pour enrichir son vocabulaire.
- Les notifications de journaux étrangers sur votre téléphone vous encourageront à lire leurs articles.
- Gérez bien votre temps et n'hésitez pas à découper l'heure d'épreuve, avec par exemple : 10 min de lecture de l'article, 10 min pour répondre aux questions et 40 min pour traiter l'*essay*.
- Passez à l'étape suivante même si vous n'avez pas terminé pour ne pas accumuler du retard (même si vous veillerez à bien proposer au minimum une phrase de conclusion !)
- Il peut être pertinent de s'entraîner sur des sujets d'annales pour apprendre à gérer son temps et ne pas être surpris le jour de l'épreuve.
- La clé de la réussite : le fond ET la forme. Structurez vos réponses avec une idée et un exemple. Il vaut mieux faire des phrases simples mais sans fautes plutôt que d'utiliser du vocabulaire compliqué et avec des fautes.
- Essayez de bien ordonner la structure de votre essai : mot d'accroche, de liaison, et de conclusion.
- Pour bien répondre aux questions de compréhension : se mettre à la place de quelqu'un qui lirait notre réponse sans avoir lu l'article.
- Ayez confiance en vous !

3 Progresser en anglais

Ce qu'en dit le jury

Les correcteurs soulignent que trop de copies sont rédigées dans une langue peu ou pas maîtrisée. Les Sciences Po sont des écoles très internationalisées : cours donnés en anglais et en d'autres langues, apprentissage d'au moins 2 langues vivantes, mobilité internationale obligatoire, nombreuses conférences données par des intervenants étrangers, etc. Il n'est donc pas possible de transiger avec l'exigence d'un bon niveau de langue à l'entrée dans l'école, même si ce niveau devra se consolider au cours des études à Sciences Po.

Rapport de jury 2019

1 Mettre à profit ce que l'on apprend en classe

Le meilleur endroit où commencer est en effet **sa salle de classe**. Il est doublement important d'y être performant dans la mesure où votre temps d'apprentissage dans ce cadre vous fera progresser pour le concours mais vous permettra également **d'être performant aux épreuves du baccalauréat**. De plus, les points de grammaire et lexique que vous étudierez en classe seront d'autant plus mobilisables que votre enseignant aura pris soin de les (re)voir en contexte.

2 Se servir de ses copies

L'un des plus gros freins à la progression reste les mauvaises habitudes. Il n'est rien de plus dommage que de se voir gâcher un devoir par des fautes que l'on commet encore et encore, ce parfois sur des points de base qui devraient être acquis depuis longtemps, que l'on ne revoit plus en classe ou que l'on s'imagine maîtriser.

Les copies que l'on vous rend ne doivent pas être rangées et oubliées mais constituer pour vous une base de travail pour une remédiation efficace. Chaque faute que vous y trouverez doit être relevée, analysée et corrigée. Une méthode efficace pour se débarrasser de ces erreurs est de se créer un outil propre à soi, une fiche de remédiation personnelle qui vous suivra tout au long de votre préparation.

Complétez votre fiche de façon minutieuse et **ne laissez plus les mêmes fautes se reproduire indéfiniment.** N'hésitez pas à solliciter votre enseignant, à lui faire part de votre projet et lui demander des éclaircissements pour corriger les erreurs dont vous ne comprenez pas l'origine. Vous pouvez également vous aider d'un des ouvrages de grammaire recommandés en fin de chapitre.

3 Écouter et regarder

Question de candidat

On me reproche souvent de faire de grosses erreurs syntaxiques et des fautes grammaticales ainsi qu'un lexique peu adapté. Je ne sais pas vraiment comment y remédier.

Souvent les erreurs viennent du manque de lexique et d'expressions authentiques. En effet, faute de vocabulaire vous allez bien souvent être tenté de calquer le français ce qui va engendrer des énormités, des faux-sens ou des constructions catastrophiques.

Je vous conseille bien évidemment de lire et écouter beaucoup de presse mais pas n'importe comment. Il faut le faire en se concentrant au moins autant sur la forme que sur le fond. Vous devez passer du temps à mémoriser et intérioriser des expressions entières qui vous aideront à parler un anglais plus naturel. Je vous conseille donc de ficher, non seulement les mots, mais des constructions entières de phrases qui vous semblent réutilisables et qui vont fluidifier votre expression. En gros, apprenez un panel de phrases de type « argumentation » afin de limiter le risque de grosses erreurs.

En complément, travaillez avec un ouvrage de grammaire ou effectuez des exercices en ligne en lien avec les fautes de grammaire que vous avez identifiés dans vos copies sur les sites suivants :

https://www.perfect-english-grammar.com/grammar-exercises.html
https://www.englisch-hilfen.de/en/exercises_list/alle_grammar.htm

Bien que le concours commun ne soit constitué que d'une épreuve uniquement à l'écrit, il serait un tort de négliger les compétences orales. En effet, les composantes linguistiques étant interdépendantes, **progresser à l'oral peut bien souvent débloquer des progrès à l'écrit.** C'est donc un maximum d'exposition à la langue qui vous fera progresser efficacement. Regardez ce que vous pouvez , films, séries, en VO avec sous-titres français, ou mieux, avec sous-titres en anglais dès que vous vous en sentirez capable (*Subtitles for the deaf or hard-of-hearing - SDH*) : cela formera votre oreille et vous permettra de figer des structures correctes. N'hésitez pas à joindre l'utile à l'agréable et allez piocher en fonction de vos envies, de vos lacunes ou de votre humeur des films dans la liste indicative d'œuvres en lien avec les thématiques Sciences-Po (cf. chapitre « Acquérir des connaissances »).

Pour continuer, pourquoi ne pas traduire ou apprendre vos chansons préférées ? Si vous en avez l'occasion, voyagez en pays anglophone. Cela vous fera acquérir beaucoup de réflexes même si ce n'est pas du programme de Sciences-Po à proprement parler. Là-dessus vous viendrez greffer vos connaissances apprises lors de vos lectures et révisions. Une langue s'apprend et se désapprend (avec le temps et le manque de pratique) très vite, il ne faut pas se décourager et penser « immersion » par vos lectures et écoutes.

4 La grammaire

Ce qu'en dit le jury

Il convient d'insister sur le niveau linguistique escompté. Le candidat ne peut se permettre d'avoir une connaissance approximative de la langue. La conjugaison, les règles de grammaire et l'orthographe doivent être maîtrisées.

Rapport de jury 2013

Il est inutile de commencer à se lancer dans des entraînements à l'épreuve ou avaler des manuels de civilisation si votre maîtrise de la grammaire anglaise est fragile. Si tel est le cas, **le renforcement grammatical va devoir constituer la majeure partie de vos révisions**.

Il n'est pas exclu, même si votre connaissance de la grammaire est déjà très correcte de gagner en nuance par un travail d'approfondissement grammatical et l'appropriation de structures plus complexes.

Il est donc très utile, voire indispensable de disposer de l'une des grammaires suivantes pour vérifier un point en cas de doute et posséder les règles essentielles de la langue anglaise. Ces grammaires, qu'il faut choisir en fonction de votre niveau, sont accompagnées d'exercices corrigés vous permettant de remédier aux erreurs récurrentes :

- Grammaire en français
  - *Grammaire raisonnée 2. Anglais, Niveaux B2 à C1*, Burgué J.C., Persec S., Éditions Ophrys, 2020.
- Grammaire en anglais
  - *Advanced Grammar in Use Book with Answers and CD-ROM : A Self-Study Reference and Practice Book for Advanced Learners of English,* 3e édition, Hewings M., Cambridge, 2016.

Pour ceux plus en difficulté :

- *Anglais Pump It Up! B1 > B2 - cahier élève (nouveau programme 2019),* Baudry C., Duret A., Gagey C., Nathan, 2019.
- *Maîtriser la grammaire anglaise à l'écrit et à l'oral : pour mieux communiquer à l'écrit et à l'oral - Lycée et université (B1-B2)*, Rotgé W., Hatier, 2013.

Plus facile à dire qu'à faire : **il faut s'efforcer de penser le plus possible directement en anglais**. Les langues n'étant pas superposables, la traduction du français en anglais engendre de nombreuses fautes de grammaire, voire des non-sens.

À défaut de proposer un précis de grammaire spécifique aux Science Po nous vous proposons un mémorandum des fautes à la fois les plus courantes et les plus impardonnables dans une copie de concours. Charge à vous **de comparer cette liste à vos copies et chasser ces erreurs définitivement**, quitte pour un temps à effectuer une relecture spécifique à ce type d'erreurs afin de vérifier que vous ne les commettez pas ou plus.

5 Les fautes interdites

a. Grammaire

Accords

Bien que nous employions le pluriel en français, le nom de pays « the United States » sera suivi d'un verbe au singulier (sauf contexte particulier).

- On écrira donc « the USA is... » et on emploiera le pronom « it » pour une reprise pronominale.

Pluriels irréguliers

- One man – two men
- One woman – two women
- One person - two people
- One crisis – two crises
- One life – two lives

Les noms non-comptables (ou indénombrables)

Ces noms n'ont pas de pluriel et sont suivis d'un verbe au singulier.

- advice
- data
- evidence
- information
- knowledge
- news
- research
- travel
- les noms de sciences : mathematics, physics, politics, economics...

Les adjectifs

- Les adjectifs étant invariables en anglais, ils ne s'accordent ni en genre ni en nombre : jamais de « -s » de pluriel !
- Les adjectifs se trouvent toujours avant le nom qu'ils qualifient, même s'ils sont nombreux.

Les articles

- Il ne faut pas placer d'article défini (« the ») devant des noms propres de type institutions ou fonctions :

Ø Brexit, Ø Congress, Ø World War II, Ø President Biden

- Les noms de pays au sens singulier :

Ø France, Ø America.

- L'article « the » est obligatoire avec « the UK », « the EU » et « the USA ».

Les gallicismes de construction

Ce sont ces formulations qui sont calquées sur le français et qu'un anglophone trouvera très maladroites ou ne pourra pas comprendre.

- Pas de phrase nominale en anglais.
- Ne pas confondre « who » (antécédent humain) et « which » (antécédent inanimé).
- Pas de he/she ou de his/her pour un sujet inanimé (un pays par exemple) :
  - « it » ou « they » (its/their).

b. Les conjugaisons

Si vous avez tendance à les oublier, prévoyez une relecture spécifique pour les 3e personnes du singulier (oubli du «-s »).

Les temps

Il faut savoir quand employer le **prétérit** et le **present perfect.**

- Pour parler d'un événement passé (et terminé), on emploie le prétérit. Contrairement au français, on ne peut pas employer le présent quand il s'agit d'un événement historique.
- Le present perfect pour sa part est un temps qui relie, comme son nom l'indique, le présent et le passé. Il est alors employé pour faire le point sur ce qui a été fait, d'établir un bilan. Il est donc bien moins utilisé que le prétérit et ne correspond en aucun cas au passé composé du français bien que jumeau dans sa construction (auxiliaire avoir + participe passé). De fait, les present perfect est un temps que vous emploierez peu.

c. La ponctuation

Les points de suspension

Éviter de terminer ses phrases avec des points de suspension, en particulier à la dernière phrase de votre conclusion. Non seulement ils sont moins fréquents en anglais qu'en français mais ils appartiennent au registre du dialogue et de la fiction. L'exercice de l'*essay* et des questions requièrent de vous de faire des phrases affirmatives qui ne laissent aucune place à la spéculation.

d. Les majuscules

Contrairement au français, elles sont obligatoires aux adjectifs de nationalité (**B**ritish ≠ britannique) et aux noms de mois (**S**eptember ≠ septembre).

e. Le registre de langue

Les contractions verbales ne s'emploient normalement qu'à l'oral. Il est essentiel pour un *essay* dans le cadre d'un concours d'adopter le registre de langue le plus soutenu possible, ce qui exclut les formes contractées.

« Won't » ➔ « Will not »

« Can't »➔ « Cannot »

Il faut également proscrire les marqueurs d'oralité (ex : « gonna », « wanna »).

6 Le lexique

a. Ficher votre propre vocabulaire

Les candidats possédant une véritable richesse lexicale verront leur copie notablement valorisée. Le renforcement lexical spécifique au concours passe nécessairement par une grande quantité de lecture et de relevés de vocabulaire. Les mots appris dans le cadre d'un acte de compréhension seront plus facilement mobilisables le moment venu. Par ailleurs, il est généralement assez peu profitable d'apprendre uniquement des listes de vocabulaire déconnectées de tout contexte.

Se trouver un carnet ou cahier agréable, peu encombrant et plaisant à utiliser peut se révéler un bon investissement. Si vous avez plaisir à y écrire et vous relire, votre mémoire s'y fixera d'autant mieux.

Pour ficher et classer son lexique, il existe plusieurs façons :

- **au fil des lectures** et les mots d'un même article demeurent ensemble (*N.D.A : le même carnet m'a suivi pendant des années*) ;
- **thématique,** sous forme de liste ou de cartes mentales ;
- **alphabétique** dans un répertoire (peu recommandé car le contexte sera arbitrairement morcelé).

Le but n'est pas non plus que vous mémorisiez l'intégralité du vocabulaire inconnu que vous rencontrerez dans un article. Choisissez puis conservez des mots qui vous ont réellement posé un problème à la compréhension et **évaluez son potentiel de réutilisation**. Si le mot parait totalement anecdotique, ne le sélectionnez pas.

Si vous vous rendez compte que vous vous constituez des listes trop conséquentes à partir de la lecture d'un seul article, **imposez-vous des limites** : Choisir par exemple un maximum de 5 noms communs / 5 verbes/ 5 adjectifs et 2 expressions. Vous pouvez procéder de même après avoir visionné une série ou un film.

b. Bien mémoriser

Pour apprendre du lexique du sans y passer des heures, il y a des stratégies plus efficaces que d'autres.

- Isolez-vous, supprimez les sources de distraction (écrans, musique, conversations, etc.), mettez-vous dans **une situation facilitant la concentration.**
- Ne vous contentez pas de lire deux ou trois fois les mots avec leur traduction, soyez plus actif. Pour cela, vous tâchez de **réécrire** ou **retrouver à l'oral** le sens des mots en français ou en anglais avant de vérifier.
- Après avoir déjà cherché à mémoriser une fiche de lexique**, vérifiez après un certain laps de temps (une heure ou une demi-journée après) ce qui en est resté**.
- Voyez si vous avez une **mémoire plutôt auditive ou visuelle**, et révisez en utilisant votre point fort. Osez réciter à voix haute si vous êtes plutôt auditif ou passez par l'écrit, les couleurs, les symboles si vous êtes plutôt visuel. Si vous êtes les deux, combinez les techniques.
- Revenez-y régulièrement, et **insistez sur les expressions qui vous résistent** (après les avoir signalées par des croix puis du fluo si vraiment certaines s'obstinent à ne pas rentrer).

Dans les applications numériques telles que Quizlet/Ankiapp ou Memrise, vous serez davantage sollicité sur les mots sur lesquels vous commettez des erreurs, signe que vous avez du mal à les mémoriser.

Dans tous les cas, un travail court mais régulier est beaucoup plus efficace qu'une heure entière mais isolée.

Question de candidat

J'ai du mal à mémoriser le vocabulaire, comment faire ?

Les mots enseignés pour la préparation aux IEP sont pour une très grande partie du vocabulaire relativement abstrait. De là, il devient difficile de faire marcher sa mémoire visuelle pour mémoriser ce nouveau lexique. Mon conseil reste de faire des fiches, bien propres et bien présentées, agréables à regarder avec des couleurs de papier et d'encre différentes pour les différents thèmes abordés. Elles permettront peut-être à votre mémoire de moins se noyer.

La carte mentale est aussi un bon moyen de classer/illustrer le lexique. Vous pourrez également vous créer vos propres listes de vocabulaire sur des sites ou app en ligne de type : quizlet/ankiapp ou memrise qui sont des outils efficaces et ludiques de mémorisation.

c. Utiliser un vocabulaire précis

L'un des défauts les plus courants dans les copies est le manque de **précision** et de **nuance** dans l'expression. Cela nuit à la transmission de vos idées, aussi intéressantes et originales soient-elles.

Il est très fréquent que les candidats abusent des expressions du type « *there is/are* » ou « *it is/has* » ou des mots « *people* » ou « *thing* » qui sont vides de sens et ont tendance à générer constructions calquées sur le français.

Il faut éviter l'utilisation à outrance du « *they* » sans repréciser de qui il s'agit par exemple.

D'autre part, les mots trop vagues, voire simplistes tels que « *good* » et « *bad* » limitent la pensée. Selon les phrases**, les moyens d'enrichir sont nombreux** - pour « *important* » par exemple : « *vital* », « *fundamental* », « *major* »...

Charge à vous de tâcher de **chasser certains adjectifs ou noms trop approximatifs de votre vocabulaire usuel** et de les remplacer par les synonymes que nous vous proposons dans la page qui suit.

d. Chasser les fautes d'orthographe

Les racines communes à l'anglais et au français ont l'avantage de nous permettre de deviner le sens de mots inconnus par leur ressemblance avec notre propre langue. Or cette proximité n'empêche pas des variations dans l'orthographe. Soyez vigilant avec les mots suivants qui sont très employés dans les *essays* et sont souvent vecteurs de faute :

- to lo~~o~~se → to lose
- to con~~clue~~ → to conclude
- to de~~nonce~~ → to denounce
- ambassa~~dies~~ → embassies
- governement ou gouvernment → government
- defen~~se~~ → defence
- respons~~a~~bility → responsibility
- an ex~~e~~mple → an example
- a res~~s~~ource → a resource
- a ~~speach~~ → a speech
- futu~~r~~ → future
- independant / independ~~a~~nce → independent /independence
- ~~wit~~ch → which
- actua~~ly~~/tota~~ly~~ → actually / totally

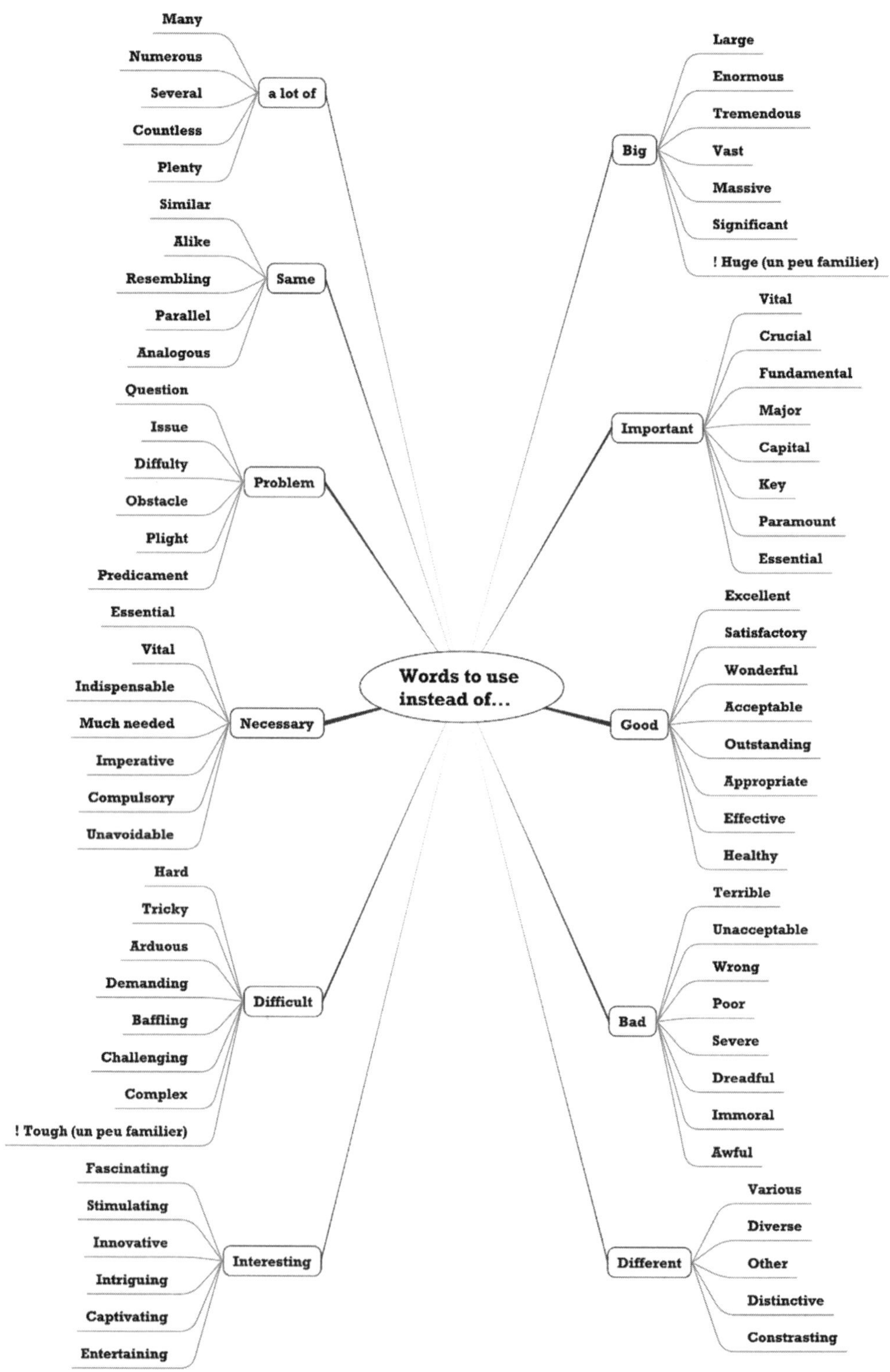
Words to use instead of...
a lot of
Many
Numerous
Several
Countless
Plenty
Same
Similar
Alike
Resembling
Parallel
Analogous
Problem
Question
Issue
Diffulty
Obstacle
Plight
Predicament
Necessary
Essential
Vital
Indispensable
Much needed
Imperative
Compulsory
Unavoidable
Difficult
Hard
Tricky
Arduous
Demanding
Baffling
Challenging
Complex
! Tough (un peu familier)
Interesting
Fascinating
Stimulating
Innovative
Intriguing
Captivating
Entertaining
Big
Large
Enormous
Tremendous
Vast
Massive
Significant
! Huge (un peu familier)
Important
Vital
Crucial
Fundamental
Major
Capital
Key
Paramount
Essential
Good
Excellent
Satisfactory
Wonderful
Acceptable
Outstanding
Appropriate
Effective
Healthy
Bad
Terrible
Unacceptable
Wrong
Poor
Severe
Dreadful
Immoral
Awful
Different
Various
Diverse
Other
Distinctive
Constrasting

e. Confusions les plus fréquentes

Vous trouverez ici les confusions ou les erreurs liées au lexique les plus courantes dans le cadre du concours commun :

To rise/To raise

Les deux verbes détiennent l'idée d'élévation à la nuance près que l'un est transitif et l'autre est intransitif.

- **To raise :** augmenter quelque chose (= rendre plus grand, plus important). C'est un verbe régulier (▶ raised).
- ex : to raise the age of retirement.
- **To rise :** augmenter (= devenir plus grand, plus important). Ce verbe est irrégulier (▶ rise, rose, risen).
- ex : Prices are rising.

Economical/Economic

- **Economic :** adjectif qui qualifie tout ce qui a trait à l'économie et la finance.
- ex : an economic crisis.
- **Economical :** adjectif qui s'applique à ce qui diminue la dépense ou réduit la consommation.
- ex : an economical use of resources.

Old/Former/Ancient

- **Old :** ancien/âgé ; adj. (= qui existe ou qui vit depuis longtemps).
- ex : an old Senator.
- **Former :** ancien/précédent ; adj. (= qui n'exerce plus une fonction ou une activité exercée antérieurement).
- ex : the former Prime Minister.
- **Ancient :** ancien/antique ; adj. (= qui appartient à l'Antiquité ou à un passé archaïque).
- ex : ancient history.

Actual/Current

- **actual :** réel, adj. (= qui est conforme à la réalité par opposition à ce qui est généralement cru).
- ex : the actual cost of production.
- **current :** actuel, adj. (= qui existe au moment présent).
- ex : the current situation.

A mandate /A term

- **a mandate :** un soutien/légitimité ; n.c. (= autorisation d'agir d'une manière particulière sur une question publique donnée par l'électorat à son représentant).
- ex : to have a clear mandate to take bold and important decisions.
- **a term :** un mandat électoral ; n.c. (= une charge publique élective ou par métonymie la durée de cette fonction).
- ex : a presidential term.

A manifestation/a demonstration

- **a manifestation :** l'expression ; n.c. (= le signe de l'existence de quelque chose).
- ex : manifestation of joy.
- **a demonstration :** une manifestation (rassemblement de personnes)
- ex : a student demonstration.

Critic(s)/Criticism/Criticize/Critique/Critical

- **a critic :** un critique (= une personne qui est chargée de commenter ou juger une œuvre OU qui est en désaccord avec quelque chose).
- ex : a movie critic/critics of Donald Trump and his method.
- **a criticism :** une critique, n.c. indénombrable (= l'expression d'un désaccord).
- ex : unfair criticism.
- **a critique :** une critique ; n.c. (= une analyse critique et justifiée d'une œuvre artistique, théorique ou politique).
- ex : to publish a critique.
- **critical :** critique ; adj. (= qui implique des suites de grande importance, qui peut conduire à un retournement de situation).
- ex : a critical situation.
- **to criticize :** critique ; v. (= l'action de porter un jugement sur quelqu'un ou sur quelque chose).
- ex : to criticize the crisis management.

Politics/Political/Policies/Politicians

- **politics** : la politique ; n.c. (= ce qui relève de l'exercice du pouvoir dans l'état).
- ex : a professor in Politics.
- **political :** politique ; adj. (= la forme adjectivale liée la politique).
- ex : a political question.
- **a politician :** un politique ; n.c. (= un homme politique).
- ex : a successful politician.

- **a policy :** une politique ; n.c. (= un plan d'action ou un ensemble de règles convenues par une entreprise indiquant ce qu'ils feront dans une situation particulière).
- ex : the government's foreign policy.

In spite of/Despite/Although

C'est la même différence que l'on retrouve entre « malgré » et « bien que » en français. « in spite of » (ou « despite ») est nécessairement suivi d'un groupe nominal alors que although est suivi d'un groupe verbal.

- Comparez les constructions :
  - The law did not pass **despite** the recounts.
  - The law did not pass **although** the ballots were recounted.

Even if/Even though

« Even though » s'emploie dans un contexte factuel (les faits sont réels) quand « even if » s'emploie dans un contexte hypothétique / incertain (même si)

Comparez les contextes :

- Even though the Democrats held a majority, the law did not pass. ▶ (sous-entendu, les démocrates détiennent une majorité).
- Even if the Democrats held a majority, the law would not pass. ▶ (sous-entendu, les démocrates ne détiennent pas de majorité).

Question de candidat

L'anglais que je parle et écris est plutôt américain, est-ce un problème pour le concours ?

Il n'est aucunement gênant d'employer un anglais plutôt britannique ou américain, tant qu'il est correct. Veillez toutefois à rester cohérent et à ne pas proposer un entre-deux qui consisterait en mélange flagrant des influences.

Avec un anglais américain, veillez à toujours orthographier les mots suivants dans leur bonne version :

- ***center, liter, theater*** *(US) vs* ***centre, litre, theatre*** *(GB);*
- ***symbolize, organize, penalize*** *(US) vs* ***symbolise, organise, penalise*** *(GB);*
- ***behavior, colored, labor*** *(US) vs* ***behaviour, coloured, labour*** *(GB);*
- ***traveled*** *(US) vs* ***travelled*** *(GB);*
- ***program*** *(US) vs* ***programme*** *(GB).*

Attention, à l'oral, un cocktail grotesque d'accent américain et anglais pourrait être pénalisé.

f. Valoriser sa pensée

Cette partie est conçue pour vous aider à mettre en valeur votre pensée en perfectionnant votre style. On ne le répétera jamais assez : **la forme d'un discours est au moins aussi importante que son contenu.** Si votre phrasé est fluide et sans ambages, il captivera votre lecteur - en l'occurrence, le correcteur ; en revanche, si vous ne maîtrisez pas suffisamment la syntaxe de la langue dans laquelle vous devez vous exprimer, vous serez moins convaincant et risquez de nuire à l'intelligibilité de votre propos.

g. Articuler ses propos

Les candidats doivent garder à l'esprit qu'une copie de bonne qualité est une copie dans laquelle le candidat a fait preuve d'une bonne capacité d'analyse, d'argumentation et de méthode. Cela implique non seulement un traitement du sujet pertinent et méthodique, mais également un effort dans **la fluidité de l'expression et l'articulation des propos**. Le but est de dépasser les nombreux candidats qui n'emploient qu'un lexique par trop restreint et se contentent de connecteurs tels que « but » et « and ».

Les connecteurs que nous vous proposons dans la liste suivante sont regroupés par fonction. **Ils ne sont pas à mémoriser dans leur intégralité**. Allez repérer et piocher dans chaque section les mots qui vous parlent le plus et apprenez-les (4 ou 5 par partie).

Ensuite, **tâchez de vous forcer à les employer dans vos futurs devoirs.** Une fois que vous aurez intégré ces nouveaux mots, repérez-en de nouveau et procédez comme précédemment.

Topic sentence/Hook

- In a context of...
- At a time when the issue of ... is increasingly debated...
- In the recent years ... became a matter of common concern ...
- With the growing of ... between ... and ...
- With the quick/fast development of...
- Following the recent/striking/unexpected/dramatic development of ...
- For a long time now, ...
- In the wake of (what happened in) ...

Introducing an argument

- First (of all)/ First and foremost...
- Interestingly/ Interestingly enough...
- Surprisingly/ Surprisingly enough

- Quite meaningfully, ...
- NO! at first/ in first/ in a first time

Adding an argument

- Besides : Par ailleurs
- As a matter of fact/ In fact/ In point of fact
- What is more
- furthermore
- In addition to that
- Moreover
- No less important is...
- It's all the more + adj as/because...

Introducing an example

- This brings to mind...
- This is clearly/ precisely the case for...
- For instance/ For example...
- Namely
- In the case of...
- To illustrate that point,...

Expressing certainty / insisting

- There is no doubt that,
- Doubtless, Undoubtedly, No doubt...
- Clearly, ...
- As a certainty
- Admittedly...
- Clearly
- Obviously
- Especially

Expressing probability

- Modals : It must/may/might
- It/they may very well...
- Possibly/probably

Expressing condition

- Provided/ Providing that... : à condition que, pourvu que
- On condition that... : à condition que
- As long as/ so long as... : pourvu que
- Unless : à moins que
- If/ Only if... : Si/ Seulement si

Introducing the journalist's opinion

- According to X,
- This is precisely what X points to when he says/ declares/ writes that '...'
- X considers that...
- X advocates for ... / promotes

Expressing cause

- Due to...
- As...
- Owing to...
- On account of...
- Because
- Because of...
- Thanks to
- Considering/Given that...
- Under the pretext that

Expressing consequence

- So, ...
- So (mush so) that
- Consequently/As a consequence/As a result, ...
- It leads to... (It led to au prétérit)
- That is the reason why...
- Therefore
- Thus, ...
- Hence

Expressing concession

- Despite the fact that/ In spite of the fact that...

- However +adj this may be...
- Unless...
- Adj as it may seem
- Even though.../though.../Although...
- Whatever we/ they/ people may say...
- However/ Nevertheless/ Nonetheless/ Yet, ...
- Whether... or ...

Expressing contrast

- On the one hand..., on the other hand... (l'un ne fonctionne pas sans l'autre) : D'une part..., d'autre part...
- While... : Tandis que
- Whereas... : Alors que
- By comparison with...
- On the contrary/ Conversely : Au contraire
- Contrary/conversely to : Contrairement à
- Unlike : à la différence de/ Contrairement à

Expressing similarity

- Like/ Just like : Comme/ Tout comme/ À l'instar de
- Similarly/ Likewise : De la même façon...
- In the same way, ...

Expressing one's opinion

- As far as I can judge/ As far as I am concerned
- In my opinion/ To my mind
- I believe that
- I think that
- I suppose
- I guess
- In my view, ...
- I am convinced that...
- I am in two minds over/ whether/ about (quand vous êtes partagé)
- NO : According to me

Concluding

- All in all...
- In short...
- It all boils down to...
- All things considered...
- On the whole ...
- In essence...
- Altogether...

Avertissement

Les connecteurs logiques permettent de préciser les liens qui unissent vos idées. Le jour du concours, soyez sûr du sens des connecteurs que vous emploierez pour ne pas risquer le faux-sens voire le non-sens. Ces expressions doivent également être utilisées à bon escient sans avoir l'air plaquées artificiellement, juste pour la décoration.

Bibliographie/sitographie

Lexique

Un précis de vocabulaire peut vous servir d'outil de renforcement lexical. Il peut être utile d'apprendre régulièrement un chapitre, pour vous constituer au fil de l'année un « réservoir » solide de connaissances sur des thématiques spécifiques aux concours d'entrée aux IEP.

- *Journal'ease vocabulaire : Tous les mots qu'il vous faut pour lire aisément un journal anglais ou américain,* Andreyev J., Bréal, 2015.
- *Words, Médiascopie du vocabulaire anglais, Classes préparatoires,* Gudorf F., Ellipses, 1991.
- *The Big Picture Vocabulaire de l'Actualité en Anglais,* 5e édition, Thomson J-M., Ellipses, 2020.

Sites en ligne/applications

- *6 Minute English : un page sur le site de la BBC, vous trouverez une bibliothèque de podcasts de six minutes pour vous aider à améliorer votre connaissance de la langue anglaise à travers un grand choix de sujets. Vous y trouverez des exercices de lexique et vocabulaire allant de niveau basic à upper-intermediate.*

  https://www.bbc.co.uk/learningenglish/english/features/6-minute-english

- *BBC Learning World : C'est une application entièrement gratuite, qui comporte un éventail quasi inépuisable de vocabulaire.*

  https://www.bbc.co.uk/learningenglish/
- *DuoLinguo : Dans cette app gratuite, l'apprentissage évolue de façon graduelle au fil des missions qui vous seront attribuées dans l'application, le niveau de difficulté augmentant proportionnellement, jusqu'à un niveau assez ardu.*

  https://www.duolingo.com/
- *ESL Video : un site en ligne qui propose des capsules vidéo très diverses (tED talks, News, extrait de séries) qui font l'objet de quiz et d'exercices de vocabulaire de niveau A1 à C2.*

  https://www.eslvideo.com/
- *Memrise : La version gratuite de cette application/site en ligne de mémorisation a des fonctionnalités limitées mais déjà très intéressantes. MemRise se démarque par son apprentissage du vocabulaire, à la fois stimulant et progressif.*

  https://www.memrise.com/

Il existe d'autres applications/sites de ce type qui permettent de se créer des listes de vocabulaire, de notions, de dates et de les apprendre à l'aide de flashcards et d'exercices gradués en difficulté :

Ankiapp : https://www.ankiapp.com/
Quizlet : https://quizlet.com/fr-fr

4 Acquérir des connaissances

S'agissant des connaissances historiques ou civilisationnelles, l'épreuve d'anglais ne connaît pas de programme or les attentes du jury n'en sont pas moins claires.

Ce qu'en dit le jury

Les exigences de l'épreuve sont différentes de celles du baccalauréat et il convient donc de ne pas s'en tenir au programme de la classe de terminale. [...] Lorsque le candidat a su illustrer son propos en faisant appel à des références précises (actualité, histoire, société, institutions, etc.) et opportunes, sa copie s'en est toujours trouvée bonifiée.

Rapport de jury 2013

1 Lire la presse

La préparation au concours implique, par la façon dont les sujets sont conçus, de se familiariser puis **de fréquenter la presse anglophone le plus régulièrement possible**. Il n'en reste que pour un élève en Terminale, lire la presse en anglais peut constituer **un réel défi**, faute de maîtriser les tournures idiomatiques ou de connaître les grands acteurs et enjeux du monde d'aujourd'hui. Toutefois, c'est en forgeant que l'on devient forgeron alors **lancez-vous au plus vite**, d'autant que la presse est facilement accessible dans sa version numérique.

Pour commencer en douceur, pourquoi ne pas commencer par des magazines qui s'adressent spécifiquement aux lycéens tels que *Vocable* ou *English Now ?* Nul besoin de s'abonner, il est fort probable que le CDI de votre lycée le soit déjà. Ces magazines auront cet avantage qu'ils vont sélectionner les sujets d'actualité pour vous, de classer leurs articles par niveau de difficulté et de proposer de l'aide de lexicale ou grammaticale.

2 Sites d'actualité dédiés aux apprenants en anglais (avec textes adaptés à différents niveaux)

- **News in Levels :** un site proposant des articles sur des domaines variés, déclinés en trois niveaux de difficulté et accompagnés de leur version audio. *https://www.newsinlevels.com/*
- **E-NEWS, weekly news for English language learners :** ce site propose des articles regroupés par thème et en trois niveaux (Advanced/Intermediate et Elementary)

avec également leur version audio. Les phrases clés sont mises en relief et le vocabulaire est proposé en fin de texte.
https://www.enewsdispatch.com/

Néanmoins, si vous restez à ce stade vous serez très désarçonné par le côté « brut » de l'article d'examen qui ne sera ni illustré, ni accompagné de notes de bas de page ou d'aide de vocabulaire. Très vite, lâchez la rampe, et allez visiter les sites d'actualité en anglais qui donnent un accès parfois libre, parfois limité en nombre d'articles à leurs contenus.

Il est conseillé dans un premier temps de **vous attaquer à des articles traitant de questions qui vous sont déjà familières** ou qui vous intéressent/amusent afin de ne pas cumuler les difficultés. **Essayez de lire quotidiennement, même si ce n'est qu'un court article** afin de solliciter votre mémoire et vos capacités d'inférence (de déduction) le plus souvent possible. Visez quatre à cinq articles par semaine minimum. Surtout ne cherchez pas à tout comprendre et essayez de lire le texte pour une compréhension globale, générale des enjeux. À force de lire, vous déduirez, vous vous habituerez puis vous rappellerez les mots ou expressions employés très souvent et aurez de moins en moins besoin de dictionnaire.

La lecture du *Courrier International* et de ses Hors-Séries peut constituer une étape intermédiaire intéressante, dans la mesure où le tri dans le choix des articles est encore fait pour vous, ce qui évite de se perdre dans la masse d'informations publiées chaque jour. Dans sa version numérique, *Le Courrier* propose des liens avec la version originale en anglais des articles qu'ils ont sélectionnés, ce qui vous permet une comparaison entre les deux langues. *https://www.courrierinternational.com/*

3 Les incontournables de la presse en anglais

- **BBC** (GB) – accès libre et gratuit

  Une institution en Grande Bretagne. On peut y trouver des articles courts et accessibles.

  Orientation politique : centre

  https://www.bbc.com/

- **The Guardian** (GB) – accès libre et gratuit

  Quotidien de référence dont beaucoup de sujets de concours ont été extraits.

  Orientation politique : centre gauche

  https://www.theguardian.com/

- **CNN10** (US) – accès libre et gratuit

  Une section du site de la chaine d'informations américaine qui remplace *CNN Student News* et propose des informations synthétiques à des fins éducatives. On y trouve des vidéos qui font le tour d'une question d'actualité dans un format de 10 minutes.

Orientation politique : centre gauche

https://edition.cnn.com/cnn10

- **VOX** (US) – accès libre et gratuit

  Site d'actualité en ligne réputé pour ses nombreux contenus explicatifs notamment en vidéos, les « explainers » ▶ *https://www.vox.com/explainers*

  Orientation politique : centre (éq. gauche aux USA)

  https://www.vox.com/

- **The New York Times** (US) – accès libre à 5 articles par mois

  1er quotidien des États-Unis, fournisseur récurrent d'articles au concours

  Orientation politique : centre droit (éq. centre gauche aux USA)

  https://www.nytimes.com

- **The Washington Post** (US) – accès à un nombre limité d'articles

  Quotidien publié à DC, réputé pour son indépendance et la qualité de son journalisme d'investigation.

  Orientation politique : centre droit (éq. centre gauche aux USA)

  https://www.washingtonpost.com

- **The Economist** (GB) - accès à un nombre limité d'articles

  Bible de l'actualité internationale, très influent, ce magazine est réputé pour ses articles de fond et ses éditoriaux. Le niveau de langue de cet hebdomadaire est très relevé, donc ne commencez pas par cela pour ne pas vous décourager.

  S'intéresser aux éditorialistes, leurs articles proposent des thèses ou des positions très affirmées et recèlent donc des stratégies de persuasion :

  Pour les USA ▶ *Lexington : https://www.economist.com/lexingtons-notebook/*

  Pour le RU ▶ *Bagehot : https://www.economist.com/bagehots-notebook/*

  Orientation politique : centre (« extrême-centre » selon leurs propres mots)

  https://www.economist.com/

Il n'est pas inutile de mémoriser **l'orientation politique** de ces médias en ce sens où elle peut vous faire gagner du temps dans le décryptage de la position du journaliste. En revanche, ce sont des informations à manier avec précaution et qui **ne se substituent en aucun cas à une justification par la teneur du texte ou de l'opinion de l'auteur.**

Soyez aussi vigilant à ne pas citer de sources aux opinions extrêmes ou de presse à scandale de type tabloïd : *The Sun (UK), The New York Post* (US).

Question de Candidat :

Comment ficher ce que je lis ?

Je vais vous fournir une réponse qui ne va pas forcément vous convenir. Je pense qu'il faut que vous procédiez comme vous le sentez. Tout dépend de votre mémoire : est-elle plutôt synthétique ou analytique. Vous préférerez peut-être classer par type (thème, personnages, lieux) ou par ligne chronologique (liens de cause à conséquence). Il n'y a pas de règle, faites comme votre cerveau vous conseille de faire.

Je vous conseille néanmoins de faire ces fiches de révision en anglais car vous aurez besoin du lexique associé aux points de civilisation à retenir. Mon conseil est de faire des fiches assez courtes, car pour résumer efficacement, il faut avoir compris en détail. Ce travail vous forcera peut-être à faire des recherches personnelles qui feront que vous fixerez les informations que vous aurez synthétisées.

Faites des fiches, de couleur, agréables à lire avec des titres et sous-titres que vous pourrez mémoriser par cœur.

4 Radios et podcasts

Il existe bien des façons de rester informé ou de se cultiver sans que cela soit une corvée ou devienne lassant. Les **radios numériques et les podcasts sont un excellent moyen de diversifier vos sources** tout en vous faisant gagner du temps. En effet, ce type de medium est très adapté aux temps d'attente, transports en commun, etc. Que ce soit en application ou directement sur leur site, la radio publique américaine *NPR* et son équivalent britannique, la *BBC* (en particulier BBC4), sont des références en la matière.

- **NPR** (US) : *https://www.npr.org/*

Choisissez de préférence les programmes suivants :

  - **Morning Edition :** une synthèse des nouvelles du jour dans un format qui n'excède pas cinq minutes, dans un anglais très accessible. ;
  - **All things considered** : des sujets d'informations nationales ou internationales traitées de façon très synthétique (quatre minutes en moyenne).

- **BBC RADIO4 (UK) :** l'une des multiples radios de la BBC, radio 4 traite en particulier des actualités et des affaires courantes.

  https://www.bbc.co.uk/sounds/play/live :bbc_radio_fourfm

  - Pour plus de variété dans les zones géographiques couvertes et les accents rencontrés, vous pouvez laisser trainer vos oreilles sur la BBC World Service https:*//www.radio.fr/s/bbcworldservice*

- **RTE (Eire) :** https://www.rte.ie/radio/radio1/

Le service public de radiodiffusion (et TV) en République d'Irlande. Optez pour Radio 1 pour l'accès à l'actualité, en particulier avec le programme Morning Ireland.

- **Noa :** *https://newsoveraudio.com/*

Un site proposant des articles issus des plus grands quotidiens et regroupés par dossiers/problématiques et **lus à haute voix**

Ce qu'en dit le jury

Il est impératif de lire la presse anglo-saxonne, de se tenir au courant de l'actualité et de repérer les « particularités culturelles » du traitement de l'information. Lire des livres en anglais traitant de sujets socioéconomiques, regarder des films documentaires en anglais portant sur les mêmes sujets constituent un réel enrichissement.

Rapport de jury 2014

Afin de combiner l'utile à l'agréable, il revient de « faire feu de tout bois » en se cultivant intensément par tous les biais possibles, que cela provienne des cours du lycée, de vos voyages, de vos visites, de vos lectures ou de vos visionnages. Restez curieux et à l'écoute !

5 Liste indicative de films en lien avec les thématiques Sciences Po

a. US Government

- *All the President's Men,* directed by Alan J. Pakula (1976)
- *Man of the Year,* directed by Barry Levinson (2006)
- *Recount,* directed by Jay Roach (2008)
- *Swing Vote,* directed by Joshua Michael Stern (2008)
- *The Ides of March,* directed by George Clooney (2011)
- *You've Been Trumped,* documentary directed by Anthony Baxter (2011)
- *The Pentagon Papers,* directed by Steven Spielberg (2017)
- Series on Netflix : *Trump : An American Dream/House of Cards/Designated Survivor.*

b. British Government/The Monarchy

- *The Queen*, directed by Stephen Frears (2006)
- *The Iron Lady*, directed by Phyllida Lloyd (2011)
- *The King's Speech*, directed by Tom Hooper (2011)
- *The Darkest Hour*, directed by Joe Wright (2017)
- Netflix series : *The Crown* (2016)

c. Security vs. freedom and privacy

***Nineteen Eighty-Four*, directed by Michael Radford (1984)**

- *Brazil*, directed by Terry Gilliam (1985)
- *Enemy of the State,* directed by Tony Scott (1998)
- *Citizenfour,* directed by Laura Poitras (2014)
- *Snowden,* directed by Oliver Stone (2016)
- Series on Netflix : *The Great Hack* (2019)

d. Technology and social networks

- *The Social Network,* directed by David Fincher (2010)
- *We Live in Public*, directed by Ondi Timoner (2009)
- *Disconnect,* directed by Henry Alex Rubin (2013)
- *The Circle*, directed by James Ponsoldt (2017)
- Series on Netflix : *The Black Mirror / The Great Hack,* (2019)

e. Separatism

- *In the Name of the Father*, directed by Jim Sheridan (1994)
- *Braveheart,* directed by Mel Gibson (1995)
- *Michael Collins,* directed by Neil Jordan (1996)
- *Bloody Sunday,* directed by Paul Greengrass (2002)
- *The Wind That Shakes the Barley,* by Ken Loach (2005)
- *The Stone of Destiny,* by Charles Martin Smith (2008)
- *Brexit, the movie,* by Martin Durkin (2019)

f. Environment

- *Erin Brockovich,* directed by Steven Soderbergh (2000)
- *An Inconvenient Truth,* directed by Davis Guggenheim, starring Vice President of the United States Al Gore (2006)

- *The 11th Hour*, directed by Nadia Conners, Leila Conners Petersen (2007)
- *The World According to Monsanto*, directed by Marie-Monique Robin (2008)
- *No Impact Man*, directed by Laura Gabbert and Justin Schein (2009), based on the book by Colin Beavan.
- *Demain* (English : *Tomorrow*, 2015) Cyril Dion and Mélanie Laurent
- *Don't Look Up*, directed by Adam McKay (2021)

g. Unemployment

- *The Grapes of Wrath* directed by John Ford (1940) – Adapted from John Steinbeck's novel.
- *Falling Down*, directed by Joel Schumacher (1993)
- *The Full Monty*, directed by Peter Cattaneo (1997)
- *Time Out*, directed by Laurent Cantet (2001)
- *The Pursuit of Happyness*, directed by Gabriele Muccino (2006)
- *Up in the Air*, directed by Jason Reitman (2009)

h. Immigration

- *The immigrant*, directed by Charlie Chaplin (1917)
- *America, America*, directed by Elia Kazan (1963)
- *Golden Door*, directed by Emanuele Crialese (2006)
- *The Golden Dream*, directed by Diego Quemada-Díez (2013)
- *Human Flow*, directed by Ai Weiwei (2017)

i. Segregation/Slavery/Civil Rights movements

- *Malcolm X*, directed by Spike Lee (1992)
- *Lincoln*, directed by Steven Spielberg, (2013)
- *The Butler*, directed by Lee Danels, (2013)
- *Twelve Years a Slave*, directed by Steve McQueen (2014)
- *Selma*, directed by Ava DuVernay (2015)
- *Hidden Figures*, directed by Theodore Melfi (2017)
- *Son of the South*, directed by Barry Alexander Brown (2020)

j. Gender

- *The Long Walk Home*, directed by Richard Pearce, (1993)
- *Diary of a Mad Black Woman*, directed by Darren Grant (2005)

- *Children of Men,* directed by Alfonso Cuarón (2006)
- *Persepolis,* directed by Vincent Paronnaud, Marjane Satrapi (2007)
- *Suffragette,* directed by Sarah Gavron (2015)
- *RGB,* directed by Julie Cohen and Betsy West (2018)

k. Gun control

- *Bowling for Columbine,* directed by Michael Moore (2002)
- *A History of violence,* directed by Davis Cronenberg (2005)
- *Living for 32*, directed by Kevin Breslin (2010)
- *Requiem for the Dead : American Spring 2014*, documentary directed by Shari Cookson (2015)

l. Health

- *Super Size Me,* directed by Morgan Spurlock (2004)
- *Thank You for Smoking,* directed by Jason Reitman (2006)
- *Sicko,* directed by Michael Moore (2007)
- *Sugarland*, directed by Damon Gameau (2015)

6 Ouvrages de civilisation du monde anglophone

Afin de ne pas être trop perdu quand l'année commencera, vous pouvez feuilleter dès l'été l'un de ces ouvrages pour vous y retrouver dans les grandes phases de l'histoire et questions de société du monde anglophone. N'hésitez pas à vous y référer au fil de l'année.

- *Civilisation des États-Unis*, Pauwels M-C., Hachette Supérieur, 8e édition, 2021.
- *Civilisation britannique,* John P., Lurbe P., Hachette Supérieur, 9e édition, 2017.
- *Fiches de civilisation américaines et britanniques,* Fichaux F., Higgie A., Loubignac C., Martz L., Ellipses, 2018.
- *Substance & style. 30 étapes de civilisation et expression en anglais,* Fichaux F. (coord.), Delaby G., Leluan-Pinker A.-S., Marnotte C., Olchowska A., Plazanet-David M. ; Ellipses, 2020.

7 Sites en ligne

- **La clé des langues** : http://cle.ens-lyon.fr/
- Un site de ressources créé par l'École normale supérieure de Lyon à destination des enseignants en langue mais également très utile pour les étudiants. Le site propose non seulement une revue de presse, mais aussi des publications liées à la civilisation britannique, américaine ou du Commonwealth.

- **Crash Course US History** : https://thecrashcourse.com/
- Une série de cours proposés par la chaine éducative américaine PBS, sur les grandes étapes historiques de la société américaine. D'autres séries existent sur les thématiques suivantes :
  - Crash Course U.S. Government and Politics ;
  - Crash Course Economics;
  - Crash Course US History;
  - Crash Course European History;
  - Crash Course Media Literacy;
  - Crash Course World History.
- The Khan Academy : https://www.khanacademy.org/humanities/us-history

Site web éducatif américain qui publie en ligne des mini-leçons vidéo gratuites de qualité. Reportez-vous à la section US history ou US government and civics.

Sujets d'entraînement

- Annales 2022
- Annales 2020
- Sujet zéro 2019
- Annales 2019
- Annales 2018
- Annales 2017

À vous de jouer et de vous entraîner à composer sur ces sujets d'annales. Les corrigés se trouvent à la suite de chacun des énoncés.

- Annales Concours Commun 2022
- Annales Tremplin Automne 2020
- Annales Tremplin Hiver 2020
- Annales Tremplin Hiver 2020
- Sujet zéro 2019
- Annales Concours Commun 2019
- Annales Concours Commun 2018
- Annales Concours Commun 2017
- Annales Concours Commun 2016

Même si l'exercice de synonme n'est plus d'actualité, nous avons maintenu cet exercice pour ne pas charger arbitrairement le barème. De même, à compter de la session 2022, l'épreuve de langue sera à réaliser en 1 h seulement contre 1 h 30 pour les sujets suivants. Cela induit que depuis le sujet 2022, le sujet comprend un article de presse moins conséquent et compte des questions plus courtes.

L'absence d'annales de concours 2020 et 2021 s'explique par la non tenue d'épreuves d'anglais aux sessions de ces deux années pour raisons sanitaires.

Article

DO CHICAGOANS WANT TO 'DEFUND THE POLICE'? IT'S A TALE OF TWO CITIES

(Adapted from The Chicago Tribune, June 15th, 2021)

Kristen Mack, John Palfrey and Will Johnson

As the epicenter of America's gun violence epidemic, Chicago [...] has an opportunity to chart a path on police and policy reform that could serve as a model for the entire nation. To get there, it's important to understand the confluence of factors undergirding divergent beliefs about how to move forward, and to identify and leverage the aspects of reform upon which diverse constituencies agree.

The Harris Poll and the MacArthur Foundation recently surveyed almost 1,000 Chicagoans to better understand our city's biggest challenges, particularly regarding public safety. The response from residents portrays a city with [...] contradictory feelings toward a police force that it at once supports and wants reformed. The survey reveals a tale of two cities, with respondents' experiences shaping their attitudes about solutions. [...]

Strong majorities oppose reducing neighborhood police presence. [...] [However, P]eople of color in Chicago – due to historical negative experiences with law enforcement – do not feel safe or comfortable having a police presence in their neighborhood. Black and Latino residents were twice as likely as white residents to report negative experiences with cops and to display greater anxiety about reporting police misconduct, for fear of retaliation.

Additionally, most Chicagoans understand the disparate impact of policing: 64% (including 66% of Latino residents and 91% of Black residents) believe there is persistent racial bias in the city's policing practices [...].

These attitudes and experiences explain why Chicago residents approve of the police overall while also favoring reform [...]. They know the city needs a police force – most Chicago residents oppose the « defund the police » movement (58%) – but they believe cops can improve, especially vis-a-vis people of color, with better training and more available alternatives to police response, such as neighborhood patrols and dispatching social workers to handle certain situations. Majorities of Chicagoans believe that de-escalation training (53%) and racial equity training (51%) would be the best ways to start. A force that looks more like the city it serves could help alleviate the trust gap.

On the « defund » movement specifically – which refers to efforts to reduce police department budgets and redistribute those funds toward essential and underfunded social services, such as housing, education, employment, mental health care and youth

Questions

I. Reading comprehension (6 points)

Using your own words, answer the following questions about the text (direct and concise answers are expected).

1. Overall, what does the survey reveal about how the inhabitants of Chicago feel about their police? (1 pt)
2. Why don't people of color in Chicago feel good about a police presence in their neighborhood? (1 pt)
3. According to the authors, why is it useful to collect data on what Chicagoans think of their police? (2 pts)
4. Explain the following phrase: « the disparate impact of policing » (line 18). (1 pt)
5. Explain the following sentence: « A force that looks more like the city it serves could help alleviate the trust gap. » (line 28-29)? (1 pt)

II. Written expression (14 points)

Write an essay on the following topic (+/- 300 words).

Do you think that « defunding » the police is desirable and / or realistic?

(You do not need to focus solely on the US).

Corrigé Annales 2022

I. Reading comprehension (6 points)

Using your own words, answer the following questions about the text (direct and concise answers are expected).

1. Overall, what does the survey reveal about how the inhabitants of Chicago feel about their police? (1 pt)

Chicagoans support the police but at the same time they wish to see reforms instituted to improve it. They understand that a police force is essential, but not in its present format (lines 9, 20-21). [Note that line numbers are provided and that answers are very short and to the point].

2. Why don't people of color in Chicago feel good about a police presence in their neighborhood? (1 pt)

There have been negative impacts on people of colour in Chicago and so they don't want the police in their neighbourhoods, diminishing their feeling of safety (lines 11-12). [Note the difference in spelling for US and UK English. It does not matter which is used, but the candidate must remain systematically consistent and not mix them up].

3. According to the authors, why is it useful to collect data on what Chicagoans think of their police? (2 pts)

The data is supposed to be able to determine what factors Chicagoans agree upon in terms of police reforms so as to use them to the maximum advantage and implement changes; as well as understanding why there are differences in how people feel about security issues (lines 4-7).

4. Explain the following phrase: « the disparate impact of policing » (line 18). (1 pt)

The majority of Chicagoans believe that skin colour has an effect on the way that the police will treat them. However, there is a greater level of understanding of this issue with Blacks and Latinos.

5. Explain the following sentence: « A force that looks more like the city it serves could help alleviate the trust gap. » (line 28-29)? (1 pt)

The police force of Chicago should proportionally represent the city's ethnic diversity and this would then lead to greater faith in the ability to resolve security issues.

II. Written expression (14 points)

Do you think that « defunding » the police is desirable and / or realistic?

The American sociologist and civil rights activist, William Du Bois, stated in 1935 that 'abolition-democracy' was the desire to root out racism and repressive institutional practices, in particular in the police force. We might well wonder to what extent abolishing the police force is the answer to such repressive practices, whereas, it could, indeed, simply bring about the opposite. Firstly, let us examine why such claims have been made to defund the police. Secondly, we shall look at the possible consequences to determine if it is realistic to do so.

There has been a contemporary call for the police to be defunded, and some even say abolished, since 25th May 2020, when police officer Derek Chauvin killed George Floyd, triggering protests not only across the USA, but throughout the world, in a fight against police brutality. 'Defund the police' became the slogan, popularised by the Black Visions Collective of Minnesota. The police for many was repressive, and racism was institutionalised. Recent studies (Washington Post) in the same year showed that police budgets had increased by 800% since the 1960s; but that crime had only marginally been affected.

On the other hand, criminologists (Nix and Wolfe) have shown that the answer is to increase the number of officers visible on the streets, with a larger police force per capita. Budgets should be re-allocated, rather than removed, since issues of further minority marginalisation would result. Disbanding of police will increase crime. Police officers are also dealing with a whole array of issues in society (homelessness, mental disorder, crime, etc.).

In conclusion, it is not an 'abolition-democracy' that is needed, but rather substantial reform through institutions that are more representative of populations. There also needs to be more inclusiveness of local residents and actors, including businesses.

This will all have an impact and improve security in neighbourhoods. The question that remains is whether after decades, or centuries, of repressive behaviour a positive outcome for all can be reached.

(328 words)

Article

AS COLLEGES MOVE ONLINE, FAMILIES REBEL AGAINST THE COST

Shawn Hubler – The New York Times, 22 August 2020

After Southern California's soaring coronavirus caseload forced Chapman University this month to abruptly abandon plans to reopen its campus and shift to an autumn of all-remote instruction, the school promised that students would still get a "robust Chapman experience."

"What about a robust refund?" retorted Christopher Moore, a spring graduate, on Facebook.

A parent chimed in. "We are paying a lot of money for tuition, and our students are not getting what we paid for," wrote Shannon Carducci, whose youngest child is a sophomore at Chapman, in Orange County, where the cost of attendance averages $65,000 a year.

A rebellion against the high cost of a bachelor's degree, already brewing around the nation before the coronavirus, has gathered fresh momentum as campuses have strained to operate in the pandemic. Incensed at paying face-to-face prices for education that is increasingly online, students and their parents are demanding tuition rebates, increased financial aid, reduced fees and leaves of absences to compensate for what they feel will be a diminished college experience.

At Rutgers University, more than 30,000 people have signed a petition started in July calling for an elimination of fees and a 20 percent tuition cut. The California State University system's early decision to go online-only this fall has incited calls for price cuts at campuses from Fullerton to San Jose.

Universities have been divided in their response, with some offering discounts but most resisting, arguing that remote learning and other virus measures are making their operations more, not less, costly at a time when higher education is already struggling.

"These are unprecedented times, and more and more families are needing more and more financial assistance to enroll in college," said Terry W. Hartle, a senior vice president for the American Council on Education, a higher education trade group. "But colleges also need to survive."

The roster of colleges that have rescinded plans to reopen their classrooms has been growing by the day. In the past two weeks, the University of Maryland, the University of Pennsylvania, the University of Southern California, the University of Virginia, Princeton and a host of other colleges announced plans to hold all or most of their classes online, citing concerns about the coronavirus. According to the Chronicle of Higher Education, less than a quarter of the nation's 5,000 colleges are committed to providing instruction primarily or completely in person.

Many colleges were facing financial dark clouds even before the coronavirus arrived. Population declines in some parts of the country have dampened enrollment, and soaring tuition has led many families to question the price of a college diploma. Moody's Investors Service, which in March downgraded the higher education sector to negative from stable, wrote that even before the pandemic, roughly 30 percent of universities "were already running operating deficits."

Since then, emptied dorms, canceled sports, shuttered bookstores and paused study-abroad programs have dried up key revenue streams just as student needs have exploded for everything from financial aid and food stamps to home office equipment and loaner laptops.

Public health requirements for masks, barriers, cleaning and other health protections also have added new costs, as have investments in training and technology to improve remote instruction and online courses.

"Starting up an online education program is incredibly expensive," said Dominique Baker, an assistant professor of education policy at Southern Methodist University. "You have to have training, people with expertise, licensing for a lot of different kinds of software. All those pieces cost money, and then if you want the best quality, you have to have smaller classes."

Chapman's president, Daniele Struppa, said the university spent $20 million on technology and public health retrofits for the fall semester, and he estimates that the switch to an online fall will cost the school $110 million in revenue. He has cut spending "brutally" from the $400 million annual budget, he said, freezing hires, slashing expenses, canceling construction of a new gym, ending the retirement match to employees and giving up 20 percent of his own $720,000 base salary.

Only students who can demonstrate financial need will get help, he is telling families. "Tuition really reflects our cost of operation, and that cost has not only not diminished but has greatly increased."

A survey by the American Council on Education estimated that reopening this fall would add 10 percent to a college's regular operating expenses, costing the country's 5,000 some colleges and universities a total of $70 billion.

"For institutions," said Mr. Hartle, who lobbies for the council, "this is a perfect storm."

Questions

I. Reading comprehension (8 points)

Answer the following questions in full sentence form using your own words.

1. Why has the question of college tuition recently "gathered fresh momentum" (l. 9)? (1 pt)

2. What does Shannon Carducci mean by saying that the "students are not getting what [they] paid for" (ll 5-6)? (2 pts)

3. Is Chaman University an accurate example of what is happening to American colleges? (1 pt)

4. What is the fundamental disagreement between parents and colleges, highlighted in the text? (1 pt)

5. What kind of challenges are universities facing in the near future? (1 pt)

6. What did Mr Hartle mean when he stated that "For institutions, this is the perfect storm" (l. 59) ? (2 pt)

II. Written expression (12 points)

Write an essay of 300 words (+ or - 10%) on the following subject:

As the current sanitary crisis has forced universities to close their doors to students, how do you think online teaching may durably impact higher education?

(You may refer to different countries, not limited to the English-speaking world)

Corrigé Annales 2020

I. Reading comprehension (8 points)

1. **Why has the question of college tuition recently "gathered fresh momentum" (l. 9)? (1 pt)**

The price of college tuition has been a bone of contention in the United States for years; however, the shift to online classes has renewed focus on the expensive cost of higher education.

2. **What does Shannon Carducci mean by saying that the "students are not getting what [they] paid for" (ll 5-6)? (2 pts)**

For a majority of students in the United States, colleges is not just about classes but also about the experience it provides: living in dorms away from home, going to sporting events or meeting international students, none of which can be replaced by live videos

3. **Is Chaman University an accurate example of what is happening to American colleges? (1 pt)**

Chapman university, chosen as the first example in this article, is very much representative of what is happening to American universities at large, that have decided that it would be safer and less costly to hold classes online.

4. **What is the fundamental disagreement between parents and colleges, highlighted in the text? (1 pt)**

Money is the main source of disagreement between both these parties: while parents believe that online classes should be less expensive, colleges face an added cost because of the sanitary crisis and cannot afford to lower tuitions.

5. What kind of challenges are universities facing in the near future? (1 pt)

In the current situation, colleges will have to find ways to remain attractive to students and to improve teachers' training for online classes, while balancing their financial situation.

6. What did Mr Hartle mean when he stated that "For institutions, this is the perfect storm" (l. 59) ? (2 pt)

According to Mr Hartle, the situation is very worrying for American universities: their already dire financial situation is exacerbated by the Covid pandemic, leading to further spending on the one hand, and parents asking for tuition refunds on the other, making their future uncertain.

II. Essay (12 points)

The merits of higher education need not be demonstrated anymore: the promise of a comfortable future led many students to take to the university benches starting in the mid-20th century. Yet, as the Covid-crisis spiraled dramatically in 2020, the comfortable rhythm of campus life was shaken to its core, universities were forced to move online, leading us to consider how higher education might be transformed by this shift. To examine this question, we will consider the impact on the institutions of higher education and on the students.

It might be argued that hoards of universities moving their classes online was the last step of an ongoing process: public as well as private universities had already started to offer this option, as it is the case with the CNED in France. It required professors to be creative, to use video conference or to start podcasts, but it also proved challenging for anyone uncomfortable with new technologies. Moreover, not all subjects can be taught through distance learning and liberal arts colleges have already been impacted, such as MacMurray College, Illinois, that did not survive the crisis.

The biggest disruption of online classes was felt by students, whose lives were put on hold. Indeed, in most developed nations, the "college experience" is not just about classes but provides young people with formative experiences, easing them into adulthood. Forced inside their homes, they also had to reckon with disparity: whereas education is supposed to be "the great equalizer," an online experience impacts negatively people living in remote areas or with lesser means, thus reinforcing the wealth gap. This is particularly worrying for the poorest students and countries, leading the United Nations to sound the alarm and warn of an oncoming "generational catastrophe."

The sanitary crisis created by the spread of Covid-19 put the spotlight on higher education's weaknesses, both on its physical and online formats. The longer the crisis will last, the bigger the damages will be for the students and for the institution itself. As campuses have started to reopen in some countries this September, governments and universities will have challenges to address and will be forced to cope with the newly discovered limits of higher education.

Annales 2020

Article

HOW REAL IS THE THREAT OF PROSECUTION FOR DONALD TRUMP POST-PRESIDENCY?

Ed Pilkington - The Guardian, 25 December 2020

At noon on 20 January, presuming he doesn't have to be dragged out of the White House as a trespasser, Donald Trump will make one last walk across the South Lawn, take his seat inside Marine One, and be gone.

From that moment, Trump's rambunctious term as president of the United States will be over. But in one important aspect, the challenge presented by his presidency will have only just begun: the possibility that he will face prosecution for crimes committed before while in the Oval Office.

For the past four years Trump has been shielded from legal jeopardy by a justice department memo that rules out criminal prosecution of a sitting president. But the second he boards that presidential helicopter and fades into the horizon, all bets are off.

Everything points to a momentous and fiendishly difficult legal challenge, fraught with political danger for the incoming Biden administration. Should Trump be investigated and possibly prosecuted for crimes committed before and during his presidency?

Any attempt to hold Trump criminally liable in a federal prosecution would be a first in US history. No exiting president has ever been pursued in such a way by his successor (Richard Nixon was spared the ordeal by Gerald Ford's contentious presidential pardon).

Previous presidents have tended to take the view that it is better to look forwards in the name of national healing than backwards at the failings of their predecessor. And for good reasons – any prosecution would probably be long and difficult, act as a huge distraction, and expose the incoming president to accusations that they were acting like a tinpot dictator hounding their political enemy.

That a possible Trump prosecution is being discussed at all is a sign of the exceptional nature of the past four years. Those who argue in favour of legal action accept that there are powerful objections to going after Trump but urge people to think about the alternative – the dangers of inaction.

"If you do nothing you are saying that though the president of the United States is not above the law, in fact he is. And that would set a terrible precedent for the country and send a message to any future president that there is no effective check on their power," said Andrew Weissmann, who was a lead prosecutor in the Mueller investigation looking into coordination between Russia and Trump's 2016 campaign.

As head of one of the three main teams answering to the special counsel Robert Mueller, Weissmann had a ringside seat on what he calls Trump's "lawless White House". In his new book, Where Law Ends, he argues that the prevailing view of the 45th president is that "following the rules is optional and that breaking them comes at minimal, if not zero, cost".

Weissmann told the Guardian that there would be a price to be paid if that attitude went unchallenged once Trump leaves office: "We learnt from this presidency that our system of checks and balances is not as strong as we thought, and that would be exacerbated by not holding him to account."

Biden has made clear his lack of enthusiasm for prosecuting Trump, saying it would be "probably not very good for democracy". But he has also made clear that he would leave the decision to his appointed attorney general, following the norm of justice department independence that Trump has repeatedly shattered.

Other prominent Democrats have added pressure on the incoming attorney general to be aggressive. Kamala Harris, the vice president-elect, when asked last year whether she would want to see charges brought by the Department of Justice, replied: "I believe that they would have no choice and that they should, yes."

There are several possible ways in which the justice department could be forced to confront the issue of whether or not to take on Trump. One would be through a revelation, following the emergence of new information: the Biden administration will have access to a wealth of new documents, including intelligence agency and state department files.

But the two most likely avenues for the pursuit of any criminal investigation would relate to Trump's use of his presidential pardon power and alleged obstruction of justice. "Trump issued a series of pardons largely characterized by political self-interest," Weissmann said.

Though the presidential pardon power is extensive, it is not, as Trump has claimed, absolute – including the "absolute right" to pardon himself. He is not immune from bribery charges if he were found to have offered somebody a pardon in exchange for their silence in a judicial case.

Perhaps the most solid evidence of criminal wrongdoing compiled against Trump concerns obstruction of justice. John Bolton, the former national security adviser, went so far as to say that for Trump, obstruction of justice to further his own political interests was a "way of life".

Questions

I. Reading comprehension (8 points)

Answer the following questions in full sentence form using your own words.

1. Why does the journalist mention the possibility of Donald Trump being a "trespasser" (l. 5)? (1 pt)

2. Why is Andrew Weissman able to provide a thorough analysis of the ways Donald Trump broke the law? (1 pt)
3. Explain the following assessment: "Previous presidents have tended to take the view that it is better to look forwards in the name of national healing than backwards at the failings of their predecessor" (ll 20-21)? (2 pts)
4. What conclusions does Weissman make regarding state of American democracy following the Trump presidency? (2 pt)
5. What seems to be the difference between Donald Trump's and Joe Biden's conception of justice and of the justice department? (1 pt)
6. Does the Trump presidency stand apart in American history? (1 pt)

II. Written expression (12 points)

Write an essay of 300 words (+ or - 10%) on the following subject:

In a democracy, to what extent should politicians be held accountable for their actions while in office?

(You may refer to different countries, not limited to the English-speaking world)

Corrigé Annales 2020

I. Reading comprehension (8 points)

1. Why does the journalist mention the possibility of Donald Trump being a "trespasser" (l. 5)? (1 pt)

This first statement by the journalist shows the extent to which the Trump presidency has been out of the ordinary: not only has he refused to acknowledge his defeat in the 2020 election, he is now going has far as to threaten to not leave the White House on January 20th, which would be akin to a crime as he would not longer be president and thus become an intruder in the building.

2. Why is Andrew Weissman able to provide a thorough analysis of the ways Donald Trump broke the law? (1 pt)

Andrew Weissman has worked alongside Robert Mueller in an investigation on Donald Trump to determine whether he had colluded with Russia in the 2016 campaign. During the process of this investigation, he was able to look into the actions of the president and his team, he had access to a great amount of documents and information: the depth of his knowledge thus allows him to make a clear assessment of the Trump presidency.

3. Explain the following assessment: "Previous presidents have tended to take the view that it is better to look forwards in the name of national healing than backwards at the failings of their predecessor" (ll 20-21)? (2 pts)

Although it might seem counter-intuitive, presidents have usually chosen not to focus on the mistakes made or crimes committed by their predecessors, because they risked looking petty and divisive – this is something that worries Joe Biden. Instead, they had rather try to unite the country and move it in a new and better direction, for the sake democracy.

4. What conclusions does Weissman make regarding state of American democracy following the Trump presidency? (2 pt)

Weissman is quite pessimistic regarding the state of the United States' democracy: it seems that the Trump presidency has highlighted its flaws and shown that it wasn't as strong as most Americans believed. The system of check and balances proved particularly vulnerable, as Trump was able to commit fraud or pardon criminals, for his own personal interest. According to him, it is necessary to prosecute the 45th president to try and restore order, and to strengthen the democratic institutions.

5. What seems to be the difference between Donald Trump's and Joe Biden's conception of justice and of the justice department? (1 pt)

While Donald Trump has either ignored the law or used his power of pardon for his own personal interest, encroaching on the jurisdiction of the justice department whenever it suited him, it seems that Joe Biden wants to respect the democratic separation of power and render their independence of action to the attorney general.

6. Does the Trump presidency stand apart in American history? (1 pt)

The entire article makes it clear that the presidency was, by all standards, exceptional in the history of the country. While his predecessors might have committed crimes, none did to the same extent as him and while his facing prosecution might come as an isolated event, it seems necessary to heal the country.

II. Essay (12 points)

The recipe for a working democracy was theorized long ago by philosophers such as John Locke or Jean-Jacques Rousseau, who emphasized that it should be seen as a contract, in which both the people and the ruler have a duty towards the other. While we easily understand the consequences for a citizen breaking the law, those that could await a politician for criminal actions while in office are not as obvious. For this reason, we will study the link between accountability and a healthy democracy; first, by focusing on the importance of trust and, second, of some form of regulation.

When voters elect a representative at any level of government, they trust that they will uphold the law and protect the common weal, even if they take unprecedented measures - for example, by temporarily limiting individual freedom during a pandemic. However, trust can only happen if politicians behave with integrity and history has proven this was not always the case. Law-breaking or corruption tarnish the reputation not just of one man but of government itself, as it happened with the Watergate scandal or Giscard d'Estaing's diamond affair.

We usually rely on the free press or whistleblowers for breaking scandals. Some politicians, as Jacques Santers in 1999, chose to resign on their own. Yet, this is not always the case, and it becomes up to the citizens and to elected officials to take actions to save democracy before it is subverted - for this reason, American lawmakers are currently considering impeaching president Trump or invoking the 25th Amendment, which allows to remove a president from office if he is deemed unfit, after he incited his supporters to storm Capitol Hill to undermine the election results, in what has been described as a coup.

The events of January 6th in the United States have shocked the world and proven how fragile democracies are. If politicians are not held accountable when they fail to meet the standards required by their position in government, the whole system of democracy is weakened. While most constitutions have safeguards to avoid the worst of outcomes, the example of Peru under the leadership of Alberto Fujimori show that the slip into authoritarianism is not unavoidable.

Annales 2020

Article

NORWAY'S SUPREME COURT HEARS RIGHTS CHALLENGE TO ARCTIC OIL DRILLING

Henrik Pryser - The New York Times, 5 November 2020

The Norwegian Constitution declares that all citizens have the right to a healthy environment. But Norway's economy is built around an oil and gas industry that accounts for more than half of national exports.

Now the country's Supreme Court is being asked to confront this apparent paradox, as it hears a challenge by environmental groups seeking to invalidate licenses for new oil exploration in the Arctic on constitutional grounds.

The case, which began on Wednesday before a bench of 15 voting Supreme Court judges — a procedure reserved for the most significant issues — is the first climate-change litigation to be brought under the Constitution's environmental provisions passed in 2014, and experts said it was unclear how the judges would rule.

It is also among the highest-profile cases in a series of climate-change lawsuits brought by activists in Europe and elsewhere — one that Norwegian news outlets have described as "the case of the century."

The litigants, who include Greenpeace and Nature and Youth Norway, say they are also suing on behalf of future generations, arguing that approving oil exploration violates human rights conventions because of its contribution to increased carbon emissions.

A major cause of climate change is the burning of oil and other fossil fuels, which releases carbon dioxide – a powerful greenhouse gas – into the atmosphere, where it acts like a blanket, trapping the sun's heat and driving global warming.

The lawsuit "is our generation's best shot to make sure a significant amount of carbon dioxide stays buried under the ground and never gets burned," said Andreas Randoy, deputy head of Nature and Youth Norway, adding that a victory would mean "the beginning of the end of the oil age."

The Norwegian government has said that it fulfilled its constitutional duty by compensating for negative effects on the environment in other areas, and that an expansive interpretation of the Constitution's environmental provisions would "change the relationship between state powers in a fundamental manner," and potentially erode democracy.

Two lower courts have declined to invalidate the exploration well licenses issued by the government, though both recognized the right of citizens to bring cases under this article. A higher court was more vocal that the right involved the impact from climate emissions – including those from oil and gas exported abroad.

Companies were awarded licenses in 2016 to conduct exploratory drilling in the South and South East Barents Sea, an area on the Norwegian continental shelf where oil and gas fields have recently been built. Parliament approved opening the area for exploration three years earlier.

The environmental groups argue that the oil-exploration plans were not fully researched before being approved. They have also pointed to a previously unknown expert report throwing doubt on the economic benefit of drilling in the Barents Sea, commissioned by the government in 2013 but not passed onto the Parliament before its vote.

The case builds on an emerging wave of climate change litigation from environmentalists in Europe and elsewhere. But the case is especially pertinent in Norway because of its position on the forefront of the international race for oil in the Arctic, even as it has implemented ambitious emission reductions goals.

Across the Norwegian continental shelf, there are about 89 petroleum fields. Only two of them are in the Barents Sea, a lucrative area that the government has increasingly opened for exploration in recent years, estimating it holds half of the shelf's undiscovered resources, but that the World Wildlife Fund has called "one of Europe's last large, clean and relatively undisturbed marine ecosystems."

"The Arctic is in crisis largely because of existing emissions," said Gail Whiteman, the founder of Arctic Basecamp in Davos. "Any new drilling goes again a science-based approach to climate change and is at grave odds with Norway's image as a leading green economy."

The use of human rights in climate change litigation was a "recent phenomenon" pushed forward by groups who felt that they had run out of other options to force action, said Ole W. Pedersen, a professor of environmental and energy law at Newcastle Law School in England. "It's a last resort."

The crux of the case would be how much discretion the courts would allow the government, said Esmeralda Colombo, a fellow at the Center on Climate and Energy Transformation at the University of Bergen. In general, Norway's Supreme Court has leaned in favor of environmental protection, she said.

It will also raise questions such as whether Norway is responsible for the emissions burned from its exports – which are far greater than its domestic emissions.

In all, between 2015 and May 2020, 36 rights-based lawsuits have been brought against states for human rights violations related to climate change, according to the Grantham Research Institute on Climate Change and the Environment.

Questions

I. Reading comprehension (8 points)

Answer the following questions in full sentence form using your own words.

1. What is the Supreme Court of Norway about to rule on? (1 pt)
2. Who seems to be leading the fight against climate change in Norway? (1 pt)
3. Does "Norway's image as a leading green economy" (l. 52) seem justified? (2 pts)
4. Why have activist groups argued against the Arctic drilling, previously approved by Parliament? (2 pt)
5. Does it seem likely that climate activists will win the case in court? (1 pt)
6. What are the merits of suing governments on the basis of human rights, in the fight against climate change? (1 pt)

II. Essay (12 points)

Write an essay of 300 words (+ or - 10%) on the following subject:

To what extent do individual and NGO activism have the power to make a change in the fight against climate change?

(You may refer to different countries, not limited to the English-speaking world)

Corrigé Annales 2020

I. Reading comprehension (8 points)

1. What is the Supreme Court of Norway about to rule on? (1 pt)

The Norwegian Supreme Court is examining a case brought to them by non-governmental organisations, aiming to prevent further oil drilling in the Arctic, as it contributes to climate change and goes against the citizens' right to live in a healthy environment.

2. Who seems to be leading the fight against climate change in Norway? (1 pt)

According to the article, in Norway, international NGOs such as Greenpeace are committed to combating global warming and they are aided by the youth of the country, fighting for their future.

3. Does "Norway's image as a leading green economy" (l. 52) seem justified? (1 pts)

From its very beginning, the article underlines the paradox between Norway's image as a safe haven, a country leading in renewable energy sources and the fact that its economy is so dependent on fossil fuel. What is more, they do not simply continue drilling for oil in existing rigs but plan to create new ones, explaining why some organisations challenged the government's decision in court.

4. Why have activist groups argued against the Arctic drilling, previously approved by the Parliament? (1 pt)

The activists' case against Arctic drilling is twofold: on the one hand, they argue that the government's scientific research is not thorough enough and that the basis for their decision does not hold; on the other hand, they underline that the economic benefit the country might not actually be worth it – making the drilling a bad decision overall.

5. Does it seem likely that climate activists will win the case in court? (1 pt)

The Norwegian Supreme Court case falls within a larger pattern of activists holding their government accountable for climate inaction. It is still a new phenomenon, making it difficult to anticipate the Court's final decision but the article, quoting a researcher from the University of Bern, ends on an optimist note.

6. What are the merits of suing governments on the basis of human rights, in the fight against climate change? (1 pt)

As mentioned in the article, activists started to use human rights to appeal to governments on the topic on climate change after all other arguments had failed to convince them. Such a case holds a lot of weight, especially in democracies, where politicians are committed to protecting their citizens and ensuring their welfare.

II. Essay (12 points)

An international poll conducted by the United Nations in early 2021 shows that a majority of the world population now considers climate change to be a "global emergency" and demands action. Although awareness about this problem is considerable nowadays, the warnings of the scientific community are more dire than ever, raising the question of whether individual and NGO initiatives can suffice to save our planet from global warming. While the power of individuals and organisations should not be underestimated, the role of government remains crucial.

When talking about individual action against climate change, we usually think about recycling or electrical cars, whose impact, while non-negligible, is not enough. Yet, the power of the masses should not be downplayed: boycotts have successfully been used in the 20th century to usher change and could put pressure on companies to become less polluting. The pull of NGOs, on the other hand, allows them to take big steps, as it happened in France with "l'Affaire du Siècle" led by Greenpeace, holding the government accountable for its inaction regarding climate change.

But the very fact that ONGs are now bringing governments to justice is a reminder that politicians have a key role to play. Indeed, legislations hold considerable weight, such as the UK's 2008 Climate Change Act, committing to eliminate greenhouse gas emissions. Nonetheless, change will only happen if a majority of countries are invested. Global cooperation has proved to be working: for instance Montreal Protocol, signed by 46 countries, has effectively helped to save the ozone layer, giving hope that the Paris Climate Accord could have a similar effect.

Global warming is known to be the biggest threat to humanity nowadays. Stopping and eventually reversing it represents a tremendous challenge, as it will require adapting and changing most aspects of our lives. It is only through thorough commitment and alliances from citizens to states and companies that solutions might be found. The initiatives started by students all over the world recently then become a beacon of hope for the future.

Sujet zéro 2019

Article

WHO IS REALLY RESPONSIBLE FOR BREXIT? THE QUEEN

Suzanne Moore, the Guardian, April 16, 2019

Activate the Queen. She is the only person who can sort out this chaos. Politicians can't, and the « people » certainly can't because the will of the people is a floating buffet at which all stuff their faces, but still yearn for a proper dinner. So, for instance, a « people's vote » will either undermine democracy by ignoring the first people's vote or underscore democracy by having more of it.

Theresa May can't sort it out. I feel about her as my friend used to feel about her husband : « He has been dead for years; it's just that no one has told him. »

What we need is a grownup to calm everything down. Who better than the Queen, hatted and handbagged up; dutiful, but with a dry wit, apparently? Everyone loves the Queen. I saw Michelle Obama at the O2[1] at the weekend, talking about how touched she was that the Queen wore the « itty-bitty little pin » that the Obamas gave her. Living the dream. Just not mine.

It has been suggested that the Queen could stop Brexit, and the very notion is intriguing – this longing for unquestionable authority is a sign of our inherent repression. But this longing is dangerous, my friends, and it is the opposite of democracy. The Queen is not personally accountable for Brexit, but she presides over an institution that symbolises and legitimises much of the inequality that led to it.

Our politics is broken, our systems of representation cannot cope with globalisation, migration or technology. People feel abandoned. Westminster is falling down. Board it up like a shop that no one goes to any more. Over and over, the mantras of austerity and neoliberalism are chanted by the left as the reasons for the leave vote. The right answer back by accusing the left of cultural Marxism. But what does the right believe in? Philistine capitalism – and life in a permanent sense of deja vu about a war they never fought in. They also talk about vassal states and sovereignty.

What does being a sovereign power mean? In our case, it means having a monarchy that legitimates hereditary privilege, the Lords and owning half of Scotland. It means that power is an accident of birth, but God help anyone who disses the Queen. We not only enact our serfdom; we embrace it by accepting that the monarchy is above ordinary politics.

1. The O2 : The O2 Arena is a multi-purpose indoor arena located in the centre of The O2 entertainment complex on the Greenwich Peninsula in southeast London.

The younger generation of royals is still locked in a symbiotic relationship with the tabloids. They do a lot of charity work – including « difficult » causes, such as mental health. They showed more empathy at Grenfell Tower than May did, but any Dalek[1] would have done that, so the bar is low. What they can't do is embrace the actual, essential cause of the many causes they champion : deep inequality of wealth.

Instead, the luckless Duchess of Sussex is now held hostage, breeding in captivity as all royal women must. She has sinned by asking for privacy when the tabloids say that, because the country paid for her wedding, it's our baby. By this logic, the afterbirth should be brought out on a platter and inspected by all us loyal subjects.

But the serious question is this : how will any of our institutions ever be reformed and how will we become a modern country while bowing to this feudal system?

The magic has worked if we still believe that the monarchy – embodied in a dutiful and doughty[2] old woman – is a superior system to boring old representative democracy. Yet even sensible people fall for the circus of honours, touches of ermine and empire, while young working-class men get their legs blown off to serve « Queen and country ».

Constitutional reform makes most people's eyes glaze over, even though we can see our chaos is bound up in systems that are no longer viable.

We must start from the bottom up : direct action and local democracy. And then work from the top down : dismantle the archaic monarchy. The Queen cannot solve Brexit because part of what Brexit is about – what is worth keeping? What has been lost? Who has lost out? Who has gained? – is entangled with all she represents.

The vote to leave, to be in charge of our own affairs and to change the status quo, has been read as reactionary, but can also be read as revolutionary. When the Queen dies, let the whole monstrous shebang[3] of monarchy go with her. Only then can we be a sovereign country.

Questions

I - Reading comprehension (6 pts)

1. What is the main purpose of the article? (2 pts)
2. According to the journalist, is the younger generation of royals really different from the previous one? (1pt)
3. What drastic constitutional reform does the author advocate? (1 pt)
4. What is the tone of the article? (2 pts)

1. The Daleks : are a fictional extraterrestrial race of mutants principally portrayed in the British science fiction television programme Doctor Who.
2. doughty : determined
3. shebang : everything involved in what is under consideration —usually used in the phrase the whole shebang

5. Explain the following phrase. (1pt)
   Theresa May can't sort it out. I feel about her as my friend used to feel about her husband : *« He has been dead for years; it's just that no one has told him. »* (lines 6-7)

6. Explain the following phrase (1pt):
   Constitutional reform makes most people's eyes glaze over (line 46)

II - Written expression (14 points)

Write an essay of 300 (+/- 10%) words on the following subject

Has the monarchy become an outdated institution?

You do not need to focus solely on the UK. You are free to widen your discussion to include other monarchies in Europe and in other regions of the world.

Article

OXBRIDGE NEEDS TO GUARANTEE PLACES FOR THE BEST STATE SCHOOL PUPILS

Owen Jones - THE GUARDIAN, 7 Dec 2018

Oxbridge does not represent Britain's best or the brightest : let's just get that out of the way. Many of the country's most intelligent, thoughtful and perceptive people do not attend either Oxford or Cambridge. Both institutions are instead, disproportionately, attended by the best performing slice of the most economically privileged teenagers in the country. So the figures released today, which elicit a depressing sense of deja vu, that eight top schools send as many pupils to Oxbridge as three-quarters of all schools and colleges put together, might be shocking, but they are unsurprising. So are the findings that top performing state school students are much less likely to apply than their private school equivalents, or that private school pupils were seven times more likely to win a place than comprehensive students.

Undoubtedly, one of the key reasons for the disparity is the resources available to private schools to « polish » up their students for the application process. I attended what was then the biggest sixth-form in the country, Stockport's Ridge Danyers : the attitude among teachers towards applying to Oxbridge was very much : « Well, you might as well give it a go! » One did try to prepare me with a mock interview, which involved questions like « Why are you applying to Oxford? What are you extracurricular interests? » Bless them, but it was entirely counter-productive : imagine my shock when I sat down at my actual interview, in what seemed like a slightly sinister Harry Potter theme park, and an emeritus professor kicked off the proceedings with « Lenin was a German spy, wasn't he? » It was always instantly possible to tell who was privately educated : they had a certain confidence and posture built into them by their schooling. (...) Few of us actually knew much about that place – I confess, I thought « Oxbridge » was its own university, and the Oxbridge colleges on University Challenge were separate from the universities themselves –and arriving for the interviews was a far bigger culture shock than visiting France for the first time. (...)

I was one of a handful from my sixth-form to get in, and – like most of the comprehensive pupils, let alone anyone else who attends – I am no working-class hero : my dad had a white collar job at Sheffield city council, my mum was an IT lecturer at Salford University. Yet even I, from a northern, public sector, middle-class background, initially had a profound, sometimes debilitating sense of imposter syndrome, that there would be a tap on the shoulder at any moment to explain that « I'm sorry there's been a dreadful mistake we let you in by accident » which was not helped by fellow private school alumni making barbed comments like « comprehensive school students only get in because of quotas ». That's not to say this was three years of trauma – I had some of my happiest days there – but it's unsurprising that an Old Etonian feels at home dressing up in an absurd costume for exams (you got turned away if you wore the wrong shoes).

There are genuine attempts by Oxbridge authorities to widen access. I think of Alan Rusbridger, former Guardian editor turned principal of Lady Margaret Hall, who launched a fantastic scheme to attract young people from less privileged backgrounds. But there are such profound structural problems that are very difficult to overcome. If you grow up in an overcrowded house, suffer the stresses poverty can place on family life, sometimes have gone hungry or had a poor diet, and don't have parents with huge « cultural capital » – like owning lots of books – then the odds are stacked against you from day one.

The educational segregation of children according to the bank balances of their parents – private education – needs to be abolished. But in the interim, it has always struck me that the only solution is to automatically enrol the best performing students from state school, taking class into account. If you grow up in a deprived ex-mining community and get two As and two Bs at A-level, you have outperformed someone at Harrow or Eton from a family of millionaires who gets four As. And until Oxbridge does this, it needs to stop pretending it represents Britain's academic elite : because it doesn't.

Questions

I- Reading comprehension (8 points)

Answer the following questions in full sentence form using your own words (c. 40-60 words per question)

1. Why did the journalist experience a culture shock when he first applied to Oxbridge? (2 points)
2. Why are so few state school students accepted to Oxbridge? (3 points)
3. What solution does he suggest for overcoming social inequality at Oxbridge? (3 points)

II- Synonyms (4 points)

For each of the following, find ONE equivalent Word or expression in the article. The words are given in the order of the text, but not necessarily in the same verbal form or syntax.

1. to try
2. simulated

3. to start
4. weakening
5. acerb
6. to initiate
7. to recruit
8. disadvantaged

III- Written expression (8 points)

Write an essay of 300 words (+/- 10%) on the following subject :

To what extent does education promote social mobility in today's world?

(You may refer to different countries, not limited to the English-speaking world)

Corrigés Annales 2019

I. Reading comprehension (8 points)

1. Why did the journalist experience a culture shock when he first applied to Oxbridge ? (2 points)

Coming from a social background and a comprehensive school that was not part of the elite, the journalist encountered a culture shock during his time at Oxford. As his teachers had not been able to prepare him for his interview, he was thrown off by the questions. Moreover, the university works according to specific codes (language, clothes, culture) that Owen Jones knew nothing about when he first got there.

2. Why are so few state school students accepted to Oxbridge? (3 points)

Jones mentions a lack of knowledge about these famous universities : he confesses that he did not know the abbreviation referred to two universities – this makes state school students less likely to send their applications. Socio-economic background is another major problem : middle and lower-class students are less likely to have access to the resources – whether at school or at home – to compete with students from wealthy families, who can afford the right instruction to get in.

3. What solution does he suggest for overcoming social inequality at Oxbridge? (3 points)

According to Jones, the best solution to overcome social inequality at Oxbridge would be to change the system that creates it – the dual public/private education – and have one identical system all. In the meantime, he suggests taking the background and class of a students into account, as the A-level results from a student from a working-class family and that of a privileged one cannot be measured in the same way.

II. Synonyms (4 points)

1. to try → to give it a go (l. 16)
2. simulated → mock (l. 16)
3. to start → to kick off (l. 20)
4. weakening → debilitating (l. 29)
5. acerb → barbed (l. 33)
6. to initiate → to launch (l. 37)
7. to recruit → to enrol (l. 45)
8. disadvantaged → deprived (l. 46)

III-Written expression (8 points)

To what extent does education promote social mobility in today's world?

Every year, all over the world, students graduating from secondary, go through the same process : they apply to university, hoping they will get in and train for a job they will like and that will allow them to be better off than their parents. If this seemed self-evident in the 1960s-70s when higher education was democratized, it does not seem to be the case anymore. Indeed, in the current political and economic uncertainty, we can wonder whether education still is a relevant means to help climb the social ladder.

As the saying goes, « knowledge is power. » Some countries, such as France, or Finland, understand it and offer their youth free access to education and higher education – thus allowing all students to study what they wish. In developed countries, the impact of education has already been felt : it created opportunities for women, led to a rise of the middle-class and the tertiary sector. It is now happening in developing countries, and the work achieved by Nobel Prize winner Malala Yousafzai demonstrates that education leads to better living conditions, a greater understanding of politics and better access to health services.

However, that access to education is hard to guarantee. In a number of dictatorships or war zones, it is challenging for children to secure any kind of education, especially for girls : in South Sudan, for example, schools have been reduced to ruins by conflcit and over 75% of girls will attend school according to the BBC. And contrary to popular belief, going to school is not always easier in developed countries. Indeed, in the United States, the sky-rocketing tuitions fees charged by universities, especially the Ivy League, show that educational opportunities for the poorest students remain highly limited and is the key reason for the decline of social mobility in the US as well as in the UK.

Education has always been a way to access better jobs, better living conditions, and create more equal societies. However, it seems that many have lost sight of what it was able to provide. Unfortunately, no country has yet turned into a perfect meritocracy and, in many places, birth will inextricably dictate what will become of someone, despite the endeavour of leagues such as UNESCO to overcome inequalities of chances.

Article

THE HEARTBEAT OF RACISM IS DENIAL

Ibram X. Kendi – THE NEW YORK TIMES – Jan. 13, 2018

When our reality is too ugly, we deny reality. It is too painful to look at. Reality is too hard to accept.

Mental health experts routinely say that denial is among the most common defense mechanisms. Denial is how the person defends his superior sense of self, her racially unequal society.

Denial is how America defends itself as superior to « shithole countries » in Africa and elsewhere, as President Trump once reportedly described them in a White House meeting. [...] It's also how America defends itself as superior to those « developing countries » in Africa, to quote how liberal opponents of Mr. Trump might often describe them.

Mr. Trump appears to be unifying America - unifying Americans in their denial. The more racist Mr. Trump sounds, the more Trump country denies his racism, and the more his opponents look away from their own racism to brand Trump country as racist. Through it all, America remains a unified country of denial.

The reckoning of Mr. Trump's racism must become the reckoning of American racism. Because the American creed of denial - « I'm not a racist » - knows no political parties, no ideologies, no colors, no regions.

[À few weeks ago], Senator Richard J. Durbin, Democrat of Illinois [...] rightfully described Mr. Trump's words as « hate-filled, vile and racist, » and added, « I cannot believe that in the history of the White House in that Oval Office, any president has ever spoken the words that I personally heard our president speak yesterday. »

But Mr. Trump is no exception. In framing Mr. Trump's racism as exceptional, in seeking to highlight the depth of the president's cruelty, Mr. Durbin, a reliably liberal senator, showed the depth of denial of American racism.

Begin with the eight presidents who held slaves while in the Oval Office. Then consider how Abraham Lincoln urged black people to leave the United States. « Even when you cease to be slaves, you are yet far removed from being placed on an equality with the white race, » Lincoln told five black guests at the White House in 1862. So « it is better for us both, therefore, to be separated. » [...]

Presidential history also includes the social Darwinism of Theodore Roosevelt, the federal-government-segregating, « Birth of a Nation »-praising Woodrow Wilson – and the bigotry that came from the mouths of presidents who are generally seen as essential to racial progress. President Lyndon B. Johnson said « nigger » nearly as often as Ku Klux Klansmen did.

This denial of racism is the heartbeat of racism. Where there is suffering from racist policies, there are denials that those policies are racist. The beat of denial sounds the same across time and space. [...]

Fifty years ago, Richard Nixon transformed this historic heartbeat of denial into an intoxicating political philosophy. His presidential candidacy appealed to George Wallace-type segregationists while also attracting Americans who refused to live near « dangerous » black residents, obstructed the desegregation of schools, resisted affirmative action policies, framed black mothers on welfare as undeserving, called the black family pathological and denigrated black culture - all those racists who refused to believe they were racist |...]

Mr. Trump opened his candidacy with racism, calling Mexicans criminals and rapists. Since taking office, he has looked away from the disaster zone in Puerto Rico, he has called some violent white supremacists « very fine people, » and he has described Nigerians as living in « huts. »

When someone identifies the obvious, Mr. Trump resounds the beat of denial as he did before he was president : « I'm the least racist person that you've ever met, » that « you've ever seen, » that « you've ever encountered. »

These are ugly denials. But it's the denials from those who stand in strong opposition to this president that are more frustrating to me : denials that their attacks on identity politics are racist. Denials that the paltry number of people of color in elite spaces marks racism [...]

Because we naturally want to look away from our ugliness [...], we paint over racist reality to make a beautiful delusion of self, of society. We defend this beautiful self and society from our racist reality with the weapons of denial.

Denial is fueled by the stigma associated with being a racist. Feeding the stigma is how « racist » is considered almost like an identity, a brand.

But a racist is not who a person is. A racist is what a person is, what a person is saying, what a person is doing.

Racist is not a fixed category like « not racist, » which is steeped denial. Only racists say they are not racist. Only the racist lives by the heartbeat of denial.

The antiracist lives by the opposite heartbeat, one that rarely and irregularly sounds in America - the heartbeat of confession.

Questions

I- Reading comprehension (8 points)

Answer the following questions in full sentence form using your own words (c. 40-60 words per question)

1. What does the author mean when he states that Trump « is unifying Americans in their denial »? (l. 8) (3 pts)
2. The author argues that Trump is not an « exception » (l.19) : what is implied by this and how is this claim justified? (2 pts)
3. Whose denials are most upsetting to the author? Explain why. (3 pts)

II- Synonyms (4 points)

For each of the following, find ONE equivalent Word or expression in the article. The words are given in the order of the text, but not necessarily in the same verbal form or syntax.

1. to label or to stigmatize
2. assessment
3. to put into words or to present in a certain way
4. intolerance
5. not worthy
6. to echo
7. small or insignificant
8. to feed

III- Written expression (8 points)

Write an essay of 300 words (+ or - 10%) on the following subject : To what extent can we say that racism remains a major challenge to be overcome?

(NB You are not obliged to deal exclusively with the United States, but you are free to widen your discussion to include the situation in Europe or other regions of the world).

Corrigé Annales 2018

I. Reading comprehension (8 points)

1. What does the author mean when he states that Trump « is unifying Americans in their denial »? (l. 8) (3 pts)

The author exposes a mechanism in which each of Trump's derogatory comments unfailingly result in the denial of racism from both his supporters' and his opponents' parts. Be they utterly prejudiced or liberal, the American people fail to acknowledge how deep racism is embedded in their psyche and society.

2. The author argues that Trump is not an « exception » (l.19) : what is implied by this and how is this claim justified? (2 pts)

In casting Trump as America's most racist president in history, anti-racist advocates turn a blind eye to a long list of former presidents or Founding Fathers who were slave-owners or defended racist ideas, Thomas Jefferson and quite surprisingly 'the Great Emancipator' Abraham Lincoln among them.

3. Whose denials are most upsetting to the author? Explain why. (3 pts)

Paradoxically, it is not outright racists or white supremacists who most exasperate the author but those who, thinking they are defending anti-racist views, are failing to understand they are prejudiced all the same. Proof of this is the meagre number of members of ethnic minorities succeeding in politics or occupying key positions.

II. Synonyms (4 points)

1. to label or to stigmatize → to brand
2. assessment → reckoning
3. to put into words or to present in a certain way → to frame
4. intolerance → bigotry
5. not worthy → undeserving
6. to echo → to resound
7. small or insignificant → paltry
8. to feed → to fuel

III. Written expression(8 points)

To what extent can we say that racism remains a major challenge to be overcome?

Though the Civil Rights Movement is nothing new to America, paradoxically, the advent of the Black Lives Matter movement five years ago came at a time when America was seeing itself as a « colour-blind » society. And yet, although most of the people in the US and other Western countries claim that they are not racist, can we still talk today of having achieved a « post-racial » society?

The 2008 presidential election of Barack Obama – an event that might have appeared unthinkable thirty years earlier - suggested that the United States had now grown beyond race. For others, this has nonetheless been perceived as a major threat on white Christian identity, centrality and cultural relevance. Polls show that while most Americans, black and white, express revulsion towards neo-Nazis, a majority of Republicans agree with the notion that white Americans are under siege. The Americans who cling to Confederate statues and flags - as in Charlottesville last year - and who jealously guard the social privileges white Americans have long enjoyed, form the stalwarts of Trump's electoral base to which measures such as the Mexican border wall or the Muslim ban are meant to appeal.

One noticeable evolution is the recent Brexit-related trend that threatens racial equality in the UK with the growth in the acceptability of explicit racial, ethnic and religious intolerance. In 2016, the « Vote Leave » campaign featured xenophobic discourses on migration, and on foreign nationals including refugees in social and print media. The structural dynamics undermining racial equality in Britain as well as in Europe can be traced to economic anxiety, immigration, and terrorism – in other words, self-interest and fear. One can then understand the long way that remains before us until racism is overcome, if ever.

Despite the long and storied legacy of the Civil Rights Movements in the American collective memory, a staggering degree of black inequality still persists while Trump's language emboldens people with more a negative and offensive discourse about ethnic groups and in some cases, with act produced by « unashamed racism ».

Article

BLAIR IS RIGHT ON BREXIT : PARLIAMENT MUST HAVE A DEMOCRATIC DEBATE

The Guardian, Anatole Kaletsky, 24 February 2017

Former UK Prime Minister Tony Blair's recent call for voters to think again about leaving the EU, echoed in parliamentary debates ahead of the government's official launch of the process in March, is an emperor's new clothes moment. [...] Such is the tyranny of the majority in post-referendum Britain that a « remainer » proposal for rational debate and persuasion is considered an insurrection. And anyone questioning government policy on Brexit is routinely described as an « enemy of the people, » whose treachery will provoke « blood in the streets. »

What explains this sudden paranoia? After all, political opposition is a necessary condition for functioning democracy – and nobody would have been shocked if Eurosceptics continued to oppose Europe after losing the referendum [...].

The difference with Brexit is that last June's referendum subverted British democracy in two insidious ways. First, the leave vote was inspired mainly by resentments unconnected with Europe. Second, the government has exploited this confusion of issues to claim a mandate to do anything it wants.

Six months before the referendum, the EU did not even appear among the 10 most important issues facing Britain as mentioned by potential voters. Immigration did rank at the top, but, as Blair noted in his speech, anti-immigration sentiment was mainly against multicultural immigration, which had little or nothing to do with the EU. The leave campaign's strategy was therefore to open a Pandora's box of resentments over regional imbalances, economic inequality, social values, and cultural change. The remain campaign completely failed to respond to this, because it concentrated on the question that was literally on the ballot, and addressed the costs and benefits of EU membership.

The fact that the referendum was such an amorphous but all-encompassing protest vote explains its second politically corrosive effect. Because the leave campaign successfully combined a multitude of different grievances, May now claims the referendum as an open-ended mandate. [...] Anyone who disagrees is dismissed as an elitist « remainer » showing contempt for ordinary voters.

Making matters worse, the obvious risks of Brexit have created a siege mentality. « Successful Brexit » has become a matter of national survival, turning even the mildest proposals to limit the government's negotiating options – for example, parliamentary votes to guarantee rights for EU citizens already living in Britain – into acts of sabotage. As in wartime, every criticism shades into treason. That is why the

Labour party has collaborated in defeating all parliamentary efforts to moderate May's hardline Brexit plans, even on such relatively uncontentious issues as visa-free travel, pharmaceutical testing or science funding.

[...] But this scenario is not inevitable. À more constructive possibility is now emerging along the lines suggested by Blair. Instead of vainly trying to influence May's hardline stance in the negotiations, the new priority should be to restart a rational debate about Britain's relationship with Europe and to convince the public that this debate is democratically legitimate.

This means challenging the idea that a referendum permanently outweighs all other mechanisms of democratic politics and persuading voters that a referendum mandate refers to a specific question in specific conditions, at a specific time. If the conditions change or the referendum question acquires a different meaning, voters should be allowed to change their minds.

The process of restoring a proper understanding of democracy could start within the next few weeks. The catalyst would be amendments to the Brexit legislation now passing through Parliament. The goal would be to prevent any new relationship between Britain and the EU from taking effect unless approved by a parliamentary vote that allowed for the possibility of continuing EU membership. [...]

Allowing Parliament to decide about the new relationship with Europe, instead of leaving it entirely up to May, would restore the principle of parliamentary sovereignty. More important, it would legitimise a new political debate in Britain about the true costs and benefits of EU membership, possibly leading to a second referendum on the government's Brexit plans.

This is precisely why May vehemently opposes giving Parliament any meaningful voice on the outcome of the Brexit negotiations. Presumably, she will block any such requirement from being attached to the Brexit legislation in March. But that may not matter : if a genuine debate about Brexit gets restarted, democracy will prevent her from closing it down.

Questions

I- Reading comprehension (8 points)

Please use your own words and do NOT copy from the text. 40/45 words are expected per question.

1. Why was Blair right according to the journalist? (2 pts)
2. Why does the journalist suggest that the vote in favour of Brexit was not really a vote on the UK's EU membership? (2 pts)
3. Why is the Labour Party so timid in its opposition to the government (2 pts)
4. How can a « rational debate » on Brexit be restarted at this stage? (2 pts)

II- Synonyms (4 points)

Find ONE synonym in the text for the following words. Be careful, the words are given in the order of the text, but some may be verbs and are here given in the infinitive form

1. reasonable
2. undermine
3. complaints
4. uncompromising
5. uncontroversial
6. persuade
7. result
8. authentic

III- Written expression (8 points)

Write an essay of 300 words (+/-10%) on the following subject :

In what ways is Brexit the result of a troubled relationship between the UK and its European partners?

Corrigé Annales 2017

I. Reading comprehension (8 points)

1. Why was Blair right according to the journalist? (2 pts)

When the former resident of number 10 suggested that reopening the Brexit debate was necessary for the sake of pluralism, he appeared as the sole and only dissenting voice defying the prevailing popular pro-Brexit opinion. The journalist argues that the winning camp alarmingly seems to suffer no opposing views which are immediately deemed as betrayals of the 2016 result, hence hindering the democratic debate.

2. Why does the journalist suggest that the vote in favour of Brexit was not really a vote on the UK's EU membership? (2 pts)

As a matter of fact, a study shows that the issue over the EU membership was in no way a major concern for the British at the time of the vote. As Brexiteers strategically twisted the debate into a question of immigration and border control, they successfully appealed to voters, capitalizing on the general discontent.

3. Why is the Labour Party so timid in its opposition to the government (2 pts)

Great crises require great unity : at a time when the future of the UK seems at stake, Labour MPs dare not oppose Conservative measures, for Brexiteers, and the media more widely, interpret any critique as malicious. Theresa May then ends up running the country out of the EU almost single-handedly.

4. How can a « rational debate » on Brexit be restarted at this stage? (2 pts)

First of all, individuals and media alike should reappropriate their role in the debate as counter-powers. Winning a referendum over a definite question offers no such thing as free rein leadership. Then Members of Parliament, and opposition MPs in particular, need to fight for their right and duty to ratify any forthcoming piece of legislation.

II. Synonyms (4 points)

1. reasonable → rational (line 4)
2. undermine → subvert (line 11)
3. complaints → grievances (line 25)
4. uncompromising → hardline (line 33)
5. uncontroversial → uncontentious (line 34)
6. persuade → convince (line 39)
7. result → outcome (line 57)
8. authentic → genuine (line 59)

III. Written expression (8 points)

In what ways is Brexit the result of a troubled relationship between the UK and its European partners?

Britain has often been described as 'an awkward partner' in the EU and it had attained the label 'awkward' within a year of gaining membership of the European Communities in 1973. Perhaps Britain's difficult relations with the EU may provide some explanation for today's Brexit but it may just as well have been the joint aftermaths of historical, domestic and structural reasons.

The history of Britain's tortuous relationship with the European Union started with limited initial British appetite for a federal Europe. Adding to this came, Wilson's 1975 referendum feint, Thatcher's budget rebate, Major's refusal to sign up to the Schengen Area, Brown's convoluted rejection of the Euro, Blair's rupture over the U.S. invasion of Iraq (and an EU-wide foreign policy) and Cameron's veto of the EU's fiscal compact. It with no surpeise that a formal rejection of EU membership was the logical and ultimate step the UK might one day take.

Yet, the European theme has never been close to a top of the list of voters' concerns, while the economy and immigration always have. Disillusionment with the EU has risen in the UK because membership has become synonymous in many voters' minds with uncontrolled immigration. Aggressive stance on immigration is being fanned by the failure of successive governments to tackle the country's real problems : housing, the poor educational performance of the white working class and the financing of public services. Immigrants, in turn, have become an easy scapegoat and have acted as bogeyman figures for politicians who saw themeselves as the defenders of sovereignty.

We do not doubt that Britain, more than other EU member states, treats EU membership as 'an accounting exercise more than an affair of the heart'. With Britain having asserted its wish to opt out, it now raises doubts about the UK's unity, and the issue becomes particularly thorny when it comes the Scottish question.

Partie 4

Réussir la sélection *via* Parcoursup pour Sciences Po Bordeaux, Sciences Po Paris et Sciences Po Grenoble

- Descriptif de la procédure de sélection
- Le parcours personnel
- Le projet de formation motivé pour Sciences Po Bordeaux et Grenoble
- L'offre de formation de Sciences Po Bordeaux
- L'offre de formation de Sciences Po Grenoble
- Des écrits spécifiques à Sciences Po Paris
- Les masters de Sciences Po
- L'essai personnel
- Sciences Po Paris, ses campus et ses doubles diplômes

1 Descriptif de la procédure de sélection

1 L'esprit de l'épreuve

Conditions : l'intégration de ces éléments personnels du dossier de sélection sur Parcoursup est accessible à tous, à condition de sélectionner les vœux relatifs à Sciences Po Bordeaux, Sciences Po Grenoble ou Sciences Po Paris et de s'acquitter des frais liés à cette sélection.

Pour le vœu « réseau Sciences Po », nous vous rappelons que la sélection s'opère *via* un concours écrit et que les éléments personnels du dossier Parcoursup ne sont donc pas étudiés par le jury.

Description de l'épreuve : le dossier de sélection est composé de plusieurs éléments. La plus grande partie des données est renseignée par votre établissement scolaire. Ce dernier intègre en effet vos différents bulletins de première et les deux premiers bulletins de terminale. Vos enseignants complètent par ailleurs « une fiche avenir », qui leur permet de donner un avis sur les vœux auquel vous postulez. Cette fiche avenir permet également de mentionner vos engagements particuliers dans le lycée, notamment en tant que délégué ou dans d'autres instances comme le conseil de vie lycéenne ou le conseil d'administration.

De votre côté, vous avez globalement à compléter un premier élément commun à toutes les formations sélectives auxquelles vous postulez : **le parcours personnel**, recensant vos principales activités et centres d'intérêt. Ce premier document est lui-même divisé en quatre rubriques descriptives :

- vos expériences d'encadrement ou d'animation ;
- votre engagement citoyen (*via* un contrat de service civique ou au titre de la vie lycéenne) ou bénévole dans une association ou un autre cadre) ;
- vos expériences professionnelles ou les stages que vous avez effectués ;
- vos pratiques sportives et culturelles. Il peut également s'agir de la pratique d'une langue étrangère non étudiée au lycée, de séjours à l'étranger.

Vous n'aurez à compléter ce premier élément qu'une seule fois puisqu'il sera le même pour toutes les formations.

En ce qui concerne Sciences Po Bordeaux et Sciences Po Grenoble, il vous sera également demandé de compléter **un projet de formation motivé en 1 500 caractères** (espaces compris). Ce document est l'équivalent d'une lettre de motivation même s'il sera nécessaire d'en adapter les règles, étant donné l'obligation de synthèse imposée par le format très court de cet écrit.

Enfin, pour Sciences Po Paris, le nombre d'écrits annoncés est de trois mais certains de ces écrits sont communs avec les autres sélections sur Parcoursup tandis qu'un écrit est en réalité divisé en trois. Il vous faudra donc rédiger :

- **le parcours personnel** (commun avec les autres formations) ;
- **l'essai personnel** (entre 3 000 et 4 000 caractères) ;
- **le projet motivé** (lui-même divisé en trois rubriques à compléter).

Le projet motivé pour Sciences Po Paris est donc l'écrit le plus long puisqu'il peut comporter jusqu'à 7 000 caractères. **Il se décompose lui-même en trois questions** auxquelles il vous faut répondre de manière structurée :

- Quelle est l'origine de votre intérêt pour les sciences humaines et sociales ? En quoi les contenus et les méthodes de l'enseignement délivré au Collège universitaire de Sciences Po répondent-ils à votre projet d'études ? (2 500-3 000 caractères espaces compris) ;
- Le cursus du Collège universitaire de Sciences Po se déploie sur plusieurs campus et à travers plusieurs programmes d'études. Précisez les deux choix de programmes que vous souhaiteriez intégrer et développez votre intérêt pour chacun (1 500-2 000 caractères espaces compris) ;
- En vous appuyant sur des exemples concrets tirés de vos activités, expériences ou centres d'intérêts personnels, quels engagements ou projets souhaiteriez-vous poursuivre ou développer dans votre parcours d'étudiant à Sciences Po ? Comment et pourquoi ? (1 500-2 000 caractères espaces compris).

2 Une procédure nouvelle

Traditionnellement, les Instituts d'études politiques recrutent sur concours. Sciences Po Bordeaux a conservé son propre concours écrit jusqu'à la session 2019 ; il comportait trois épreuves dont l'une d'elles était exclusivement centrée sur une analyse de l'actualité. Sciences Po Grenoble a suivi la réforme, dans le cadre d'une adaptation face à la crise sanitaire. Cette école organisait auparavant son propre concours, qui comportait notamment une épreuve sur ouvrage d'histoire.

Mais c'est la décision prise par Sciences Po Paris de suivre cette tendance et de l'appliquer pour la première fois lors de la session 2021 qui a suscité l'attention des médias. Sciences Po a en effet fait grand bruit en annonçant la fin de son mythique concours et une procédure de sélection intégralement sur Parcoursup.

Pour l'école, fondée en 1872, il s'agissait de renouveler sa procédure tout en rompant avec un concours de plus en plus décrié. Toutefois, contrairement à ce qu'ont pu croire nombre d'élèves, le passage sur Parcoursup ne signifie pas la fin de la sélection à l'entrée à Sciences Po, bien au contraire. Le taux d'admis n'augmente pas, ce sont juste de nouvelles modalités qui s'appliquent. Le précédent de Bordeaux, passé un an plus tôt sur Parcoursup a mis en évidence une augmentation du nombre de candidatures, puisqu'en l'absence de concours écrit, l'entrée dans ces trois écoles semble désormais plus ouverte.

La sélectivité en est d'autant plus rude. D'où la nécessité de soigner particulièrement son dossier et de réussir ses oraux. Le maître-mot est donc de se démarquer des autres candidatures. Soyez précis, original pour vous distinguer et marquer les membres du jury qui auront en main votre dossier.

Veillez aussi à une rédaction soignée. Les écrits personnels qui vous sont demandés ont pour mission d'évaluer vos capacités d'écriture, en l'absence d'un concours écrit. Relisez-vous, faites-vous relire (même si Sciences Po vous conseille le contraire !) et évitez à tout prix les fautes d'orthographe qui sont rédhibitoires.

3 Une logique d'uniformisation pour l'entrée à Sciences Po Paris

Le déplacement de la procédure de sélection sur Parcoursup fait disparaître les procédures uniquement sur dossier, les CEP ou encore les filières internationales.

Tous les étudiants de lycées français sur le territoire national ou à l'étranger doivent donc avoir recours à cette procédure. Seuls les candidats de lycées internationaux et qui préparent un diplôme étranger équivalent au bac (Abitur, A-level, Maturité suisse) peuvent encore prétendre à une sélection spécifique, plus précoce, et ce même s'ils ont la nationalité française.

En revanche, les candidats de lycée français en France ou à l'étranger qui préparent un double diplôme comme l'Abibac, l'Esabac ou le Bachibac doivent eux passer par la procédure Parcoursup. Cette procédure internationale repose sur les mêmes documents et écrits que la procédure Parcoursup, même si la plate-forme est différente puisque les documents devront être intégrés directement sur le site de Sciences Po.

Un autre élément diffère pour la procédure internationale. Il vous est demandé deux lettres de recommandation de vos enseignants ou de personnes qui vous ont observé dans vos activités d'encadrement, associatives ou autre.

Pour la procédure internationale, les candidatures peuvent se faire au fil de l'eau à partir de fin novembre de l'année jusqu'à fin avril. Elles sont étudiées à la suite de la soumission et peuvent faire l'objet d'un oral d'admission qui a lieu entre janvier et mi-juin. Les étudiants internationaux qui présentent des difficultés financières peuvent également postuler à la bourse Emile Boutmy. Attention si vous choisissez cette procédure, vous ne pourrez présenter votre candidature sur Parcoursup, et *vice versa*.

Pour les conventions CEP, c'est-à-dire les lycées aux étudiants plus défavorisés et avec lesquels Sciences Po a établi un partenariat égalité des chances, la procédure est la même que pour les autres. Leur dossier sera en revanche étudié de manière séparée et avec un taux de réussite plus important, ce qui permettra de leur assurer jusqu'à 15 % des places dans une promotion, contre moins de 10 % actuellement. Les boursiers doivent à terme constituer près d'un tiers des reçus.

4 Pour les trois écoles, une volonté de diversifier les profils

La volonté de diversification des trois écoles s'inscrit plus largement dans une volonté de renouveler les modalités de sélection des grandes écoles. C'est ce même état d'esprit qui avait conduit à la création des Instituts d'études politiques après la Seconde Guerre mondiale. Cette volonté de diversifier les profils à l'intérieur des grandes écoles a resurgi depuis le tournant des années 2000.

Substituer les épreuves écrites pour les remplacer par un oral a donc officiellement pour objectif de permettre un public socialement ou culturellement plus large d'accéder aux Sciences Po. Les écoles ont donc insisté sur la nécessité de valoriser vos expériences et ont annoncé leur intention de prendre en compte à la fois les voyages ou les stages dans des institutions prestigieuses mais aussi les emplois saisonniers ou toutes autres expériences de vie moins marquées socialement.

Les critiques ont évidemment accompagné à la fois cette intention mais aussi sa réalisation. D'excellents élèves qui n'ont pas été retenus lors de la sélection sur dossier ont dénoncé cette logique de sélection. De la même manière, un débat s'est cristallisé autour de l'oral, jugé par certains socialement sélectif et donc contraire aux intentions initiales.

Dans tous les cas, en tant que candidat, nous vous conseillons de faire abstraction de ces débats et de défendre pleinement vos chances, en fonction de votre profil.

5 Les modalités de soumission sur Parcoursup

Depuis sa création, Parcoursup ouvre à la mi-décembre. Dans un premier temps, vous pouvez avoir accès à l'offre de formation, en consultant les différentes fiches renseignées par les écoles.

La phase des vœux ne commence véritablement que fin janvier. Celle-ci dure jusqu'à début mars. Vous aurez après cette date encore un mois pour ajouter les pièces nécessaires à vos vœux, c'est-à-dire dans le cas des Sciences Po les différents éléments constitutifs de votre dossier.

Un maître-mot : l'anticipation

Ne tardez donc pas trop pour réfléchir à la composition du dossier, rassembler les documents et écrire vos écrits personnels. Il est bon d'entamer votre réflexion dès l'automne et de profiter des vacances de fin d'année pour rédiger les écrits. Si vous n'en avez pas eu le temps, il vous reste encore les vacances d'hiver pour le faire. Mais gardez un peu de temps pour vous relire et vous faire relire.

Rédigez vos exercices personnels sur un fichier séparé que vous pourrez modifier, Word par exemple. Nous vous déconseillons de rédiger directement en ligne ce qui vous rendrait tributaire de dysfonctionnements techniques. Une fois rédigés et relus, vous pourrez les copier-coller sur Parcoursup directement dans les rubriques appropriées.

Faites bien attention à ce moment-là que le collage se soit bien fait et n'ait rien modifié à votre lettre. Assurez-vous que la fin n'est pas coupée en raison de la longueur. Il est donc nécessaire de respecter strictement la limite maximale de signes (1 500 signes par rubrique du parcours personnel, 1 500 signes pour le projet de formation motivé de Sciences Po Bordeaux et Grenoble et 2 000 signes par rubrique du projet motivé ainsi que 4 000 signes pour l'essai personnel, en ce qui concerne Sciences Po Paris).

Pour cette dernière étape, ne vous y prenez pas à la dernière minute. Là encore un dysfonctionnement et vous pourriez dépasser les délais invonlontairement. Finissez donc votre dossier quelques jours avant l'échéance.

6 Des écrits à soigner

De la même manière que nous ne pouvons que vous conseiller d'être particulièrement vigilant sur les résultats que vous obtenez au lycée dans le cadre de votre année de première et de terminale, vous aurez compris qu'il est fondamental de bien soigner les différents éléments de votre dossier, puisque l'appréciation du jury fait la différence dans les classements et donc dans votre possibilité de vous présenter à l'oral.

Pour Sciences Po Bordeaux et Sciences Po Grenoble, l'évaluation des dossiers prend en compte vos résultats au lycée, les appréciations de vos enseignants mais également les écrits personnels. Ce sont les trois critères qui vous permettent ensuite d'accéder éventuellement à l'oral.

En ce qui concerne Sciences Po Paris, l'école a communiqué plus clairement encore sur les quatre critères de sélection. Chacun de ces critères est noté sur 20, ce qui vous permet d'accéder à l'oral, en fonction d'une première note construite sur 60, à laquelle s'ajoute la note d'oral pour obtenir une évaluation sur 80.

Votre dossier pour Sciences Po Paris se compose donc de :

- vos bulletins du lycée (notés sur 20) ;
- vos notes du baccalauréat (noté sur 20) ;
- vos trois écrits personnels (noté sur 20).

Au terme de cette procédure écrite vous vous verrez donc attribuer une note sur 60 qui sera complétée à l'oral par une nouvelle note sur 20. L'oral ne concerne donc que ceux dont le dossier leur aura permis d'être sélectionnés.

Le dossier pour Sciences Po Paris

Notes et appréciations du lycée (/20)

Notes du bac (/20)

Trois écrits personnels (/20) : parcours personnel, projet motivé, essai personnel

Il vous est demandé pour Sciences Po Paris d'effectuer deux vœux dans l'offre pléthorique du collège universitaire. Vous devez donc sélectionner deux campus, en fonction de l'intérêt qu'ils représentent pour vous mais aussi en fonction de vos propres expériences.

Sciences Po propose ainsi de suivre des cours dans sept campus différents, dans cinq doubles diplômes en France et dans neuf doubles diplômes avec des universités étrangères (Columbia et Berkeley notamment). Les doubles diplômes ne comptent pas dans les deux vœux de campus de Sciences Po, ils font l'objet d'un autre vœu spécifique sur Parcoursup, faisant l'objet d'une procédure propre – étude du dossier par les deux parties.

2 Le parcours personnel

Élément fondamental de la plate-forme Parcoursup, les quatre rubriques du parcours personnel doivent être particulièrement soignées puisqu'elles seront mises à disposition de toutes les formations sélectives auxquelles vous postulez.

Ces trois écrits personnels sont le cœur de votre dossier. Vous avez normalement accompli suffisamment d'efforts pour avoir les meilleurs bulletins possible et des notes au baccalauréat à la hauteur de votre niveau et vous ne pourrez guère modifier ces aspects au cours de votre année de préparation sauf en travaillant régulièrement et sérieusement.

En revanche, pour ces trois écrits tout est à faire. Et ils sont loin d'être décoratifs ! Ils pèsent dans la sélection à hauteur des bulletins de notes et du baccalauréat. Ce qui veut dire qu'ils peuvent renforcer un dossier déjà excellent, mais aussi aider un dossier moins exceptionnel.

Faites-vous confiance !

Il doit s'agir d'écrits « personnels ». C'est-à-dire qu'ils doivent parler de vous et que vous devez impérativement en être l'auteur. On trouve bien sûr des modèles sur Internet ou ailleurs, mais leur utilisation est à proscrire. Même si vous arrivez à modifier ces modèles à votre façon, il sera facile de le déceler. D'autant que l'intégralité de vos écrits sera soumise aux logiciels antiplagiat. Faites-vous confiance et prenez donc la plume.

Le propos doit être le plus clair possible. Cela nécessite d'organiser votre argumentation. Il ne s'agit pas de rédiger des dissertations, mais veillez à structurer vos idées pour qu'elles se suivent logiquement. Préparez donc un brouillon avec les grandes idées et ne commencez à rédiger que quand cette organisation vous paraît claire et logique. Essayez de rassembler les idées qui sont proches dans un même paragraphe.

Il vous est demandé sur Parcoursup de remplir une rubrique « activités et centres d'intérêt », celle-ci correspondant à l'un des trois éléments du « parcours personnel » demandé par Sciences Po Paris. Vous devez ainsi vous présenter clairement tout en gardant en tête que votre objectif principal est Sciences Po. Mettez ainsi en avant des éléments qui sont attendus dans cette école. Soulignez vos différentes activités d'encadrement, au lycée ou ailleurs, vos engagements (associatif ou autre), vos activités culturelles (pratique de la musique, des arts, sorties culturelles).

1 Les expériences d'encadrement et d'animation

Mes expériences d'encadrement ou d'animation : décrivez ici vos expériences d'encadrement ou d'animation (1 500 caractères max.)

C'est la rubrique de Parcoursup la plus difficile à remplir. Il est normal qu'à 17 ou 18 ans vous n'ayez pas eu beaucoup d'expériences d'encadrement et d'animation, sauf si vous avez pratiqué le scoutisme, que vous avez été moniteur de centre de loisir ou très actif dans une association.

Cette première rubrique à compléter ne doit cependant pas être uniquement comprise comme un moyen de relater vos expériences avec des enfants. Il est même souvent préférable de sélectionner dans votre parcours d'autres types d'expériences, même si vous avez pratiqué le baby-sitting ou que vous avez encadré des colonies de vacances.

L'importance de cette rubrique

Puisque c'est la rubrique la plus compliquée à compléter, vous devez y prêter une attention toute particulière. On lit parfois que les quatre rubriques ne sont pas nécessairement à remplir. Il est évident que dans un tel processus de sélection, nous vous déconseillons de suivre ce conseil. Bien au contraire, puisque certains candidats ne prendront pas la peine de compléter ce premier volet, faites la différence en sélectionnant parmi votre parcours une expérience forte. À travers un exercice d'introspection, vous parvenez toujours à trouver une expérience qui peut être perçue à travers une dimension d'encadrement ou d'animation.

Ces termes d'encadrement et d'animation sont entendus au sens large, donc n'hésitez pas à citer aussi des activités d'animation au sein du lycée – structuration d'une association, animation d'un groupe, d'une activité scolaire.

Vous pouvez également mentionner des expériences de très courte durée ou de faible ampleur. Dans le cadre du lycée ou de votre vie personnelle, vous avez peut-être été amené à réaliser de l'aide aux devoirs, à encadrer des entraînements sportifs ou encore à effectuer des prestations en public dans le cadre d'un spectacle de danse ou d'une représentation théâtrale.

Le plus important n'est donc pas l'expérience en tant que telle mais votre capacité à prendre du recul sur celle-ci. Le jury cherche alors à évaluer une certaine maturité ainsi que votre autonomie. De la même manière, il va chercher à évaluer votre capacité à prendre du recul sur vous-même.

2 Votre engagement citoyen

Mon engagement citoyen : décrivez ici votre engagement citoyen ou bénévole dans une association, dans votre établissement ou un autre cadre (1 500 caractères max.)

Cette rubrique est évidemment chère à Sciences Po, il faudra donc particulièrement la soigner. C'est l'occasion d'évaluer votre intérêt pour la chose publique et la vie de la cité.

Il faudra ainsi parler de vos activités associatives, politiques. Dites-nous précisément ce que vous avez fait et ce que vous en retirez en termes de valeurs et de travail d'équipe. De la même manière que pour le premier volet, il est évident que toutes les expériences sont bonnes à prendre. Certains d'entre vous se sont effectivement engagés dans des associations ou des partis politiques et auront donc plus de facilité à compléter cette rubrique.

En revanche, certains auront l'impression au premier abord de ne jamais avoir eu d'engagement citoyen alors qu'en réalité, vous avez déjà tous participé à des opérations collectives tournées vers les autres. Ces événements auxquels vous avez participé peuvent avoir une dimension ponctuelle. Il peut s'agir d'une participation à une manifestation ou à une marche pour le climat. Ces engagements citoyens peuvent même prendre une échelle plus individuelle encore, lorsque vous évoquez des dons de vêtements à des associations ou une participation à une course caritative ou à une manifestation organisée dans le cadre du Téléthon.

Trois dimensions doivent être prises en compte

Là encore, le plus important n'est donc pas l'expérience mais votre capacité à la mettre en perspective. Il convient donc de bien expliquer au jury les intentions qui étaient les vôtres lorsque vous avez participé à telle ou telle expérience. Vous pouvez alors très bien expliquer l'importance d'une cause particulière en fonction de votre propre vécu ou de votre propre lecture du monde. Il convient donc à la fois de prendre en compte de :

- l'expérience ;
- les motivations qui vous ont amené à y participer ;
- la cause au service de laquelle vous avez souhaité vous engager.

Ainsi, un engagement écologique peut être mis en évidence à travers la participation à une marche pour le climat ou à travers la pratique régulière du plogging. De même, une volonté de lutter contre la précarité peut passer par des dons à des associations ou par de l'aide aux devoirs réalisés auprès d'enfants en difficulté. Enfin, vous pouvez insister sur votre volonté de lutter à votre échelle contre l'exclusion à travers la participation à un projet collectif autour de l'intégration des migrants.

Les engagements au sein du lycée sont évidemment à évoquer : délégué de classe, membre du CVL, de la maison des lycéens, écodélégué etc. Vous montrerez ainsi qu'une fois à Sciences Po vous aurez la capacité d'assumer des responsabilités de représentation de vos camarades et dans la gestion de l'école. La vie associative est en outre très présente à Sciences Po, avoir déjà des expériences dans ce domaine préfigure donc votre insertion dans l'école.

Ne vous excusez pas de n'avoir pu mener certaines actions à bien en raison de la crise sanitaire. C'est le cas pour tout le monde !

3 Vos expériences professionnelles

Mon expérience professionnelle : décrivez ici vos expériences professionnelles ou les stages que vous avez effectués (1 500 caractères max.)

Là encore, il est difficile de vous demander une grande expérience professionnelle à votre âge. L'idée est plutôt d'évaluer votre connaissance du monde professionnel.

Vous penserez en premier lieu au stage effectué lors de votre année de troisième voire de seconde, en fonction de votre établissement scolaire. C'est la première expérience qu'il convient d'évoquer, même si celle-ci n'est plus en rapport avec votre projet professionnel et qu'elle n'a a priori rien à voir avec votre volonté de rejoindre Sciences Po.

Toutes les expériences professionnelles sont bonnes à valoriser. Nous vous invitons néanmoins à effectuer un véritable travail d'introspection sur ce que vous avez appris lors de cette semaine d'observation. Il convient à la fois de mettre en évidence cette première découverte du monde du travail ou encore la prise en considération du travail en équipe, tout en vous efforçant de ne pas sombrer uniquement dans des lieux communs.

N'oubliez pas non plus les éventuels emplois saisonniers que vous avez pu exercer l'espace de quelques semaines, voire quelques jours pendant l'été ou à un autre moment. Il n'y a en effet rien de honteux à cela, bien au contraire ! Ce sont des expériences enrichissantes et qui montrent une certaine maturité. Sciences Po avait d'ailleurs mis en place pendant quelques années un stage ouvrier obligatoire qui a finalement été supprimé pour être remplacé par le parcours civique obligatoire.

Enfin, dans le cadre de Parcoursup, une expérience professionnelle ne doit pas nécessairement être déclarée et avoir donné lieu à une rémunération. Vous pouvez ainsi évoquer la participation à diverses tâches dans le cadre d'une entreprise familiale, qu'il s'agisse de l'accueil d'éventuels touristes pour une location saisonnière ou de clients d'un restaurant ou encore de votre implication au sein d'une exploitation agricole ou de tout autre type d'entreprises familiales.

N'hésitez pas à expliquer ce que vous avez retiré de ces différentes expériences, ce que vous en avez appris et à en quoi tout cet apprentissage fait de vous le candidat idéal pour Sciences Po.

4 Votre ouverture au monde

Ouverture au monde (pratiques sportives et culturelles, parcours spécifiques) : décrivez ici vos pratiques sportives et culturelles et/ou les parcours spécifiques suivis (exemple : cordées de la réussite, parcours d'excellence). Il peut également s'agir de la pratique d'une langue étrangère non étudiée au lycée, de séjours à l'étranger ou d'un intérêt particulier pour une culture étrangère. (1 500 caractères max.)

Sciences Po est très attachée à l'ouverture internationale, comme en témoigne la création par Sciences Po Paris de campus dédiés à une aire géographique précise. On attend donc des futurs étudiants de Sciences Po qu'ils possèdent déjà les bases de cette ouverture internationale.

N'hésitez donc pas à mentionner vos séjours à l'étranger dans le cadre du lycée ou de la famille. Les candidats considèrent souvent que seuls les voyages dans un cadre scolaire sont « légitimes », ce qui est totalement faux. De ces expériences à l'étranger dites ce qu'elles vous ont appris, ce que vous en avez retiré. Dans le cadre de la sélection pour Sciences Po Paris, sélectionnez de façon stratégique les séjours mentionnés en mettant en avant ceux qui sont cohérents avec vos vœux de campus.

Tout ce qui vous relie à l'international est bon à prendre. D'autant que les voyages à l'étranger sont onéreux et vous n'avez pas tous la possibilité de les multiplier, surtout en temps de pandémie mondiale ! N'hésitez donc pas à parler de votre maîtrise des langues étrangères, à travers le lycée, et notamment si vous êtes en filière internationale ou en classe européenne. La correspondance avec un camarade étranger est aussi intéressante.

L'apprentissage des langues en dehors du lycée est aussi très valorisant. Si vous prenez des cours privés ou apprenez en autodidacte n'hésitez pas à le signaler. De même si vous avez passé des certificats (IELTS, TEOFFEL, TOEIC etc) c'est un bon point à mettre en avant.

Pour renforcer votre profil, si vous ne vous retrouvez pas dans tout ce qui a été évoqué, vous pouvez parler de votre lecture de la presse ou de livres en langues étrangères. Les origines familiales peuvent également être un atout.

Des expériences souvent interchangeables

Vous devez garder en tête que les expériences que vous allez mentionner dans ces quatre rubriques sont souvent interchangeables. Le scoutisme peut ainsi être évoqué comme un engagement citoyen, comme une expérience d'encadrement voire comme une expérience professionnelle si vous avez été amené à organiser des ventes ou d'autres opérations qui reprennent un cadre plus professionnel. Nous vous déconseillons de répéter une même expérience au sein de plusieurs rubriques car cela pourrait donner l'impression d'une certaine pauvreté de votre parcours. Au contraire, il est essentiel de bien structurer vos quatre rubriques, à la manière d'un plan, en partant de ce qui est le plus important pour vous, c'est-à-dire de ce qui a contribué le plus à vous construire en tant que jeune adulte.

3 Le projet de formation motivé pour Sciences Po Bordeaux et Grenoble

1 Un écrit synthétique

Dans le cadre du processus de sélection de Sciences Po Bordeaux et de Sciences Po Grenoble, il vous sera demandé de compléter un projet de formation motivé. Contrairement aux rubriques activités et centres d'intérêt, ce deuxième écrit est strictement destiné à une école en particulier. Il devra donc être rédigé en fonction d'un projet d'intégration dans l'une des deux écoles.

En 1 500 caractères seulement, il s'agit donc de décrire à la fois votre personnalité, votre parcours mais aussi votre projet et votre motivation pour intégrer Sciences Po. La lettre doit donc être particulièrement synthétique mais aussi originale pour tenter de vous distinguer des autres candidatures.

2 Le fruit d'une réflexion personnelle

Il est donc une nouvelle fois totalement proscrit de s'inspirer de modèles en ligne voire pire de reprendre à votre compte les éléments de langage disponibles en ligne. Une candidature standard qui reposerait sur votre intérêt pour la formation pluridisciplinaire proposée par les écoles ou encore par sa dimension internationale n'aurait donc quasiment aucune chance de retenir l'attention du jury.

Ce projet de formation motivé doit être le reflet de votre personnalité ; Il est donc primordial que vous le rédigiez vous-même. N'hésitez pas à y réfléchir tout au long de votre année et à la réécrire plusieurs fois afin de soigner les enchaînements entre vos idées. Une lettre personnelle ne signifie en aucun cas qu'il n'est pas possible de se faire aider pour celle-ci, notamment pour acquérir une meilleure connaissance des écoles convoitées ou de façon plus prosaïque pour éliminer les dernières fautes d'orthographe au cours de plusieurs relectures externes.

3 Un moyen de montrer la cohérence de votre parcours

Votre propos doit s'efforcer de mettre en évidence une certaine linéarité dans votre parcours ; vous devez donc sélectionner au sein de vos expériences passées, les éléments les plus en phase avec votre candidature à Sciences Po. Il s'agit donc à la fois de concevoir votre candidature comme un pivot entre une somme d'expériences personnelles et une projection vers une école et donc vers une insertion professionnelle.

La lettre doit donc partir de vous, de vos expériences au lycée mais également dans le monde associatif voire professionnel. Vous pouvez donc reprendre des éléments déjà mentionnés dans les différentes rubriques du parcours personnel, tout en vous efforçant de ne pas répéter les mêmes phrases. Les deux documents seront lus l'un après l'autre et il est donc évident qu'une certaine cohérence entre les quatre rubriques communes à toutes les formations sélectives et ce document spécifique à une école, est attendue.

Il est donc nécessaire de mettre en évidence les motivations de votre candidature, afin de dépasser la simple idée de rejoindre une école prestigieuse. Il est donc indispensable de vous renseigner précisément sur les différentes formations proposées par l'école et de vous projeter vers un second cycle dès cette phase de candidature. Vous montrerez ainsi au jury que vous avez bien conscience que rejoindre Sciences Po n'est pas uniquement un moyen d'enrichir votre culture générale mais surtout une étape de formation vers une insertion professionnelle.

4 Comment organiser son propos ?

Puisque ce projet de formation motivé doit être différent de celui proposé par les autres candidats, nous vous invitons à ne pas le formaliser à outrance. Il est possible de débuter par la formule traditionnelle d'une lettre de motivation « Madame, Monsieur », sans que cet élément ne soit en aucun cas obligatoire. De la même manière, il est possible d'achever ce projet de formation par une formule de politesse, mais nous vous invitons à privilégier des éléments plus personnels.

Ainsi, sans pour autant vous proposer un plan type qui pourrait au contraire contribuer à vous desservir en uniformisant les candidatures, il est possible d'imaginer présenter dans un premier paragraphe les spécificités de sa candidature en fonction d'une projection vers une formation de second cycle. Vous pouvez ainsi mettre en évidence un lien qui vous unit au journalisme si vous pensez rejoindre Sciences Po pour vous diriger ensuite vers ce secteur. De la même manière, on peut imaginer mettre en avant un engagement personnel en faveur de la transition environnementale, pour l'associer à une volonté de rejoindre un master spécialisé dans cette transition au sein de l'école. Pour ce premier paragraphe, il ne s'agit donc pas de reprendre les éléments qui seront déjà connus par le jury, comme les différentes spécialités choisies au lycée, sauf à les mettre en rapport avec votre volonté de rejoindre Sciences Po.

Nous pouvons ensuite imaginer un deuxième moment de la lettre qui insisterait sur la richesse de vos expériences afin de singulariser votre candidature. Il ne s'agit pourtant pas de dresser l'inventaire de toutes les expériences que l'on a pu rencontrer dans sa vie mais de les sélectionner en fonction de la cohérence de celles-ci avec votre projet. Ce deuxième moment se doit d'être particulièrement articulé avec la formation convoitée ; il ne faut donc pas hésiter à mentionner avec précision l'intérêt que représente pour vous cette dernière.

Enfin, au terme de l'exposition de ce projet d'étude, nous pouvons imaginer un dernier moment plus prospectif. Il s'agirait alors d'évoquer votre volonté de vous engager au sein de l'école, en revenant notamment sur une association particulière proposée par celle-ci. Cette projection dans la vie de l'école est un ultime moyen pour exprimer une autre facette de votre personnalité. Vous avez ainsi pu mentionner plus haut un intérêt pour le journalisme et terminer ici en fin de lettre par une volonté de rejoindre une association sportive, une association d'éloquence ou une association de lutte pour la préservation de l'environnement.

Quelle que soit la teneur de votre projet, une bonne connaissance des formations proposées par l'école convoitée est un préalable indispensable afin de définir cette structure.

4 L'offre de formation de Sciences Po Bordeaux

Contrairement aux sept Sciences Po du réseau ou à Sciences Po Paris, Sciences Po Bordeaux propose un cycle Bachelor au sein duquel la deuxième année est consacrée à la mobilité internationale. Hormis cette différence que l'on retrouve également à Sciences Po Grenoble, l'organisation des études est globalement la même que dans tous les IEP ; la scolarité structurée en deux cycles : un Bachelor en trois ans suivi d'un second cycle de deux ans en master.

1 Un premier cycle commun à tous les étudiants

Le premier cycle du diplôme permet d'acquérir les fondamentaux disciplinaires et méthodologiques, avant de choisir une spécialisation dans le deuxième cycle du diplôme.

La première année est donc consacrée à une formation en culture générale, en économie, en science politique, en histoire, en sociologie, en droit ou encore en langue. Elle permet de se familiariser avec le fonctionnement spécifique d'un institut d'études politiques. Comme à l'université, les enseignements sont à la fois dispensés en cours magistraux, c'est-à-dire en amphithéâtre, mais aussi en conférences de méthode, l'équivalent des travaux dirigés, c'est-à-dire en groupe restreint.

La deuxième année s'effectue en mobilité internationale. Cette expérience peut avoir lieu dans une université partenaire ou prendre la forme plus exceptionnelle d'une expérience professionnelle à l'étranger. La mobilité revêt véritablement une dimension mondiale puisque Sciences Po Bordeaux a noué des partenariats avec des écoles dans toute l'Europe, en Amérique du Sud, au Canada, aux États-Unis, en Chine ainsi que dans plusieurs pays d'Afrique et du Moyen-Orient.

Enfin, la dernière année du premier cycle permet une première spécialisation avec davantage d'enseignement au choix. Vous retrouverez des compétences transversales telles que la culture générale, le droit, l'histoire les sciences sociales, l'économie ou les langues. Mais vous disposerez également d'options à choisir pour donner une première coloration spécifique à votre parcours.

2 Un second cycle pour se spécialiser

Sciences Po Bordeaux propose des masters très diversifiés puisque pas moins de 18 formations différentes ont été imaginées pour répondre aux besoins des étudiants. Il est essentiel de vous reporter aux descriptifs précis de ces différents diplômes proposés par l'école, afin de vous faire une idée précise de celui qui vous correspondrait le mieux. Vous veillerez également à consulter les maquettes pédagogiques mais aussi les débouchés potentiels de ces différentes formations.

On trouve ainsi des formations permettant de se diriger vers la haute fonction publique, parmi lesquelles Carrières administratives ou Objectif ENA.

D'autres cursus vous permettront de rejoindre des institutions internationales, notamment le master en Gouvernance de la transition écologique ou encore celui porté sur les Risques et développement aux suds.

Certains masters ont davantage été pensés pour une insertion vers le secteur privé, notamment la Gestion des entreprises et des organisations ou encore le Management de projets culturels et développement territorial. L'économie sociale n'est pas oubliée avec le Master Économie sociale et solidaire et innovation sociale.

Le journalisme n'est pas non plus en reste puisque cette spécialité est proposée dans le master Métiers du journalisme et du politique.

Enfin, une formation est entièrement dispensée en anglais, le master BIRD pour Bordeaux international relations degree.

3 Le cas particulier des filières intégrées

Comme d'autres instituts d'études politiques membre du réseau ScPo, Sciences Po Bordeaux propose des filières intégrées qui offrent la possibilité de suivre un enseignement dans l'école mais aussi dans une université partenaire à l'étranger au cours des cinq années de formation. Contrairement à d'autres IEP, la scolarité s'effectue ici la plupart du temps en cinq ans, en alternance entre Bordeaux et l'université partenaire. Ces enseignements biculturels correspondent à des vœux particuliers et répondent parfois des modalités spécifiques.

La filière intégrée France Allemagne (FIFA) repose sur un partenariat avec l'institut de sociologie et de science politique de Stuttgart. Le nombre d'étudiants admis est très restreint puisque cette filière n'offre que douze places pour les étudiants français. La scolarité est ici alternée entre Bordeaux et Stuttgart.

La filière France-Caraïbes (FIFCA) est également très spécifique puisqu'elle recrute à bac+1. Elle repose sur un partenariat avec l'université des Antilles de la Martinique et le Campus de Mona en Jamaïque. Là encore, elle est réservée à une poignée d'étudiants et s'effectue en quatre ans.

La filière France-Espagne (FIFE) repose sur un partenariat avec l'Université Autonome de Madrid. Elle permet d'étudier la gouvernance des politiques publiques au cours d'une scolarité partagée entre l'Espagne et la France. Cette scolarité est alternée entre Bordeaux et Madrid, au cours des cinq ans du diplôme.

La filière France-Hong-Kong (FIFHKG) est un double diplôme en sciences politiques et sociales, proposée en partenariat avec l'Université Baptiste de Hong Kong. Les étudiants sélectionnés peuvent ainsi passer leurs deux premières années d'études à Hong Kong avant de rejoindre Sciences Po Bordeaux pour les trois années de second cycle.

Les filières France-Italie (FIFI) sont proposées en partenariat avec la Liberia Università Internazionale degli Studi Sociali Guido Carli de Rome ou la Laurea specialistica de la faculté de science politique de l'Université de Turin. Les étudiants bénéficient ainsi d'une scolarité alternée sur leurs trois premières années pour la FIFI romaine alors que les étudiants inscrits en FIFI turinoise ont une scolarité alternée sur les cinq ans du diplôme.

La filière France-Portugal (FIFPO) est un double diplôme proposé avec l'Université de Coimbra, en relations internationales ou en sociologie. Comme la plupart des autres filières intégrées, les cinq ans de scolarité s'effectuent en alternance entre les deux écoles.

Certaines filières intégrées ne concernent que le second cycle ; elles peuvent donc être rejointes après le Bachelor et délivrent à terme un double diplôme. Ces masters binationaux concernent des partenariats avec :

- l'École supérieure d'études internationales de l'Université Laval au Canada ;
- l'Université de Sherbrooke au Canada ;
- l'Universidad del Rosario de Bogota, ouvert aux étudiants au terme de leur quatrième année ;
- l'Université de l'Amitié des Peuples de Moscou pour le Master Europe-Russie : stratégies et enjeux globaux.

5 L'offre de formation de Sciences Po Grenoble

1 Le cycle Bachelor et ses spécificités

Comme les autres instituts d'études politiques, Sciences Po Grenoble propose une formation en cinq ans, dont les trois premières années correspondent au bachelor. Ce premier cycle est proche de celui de Bordeaux.

En première année, les enseignements sont pluridisciplinaires et se concentrent sur l'étude du droit, de l'économie, de l'histoire, des relations internationales, de la science politique et de la sociologie.

De la même manière que pour Sciences Po Bordeaux, la deuxième année est marquée par l'ouverture internationale. Sciences Po Grenoble a des accords dans le monde entier et offre à ses étudiants de multiples possibilités de mobilité.

La troisième année propose à la fois un socle commun, des enseignements au choix et un séminaire qui doit permettre la réalisation d'un mémoire. Les étudiants donc la possibilité de s'initier à la recherche, avant même d'accéder en master.

Pour les trois premières années, Sciences Po Grenoble propose également un Bachelor en Sciences Politiques et Relations Internationales, en partenariat avec l'Université Internationale de Rabat. Ce double diplôme est principalement destiné aux étudiants marocains et africains. Il leur permet ensuite de rejoindre directement un master à Sciences Po Grenoble. Mais il accueille également des étudiants français.

Sciences Po Grenoble propose également un double diplôme avec la faculté d'économie de l'université Grenobles Alpes. Les étudiants de troisième année peuvent ainsi obtenir une licence Économie-gestion, en plus de leur diplôme de Bachelor.

2 Les formations de second cycle

Le second cycle propose une vingtaine de masters, regroupés en quatre écoles différentes. Chacune de ces écoles masterales offre donc une diversité de parcours. Sciences Po Grenoble propose en outre une cinquième école dédiée au journalisme ainsi que six doubles diplômes.

a. Les quatre écoles masterales

- **Le parcours d'études internationales et européennes** offre des formations à dimension internationale. Les étudiants peuvent alors suivre des enseignements relatifs aux les institutions européennes, à la Méditerranée et au Moyen-Orient, aux pratiques des organisations internationales, à l'Amérique latine ou encore à la gouvernance régionale. Ce sont des masters qui permettent ensuite de rejoindre les ONG, les agences de l'ONU, les institutions politiques européennes ou plus spécialement de se spécialiser dans une aire géographique spécifique.

- **Le parcours d'administration et action publique** offre une préparation aux concours administratifs et judiciaires mais aussi des formations qui permettent ensuite de rejoindre la direction de projet culturel, le management des collectivités territoriales ou encore les politiques publiques de santé. Un master en Stratégie internationale des acteurs locaux est également proposé dans le cadre de ce parcours ; ce master associe donc à la fois une dimension locale et internationale mais il n'est accessible que dans le cadre de deux doubles diplômes (avec l'université internationale de Rabat et l'Universidad del Norte de Baranquilla, en Colombie).
- **Le parcours de management, opinion, communication** est davantage spécialisé dans le management et la gestion des entreprises, dans les études d'opinion, dans la communication politique ou encore dans la stratégie digitale. Le master Transmedia, Stratégie digitale et nouveaux médias permet ainsi de se former à l'innovation technologique dans le cadre de l'industrie culturelle.
- **Le parcours Solidarités, innovations économiques et développement territorial** offre des formations en économie sociale. Il propose également un parcours en Transitions écologiques pour se former aux politiques environnementales.

b. L'École de Journalisme de Grenoble

Sciences Po Grenoble dispose de sa propre école de journalisme, en partenariat avec l'université Grenoble Alpes. L'École de Journalisme de Grenoble fait partie des 14 écoles de journalisme reconnues par la Commission paritaire nationale de l'emploi des journalistes (CPNEJ). Comme pour les autres écoles de journalisme de second cycle, la formation se déroule en deux ans.

Au terme de leur formation, les étudiants reçoivent donc un double diplôme : un master en journalisme délivré par l'université Grenoble Alpes et le diplôme de Sciences Po Grenoble, mention journalisme.

c. Les doubles diplômes

Sciences Po Grenoble propose par ailleurs six doubles diplômes :

- **Un master en gouvernance territoriale**, en partenariat avec la faculté de droit, afin de renforcer ses compétences en droit, management et gestion des collectivités territoriales.
- **Une maîtrise en sciences politiques de l'Université du Québec à Montréal** (UQAM), qui permet de passer une première année de master à Montreal, afin d'adopter un autre regard sur les sciences politiques.
- **Un double master en sciences politiques en coopération avec l'université de Constance** en Allemagne ; là encore, la quatrième année s'effectue à l'étranger mais la spécialisation demeure les sciences politiques.

- **Un master intégré en coopération avec l'université de Salamanque** en Espagne pour renforcer ses connaissances en droit, en sciences politiques et en économie de l'union européenne.
- **Un master gouvernance et intelligence internationale en coopération avec l'université internationale de Rabat**, afin de se former aux grands enjeux internationaux liés à la gouvernance.
- **Un master évaluation et analyse des politiques publiques dans les pays en développement en partenariat avec l'université de Rabat**. Ce dernier double diplôme est à la fois professionnalisant est adossé à un laboratoire de recherche sur les politiques publiques des pays en développement.

6 Des écrits spécifiques à Sciences Po Paris

1 Le projet motivé

Si Sciences Po Paris a choisi de suivre la démarche initiée par Bordeaux, l'école de la rue Saint-Guillaume a pourtant refusé de se contenter de demander aux étudiants les écrits traditionnels proposés dans le cadre de la plate-forme Parcoursup.

Au-delà des quatre rubriques communes à toutes les informations, vous devrez donc compléter un projet motivé, lui-même subdivisé en trois questions ainsi qu'un essai personnel à choisir entre plusieurs sujets proposés. En ce qui concerne ce dernier écrit, les sujets proposés à l'étude sont modifiés chaque année ; vous suivrez donc avec attention les annonces officielles de l'école qui devraient avoir lieu à l'automne 2023.

a. L'élément de base de votre candidature

Il s'agit clairement de l'écrit le plus décisif de votre dossier. D'une longueur de 5 000 à 7 000 caractères, il a pour but de mettre en valeur votre motivation à suivre votre scolarité à Sciences Po et d'indiquer vos choix de campus. Pour rappel, ce projet motivé se décompose en trois rubriques :

- Quelle est l'origine de votre intérêt pour les sciences humaines et sociales ? En quoi les contenus et les méthodes de l'enseignement délivré au Collège universitaire de Sciences Po répondent-ils à votre projet d'études ? (2 500-3 000 caractères espaces compris) ;
- Le cursus du programme universitaire de Sciences Po se déploie sur plusieurs campus et à travers plusieurs programmes d'études. Précisez les deux choix de programmes que vous souhaiteriez intégrer et développez votre intérêt pour chacun (1 500-2 000 caractères espaces compris) ;
- En vous appuyant sur des exemples concrets tirés de vos activités, expériences ou centres d'intérêts personnels, quels engagements ou projets souhaiteriez-vous poursuivre ou développer dans votre parcours d'étudiant à Sciences Po ? Comment et pourquoi ? (1 500-2 000 caractères espaces compris).

Il convient donc dans un premier temps de parvenir à expliquer le pourquoi de cette candidature à Sciences Po. Cela peut sembler simple, mais en réalité beaucoup de candidats peinent à vraiment le justifier, au-delà du seul intérêt pour une école de prestige. Vous devez ainsi expliquer ce qui vous intéresse à Sciences Po et que l'on ne trouve pas ailleurs.

La pluridisciplinarité compte parmi les atouts certains de l'école. Contrairement à un cursus universitaire, à Sciences Po on ne vous demande pas de vous spécialiser dès la première année. Si vous êtes d'un naturel indécis sur votre avenir et curieux, vous pouvez ainsi apprécier la possibilité de garder de nombreuses portes ouvertes.

Pour les plus scientifiques, vous n'aurez pas totalement à rompre avec celles-ci puisque plusieurs doubles diplômes permettent de garder un pied en Mathématiques ou en Physique et que les Mathématiques sont enseignées dans tous les campus.

Une école innovante

Si les cours à Sciences Po sont très divers, nous y reviendrons, ils ont aussi l'avantage de croiser en leur sein les disciplines. L'IEP de Paris est ainsi un des rares lieux dans le monde universitaire français où il est apprécié de mêler histoire, science politique, sociologie, anthropologie, économie, droit etc. Un type d'approche que vous avez déjà en partie croisé au lycée avec notamment l'option Histoire géographie géopolitique sciences politiques.

Enfin, Sciences Po c'est aussi la possibilité de rencontrer beaucoup de personnalités tant des enseignants que des élèves qui marqueront les prochaines décennies par leur engagement politique, social, journalistique etc.

b. Votre appétence pour l'international

Bien évidemment parmi les éléments les plus attractifs de Sciences Po, il y a la forte ouverture internationale de l'école. Près de la moitié des étudiants de l'école sont en réalité étrangers. Une bonne partie des cours sont dispensés en anglais, même dans les cursus francophones et l'on trouve également des enseignements en allemand ou en espagnol.

L'école est en outre un des rares lieux en France qui peut s'honorer de recruter des enseignants à l'international grâce à son prestige dans le domaine des sciences humaines et sociales. Dans un pays comme la France, parfois accusé d'être refermé sur lui-même, Sciences Po constitue un lieu privilégié d'étude de l'international.

Tant dans les cours, dans les associations que les événements – des dirigeants ou anciens dirigeants étrangers sont régulièrement invités et honorés – l'école ne cesse de regarder et décortiquer le monde. Mais Sciences Po c'est aussi près de 470 partenariats avec des universités dans le monde ! Ce qui vous laisse un nombre de possibilités quasi infini de partir en troisième année.

Puisque cette dimension fait partie de l'ADN de l'école, il est essentiel de la mettre en avant au sein de votre projet motivé.

c. Votre intérêt pour les sciences humaines et sociales

Il vous est ainsi explicitement demandé d'expliquer ce qui vous intéresse dans les maquettes des enseignements dispensés par Sciences Po. Il est pour cela nécessaire de vous plonger dans la palette des cours proposés par l'école.

La maquette pédagogique dépend largement du campus que vous avez choisi. On retrouve toutefois quelques tendances. Déjà une certaine interdisciplinarité propre à Sciences Po. À l'IEP, contrairement à l'université, on n'hésite pas à mélanger les disciplines et à faire dialoguer dans un même enseignement l'histoire, la philosophie, la sociologie, le droit ou la science politique.

La première année est en général consacrée à des fondamentaux. Au premier semestre on retrouve des cours magistraux d'histoire du XIXe siècle, d'initiation à l'économie et dédiés aux institutions. Au second semestre, on découvre la sociologie et la science politique, ainsi que les statistiques.

En plus de ce tronc commun, vous avez le choix entre deux cours « électifs » plus spécialisés et qui concernent en général le thème du campus (la route de la soie au Havre, les échanges interculturels en Méditerranée à Menton, les systèmes communistes à Dijon, par exemple).

Plus original, au second semestre de la première année vous sont proposés des ateliers artistiques afin de vous initier à la littérature, au théâtre, à la photographie, au cinéma, au journalisme, toujours en rapport avec les thèmes chers à Sciences Po (sciences sociales, relations internationales, politique, histoire etc).

En deuxième année, vous devez déjà vous spécialiser et choisir une majeure : « Économies et Sociétés », « Humanités Politiques » ou « Politique et Gouvernement ». Loin de correspondre à des disciplines en soi, ces majeures sont plutôt des thématiques de spécialisation. Elles recoupent plusieurs disciplines. Cette majeure va déterminer vos cours magistraux qui exploreront plus spécifiquement ce que vous avez aperçu en première année. Rassurez-vous, vous ne serez pas cantonné à un domaine, puisque les cours électifs existent toujours et vous permettent d'explorer toute sorte d'autres thèmes. En outre, des cours fondamentaux restent dans le prolongement de la première année autour des grandes disciplines de Sciences Po : histoire (du XXe siècle cette fois), sociologie, science politique, droit constitutionnel, droit ou relations internationales. Un cours obligatoire dédié au numérique se retrouve également dans la plupart des campus.

Enfin, vous pourrez évoquer dans votre projet motivé la troisième année à l'étranger, notamment lorsque vous parlez de votre envie d'ouverture au monde. Avec plus de 200 partenariats étrangers, vous n'avez que l'embarras du choix. Vous pourrez même dédier un semestre à un stage professionnel ou dans une institution.

Quand vous évoquerez ce qui vous attire le plus au milieu de cette grande diversité, n'hésitez pas à être précis et à citer explicitement un ou une enseignant(e) ou un intitulé de cours qui vous intéresse plus particulièrement. Vous y retrouverez plusieurs noms qui ne vous sont pas inconnus, les enseignants de Sciences Po étant souvent invités sur les plateaux de télévision ou à la radio. Cela permettra de souligner votre motivation qui vous a poussé à vous documenter finement sur l'école et les cours proposés. La présentation des cours est souvent en ligne donc n'hésitez pas à les consulter.

d. Les liens avec votre scolarité au lycée

Il vous est également implicitement demandé de faire un lien entre les enseignements de Sciences Po et les cours qui vous ont le plus intéressés au lycée afin de montrer plus généralement l'origine de votre intérêt pour les sciences humaines et sociales.

Parlez ainsi de votre goût pour les matières que l'on retrouve à Sciences Po : l'histoire, l'économie, la géographie, l'économie. La création depuis la réforme du lycée d'enseignements de spécialité vous permet en outre de croiser des disciplines qui étaient jusque-là peu présentes directement dans les programmes de l'enseignement secondaire : le droit, la sociologie ou la géopolitique.

Surtout ces enseignements de spécialité, pluridisciplinaires représentent assez bien l'esprit de Sciences Po, ce qui n'est pas illogique quand on sait qu'ils ont été inspirés par des personnes formées dans cette école. La spécialité Histoire-géographie, géopolitique, sciences-politiques est à elle seule un concentré de ce que vous allez continuer à découvrir à Sciences Po.

Mais si vous n'avez pas choisi cette option, ni aucune en rapport avec les Sciences humaines et sociales, ne vous inquiétez pas. Vous pourrez expliquer votre choix qui peut peut-être découler d'une volonté d'approfondir les sciences dites « dures » qui ont d'ailleurs désormais toute leur place dans la maquette pédagogique de Sciences Po comme nous l'avons vu plus haut.

Singularisez votre candidature

N'hésitez pas à être concret en parlant d'une partie précise des programmes, voire si, au-delà d'un cours, c'est un enseignant en particulier qui vous a passionné d'y faire référence. Cela rajoutera de l'humain et du personnel dans votre projet motivé. C'est ainsi un bon moyen de distinguer sa candidature de celles des autres candidats.

Outre les cours, Sciences Po demande également à ses étudiants de réaliser un parcours civique au cours du Bachelor, c'est-à-dire un projet personnel autour d'une thématique d'intérêt général ou promouvant l'égalité et la solidarité, le tout encadré par un enseignant-référent. Ce parcours civique se compose d'une lettre d'engagement, rédigée en première année, et présentant le projet, puis d'un mémoire à rendre en troisième année.

La réalisation concrète du parcours a lieu entre la première et la deuxième année (aide dans une maison de retraite, soutien à une organisation d'intérêt public, bénévolat). Dans la lignée de ce qui se pratique en entreprise avec la Responsabilité sociale de l'entreprise, le but est d'ouvrir les étudiants à des valeurs de solidarité et d'implication sociale. Mais cela permet aussi de donner une image plus positive de l'école à l'extérieur. Autre nouveauté : les étudiants peuvent participer à des projets collectifs, encadrés par une institution extérieure.

e. Vos choix de campus

Veillez aussi à bien justifier vos choix de campus. Vouloir entrer à Sciences Po ne suffit pas à prouver votre motivation. L'IEP de Paris est de plus en plus une institution tentaculaire et il faut se montrer au fait des offres proposées, d'autant qu'elles sont de plus en plus différenciées. Chaque campus a une spécificité sur laquelle nous insisterons par la suite. Il faut donc que vous arriviez à justifier logiquement vos vœux.

Vous devez faire deux vœux, en plus des éventuels doubles diplômes. Vous pouvez soit choisir de privilégier un de vos vœux pour bien signaler qu'il est votre premier choix et passer plus de temps à l'expliquer, soit mettre les deux vœux à égalité. Mais il sera en tout cas nécessaire de dire au moins quelques lignes des deux. Là encore, cela implique d'avoir regardé la maquette pédagogique de ces campus qui est bien distincte de celle de Paris.

Si vous choisissez Dijon, expliquez pourquoi l'Europe centrale et orientale vous intéresse. C'est un espace très divers que vous allez découvrir ou pouvoir mieux connaître, allant des États baltes aux Balkans, un espace à la fois très proche de nous, mais peu connu. N'hésitez pas à parler de vos convictions européennes qui sont très ancrées dans ce campus, résolument tourné vers la construction européenne. Il peut être bon d'évoquer vos séjours dans cette zone géographique. Dijon est aussi un campus qui vous propose l'apprentissage de langues assez rares dans le système secondaire et universitaire français et que l'on peut démarrer sans base préalable. L'Europe centrale et orientale est aussi un espace économique en plein développement et vers lequel les entreprises françaises se tournent. Enfin, c'est clairement une zone géostratégique essentielle entre attraction de l'Union Européenne et influence persistante, quand ce n'est pas le hard power de la Russie.

Pour Nancy, il faudra d'abord montrer votre bonne maîtrise de l'allemand, une bonne partie des cours étant dispensée dans cette langue. Les Abibac – baccalauréat franco-allemand – sont en outre nombreux à candidater à ce campus, ce qui relève d'autant plus le niveau de langue. Là encore des séjours en Allemagne et une bonne connaissance de son histoire vous seront utiles pour justifier votre choix. Comme Dijon, Nancy est aussi un campus résolument européen, focalisé sur le couple franco-allemand.

Pour Le Havre, la maîtrise d'une langue asiatique n'est pas nécessaire, même si c'est toujours un avantage. L'anglais est par contre indispensable. Vous aurez la possibilité d'apprendre une ou deux langues asiatiques directement sur le campus, avant de pouvoir l'approfondir en troisième année directement sur place. Votre projet motivé explicitera ce qui vous attire dans ce continent que ce soit par sa richesse culturelle, son rôle de plus en plus important dans les relations internationales, ou son économie galopante. Les séjours à l'étranger peuvent être un plus, mais évidemment il n'est pas aussi simple de voyager à l'autre bout du monde, surtout en temps de Covid. L'Océanie est aussi représentée au Havre avec ses enjeux environnementaux et sociétaux (notamment le rapport aux populations autochtones) bien en avance sur notre continent. Le Havre est aussi une porte ouverte vers plusieurs doubles diplômes : Keio, Singapour ou Hong-Kong.

Poitiers, comme Nancy, nécessite une bonne maîtrise de la langue, l'Espagnol, dans laquelle certains cours sont dispensés. L'anglais doit aussi être bien maîtrisé. Avoir été scolarisé dans une classe européenne ou passer le Bachibac sont des vrais plus. Il vous faudra là encore expliquer pourquoi vous ressentez le besoin de vous spécialiser dans le monde hispanophone. Avoir des origines espagnoles ou portugaises peut être un atout, mais cela ne suffit pas. Il vous faut prouver qu'il s'agit d'une motivation personnelle, pas que vous êtes destiné à ce campus.

Il faudra dans votre projet motivé distinguer clairement les deux campus de Reims, surtout si vos deux vœux portent sur les deux campus de cette ville. Bien que situés dans les mêmes locaux, ils couvrent des thèmes bien distincts.

Le campus Europe-Afrique est dispensé en français, la pression sur la maîtrise de la langue y est donc peut-être un peu moins forte. Parlez de votre intérêt pour ce continent souvent associé à des clichés simplistes, alors qu'il est destiné à jouer un rôle essentiel dans le monde de demain, tant du point de vue démographique qu'économique. L'Afrique offre sans doute aussi la plus grande diversité culturelle au monde. Les enjeux de développement y sont très présents, ce peut être l'occasion de parler de votre engagement dans le secteur associatif ou votre intérêt pour l'action humanitaire. Rejoindre ce campus ce sera aussi l'occasion d'apprendre une langue rare comme le Swahili et d'être assuré de partir en troisième année en Afrique.

Le campus tourné vers l'Amérique du Nord nécessite une maîtrise parfaite de la langue anglaise, puisque tous les cours sont dans cette langue. C'est aussi avec Paris, le campus le plus demandé et le plus fourni en étudiants, la sélection y est donc rigoureuse. Il faudra d'autant mieux justifier votre intérêt pour cette zone géographique, certes capitale, voire dominante tant d'un point de vue culturel, géopolitique ou économique. Reims c'est aussi le campus qui offre le plus d'associations après Paris.

Enfin, le campus de Paris est sans doute le plus délicat à justifier. Beaucoup de candidats en font leur vœu principal en le justifiant par leur proximité géographique, ce qui est évidemment une très mauvaise idée. Vous devez convaincre les membres du jury de votre motivation, alors leur expliquer que votre choix se porte sur le campus le moins loin de chez vous n'est pas très convaincant... Il en va de même pour les autres campus d'ailleurs. L'autre difficulté posée par le campus de Paris est son caractère généraliste. Contrairement aux autres campus, il n'est pas spécialisé sur une zone géographique précise. Mais c'est peut-être là que se trouve la clé pour justifier le choix de ce campus. Vous pouvez ainsi expliquer que vous ne souhaitez pas d'emblée vous destiner à un espace géographique précis et voulez garder un regard généraliste. C'est aussi le campus qui offre la vie associative la plus riche. Évitez de parler du prestige plus grand du campus. En effet, cela pourrait être mal pris par un membre du jury issu d'un autre campus. La richesse culturelle offerte par Paris peut aussi être un argument, mais sans non plus sembler dévaloriser les autres villes des campus. Nancy, Poitiers, Dijon, Reims sont de très grandes villes de culture !

f. La vie sociale et culturelle

Au sein de votre projet motivé, Vous devez montrer votre bonne connaissance de l'école. Cela implique de s'être renseigné sur les campus, mais aussi au-delà. Ainsi, se montrer capable de citer une association de Sciences Po qui vous intéresse est un plus. Sciences Po offre ainsi une très large vie associative avec près de 200 associations au total couvrant quasiment tous les thèmes. L'environnement, les droits des femmes, le débat politique, l'art oratoire, la dégustation de vin, il y en a vraiment pour tous les goûts et tous les engagements. L'association Artimuse vous propose même de découvrir la voile !

L'interculturalité est bien représentée et pas seulement dans les campus avec des associations dédiées à la culture chinoise, italienne, arabe etc. Pour ceux qui aspirent au journalisme, Sciences Po patronne plusieurs médias gérés par les étudiants comme la radio Germaine, Sciences Po TV, ou le site La Péniche. Les organisations internationales sont aussi bien représentées avec l'ONU, l'UNESCO, l'Union européenne. Quant aux partis politiques ils sont aussi représentés, mais ce ne sont pas toujours ceux qui obtiennent le plus de voix aux votes étudiants. Avec les associations We-Start et Junior Consulting les étudiants peuvent même s'initier à l'entrepreunariat en répondant à de vraies offres. Les associations sociales et solidaires sont enfin bien représentées à Sciences Po avec une grande palette d'actions, des maraudes, de l'aide au développement, du soutien scolaire ou de l'aide aux réfugiés.

Des associations sélectionnées par les étudiants eux-mêmes

Une grande consultation a lieu chaque année pour élire les associations qui seront reconnues par Sciences Po parmi les nombreuses propositions. Chaque étudiant dispose alors de deux voix. Les associations reconnues bénéficient de locaux et d'un budget alloué par Sciences Po, ce qui est un vrai plus.

En plus de ces associations parfois éphémères, il existe aussi des associations permanentes. Elles n'ont pas besoin de récolter des voix pour être reconnues, puisque leur activité relève de l'intérêt public. C'est le cas de l'associaton sportive, du bureau des arts, ou de Sciences Po Environnement. Ces associations permanentes ont des locaux et un budget propre et font quasiment partie de l'administration de Sciences Po, à la différence qu'elles sont gérées par les étudiants.

Sciences Po offre aussi la possibilité de suivre toute sorte d'ateliers à ses étudiants pour enrichir leur culture en dehors du seul cadre des cours. Il existe ainsi un atelier d'art oratoire, un atelier d'écriture avec un ou une écrivain(e) en résidence chaque année. L'école de journalisme accueille également un centre des médias qui propose des enseignements aux étudiants de Bachelor et de masters pour mieux connaître cet univers et s'y former quand on n'est pas spécialiste.

Sciences Po ce sont aussi plusieurs prix et festivals culturels. Outre le prix de l'art oratoire déjà évoqué, il existe un prix pour l'art contemporain, un prix littéraire, etc. Du côté de l'événementiel, le campus parisien accueille chaque année un festival artistique, de la danse, de cinéma, des défilés de mode, un salon du livre. Évidemment hors temps de Covid...

Comment vous envisagez la suite de votre cursus à Sciences Po

On attend aussi d'un candidat qu'il se projette dans l'école et soit capable de dire ce qu'il envisage comme orientation professionnelle et/ou master. Bien entendu, on comprendra très bien que vous n'ayez pas d'idée définitive et que le Bachelor vous permette de vous orienter.

Sciences Po accorde de plus en plus d'importance à la bonne insertion professionnelle de ses étudiants. Les stages et les années de césure sont déjà encouragées dès le Bachelor. Les masters ont en outre largement renforcé la dimension professionnalisante en s'ouvrant aux praticiens des différents secteurs. Montrer que vous avez déjà des idées en tête de carrière et notamment d'orientation au sein de l'offre des masters peut ainsi se révéler utile dans votre candidature.

Il est donc indispensable de connaître précisément l'offre de masters de Sciences Po.

7 Les masters de Sciences Po

Préalable indispensable à toute bonne candidature, une bonne connaissance des formations délivrées par Sciences Po Paris vous permettra plus généralement de vous projeter dans un avenir proche, puisque vous devez toujours garder en tête que vous ne sortirez pas seulement diplômé d'une école mais titulaire d'un Master en particulier.

Sciences Po Paris ne propose pas moins de sept écoles mastérales différentes qui elles-mêmes contiennent plusieurs masters chacune. Ces sept écoles sont en effet nées de la fusion de différents parcours qui proliféraient jusque-là dont certains étaient pléthoriques (Affaires publiques) et d'autres plus clairsemées. En les rassemblant dans sept écoles, l'objectif était de clarifier cette offre de formation mastérale et professionnalisante.

1 L'offre de master de Sciences Po Paris

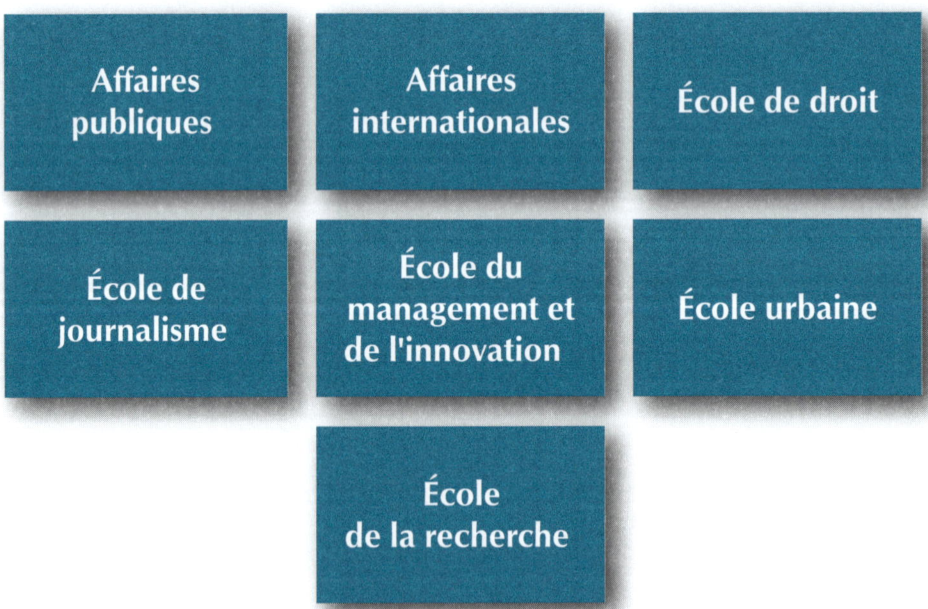

a. L'école des affaires publiques

L'École des Affaires Publiques de Sciences Po est la plus célèbre. C'est historiquement celle qui permet de se préparer aux concours de la haute fonction publique et plus particulièrement de l'ENA. Elle compte deux Masters en son sein : le **Master Politiques Publiques** et le **Master Affaires Européennes**, ce dernier formant plus spécifiquement aux concours de la fonction publique européenne. Cette école mastérale possède différentes filières de formation aux concours de l'ENA, du fonctionnariat européen, ou d'autres métiers de l'administration française.

Ces masters offrent également diverses spécialisations dans les domaines de la culture, de la santé (pour devenir directeur d'hôpital ou de tout autre organisme sanitaire), digital, environnement, en économie publique, analyse des politiques publiques, gestion de projets etc. Les étudiants sont invités à se plonger dans le monde professionnel par la réalisation d'une étude de cas et la rédaction d'un mémoire. Elle ne compte pas moins de 15 doubles diplômes tant avec des universités françaises (Saint Cyr, HEC) qu'étrangères (LSE au Royaume-Uni, Saint Gall en Suisse, Tokyo, Shangaï, etc.).

b. L'école de management et de l'innovation

L'École de management et de l'innovation fait office de *business school* au sein de Sciences Po. L'école rassemble les masters qui forment aux métiers de la finance, de l'entreprenariat, du marketing et du management. Actuellement, l'école compte les masters suivants.

Les masters de l'école de management et de l'innovation

Master in Economics and Business	Master en finance et Stratégie	Master en organisation et management des RH
Master innovation et transformation numérique	Master communication, médias et industries créatives	Master marketing

Le parcours de cette école se veut particulièrement professionnalisant ce qui implique une année de césure possible entre la première et la deuxième année de Master et un stage obligatoire de fin d'études. Cette école masterale propose aussi plusieurs doubles diplômes :

ISAE-Supaero ; AgroParisTech ; Strate (Master Innovation et Transformation Numérique) ; Università Bocconi (Masters Finance et Stratégie, Economie et Business) ; Universität of St.Gallen (Master Finance et Stratégie) ; University of Pennsylvania ; Fundaçao Getullio Varga ; Escola de Administraçao de Empresas ; Stockholm School of Economics ; Fundan University.

L'organisation de la maquette pédagogique des doubles diplômes dépend du Master et de l'université partenaire. De manière générale, la première année s'effectue à Sciences Po et la deuxième année de Master dans l'université partenaire.

Il existe également un *joint cursus* Droit et Finance et Statégie.

c. L'école de la recherche

L'École de la recherche de Sciences Po a pour vocation de préparer ses diplômés aux métiers de la recherche et postes de doctorants en Sciences Sociales. C'est une école de prestige, Sciences Po a été classée deuxième au monde au QS ranking dans le domaine de la science politique et des sciences sociales.

L'école compte quatre Masters : **Économie** (uniquement en anglais), **Histoire**, **Science Politique**, **Sociologie** (en français et en anglais).

Bien qu'il n'y ait pas de Master de Droit au sein de l'École de la recherche, celle-ci assiste et oriente les étudiants des Masters Droit Économique et Carrière Juridique souhaitant poursuivre avec un poste en recherche, à Sciences Po ou ailleurs.

Les diplômés de l'École de la recherche peuvent être amenés à poursuivre en doctorat à Sciences Po sous condition d'acceptation de leur candidature par un jury. Ils auront également les crédits nécessaires pour postuler à des offres dans d'autres universités en France et à l'international.

Compte tenu du niveau de technicité et de spécialisation des formations proposées, celles-ci sont destinées aux candidats démontrant une réelle appétence pour la recherche et une excellence académique dans le domaine étudié.

La maquette pédagogique est organisée de sorte que les étudiants effectuent plusieurs travaux et papiers de recherche, ainsi qu'un mémoire obligatoire au semestre 4. Il est donc primordial que le candidat s'informe sur les cours proposés et sache présenter les thèmes de recherche qui a priori l'intéressent le plus.

Le doctorat n'est pas forcément la suite logique d'un Master de l'École doctorale : près de 55 % des diplômés ne poursuivent pas en thèse. Tout projet personnel ou professionnel cohérent peut donc être valorisé. Dans le domaine de l'histoire, Sciences Po forme ainsi au concours de l'agrégation avec une préparation qui compte parmi les meilleures de France (derrière l'ENS de Lyon en règle générale, mais devant l'ENS de Paris, rue d'Ulm).

d. L'école urbaine

C'est l'une des dernières nées de Sciences Po. Elle forme ses étudiants à la création et à la gouvernance des villes de demain. Les parcours y sont fortement professionnalisants avec de longs stages et des projets collectifs répondant à des demandes réelles en Master 1.

Des visites de terrain et voyages d'étude sont également prévus. Les enseignements y sont clairement interdisciplinaires mélangeant droit urbain, sociologie urbaine, économie, politiques publiques etc. L'école se sous-divise en plusieurs parcours :

- **master Stratégies territoriales et urbaines** qui forme à l'organisation et à la gestion des villes ;
- sa version anglophone : le **master Urban Policies** qui est un double diplôme avec la LSE ;
- **master Comparative Urban governance** (en anglais), double diplôme avec le Centro de Estudios Demográficos, Urbanos e Ambientales (CEDUA) du Colegio de México. Comme les deux précédents il forme aux métiers de l'urbanisme avec une approche nettement plus mondiale et ouvre également vers la recherche ;
- **master Governing the large Metropolis** (en anglais) spécialisé sur les très grandes métropoles mondiales ;
- **master Governing ecological transitions in european cities** (en anglais) centré sur le développement durable urbain en Europe.

e. L'école de journalisme

Elle fait partie des quatorze écoles reconnues par la profession et fait sans doute partie des plus prestigieuses. Nombre de journalistes parmi les plus connus ont été formés à Sciences Po qui est un lieu de rencontre naturelle entre les élites politiques, économiques et journalistiques.

La force de cette école est d'arriver à offrir aux étudiants une formation spécialisée en sciences humaines et sociales aux futurs journalistes, tout en les ouvrant à la pratique du métier. Parmi ses enseignants, l'école compte de nombreux journalistes célèbres qui viennent éclairer les étudiants de leur connaissance professionnelle.

- L'école se subdivise en plusieurs masters :
- master journalisme ;
- master journalism and international affairs qui combine la formation de l'école de journalisme avec celle de la PSIA. Cette formation nettement plus internationale débouche sur des carrières de journalistes spécialisés dans les relations internationales, la géopolitique, le développement ;
- double diplôme avec Columbia qui offre aux étudiants une expérience dans les deux pays, ainsi que le bénéfice des réseaux de deux écoles prestigieuses.

f. Paris School of International Studies (PSIA) ou affaires internationales

C'est l'autre master historique de Sciences Po, à l'origine destiné aux étudiants se préparant au concours du Quai d'Orsay (le ministère des Affaires étrangères) et aux métiers de la diplomatie. Ce master s'est très largement diversifié et internationalisé.

Ses parcours sont très divers, mais ils se rejoignent par la volonté de former à la géopolitique et aux relations internationales. La grande majorité des cours sont dispensés en anglais, à l'exception d'un tiers qui sera en français.

Il se compose de sept masters :

- **International Security** : ce master s'intéresse plus spécifiquement aux problèmes de la sécurité à l'échelle du monde, c'est-à-dire à la lutte contre le terrorisme, les trafics, les réseaux illégaux etc. Fan de James Bond, vous avez trouvé votre master, ou presque...
- **International Governance and diplomacy** : cette filière forme les futurs cadres des organisations internationales. On y apprend à mieux comprendre les enjeux de la gouvernance mondiale, de la diplomatie, à maîtriser le droit international.
- **International Economic Policy** : les enjeux économiques, la finance internationale, les politiques monétaires sont au coeur de ce master qui forme des cadres de la finance internationale, des organisations internationales et des administrations publiques.
- **International Development** : Ce master porte sur les questions de développement dans le monde. Il forme des spécialistes de ces enjeux tant dans le privé, l'association que les institutions publiques et internationales.
- **Human Rights and Humanitarian Action** : Très demandé, le master en Human Rights et Humanitarian Action porte sur le domaine de l'humanitaire. Il forme les futurs responsables d'associations, d'organisations internationales qui organiseront les opérations humanitaires de demain.
- **Environmental Policy** : Ce master récent s'intéresse aux enjeux de plus en plus cruciaux de l'environnement à l'échelle internationale. Il forme les futurs acteurs du développement durable dans les organisations internationales, les administrations publiques etc.
- **International Energy** : Ce master rejoint le précédent sur les questions environnementales, mais se focalise plus spécifiquement sur le domaine des énergies (pétrole, gaz, électricité etc.). Sujet hautement stratégique à l'échelle globale, notamment face au réchauffement climatique et à la raréfaction des énergies fossiles il offre une spécialisation particulièrement utile pour les futurs diplomates, administrateurs, entrepreneurs.

9. L'école de droit

L'école de droit de Sciences Po constitue là aussi une des filières historiques de l'école. Dès sa fondation par Émile Boutmy en 1872, le droit faisait partie du socle commun dispensé aux étudiants. La science politique en général a longtemps été cultivée dans les universités de droit avant de prendre son véritable envol. Enfin, Sciences Po constitue une excellente filière pour la formation des avocats et obtient les meilleurs résultats au concours d'entrée de l'École nationale de la magistrature.

L'école de droit propose deux filières différentes :

- **Le master droit économique** : qui dispense des enseignements généraux en droit et plus spécifiquement dédiés à sa dimension appliquée au secteur économique. Il prépare notamment aux métiers de juristes, d'avocat, d'avocats d'affaires, de juges.

Ce master aboutit à six spécialisations en deuxième année : Contentieux économique et arbitrage, Droit public économique, Entreprises, marchés, régulations, Global Business Law and Governance, Global Governance Studies, Droit de l'innovation.

Ce master existe aussi dans une version intégralement anglophone.

- **Le master carrières juridiques et judiciaires** : c'est cette filière qui forme plus spécifiquement aux métiers judiciaires comme avocat, commissaire de police, officier de la gendarmerie, des douanes, directeur des services pénitentiaires.

L'école organise aussi, avec le concours de plusieurs cabinets d'avocats internationaux, le concours d'arbitrage international de Paris autour d'un cas fictif et qui offre un vrai tremplin aux vainqueurs.

8 L'essai personnel

L'essai personnel de Sciences Po Paris a pour but de tester vos capacités rédactionnelles et votre maturité. Derrière des questions en apparence anodines que vous pourriez vous poser entre amis, il faut montrer votre capacité réflexive et argumentative, tout en mettant en avant votre personnalité et ses atouts.

Votre réponse peut tout à fait revenir sur un point évoqué dans votre parcours personnel ou votre projet motivé. Ce sera l'occasion de le développer. Dans tous les cas, ayez bien en tête qu'à travers ces essais, c'est de vous dont il s'agit une nouvelle fois de parler, d'où l'importance de les réaliser seul, ce qui n'empêche pas de se faire relire ou de bénéficier de conseils extérieurs.

Cinq questions ont été proposées en 2020 et 2021 ; les candidats devaient en choisir une et y répondre en moins de 4 000 signes. Vous serez donc attentif aux annonces formulées par Sciences Po à l'automne 2022 afin de connaître les questions sur lesquelles vous allez devoir plancher.

Pour rappel, les questions posées lors des sessions précédentes étaient les suivantes :	
En 2021 :	***En 2022 :***
– Parmi les ouvrages que vous avez étudiés au lycée, quel est celui que vous conseilleriez à un ami et pourquoi ? – Qu'avez-vous accompli dont vous êtes le plus fier, et pourquoi ? – Pour quelle cause refuseriez-vous de prendre position et pourquoi ? – Si vous aviez l'occasion de discuter avec un dirigeant politique important de votre pays : de qui s'agirait-il, que lui diriez-vous et pourquoi ? – Qu'est-ce qui vous apporte de la joie ? Expliquez et développez.	– Choisissez une œuvre musicale ou cinématographique (film, série, animation) du XXIe siècle qui mériterait selon vous de traverser les époques. Expliquez et justifiez votre choix. – Lorsque vous réfléchissez au monde d'aujourd'hui et à ses évolutions, qu'est-ce qui vous donne de l'espoir pour l'avenir et pourquoi ? – À quel événement de la seconde moitié du XXe siècle auriez-vous souhaité participer, dans quel rôle et pourquoi ? – 5 % du budget de votre commune sont désormais alloués à un projet porté par les 15-20 ans : quelle initiative proposez-vous et quels arguments mobilisez-vous pour emporter l'adhésion ? – Quelle statue voudriez-vous faire ériger dans l'espace public de votre pays ? Rédigez le discours qu'une personnalité politique pourrait prononcer lors de l'inauguration de la statue.

Quelques conseils pour rédiger l'essai

Le terme « essai » peut déstabiliser puisqu'il ne correspond pas à un exercice classique tel que la dissertation ou l'analyse de documents. Il doit être compris comme une rédaction plus libre et plus personnelle donnant au candidat l'occasion de « démontrer ses qualités réflexives et rédactionnelles ». Le site Internet de l'école précise bien qu'il « ne s'agit pas d'un exercice académique, mais d'une rédaction axée sur l'exigence d'écriture et de réflexion personnelle. »

Les sujets proposés ont vocation à vous permettre de faire état de votre culture générale, de vos lectures, de vos références intellectuelles ou encore des lieux que vous avez visités. Un essai doit donc d'abord parler de vous et de votre propre culture car il ne faut jamais oublier qu'en arrière-plan se joue votre admission au sein d'une école renommée.

L'autre objectif est d'évaluer votre sociabilité et vos capacités pédagogiques. Ce sont deux valeurs hautement attendues par l'école de la part de ses étudiants. C'est en ce sens que l'on peut comprendre les premiers sujets proposés en 2021 et 2022. Il s'agissait en effet de faire la promotion d'un livre ou d'une œuvre cinématographique ou musicale. Vous avez sans doute déjà fait cette expérience, au moins à l'oral, dans un club de lecture, ou dans un cadre privé. Pour inciter un tiers à apprécier une œuvre culturelle, il vous faudra faire preuve de pédagogie en soulignant l'intérêt du livre et son accessibilité. S'il s'agit d'une personne de votre génération, il faudra donc lui montrer en quoi cet ouvrage peut répondre à certaines de ses préoccupations et lui permettre de mieux comprendre le monde.

Certaines questions peuvent vous permettre de revenir sur votre parcours, sur vos expériences ou sur vos actions. L'essai peut donc offrir un bon complément à un point évoqué trop rapidement dans le parcours personnel. Il peut être l'occasion d'évoquer directement ou non vos actions en faveur des autres que ce soit dans le cadre associatif, lycéen ou autre. Si vous êtes porté sur les arts, ce peut être l'occasion d'évoquer une de vos créations dont vous éprouvez un certain contentement : une œuvre picturale, musicale ou autre. Sciences Po est tout à fait sensible à la création artistique comptant notamment un prix pour l'art contemporain et des ateliers artistiques obligatoires en première année.

L'essai est aussi le moment de faire preuve d'engagement et de témoigner de sa capacité à prendre position. Il faut profiter de cet essai pour montrer votre ouverture d'esprit, votre capacité de dialogue, y compris sur des sujets délicats et souvent source de conflits. À Sciences Po, vous aurez ainsi régulièrement l'occasion de débattre avec d'autres personnes aux opinions très différentes des autres et avec lesquelles vous devrez malgré tout cohabiter. L'invective, l'insulte, sans parler de la violence physique, si courantes dans nos sociétés, même démocratiques, sont clairement proscrites. Par cet exercice vous prouverez ainsi que vous respecterez les valeurs de dialogue, de compréhension, d'écoute chères à l'école.

Un bon étudiant de Sciences Po est machiavélien (le logo de Sciences Po vient d'ailleurs du lion et du renard qui doivent inspirer le bon prince selon l'auteur italien), mais pas cynique ! Montrez ainsi que vous n'êtes pas prêts à tout. Appuyez-vous pour cela sur une cause qui vous anime : environnement, droit des femmes, des enfants, peine de mort, etc...

Enfin, les essais proposés peuvent être l'occasion de rendre compte de son intérêt pour la politique. Qu'il s'agisse d'imaginer un dialogue fictif avec un homme politique ou de prononcer un discours à l'occasion de l'érection d'une statue, ces sujets ont pour vocation de vous permettre de témoigner de votre intérêt pour l'histoire et plus généralement pour la chose publique. Même si l'engagement politique a perdu de son importance au sein des promotions de Sciences Po, il demeure dans l'ADN de l'école.

9 Sciences Po Paris, ses campus et ses doubles diplômes

L'IEP de Paris s'est largement transformé au cours des vingt dernières années. De moins de 5 000 étudiants en l'an 2000, on ne compte pas moins de 14 000 étudiants aujourd'hui, soit une multiplication par près de trois. Cette augmentation massive est due à la diversification de l'offre de formation, en particulier en premier cycle (bachelor). Le taux de sélectivité n'a lui guère varié autour de 15 % d'admis (11 % seulement pour le concours).

Cantonné au seul campus de Paris, Sciences Po s'est dotée au milieu des années 2000 de six nouveaux campus en région dédiés chacun à un espace linguistique et géopolitique, ce à quoi s'ajoutent de nombreuses doubles licences tant en France qu'à l'étranger. Pour pouvoir ainsi constituer au mieux votre dossier sur Parcoursup, il est nécessaire de maîtriser la diversité de cette offre de formation, notamment afin de justifier au mieux vos choix de campus ou de double licence.

1 Les campus

Au total, Sciences Po compte donc sept campus sur l'ensemble du territoire, créés au milieu des années 2000. Le campus historique reste à Paris dans les locaux de la rue Saint-Guillaume. Il est le plus généraliste, sans spécialisation autour d'une aire géographique. C'est aussi celui qui propose la plus grande offre associative et culturelle (près de 200 associations). Mais Sciences Po compte aussi six campus dans les régions françaises, chacun dédié à une aire géographique.

a. Reims, un campus tourné vers l'Amérique du Nord et l'Afrique

Lors de sa création en 2010, le campus de Reims a été pensé en fonction de l'Amérique du Nord. C'est le campus le plus vaste après Paris, preuve que l'attrait pour les États-Unis reste important. Pour les amateurs du Canada vous y trouverez aussi votre bonheur. La langue de prédilection est l'anglais. Veillez donc à avoir un bon niveau dans cette langue si vous souhaitez être reçu.

Depuis 2015, le campus de Reims est également tourné vers l'Afrique. Après avoir été d'abord abrité à Paris, le campus Europe-Afrique a pris ses quartiers dans le campus de Reims qui possède de vastes locaux dans une ancienne prison. Ce campus s'intéresse particulièrement aux questions du développement du continent et aux enjeux économiques. Son cursus est principalement en français.

b. Dijon, un campus tourné vers l'Europe centrale et orientale

Ce campus situé dans la capitale de la Bourgogne est résolument européen. Il se tourne vers un espace géographique essentiel dans la construction de l'Union européenne depuis 2001 et trop souvent méconnu. Il n'y a pas là une langue dominante, mais vous pourrez apprendre le polonais, le tchèque, le slovaque ou le hongrois.

c. Le Havre, un campus tourné vers l'Asie

Installé dans d'anciens docks, ce campus atypique, et l'un des plus demandés, regarde vers le continent asiatique et l'Océanie. La Chine y occupe bien entendu une place essentielle, mais c'est également le cas de la Corée et du Japon. Vous pourrez ainsi apprendre ou vous perfectionner dans une ou plusieurs de ces langues. Les cours y sont intégralement dispensés en anglais.

d. Menton, un campus dédié au Moyen-Orient et au monde méditerranéen

Le monde arabe est très présent dans les programmes, mais c'est aussi le cas d'Israël ou même de l'Italie. Ces trois langues sont les principales du campus. Mais une bonne partie des enseignements ont lieu en anglais. Le cursus est d'ailleurs possible intégralement en anglais. Étant donné la localisation, les questions migratoires sont aussi très présentes.

e. Nancy, un campus tourné vers le monde germanique

Avec Dijon c'est l'autre campus à vocation européenne, cette fois tourné vers le couple franco-allemand. La langue principale y est l'allemand dans laquelle est donnée une partie des enseignements. Il est donc bon d'avoir de bonnes bases dans cette langue pour y candidater.

f. Poitiers, un campus dédié à l'Amérique latine et au monde ibérique

Voici un autre campus où la maîtrise d'une langue du lycée est préférable. Une partie des cours du campus de Poitiers est en espagnol.

g. Une opportunité à saisir

Attention les campus en région ne sont pas des sous-campus. Après quinze ans d'existence, ils ont su montrer leur utilité et ont formé des générations de hauts fonctionnaires, de personnalités politiques françaises ou européennes ou de cadres d'entreprise. Si vous avez peur de manquer la vie parisienne, ne vous inquiétez pas trop, puisque tout le monde vient à Paris pour les masters. Les campus ne concernent donc que le Bachelor. La vie sociale y est d'ailleurs réputée très bonne. Les étudiants qui y sont passés en gardent des amis et un réseau pour la vie.

Ce sont souvent de petites structures (sauf Reims) avec un nombre d'élèves réduit qui ne vous fera pas rompre trop vite avec le cadre du lycée. Le lien avec les enseignants y est aussi plus facile que dans les grands amphis du campus de Paris. Le biculturalisme y règne, la moitié voire plus des étudiants venant du pays ou de la zone visée et l'on se sent plongé comme dans un espace extraterritorial.

Une partie des cours sont dans la langue de la zone géographique, sauf pour les campus polyglottes comme Menton, le Havre ou Dijon où une partie, voire la totalité des cours sont en anglais. C'est évidemment bénéfique pour y apprendre les langues étrangères et s'imprégner de l'esprit de la zone géographique sans quitter encore le territoire national.

Les campus de Sciences Po

- Paris (généraliste)
- Reims (Amérique du Nord ou Afrique)
- Nancy (Allemagne)
- Poitiers (Amérique du Sud)
- Le Havre (Asie)
- Menton (Moyen-Orient, Méditerranée)
- Dijon (Europe centrale et orientale)

2 Les doubles diplômes

a. Six filières proposées

Outre ses campus, Sciences Po propose aussi des doubles diplômes avec des universités françaises. C'est une bonne opportunité pour celles et ceux qui ne souhaitent pas rompre immédiatement avec d'autres disciplines vues au lycée, notamment les sciences dites « dures » ou qui souhaitent approfondir des disciplines précises comme les lettres, l'histoire ou la philosophie. C'est un bon moyen d'anticiper votre spécialisation future.

Ainsi, les Mathématiques vous seront très utiles si vous continuez en économie, en Finances ou en commerce. La physique vous aidera si vous choisissez la filière urbanisme en master. Quant à la double licence du campus de Reims elle vous sera d'une grande utilité si vous choisissez de vous orienter vers les métiers de l'environnement.

Sciences Po propose également une école de la recherche particulièrement prestigieuse (histoire, sociologie, droit, philosophie politique etc.). Avoir suivi des enseignements plus spécialisés dans l'une de ces disciplines, à la Sorbonne qui compte parmi les universités les plus célèbres dans le monde (en réalité la Sorbonne est beaucoup plus connue à l'étranger que Sciences Po) vous sera donc très utile, voire décisif. Depuis l'apparition du double diplôme en histoire, Sciences Po n'a cessé d'améliorer ses résultats à l'agrégation d'histoire, présentant des candidats maîtrisant mieux les différentes périodes historiques.

En plus de vos cours à Sciences Po, qui sont aménagés (vous aurez moins d'heures que les autres étudiants de Bachelor), vous suivrez des cours dans l'université concernée. Vous aurez ainsi un programme un peu plus chargé que vos camarades de Bachelor mais qui reste acceptable.

Au terme de ce double diplôme vous obtiendrez votre bachelor de Sciences Po, mais aussi une licence de l'université partenaire dans la spécialité en question. À la fin de la troisième année vous pourrez choisir de rester à Sciences Po ou de vous spécialiser définitivement dans la filière et faire un master dans cette université.

Il existe ainsi six doubles diplômes dont cinq concernent le campus de Paris :

- mathématiques appliquées avec Paris 1 ;
- physique avec l'Institut de Physique du Globe ;
- lettres à Paris-Sorbonne ;
- histoire à Paris-Sorbonne ;
- philosophie à Paris-Sorbonne.

Le campus de Reims propose en outre un double diplôme avec l'Université de Champagne-Ardennes en Sciences du vivant. Mais attention, ce double diplôme est plus long que les autres. Il se fait en quatre ans au lieu de trois d'ordinaire.

Les six doubles diplômes de Sciences Po

Mathématiques (Paris 1)	Physique (Institut du Globe)	Lettres (Paris-Sorbonne)
Histoire (Paris-Sorbonne)	Philosophie (Paris-Sorbonne)	Sciences du vivant (Reims)

b. Les doubles diplômes internationaux

Last but not least, Sciences Po propose aussi des doubles diplômes internationaux dès le Bachelor. Ceux-ci existaient déjà pour le master, mais ont été étendus au collège universitaire depuis un an. Comme pour les doubles diplômes français, ils permettent d'obtenir un diplôme en plus de celui de Sciences Po d'une prestigieuse université étrangère.

Vous passerez au moins un an dans l'université en question, avec une formation plus spécialisée dans un domaine que celle proposée par Sciences Po. On n'en compte pas moins de neuf, couvrant une large partie du globe. Au terme de ce double diplôme, vous pourrez soit choisir de rester à Sciences Po, soit poursuivre votre formation dans l'université d'accueil, à moins que vous n'optiez pour un double master.

Les États-Unis sont bien évidemment représentés avec Berkeley, l'un des repères mondiaux en sciences sociales – les analyses en termes de genre et de races y trouvent leur origine depuis les années 1970 – et la prestigieuse université new-yorkaise : Columbia.

L'Amérique du Nord est également représentée *via* l'université de Colombie britannique à Vancouver. Là aussi il s'agit d'une des meilleures universités au monde. Le partenariat concerne le Bachelor en Arts, c'est-à-dire sciences sociales.

L'Asie est aussi représentée *via* trois doubles diplômes qui concernent le campus du Havre. La Chine est bien évidemment représentée avec l'université de Hong-Kong qui offre trois choix de diplômes avec Sciences Po : Bachelor of Arts, Bachelor of Social Sciences ou Bachelor of Business Administration.

Pour les plus férus en économie et intéressés par le Japon, Sciences Po a aussi un double diplôme avec l'Université Keio. Celui-ci est spécialisé en économie avec des cours de renforcement dans cette discipline et l'apprentissage obligatoire du japonais. Ce double diplôme se fait en quatre ans, deux ans dans chaque université.

Enfin, Singapour est aussi représenté avec un diplôme en Arts/sciences d'une durée de quatre ans (deux ans dans chaque université). Les cours proposés à Singapour concernent l'histoire, l'économie et la sociologie.

L'Europe est moins bien représentée (mais en réalité Sciences Po a énormément de destinations possibles en Europe en 3e année) avec deux partenariats : l'University College de Londres et la Freie Universität de Berlin. Pour Londres, il est nécessaire d'avoir un excellent niveau en anglais. L'offre de formation est assez généraliste couvrant les humanités, les sciences sociales dans un sens large. La Freie Universität de Berlin est l'une des meilleures universités allemandes. Créée avec le soutien des Américains après la Seconde Guerre mondiale, elle fut pendant longtemps la principale université de Berlin Ouest. Elle est reconnue comme une des meilleures universités d'Europe en économie et sciences sociales. Les deux années à Sciences Po se font sur le campus de Nancy. Pour candidater il est nécessaire d'avoir déjà un très bon niveau tant en anglais qu'en allemand. Le diplôme à Berlin est tourné vers la science politique.

Enfin, Sciences Po propose aussi un double diplôme en Océanie avec l'Université de Sidney. Là encore une bonne maîtrise de l'anglais est indispensable. À Sidney, les étudiants auront le choix entre deux filières : un Bachelor of Arts ou un Bachelor of Economics. Au terme de quatre années (deux ans dans chaque école) les étudiants recevront un diplôme des deux universités.

Les doubles diplômes internationaux de Sciences Po en Bachelor

Berkeley (E-U)	Columbia (E-U)	Colombie britannique (Canada)
Singapour	Hong-Kong (Chine)	Keio (Japon)
University College (R U)	Berlin (All)	Sidney (Australie)

Partie

5

Réussir les oraux de Sciences Po Paris, Bordeaux et Grenoble

- Descriptif de l'épreuve orale
- Un oral en trois temps
- Se préparer à l'exercice oral

1 Descriptif de l'épreuve orale

1 L'esprit de l'épreuve

Durée de l'épreuve : 20 minutes pour Sciences Po Bordeaux, 15 minutes pour Sciences Po Grenoble, 25 à 30 minutes pour Sciences Po Paris.

Conditions : une épreuve proposée aux admissibles des trois écoles. Cette épreuve a lieu à distance pour Sciences Po Grenoble et Paris alors que Sciences Po Bordeaux interrogent ses candidats sur son campus.

Description de l'épreuve : l'entretien oral est une épreuve décisive puisqu'elle permet de départager les candidats déclarés admissibles. Il est donc nécessaire de bien en connaître les modalités afin de réussir cet exercice déterminant. L'entretien de sélection reste très sélectif et l'on estime que seule la moitié des candidats admissibles environ sont retenus à l'issue de l'oral.

Cette épreuve a eu lieu pour la première fois en mai 2021 en ce qui concerne Sciences Po Bordeaux et Sciences Po Paris ; Sciences Po Grenoble de son côté a organisé ses premiers oraux d'admission en bachelor en mai 2022.

À la suite de l'examen de leur dossier, les candidats ont reçu leur convocation à l'oral par mail. Sciences Po Bordeaux a communiqué la bonne nouvelle aux candidats en fin de semaine pour des oraux qui se déroulaient dans les deux semaines suivantes. Les admis de Sciences Po Grenoble n'ont également eu que quelques jours pour se préparer. Du côté de Paris, les convocations ont été envoyées progressivement, jusqu'à la veille des oraux eux-mêmes. **Il est donc indispensable d'anticiper et de ne surtout pas attendre ce retour pour se renseigner sur les modalités de l'oral ou s'y préparer**.

Pour les trois écoles, les candidats ont été interrogés par deux examinateurs, essentiellement des enseignants et/ou anciens élèves de l'école. Les retours d'expérience des premiers candidats permettent d'y voir plus clair sur le déroulement de ces oraux et de préciser les modalités décrites sur les trois sites des écoles concernées.

2 Le fonctionnement de l'entretien

Pour les trois écoles, l'oral constitue l'un des éléments de la sélection et s'ajoute aux écrits. Ainsi pour Bordeaux et Grenoble, elle est l'un des deux éléments de la sélection alors que pour Paris, l'oral constitue une partie de la note, équivalente aux trois notes des écrits.

Pour Sciences Po Paris, la grande nouveauté de la procédure orale est qu'elle n'est plus éliminatoire. Ce qui veut dire qu'elle ne discrimine plus comme avant ceux qui sont particulièrement à l'aise à l'oral, au détriment de ceux qui préfèrent l'écrit. Elle n'en constitue pas moins une étape essentielle de votre admission.

Autre nouveauté pour Sciences Po Paris, les membres du jury n'ont pas votre dossier sous les yeux. Ce qui implique de revenir sur les principaux éléments de votre candidature et donc de les avoir en tête : ouverture internationale, engagements civiques, intérêt pour Sciences Po, choix de campus.

Du côté de Bordeaux, les candidats ont été invités à se présenter avec une version imprimée de leur dossier afin de la fournir aux examinateurs. Cette démarche permet de livrer quelques éléments factuels sur les candidats, sans pour autant qu'ils ne soient victimes d'une double sanction en cas d'un dossier qui aurait obtenu une mauvaise note.

Pour les filières classiques, la langue de l'oral est le français, mais si vous candidatez à une formation anglophone vous pouvez vous attendre à des questions en anglais, voire en allemand ou en espagnol, respectivement pour les campus de Nancy et Poitiers. Dans le cadre des doubles diplômes, les entretiens se déroulent en anglais. À Sciences Po Grenoble, une ou plusieurs questions peuvent être posées en anglais.

Autre spécificité de Sciences Po Grenoble, l'oral repose en partie sur un dossier documentaire mis à la disposition des candidats. Ce dossier est téléchargeable sur le site de l'école. Son étude prend place dans la même logique que l'épreuve sur ouvrage qui a longtemps représenté l'épreuve phare de Sciences Po Grenoble.

Vous aurez face à vous deux évaluateurs de Sciences Po composés pour moitié d'enseignants de l'école (permanents ou vacataires) et de cadres de l'administration. Ils sont sélectionnés pour leur bonne maîtrise des différentes formations dispensées par l'école. Le jury représente également la diversité des campus et des double-licence, dans le cadre de Sciences Po Paris.

3 Restez vous-même

Même si ce conseil peut paraître banal, il est important de rester vous-même et de ne pas chercher à correspondre à l'idée que vous vous faites ou que l'on vous a donné d'une quelconque culture Sciences Po. Vous devez à la fois cadrer vos propos et donc d'une certaine manière jouer un rôle, vous mettre en scène, mais il est essentiel que vous montriez votre véritable personnalité de manière la plus sincère possible.

Aucun profil type n'est recherché, le nouveau processus de recrutement visant au contraire à diversifier les candidatures. Ainsi, toutes vos expériences peuvent être valorisés, même celles qui vous semblent inadaptées (choix d'enseignements de spécialité scientifique, par exemple). De la même manière, le jury pourra vous interroger sur vos échecs et vos défauts. Veillez à anticiper cette question classique, sans fausse modestie qui consisterait à faire passer une qualité pour un défaut.

Dans tous les cas, l'oral ne doit pas être conçu comme une simple formalité. Loin d'être un échange informel, la compétition est rude et le degré de préparation fera la différence entre les candidats. Si le jury est en théorie bienveillant et là pour vous permettre de donner le meilleur de vous-même, il convient de garder des mécanismes d'autodéfense pour conserver coûte que coûte son self-control face à une situation qui peut être déstabilisante.

2 Un oral en trois temps

Pour Sciences Po Bordeaux et Sciences Po Paris, cette épreuve se décompose en trois temps : une présentation personnelle, un commentaire de document d'actualité et un échange libre autour de votre projet. À Grenoble, il n'y a pas de commentaire de document d'actualité à proprement parler mais les questions portant sur le dossier documentaire ont la même vocation, à savoir évaluer votre capacité à comprendre et à analyser les principaux enjeux du monde contemporain.

Si de légères différences existent donc bien entre les trois écoles concernées par l'entretien oral, nous avons privilégié une approche commune, tant l'esprit de la sélection est le même.

1 La présentation personnelle

L'oral débute par une présentation personnelle, comme il est de tradition lors d'un entretien d'entrée à Sciences Po. Cette présentation personnelle a pour objectif de décrire votre parcours mais aussi vos ambitions académiques et professionnelles. Vous devez donc répondre à deux questions essentielles lors de ce premier moment : qui êtes-vous et quel est votre projet ?

Les premières minutes de l'entretien

Une fois dans la salle d'examen, qu'elle soit physique ou virtuelle, le jury débutera par quelques mots d'introduction au cours desquels vos deux interlocuteurs se présenterons très brièvement. Ils vous inviteront ensuite en faire de même avec une formule du type : « c'est à vous » ou « alors, dites-nous ce que vous faites devant nous ». Ce sont ces quelques mots qui doivent lancer la présentation personnelle.

Ce premier moment permet au jury de mesurer qui vous êtes et les raisons pour lesquelles vous êtes devant lui. Il est donc essentiel de vous distinguer des autres candidats qu'il aura rencontrés tout au long de la journée. Il faut donc vous prémunir contre les phrases bateau qui pourraient être prononcées par n'importe quel étudiant. Réciter les éléments de langage de la brochure de l'école ou de son site Internet est largement rédhibitoire.

Il est primordial de soigner la présentation personnelle puisque sa réussite détermine la suite de l'échange. Une présentation de qualité vous permettra d'attirer l'attention du jury et de lui permettre de vous poser les bonnes questions. Au contraire, en cas de présentation personnelle maladroite ou incohérente, le jury passera les premiers temps de l'entretien à essayer d'obtenir de vous les éléments fondamentaux de votre candidature. Ou, pire, il se sera déjà fait de vous une image négative et ne se donnera même pas la peine de s'intéresser à vos réponses voire de vous poser des questions pertinentes.

Lors de la présentation personnelle, il est nécessaire de rappeler au jury les principaux points votre dossier, à savoir votre parcours, vos points forts (ouverture internationale, engagement associatif, encadrement) et votre intérêt pour Sciences Po en général. Vous reviendrez donc sur votre identité, sur votre lycée, sur vos spécialités ou autres options suivies au lycée. Il peut être également utile de mentionner vos stages ou vos expériences professionnelles, tout en veillant à les associer à votre candidature, tout en demeurant le plus cohérent possible. Les activités extrascolaires peuvent être mentionnées, sans pour autant que votre présentation ne s'attarde trop sur cet aspect qui finalement intéresse peu le jury. Enfin, il est primordial de porter une attention particulière à votre projection dans l'école, en témoignant de son intérêt pour une filière en particulier.

Se démarquer

Comme pour les dossiers, nous vous conseillons de ne pas trop uniformiser vos candidatures en mettant en avant les aspects pluridisciplinaires des écoles pour lesquelles vous postulez ou encore la dimension internationale de celles-ci. Ce sont des argumentaires maintes fois répétés et donc entendus par le jury, à tel point qu'il finit par s'en lasser.

Il peut être ainsi judicieux de mentionner sa ville d'origine et le nom de son lycée. Même si ces informations peuvent ne pas sembler essentielles dans le cadre d'un processus de sélection pour Sciences Po, elles peuvent permettre de créer de la complicité avec le jury, en lui rappelant un endroit qu'il a visité. Plus généralement, elles peuvent donner lieu à des questions, tant sur la ville dans laquelle vous vivez que sur le nom de votre établissement scolaire.

Dans le cas de l'oral de Sciences Po Paris, vous veillerez particulièrement à soigner votre argumentaire justifiant votre choix de campus. Il est en effet évident que ces questions interviennent lors de la plupart des entretiens et que vous ne pouvez vous contentez de réponses approximatives. Il est en effet plus intéressant de répondre honnêtement que l'on a sélectionné un campus pour sa proximité géographique avec sa ville d'origine, plutôt que d'affirmer un intérêt pour un espace géographique car on a lu un livre ou vu un film sur ce dernier.

Préparez cette présentation à l'avance. Chronométrez-vous pour qu'elle tienne exactement le temps imparti. Inutile de vouloir trop en dire non plus en privilégiant un débit plus rapide, au risque de ne pas vous comprendre. Répétez l'exercice à plusieurs reprises et devant des proches afin d'être sûr de votre présentation et de vos mots. Vous pouvez apprendre votre texte par cœur mot à mot, ou juste retenir les grandes idées, cela rendra votre discours plus souple et spontané.

En fin de présentation personnelle, vous veillerez à essayer d'anticiper une phrase simple de conclusion. Il est proscrit de terminer par un « voilà » puisque la présentation doit être le début d'un échange. Il est donc possible de trouver quelques mots pour achever ce premier moment tout en ouvrant la suite, voire de faire simplement comprendre au jury que cette présentation est terminée par une différence de tonalité dans la voix.

Différence mineure mais à ne pas négliger entre les trois écoles, Sciences Po Bordeaux ne fixe pas de cadre précis à cette présentation personnelle, ce qui vous laisse entre 3 et 5 minutes pour vous présenter si l'on se fie à ce qui se fait lors des oraux d'admission en quatrième année. Sciences Po Grenoble a conseillé à ses candidats de se présenter en 3 minutes.

Sciences Po Paris de son côté prévoit 5 minutes de présentation personnelle mais l'école de la rue Saint Guillaume décompose ces 5 minutes en deux temps. Le site Internet de Sciences Po Paris précise clairement la nécessité de se présenter en deux minutes afin de laisser ensuite trois minutes au jury pour revenir une première fois sur votre parcours, avant de passer à la deuxième étape de l'oral d'admission.

Ultime différence également dans l'appréhension de ce premier moment, le jury de Sciences Po Bordeaux dispose de votre dossier sous les yeux, contrairement à ceux de Paris et de Grenoble. Dans les deux cas, il reste néanmoins nécessaire de revenir sur les grandes étapes de votre candidature.

2 Le commentaire d'un document d'actualité

Deuxième moment de l'entretien, vous devrez commenter une image qui vous est présentée par les membres du jury. À Sciences Po Bordeaux, le jury vous imposera cette image en fonction d'un tirage au sort alors qu'à Sciences Po Paris, le choix vous sera laissé entre deux images.

À Sciences Po Grenoble, aucun document d'actualité ne vous sera proposé lors de l'entretien puisque ce deuxième moment est remplacé par une série de questions relatives au dossier documentaire.

Toutes les sortes d'image sont possibles, le but étant d'évaluer votre capacité à analyser un document en peu de temps. Cela peut être une photographie de presse, une caricature, un extrait de vidéo, une peinture ou même un tag ou une bande dessinée. Dans le cadre de l'oral de Sciences Po Bordeaux en mai 2021, une série de graphiques a même été proposée à l'analyse pour comparer les émissions de gaz à effet de serre de la ville de Wuhan, en Chine, avant la pandémie et après le confinement.

Partez du commentaire formel du document : qu'y voyez-vous ? Comment l'image est organisée ? Quelles sont les couleurs dominantes ? L'image est-elle accompagnée d'un texte, que dit-il ? Quel type de document avez-vous devant vous ? (dessin, photographie, œuvre d'art).

Décrire le document : un préalable indispensable

Il est en effet primordial de partir de la matérialité du document. Ceci vous permet de ne pas laisser un temps trop long sans rien dire lorsque vous réfléchirez à l'analyse du document. Vous ne disposez en effet d'aucun temps de préparation et vous découvrez ce document lors de votre oral. Deuxième avantage de cette description matérielle du document, celle-ci vous permet d'en saisir tous les enjeux, voire de structurer votre analyse en fonction des différents plans de l'image.

Vous pouvez mobiliser le guide désormais classique, mis au point par le sociologue américain Harold Lasswell :

« Who says What to Whom in Which channel with What effect » soit « Qui (dit) quoi (à) qui (par) quel moyen (avec) quel effet ». Cela vous permettra de faire aisément le tour du document qui vous est confié.

Vous pouvez ensuite tenter une analyse. L'image peut être en lien avec l'actualité la plus immédiate. Ce qui implique dans votre préparation d'avoir élaboré des revues de presse, d'être au fait des informations économiques, sociales ou politiques. Dans le cadre d'un commentaire de documents à Sciences Po Paris, suivez particulièrement de près les espaces géographiques visés si vous candidatez pour un campus en région.

Le document peut aussi revenir sur un fait passé en histoire contemporaine. À vous de montrer que vous pouvez la contextualiser, en identifier certains acteurs. Intéressez-vous aux expressions des personnes figurées, à leurs gestes, leur position dans le cadre. Ces éléments ne sont jamais laissés au hasard et renvoient à des significations bien précises.

On sait par exemple que dans les images de propagande ou de communication politique, un cadrage du bas vers le haut magnifie la personne représentée, la rendant plus grande qu'elle n'est. De même la montrer tournée vers la droite signifie qu'elle regarde vers l'avenir, qu'elle est visionnaire. Prêtez aussi une attention soutenue aux objets et symboles qui peuvent se trouver sur l'image qui peuvent également renvoyer à une signification à l'image du crâne qui symbolise la mort, des fleurs de lys pour la monarchie, des roses pour le socialisme etc. Les couleurs relèvent de la même polysémie politique.

Suivant le contexte, le bleu peut être associé à l'Europe, au ciel. Le blanc se réfère à la pureté, le rouge à la révolution. Mais attention à des interprétations trop vite énoncées, tout dépend du contexte et de la culture de l'image, le blanc étant par exemple la couleur du deuil en Asie. Nous ne pouvons que vous recommander de lire ou de jeter un œil aux ouvrages de l'historien Michel Pastoureau sur le sens des couleurs.

L'image est toujours l'objet de plusieurs lectures, essayez donc de restituer cette pluralité des sens pour montrer que vous avez bien réfléchi à celle-ci. Si vous n'êtes pas certain de ce qui est représenté, émettez des hypothèses.

Cette deuxième partie de l'oral est à soigner. D'une durée de 5 à 10 minutes pour Sciences Po Bordeaux ou de 10 à 15 minutes pour Sciences Po Paris, elle occupe dans les deux cas le centre de votre entretien. Exercez vous en famille ou avec vos amis à commenter des images de presse, de manuels, de livres ou même vues dans la rue pour pouvoir en tirer des interprétations intéressantes, une contextualisation etc. L'idée de cette épreuve est de voir comment vous réagissez en temps réel et quel est votre degré de culture générale.

3 Le dossier documentaire de Sciences Po Grenoble

Sciences Po Grenoble ne propose pas à ses candidats d'analyse d'image mais leur soumet plusieurs questions relatives à un dossier documentaire disponible en ligne. Ce dossier comportant en couverture une date, il est fort probable qu'il soit modifié chaque année.

Le guide du candidat précise cependant que « l'oral d'admission n'est pas un exercice de culture générale ». Le dossier documentaire doit être pensé comme un outil de cadrage des attentes. Il n'est évidemment pas possible de le connaître dans ses moindres détails mais les lectures répétées de ce dossier doivent s'accompagner de quelques recherches personnelles témoignant de votre curiosité intellectuelle.

Un travail personnel sur les documents composant ce dossier est donc nécessaire. Pour la session 2022, plusieurs articles amenaient les candidats à être capables de prendre position sur des grands enjeux de société tels que l'engagement militant, les dérèglements climatiques, les difficultés des médias ou encore le féminisme. Ce dossier intitulé « Époques » mettait ainsi en exergue plusieurs débats de société à propos desquels les candidats ont été amenés à se positionner à l'occasion de leur oral.

4 Un échange libre sur votre parcours

Troisième moment de l'entretien, le jury revient sur votre parcours, vos motivations et plus généralement votre projet d'intégration à Sciences Po. Ce troisième moment est fluctuant ; il est annoncé entre 5 à 10 minutes à Sciences Po Paris et peut prendre encore plus de place lors de l'entretien Sciences Po Bordeaux. En effet, une minorité de candidats n'a pas eu de documents d'actualité a commenté lors de la session 2021. Ces derniers se sont donc présentés très brièvement, avant d'échanger durant plus de 15 minutes avec le jury. Du côté de Grenoble, les questions relatives au dossier ou encore celles en anglais ne doivent pas non plus vous faire oublier que l'essentiel d'un oral repose sur votre parcours, c'est-à-dire à la fois vos expériences et votre projet.

Reprendre votre dossier de candidature

Cet échange avec le jury revient donc essentiellement sur votre parcours et votre intérêt pour Sciences Po. C'est une étape que vous avez normalement bien préparé pour le dossier. N'hésitez pas avant l'oral de bien relire celui-ci et de chercher ce qui dans votre dossier pourrait susciter des questions de la part des membres du jury.

L'oral d'entretien est donc un élément qui se prépare ; même s'il n'est pas possible d'anticiper toutes les questions qui seront posées par le jury lors de l'épreuve, il est primordial de réduire les zones d'incertitudes en préparant un certain nombre de réponses aux questions que l'on peut deviner en fonction des éléments mentionnés dans la présentation personnelle.

Lors de cet échange, le jury cherche à évaluer la cohérence de votre parcours. Il est donc essentiel de bien mettre en évidence les liens entre vos expériences passées et vos souhaits de poursuite d'études ou d'engagement professionnel. L'entretien doit donc permettre d'établir des passerelles entre son parcours passé et son parcours à venir.

Si votre parcours est en décalage même léger avec le campus ou la double licence demandé, il est certain que le jury va revenir dessus et demander au candidat d'expliciter pourquoi ce choix. Reprenez également la maquette pédagogique pour avoir en tête les grands enseignements des premières années, ainsi que les masters de Sciences Po.

Si vous mentionnez un intérêt pour le droit, après avoir suivi durant l'année de terminale l'option Droit et grands enjeux du monde contemporain, Il est évident que le jury pourra vous interroger sur la place qu'occupe cette discipline dans l'école à laquelle vous postulez.

De la même manière, les mêmes questions peuvent intervenir si vous mentionnez la géopolitique ou la sociologie. Il est également important de bien connaître l'origine de ces différentes sciences sociales et d'être capable de les définir avec précision. Imaginez le ressenti du jury lorsque vous exposez avec grandiloquence un intérêt pour la géopolitique et que vous vous trouvez incapables dans les minutes qui suivent de la définir avec précision.

3 Se préparer à l'exercice oral

Puisque vous avez ce livre entre les mains, vous avez conscience de la nécessité d'anticiper la situation qui pourrait se présenter à vous si vous avez la chance d'être retenus lors de l'oral de Sciences Po Bordeaux, de Sciences Po Grenoble ou de Sciences Po Paris. Plus vous réduisez la zone d'incertitude, plus vous multipliez les chances de dominer ce moment qui pourrait vous permettre d'intégrer l'école que vous convoitez.

1 Soignez la forme

Contrairement à une idée parfois entendue, la forme ne prime pas sur le fond lors d'un oral. Cependant, de la même manière que vous avez sans doute manqué d'enthousiasme à suivre des cours très riches sur le fond mais assez pénibles sur la forme, le jury manifestera moins d'efforts à vous suivre en fonction de votre présence à l'oral.

a. Anticiper la situation

Si les entretiens ont bien eu lieu en présentiel à Sciences Po Bordeaux, les oraux de Sciences Po Paris et de Sciences Po Grenoble ont quant à eux été organisés à distance, via le logiciel Zoom. Il est donc préférable de vous habituer à la plateforme au préalable de ces échanges. Même si l'entretien peut éventuellement se passer sur tablette ou smartphone, on ne peut que vous recommander de passer par un ordinateur (de bureau ou portable) pour votre confort et celui des membres du jury.

Dans le cadre d'un échange sur Zoom, vous veillerez à bien soigner votre présentation (au moins de votre buste) et votre arrière-plan. En effet, vous n'êtes pas à l'abri de questions sur votre décoration, donc mettez en avant vos livres et oubliez les affiches trop décalées.

L'importance de la courtoisie

Inutile de vous rappeler la nécessité d'être courtois en toute situation. Dans le cas d'un entretien en salle physique, saluez vos interlocuteurs en entrant dans la pièce mais attendez avant de vous asseoir. C'est peut-être un détail pour vous mais à travers cette attente, vous manifestez du respect à l'égard du jury et vous montrez que vous êtes capables de maîtriser vos émotions et de ne pas céder à la tentation de s'asseoir sur cette chaise qui vous tend les bras.

Plus généralement, de la même manière que pour les épreuves écrites, il est indispensable de se préparer physiquement à l'exercice qui vous attend. Apprendre à gérer son stress au cours de l'année de formation est une dimension essentielle de la réussite des épreuves qui vous mèneront à Sciences Po.

Des exercices de respiration simple peuvent ainsi permettre de juguler ce stress. De même, se ménager dans les jours précédant les épreuves est essentiel pour arriver en forme, d'autant plus dans le cadre d'une épreuve orale où tous les aspects comptent dans le cadre de l'évaluation.

b. Essayez d'être à l'aise

Si ce conseil peut paraître évident, la prise en compte des conditions pratiques d'un oral est essentielle pour maîtriser au mieux le moment qui décidera de votre avenir. D'un point de vue vestimentaire, nous vous conseillons une tenue dans laquelle vous êtes le plus à l'aise. Sans pour autant céder au confort offert par les pulls à capuche, le costume n'est pas obligatoire ; donc ne vous forcez pas si vous n'en avez pas l'habitude, soyez formel sans excès. Il peut en effet être maladroit de donner l'impression de sortir d'une cérémonie pour se présenter à l'oral.

Restez toujours poli, cordial et souriant. Les membres du jury vont chercher à vous déstabiliser, il faudra résister et garder ses moyens tout en conservant une apparence sereine et sympathique. Il se peut que les examinateurs soient particulièrement corrosifs avec vous et cherchent à vous déstabiliser. Le jury peut ainsi vous questionner sur des éléments personnels. À une candidate qui avait mentionné le fait que son père travaillait dans la police, un jury de Sciences Po Paris lui a demandé de se positionner sur les violences policières.

Sans pour autant trop insister sur cet aspect afin que vous gardiez toujours en tête que le rôle d'un jury est d'être bienveillant et de vous permettre de vous mettre en valeur, certains peuvent avoir des attitudes surprenantes. Il arrive que des jurys se mettent même à tweeter ou à lire le journal. Ne le prenez pas contre vous et restez calme. Ils jouent un rôle ! Ils n'ont rien contre vous. En général avant l'entretien ils se répartissent les tâches et un interrogateur peut jouer le rôle du « méchant », alors qu'un autre pourra être bienveillant à votre égard.

Vous pouvez aussi avoir des questions « loufoques » qui ont pour seul but de vous pousser dans vos retranchements. Un petit panel : « Aimez-vous le fromage de chèvre ? », « A quoi servent les squelettes dans les salles de classe ? ».

c. Tenter de maintenir l'attention du jury

Durant tout l'oral il va falloir user de votre regard pour maintenir leur attention. Essayez de toujours les regarder, et tout particulièrement celle ou celui qui ne semble pas vous écouter.

La technique de l'anecdote ou du storytelling permet également de maintenir cette attention. Elle consiste à raconter une brève histoire, issue de votre expérience, à la manière d'un homme politique. Il peut s'agir notamment de revenir sur une rencontre avec une personnalité que vous avez croisée lors d'un événement particulier. Plus simplement, vous pouvez raconter un échange avec un interlocuteur lors d'un stage ou d'un emploi saisonnier. Il pourrait également s'agir d'un livre, d'une pièce de théâtre ou d'un film qui vous a particulièrement marqué. Cependant, le fait de raconter une anecdote ne fonctionne que si elle est sincère et qu'elle est véritablement porteuse d'intérêt dans le cadre de son projet.

Évitez également de parler d'un ton monocorde, utilisez votre voix pour attirer l'attention. Tenez-vous droit, mais en position dynamique, le corps légèrement projeté vers l'avant. Évitez de trop gesticuler car cela peut contribuer à déconcentrer voire à irriter le jury. De la même manière, efforcez-vous de contrôler vos tocs ; le plus simple est sans doute de conserver les mains posées et de s'abstenir de prendre en main un quelconque objet posé à côté de soi.

Dans le cadre d'un échange sur Zoom, évitez ainsi les chaises à roulettes si vous ne parvenez pas à tenir en place. Dans ce même cadre, vérifiez bien votre connexion, vous n'êtes jamais à l'abri de problèmes de ce côté. De même pour le son et l'image.

2 Anticiper l'entretien tout au long de l'année

On ne répétera jamais assez l'importance d'anticiper l'exercice oral et de se sortir de la tête l'idée préconçue selon laquelle un oral peut se passer au talent. De la même manière que pour les épreuves écrites, un travail rigoureux d'anticipation est nécessaire pour réussir avec brio un exercice oral.

a. S'entraîner à s'exprimer à l'oral

Pour la présentation personnelle, il est indispensable de s'entraîner au préalable. Cette présentation peut être complètement rédigée, à la manière d'un discours politique.

L'exemple du général De Gaulle est éclairant. On imagine toujours que ses discours étaient spontanés puisqu'ils n'avaient pas de feuilles sous les yeux. En réalité, ils étaient écrits à la virgule près et il anticipait même les temps de silence. Cependant, refusant de se montrer en public avec des lunettes, le général De Gaulle préférait apprendre par cœur ses discours.

Il est possible de se filmer lorsque l'on s'exerce à la présentation personnelle. Dans tous les cas, si l'on refuse de se revoir, c'est un bon moyen de se chronométrer et d'anticiper la gestion du temps. Plus généralement, le fait de filmer ses oraux est un bon moyen de se rendre compte de ces tics de langage ou des mots que l'on a tendance à répéter à outrance.

L'entraînement est le secret d'une prise de parole réussie. Être capable de s'exprimer à l'oral n'a rien de naturel mais s'acquiert au contraire dans toutes les situations de la vie quotidienne. Le plus simple pour être à l'aise est également d'avoir des arguments à défendre, d'où la nécessité d'anticiper le travail sur le fond.

b. Maîtriser les grands thèmes de l'actualité

Le commentaire du document d'actualité ne s'improvise pas. Il est primordial de s'entraîner tout au long de l'année mais également de renforcer ses connaissances sur l'actualité. Le suivi de celle-ci doit se faire en prenant des notes.

Plutôt que de suivre l'actualité au jour le jour, il est préférable de l'étudier par thème. Ainsi, vous vous rendrez compte que les événements ont tendance à se répéter et qu'une actualité n'est jamais totalement isolée de l'histoire.

La plupart des éditeurs proposent ainsi des manuels publiés au mois de janvier qui permettent d'identifier ces grands thèmes de l'actualité, voire de leur redonner une certaine profondeur historique. C'est souvent ce qui fait défaut lors d'un commentaire de documents d'actualité.

c. Être capable de prendre position

Un bon étudiant de Sciences Po ne doit pas seulement disposer de connaissances importantes, Il doit également être capable de tenir un avis, à la fois nuancé et précis, sur une cause précise.

Il peut donc vous être demandé de prendre position lors de l'entretien. C'est un type de question qui intervient régulièrement et vous devez être capable de l'identifier pour répondre aux attentes du jury. Dans ce cas, il est important d'argumenter son propos, tout en évitant d'affirmer un élément et son contraire.

Dans le cas d'un étudiant qui valorise à la fois son engagement environnemental et ses nombreux voyages, il peut être par exemple demandé de donner son avis sur l'avenir de l'aviation. Faut-il renoncer à prendre l'avion pour défendre l'environnement ? À ce type de question, toutes les réponses sont acceptables, à condition d'être argumentées. Il n'y a donc en aucun cas une réponse type attendue, en fonction de la représentation que l'on peut se faire de l'école.

Vous veillerez cependant à ne pas imposer votre avis à votre interlocuteur et à accepter la contradiction car il peut arriver que le jury exprime clairement un désaccord vis-à-vis de ce que vous venez d'affirmer. Il n'attend pourtant pas de vous un quelconque désaveu mais de nouveaux arguments pour faire avancer le débat.

d. Connaître parfaitement Sciences Po

De la même manière, il est primordial de bien connaître les écoles dans lesquelles vous postulez. Vous devez à la fois maîtriser leur histoire et leur actualité mais aussi les offres de formation qu'elles proposent. Parmi les questions fréquemment posées lors d'un oral, figurent notamment les interrogations sur le nom du directeur du Sciences Po pour lequel on postule, l'année de fondation de l'école concernée ou encore son environnement global.

Les sites Internet des trois écoles concernées offrent de nombreuses ressources en accès libre sur ces différents éléments. Les jurys se montrent intraitables sur cet aspect et n'apprécient guère les candidats qui postulent à l'école sans s'être renseigné au préalable sur celle-ci. Des rencontres avec des étudiants ou des échanges avec des professeurs des écoles concernées peuvent également vous permettre de mieux comprendre ces cultures spécifiques.

Visiter les écoles et rencontrer des étudiants lors des JPO

Il est donc primordial de participer dans la mesure du possible aux journées portes ouvertes organisées par les trois écoles. Elles se tiennent généralement en début d'année civile. Outre l'aspect motivant de ces rencontres, elles permettent également de démystifier le concours en échangeant avec ceux qui vous ont précédé. À travers ces échanges, vous pourrez également vous projeter de manière plus précise dans les écoles concernées et acquérir une vision plus claire de leur offre de formation.

e. Préciser son orientation

Autre aspect essentiel à préparer tout au long de son année de terminale, le projet professionnel se doit d'être précis et cohérent. Vous comprendrez aisément qu'il est plus difficile à défendre la volonté d'intégrer une école parce qu'elle est pluridisciplinaire et que vous ne savez pas quoi faire plus tard plutôt que de chercher à intégrer une filière spécifique de l'école concernée parce qu'elle correspond à votre projet.

Il est certes compliqué d'avoir une idée précise de ce projet lorsque l'on est encore au lycée mais cette orientation doit se travailler et s'anticiper. Des échanges réguliers avec vos professeurs et des professionnels de l'orientation, des visites lors des salons de l'étudiant ou un travail prospectif précis sur les écoles qui vous intéressent sont ainsi des préalables indispensables un entretien d'admission dans le supérieur.

De la même manière, une bonne candidature doit être capable de se projeter vers un master ; il s'agit à la fois de montrer que l'on a compris la philosophie générale de Sciences Po mais aussi que l'on a réfléchi à son avenir. Dans ce cadre, les sites Internet des écoles concernées vous proposent des maquettes pédagogiques précises de ces filières de master et offrent des exemples de débouchés potentiels, en fonction de ces poursuites d'études.

L'intégration à Sciences Po ne doit donc pas être perçue comme une fin mais comme un moyen de réaliser votre projet. Vos années d'études à Sciences Po vous donneront l'opportunité de réaliser votre projet professionnel, mais ne constituent en rien l'aboutissement d'une vie.

f. L'expression orale s'apprend

Enfin, sur la forme, il est indispensable de profiter de toutes les occasions qui vous sont offertes pour vous améliorer. Le lycée accorde de plus en plus de place à l'oral, notamment dans le cadre de vos enseignements de spécialité. L'option Droit et grands enjeux du monde contemporain vous permet également la plupart du temps de préparer des exposés. La première année de l'enseignement supérieur accorde également une place importante à l'oral pour certaines filières, comme l'illustrent notamment les colles des classes préparatoires ou les exposés lors des travaux dirigés de l'université.

Toutes les occasions sont bonnes à prendre pour s'entraîner à parler à l'oral. La dernière solution consistant à s'enregistrer seul ou à s'adresser à un logiciel de dictée vocale. Si l'exercice peut paraître stupide, il permet de vous rendre compte de votre capacité à articuler. Si le logiciel de dictée vocale ne vous comprend pas, il pourrait en être de même pour le jury.

Poser sa voix s'apprend. Il est ainsi possible de travailler la tonalité de celle-ci afin qu'elle apparaisse la plus agréable possible à vos interlocuteurs. S'entraîner à la lecture à voix haute est un exercice efficace sur ce point. Le débit avec lequel vous vous exprimez se doit également d'être maîtrisé, en prenant en compte le fait qu'en situation de stress, nous avons tendance à accélérer notre rythme de parole. Au cours d'un oral, le rythme d'élocution adéquat doit vous permettre de prononcer entre 150 et 200 mots par minute. La variété du rythme ainsi que celle de la longueur des phrases est un élément essentiel à considérer pour ne pas perdre l'attention de ses interlocuteurs.

Une bonne élocution, tout en conservant le sens de la mesure

Même si ce travers n'a pas empêché François Hollande d'accéder à la présidence de la république, nous vous conseillons d'éviter de manger les mots et de vous efforcer à avoir une bonne élocution. Il convient donc de prononcer avec justesse les différentes syllabes des mots, sans pour autant tomber dans le travers de la surarticulation qui ne serait pas naturelle. L'intonation permet également de donner de la vie à votre propos, en variant les aspects mélodiques de votre voix, même s'il ne s'agit en aucun cas de surjouer la situation, au risque de sombrer dans le ridicule.

La maîtrise de la respiration est primordiale pour réussir sa prise de parole. Cela vous permet de projeter efficacement votre voix mais également de mieux contrôler vos émotions. Là encore, même si cela peut paraître surprenant, la maîtrise de la respiration s'apprend. Une respiration abdominale sera toujours plus efficace dans le cadre de l'oral qu'une respiration thoracique.

Ne négligez jamais l'importance des silences lors d'une prise de parole. Ces brèves pauses qui scandent votre discours offrent à votre interlocuteur la possibilité de réfléchir. Cette prise de recul par rapport aux propos que vous exprimez est essentielle dans le cadre d'un oral. Il est donc primordial de maîtriser cette gestion des silences pour mettre en valeur vos idées.

Il est également souhaitable de maîtriser sa gestuelle dans la perspective d'un échange en public. Cette dernière a évidemment une influence directe sur l'impression que vous donnez à vos interlocuteurs. La communication non verbale est ainsi souvent placée au centre de la rhétorique. Il est déconseillé de se présenter à l'oral avec un regard fuyant, concentrés sur le sol ou sur les murs. Une bonne connaissance de soi permet de se prémunir contre les gestes parasites qui peut venir perturber votre discours. Il ne s'agit évidemment pas de refouler ses émotions mais d'en devenir maître.

Dix conseils à mettre en pratique pour réussir l'oral

- Bien connaître les modalités de l'épreuve
- Multiplier les situations d'entraînement oral
- Suivre régulièrement et de manière organisée l'actualité
- Être incollable sur l'histoire et la culture de Sciences Po
- Préparer à l'avance sa présentation personnelle
- Relire son dossier de candidature avant de se présenter devant le jury
- Toujours garder son calme
- Arriver en forme le jour de l'oral
- Avoir défini au préalable un projet professionnel cohérent
- Bien connaître les modalités pour accéder à tel ou tel métier

Les retours d'expérience des dernières sessions vous permettront d'acquérir une idée plus précise des questions fréquemment posées lors d'un oral ou des documents mis à disposition pour le commentaire d'actualité. Bien évidemment, ces quelques exemples n'ont rien d'exhaustif. Ils ont en outre l'avantage mais aussi le défaut d'être fondés sur des retours d'expérience, nécessairement subjectifs.

Quelques exemples de documents d'actualité proposés au concours

- Une caricature de Joe Biden face à la Chine
- Une photographie d'une manifestation en hommage à George Floyd
- Une photographie de militaires américains devant le Capitole
- Une photographie d'une foule devant la Joconde
- Une photographie d'une centrale nucléaire / d'un essai nucléaire
- Une carte des tensions en mer de Chine
- Une photographie de la garde royale britannique
- Un tableau de William Turner / de Vassily Kandinsky, d'Edward Hopper
- Une couverture du *Time* figurant Elon Musk personnalité de l'année
- Une photographie de munitionnettes pendant la Seconde Guerre mondiale
- Une caricature de Jair Bolsonaro
- Une photographie de la guerre en Syrie
- Une photographie prise sur la frontière en Irlande du Nord
- Une affiche de promotion du Commonwealth
- Une photographie d'Olivier Véran lors de la campagne de vaccination contre le covid 19
- Une photographie d'un livreur UberEats
- Une photographie de migrants sur une embarcation en Méditerranée
- Une image des Jeux olympiques d'hiver de Pékin
- Une caricature de Plantu figurant la lutte contre le réchauffement climatique

...

Une liste non exhaustive de questions qui ont pu être posées lors des précédentes sessions

- Pourquoi avoir suivi des enseignements scientifiques ?
- Que retenez-vous de vos enseignements de spécialité ?
- Pourquoi vous êtes-vous engagé(e)s dans cette cause ?
- Quelle est la matière qui vous intéresse le plus à Sciences Po ?
- Dans quel pays souhaiteriez-vous passer votre année de scolarité à l'étranger ?
- Quel master souhaiteriez-vous rejoindre ensuite ?
- Où vous imaginez-vous dans cinq/dix ans ?
- Quel est votre plan B en cas d'échec au concours ?
- Quelle est la meilleure voie pour rejoindre le métier que vous convoitez ?
- Quelle est la spécificité d'une ONG ?
- Quelqu'un bon journaliste ? Quel est votre modèle de journaliste ?
- Comment suivez-vous l'actualité ?
- Quel est votre avis sur la réforme en cours des grandes écoles ?
- Pourquoi avoir choisi notre école / ce campus en particulier ?
- Dans quelle cause souhaiteriez-vous vous engager à Sciences Po ?
- Quel est le premier élément que vous souhaiteriez faire dès que la crise sanitaire est terminée ?
- Quel est le dernier film que vous avez vu / livre que vous avez lu ?
- Avez-vous une dernière question ou un élément à ajouter ?

...

84104 - (I) - OSB 80 - 633 - BEL - CMU

Dupliprint
733, rue Saint-Léonard, 53100 MAYENNE
Dépôt légal : septembre 2022
N° 2976210D

Imprimé en France